全国中等职业技术学校汽车类专业教材

汽车电气设备维护与故障排除

（第三版）

中国劳动社会保障出版社

简介

本书为全国中等职业技术学校汽车类专业教材，主要内容包括全车线路的维护与故障排除、蓄电池的维护与故障排除、交流发电机的维护与故障排除、起动系统的维护与故障排除、电控燃油喷射系统的维护与故障排除、自动变速器的维护与故障排除、汽车防滑控制系统的维护与故障排除、汽车空调系统的维护与故障排除、汽车音响装置的维护与故障排除、汽车安全装置的维护与故障排除、汽车灯光系统的维护与故障排除、电动器件的维护与故障排除。

本书由庞鸿洋主编，王刚、姜欣、韩绍辉、姚东升、解振丰、张琦参加编写。

图书在版编目(CIP)数据

汽车电气设备维护与故障排除/人力资源社会保障部教材办公室组织编写. -- 3 版. -- 北京：中国劳动社会保障出版社，2019

全国中等职业技术学校汽车类专业教材

ISBN 978-7-5167-4029-3

Ⅰ.①汽… Ⅱ.①人… Ⅲ.①汽车-电气设备-车辆修理-中等专业学校-教材②汽车-电气设备-故障修复-中等专业学校-教材 Ⅳ.①U472.41

中国版本图书馆 CIP 数据核字(2019)第 129037 号

中国劳动社会保障出版社出版发行

（北京市惠新东街 1 号　邮政编码：100029）

*

北京市白帆印务有限公司印刷装订　　新华书店经销

787 毫米×1092 毫米　16 开本　19.5 印张　414 千字

2019 年 7 月第 3 版　　2020 年 9 月第 2 次印刷

定价：38.00 元

读者服务部电话：（010）64929211/84209101/64921644

营销中心电话：（010）64962347

出版社网址：http://www.class.com.cn

http://zyjy.class.com.cn

前　言

为了更好地适应中等职业技术学校汽车类专业教学要求，全面提升教学质量，人力资源社会保障部教材办公室组织有关学校的骨干教师和行业、企业专家，在充分调研企业生产和学校教学情况、广泛听取教材用户反馈意见的基础上，对全国中等职业技术学校汽车类专业教材进行了修订和补充开发。

本次教材修订和补充开发工作的重点主要体现在以下几个方面：

第一，完善教材体系，更好地满足教学需求。

结合职业院校汽车类专业设置和办学特点，调整并完善了教材体系，与专业通用基础教材相衔接，开发了汽车维修、汽车电器维修、汽车钣金与美容、汽车检测、汽车营销等专业方向教材，构建了“通用基础平台+不同专业方向平台”的教材体系。此外，还针对学校对电控技术、车载网络技术、新能源汽车等高新技术的教学需求，开发了相应的教材。

第二，反映技术发展，适应岗位职业能力需求变化。

随着汽车制造水平的不断提高，汽车维修的内容和工艺发生了相应变化；伴随着私家车保有量的不断增长，汽车营销、汽车美容等相关从业人员的职业能力要求也在发生相应变化。因此，本次修订工作注重在教材中增加新知识、新技术、新材料、新工艺等方面的内容，体现教材的先进性。同时，根据中级工从事相关岗位工作的实际需要，合理确定学习目标，对教材内容的深度、难度做了适当调整，同时注重综合职业能力的培养。

第三，融入先进教学理念，创新教材表现形式。

专业通用基础教材的编写以汽车及其零部件为载体，充分体现专业特色；专业方向教材的编写根据学校教学实际，充分体现一体化教学思路，增加了实训内容在教材中的比重。为了增强教材的表现效果，提高学生的学习兴趣，教材中使用了大量高质量的实物图片，部分教材采用双色或彩色印刷。

第四，开发辅助产品，提供教学服务。

为了方便教学，配套开发了习题册、教学参考书和电子课件。电子课件可通过职业教育教学资源和数字学习中心（http://zyjy.class.com.cn）免费下载。

本次教材修订工作得到了河北、江苏、浙江、山东、山西、广东、广西、陕西等省、自治区人力资源社会保障厅及有关学校的大力支持，在此表示诚挚的谢意。

人力资源社会保障部教材办公室

2019 年 1 月

目　录

单元1　全车线路的维护与故障排除

知识概述

汽车电气线路具有采用单线制、有两个电源、负极搭铁、用电设备并联等特点。

汽车电路图的表达方式通常有线路图、原理图和线束图三种。

汽车电气系统主要由开关、线束、用电设备、熔断器及继电器等组成。

汽车电路原理图的分析方法是查找相关零件；找电源和搭铁；熟悉传感器、ECU和执行器；分析各开关的作用等。

课题1　线束的维护

项目1　导线的修理

实训要求

掌握导线的修理方法。

主要实训器材

实训车辆

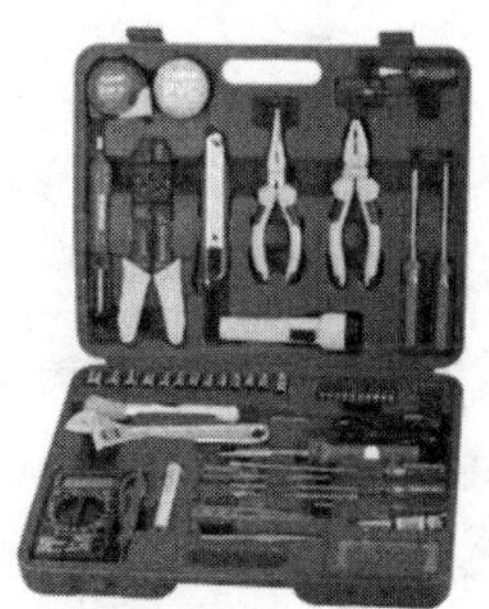

常用修理工具

<table>
<tr><td colspan="2">实训内容</td></tr>
<tr><td colspan="2">（一）汽车电气线路的修理</td></tr>
<tr><td colspan="2">电路中的线路故障可能出自导线本身，也可能出自接头，维修人员必须能进行这两方面的修理。导线的修理方法有两种：一种是将导线的两端连接起来；另一种是接入一段新导线。修理汽车线路时，必须注意更换的导线要与原导线规格、型号相同。导线的连接方法有两种：一种是将断线两端焊接起来；另一种是使用平接头将断线连接起来。使用平接头的方法较快且容易，只要将剥去绝缘层的导线夹于管中，然后将接头接于线端即可。</td></tr>
<tr><td colspan="2">（二）汽车导线的焊接</td></tr>
<tr><td>1. 在焊接电路和元件时应使用松香芯焊锡条，选择适当功率的电烙铁。</td><td>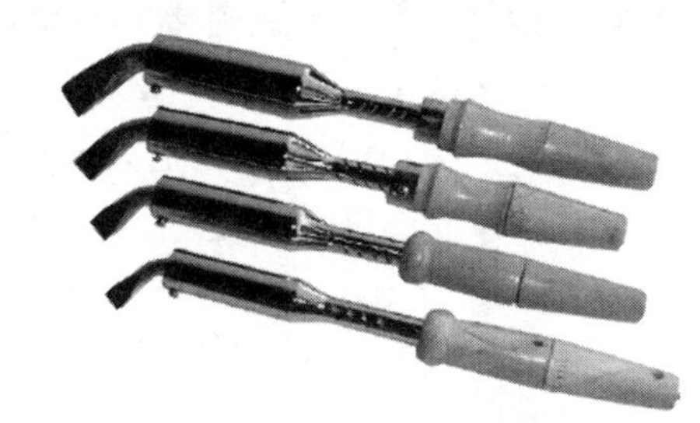
不同功率的电烙铁</td></tr>
<tr><td>2. 焊接处不应接触油漆、润滑脂、发动机润滑油、蜡或绝缘体。应确保焊接部位干净，没有以上物质。可使用一些清洁剂和化学去油剂对焊接处进行清洗。</td><td>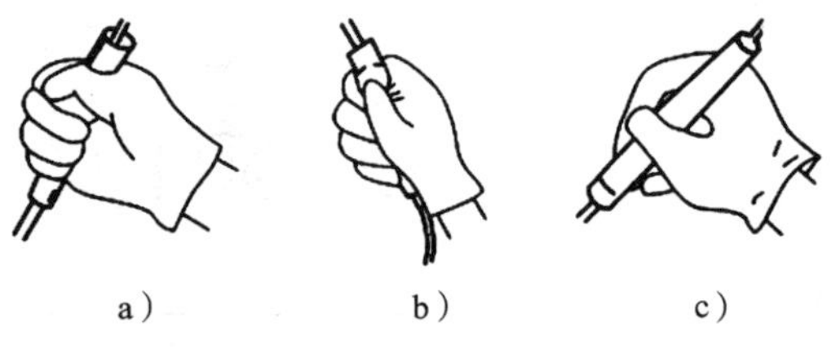
a）　b）　c）
电烙铁的握法
a）反握　b）正握　c）笔握式</td></tr>
<tr><td>3. 电烙铁末端应保持干净、光亮，可用海绵或抹布擦掉电烙铁端头上的碎屑。</td><td>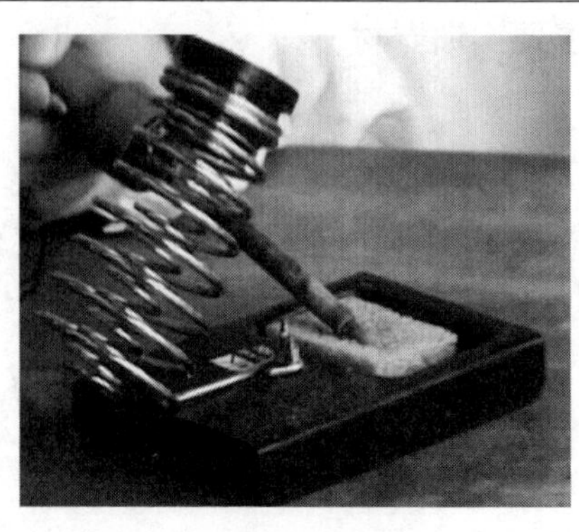
清洁电烙铁表面</td></tr>
</table>

4．用加热的烙铁头先将焊接处预热几秒钟，在电烙铁保留在原位的同时，将焊条触及并熔化于导线连接处。不应使焊条在烙铁头上熔化，否则，被电烙铁熔化的焊条不一定能渗入金属导线中。	 焊接方法
5．当烙化的焊条渗入导线连接处后，才能将电烙铁移开。移开电烙铁时，注意不要移动连接导线，应等焊锡完全冷却才可移动连接导线。	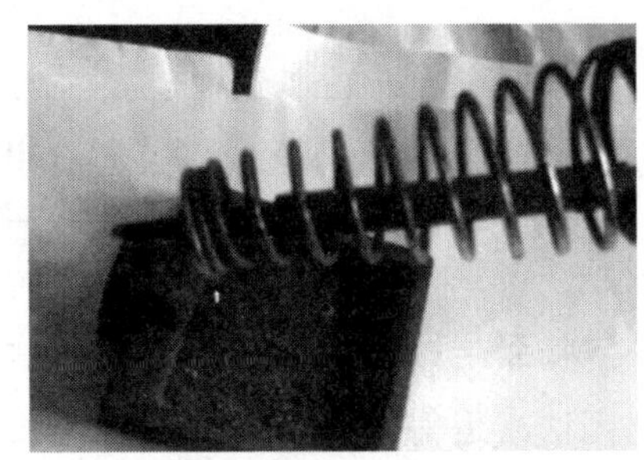 电烙铁的放置

注意：

(1) 电烙铁通常工作在376℃以上，具有造成严重烧伤和着火的可能性，应小心操作。

(2) 不用电烙铁时，应拔掉电源插头。

(3) 不用电烙铁时，应将其放回托架上。

(4) 应保证工作间里有良好的空气流通环境。

(5) 尽可能保持工作环境干净、整洁。

（三）剥线和扎线

用平接头和其他类型的接头连接导线时要用扎线工具来完成。一个标准剥线和扎线工具有切线区、剥线区和扎线区三个工作部分。

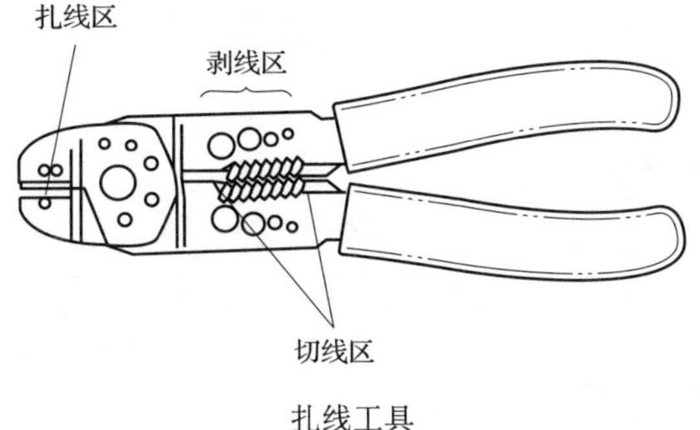

扎线工具

剥线和在接头上扎线时，需要注意以下几点：

1．为了避免损伤导线的金属材料，应选用适当的剥线孔。要剥去足够长的绝缘层，以保证金属导线完全伸入到接头中。

2．将导线的剥开部分放入相应规格的接头或平接管内，用扎线工具上适当的孔将它们牢固地扎紧。

3．可用热缩胶管或绝缘胶布缠裹于连接处，以免接头暴露于空气中。

4．可轻拉连接导线两端来检查扎线是否牢固，扎接好的导线不应脱开。

5．使用欧姆表测量接好的导线之间或线端接头与导线之间的电阻值，电阻值读数应为零。

（四）导线连接

断线、暴露的或其他损坏的导线都可以采用简单连接的方法进行修复。如果能够接近线束，应找到导线损坏的位置，拆开线束并对损坏处做进一步检查。

对无法接近的线束，应采用以下修理步骤绕过线束：找到损坏导线的两端，在离线束绝缘处最近的点切断导线两端，将一定长度的新导线（扎线）扎接于两断线之间，从而旁接线束。

整体式接头的线端接头不能从接头中取出。如果接头内部的导线损坏，就要将导线切断，用插塞式接头将断线拼接起来，用热缩胶管或绝缘胶布缠裹拼接处。插塞式接头的插座端应扎接于电源一侧的线端。

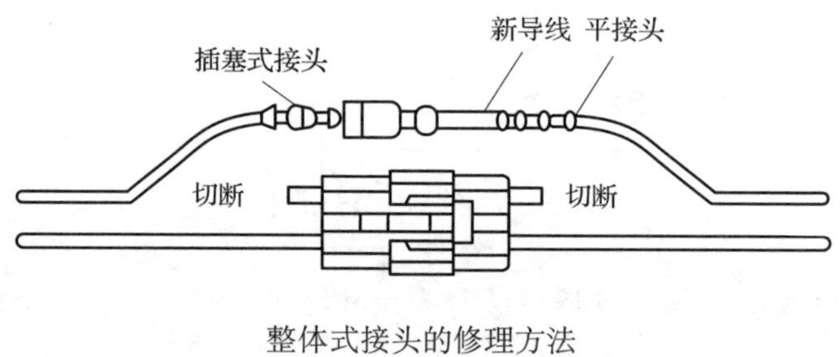

整体式接头的修理方法

项目2　线束其他部件的修理

实训要求

1．掌握插接器的修理方法和线束的维护方法。

2．了解接线盒与各柱插头的安装与检修。

主要实训器材

实训车辆

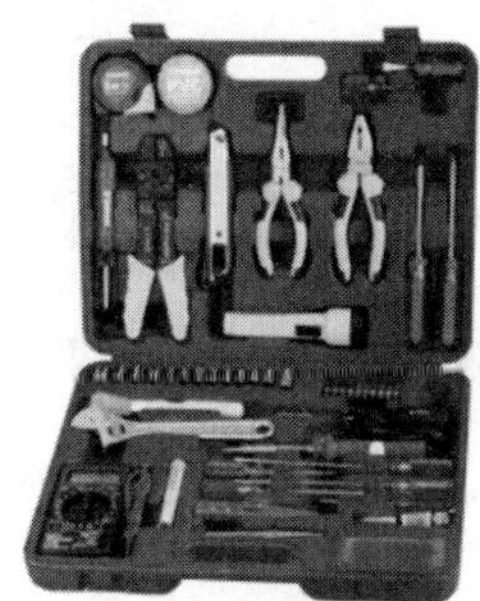

常用修理工具

实训内容

（一）插接器的修理

1．导线接头常因大气侵蚀或电火花而发生蚀损，因机械振动而使线端断裂。保持接头接触良好，修复损坏线头是线束维修的基本作业。拆插接器时，必须压下闭锁，切不可直接猛拉电线。

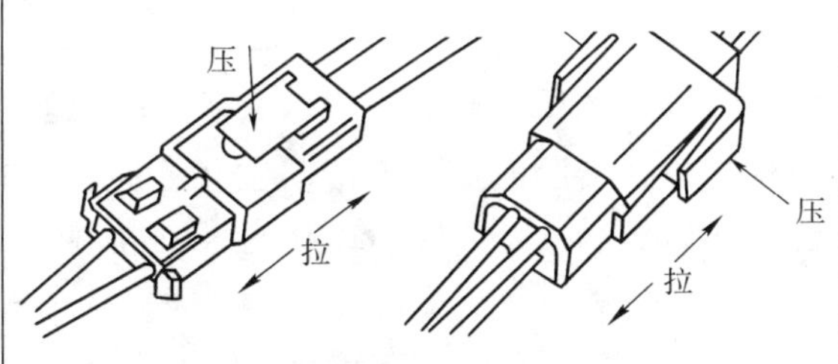

插接器的闭锁装置及拆卸方法

2．若发现插头插座损坏或锈蚀严重，应按右图所示方法将小号螺钉旋具自插口端伸入，撬开锁紧环，拉出线头。对锈蚀部分可用细砂纸打磨去掉，若有损坏则应更换接头中线端的铜制接头。

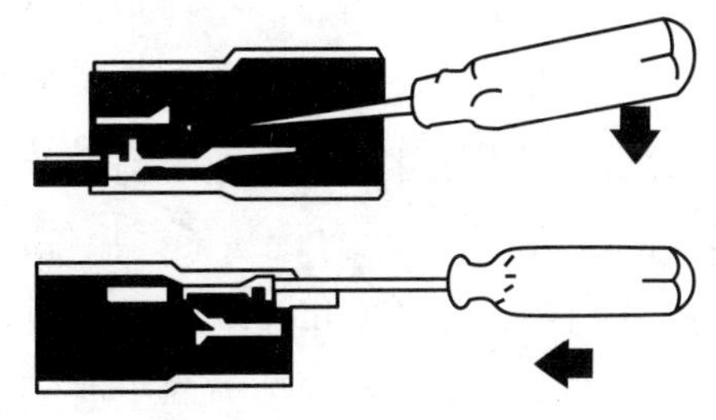

插接器中接头的拆卸方法

3．在离线端最近处切断导线。使用合适的工具剥去导线的绝缘层。连接时，绝缘层应伸过绝缘层接头片，但不应碰及导线接头片；导线应伸入到线端接头中超出导线接头片约 3 mm。 **注意**：*绝缘层接头片要卡紧绝缘层，以防止拉扯电线时绝缘层从导线上向后滑。*	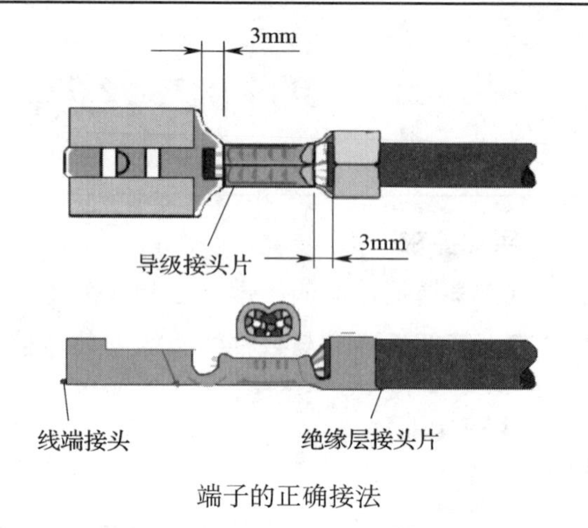 端子的正确接法
4．所有导线芯线都应牢牢地扎进扎线片内，扎线片两端要向内咬住导线。为确保扎线的质量，扎线钳必须要有给接头片扎线的钳口（扎模），且钳口的大小应与导线相适应。从线端接头向外轻拉导线以检查其牢固性，并用欧姆表测量导线与金属接头之间的电阻值（它们之间不应有电阻值显示）。为了接触更加牢固，有时在导线和端子接触处用电烙铁焊接的方法加固。	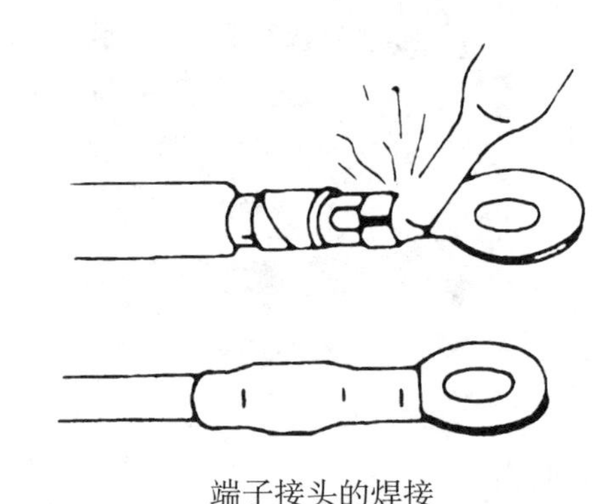 端子接头的焊接

（二）线束的维护

汽车线束在检修前后应按要求进行拆装，在拆卸过程中要记住各插接器的连接部位和线束去向，装配时按原连接部位装复。各种车型线束都应按设计要求安装，在安装原路线线束或安装新增加线束时应注意下列问题。

1．线束固定点要布置合理，应避免线束低垂、移位。根据线束的走向、车身的具体形状设置固定点。例如，在钝角拐点位置要布置一个固定点，在直角拐点位置要布置两个固定点，锐角拐点在线束中应避免出现；在和其他线束、电气元件连接的插接件位置，在插接件前不大于 120 mm 的合适位置设置固定点。在固定卡扣的安装方向上必须有足够的空间，以方便卡扣的安装和拆卸。	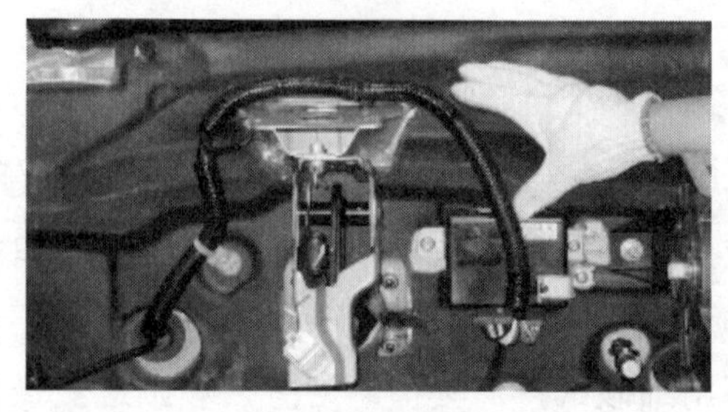 线束布置 1

2．线束布置要外观整洁，成束配置。应沿边、沿槽（车身上设计的走线槽）布置，避免线束直接承受压力；在投影方向上应按横平竖直的棋盘式排列，避免斜线布置；与管路的间隙要均匀，与周围零部件的间隙要合理。	 线束布置 2
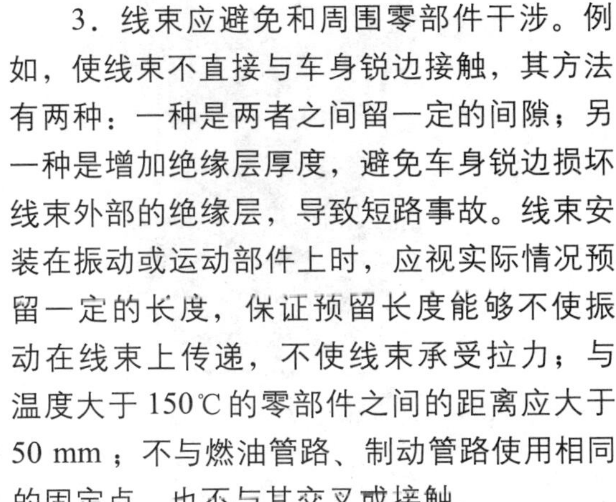 3．线束应避免和周围零部件干涉。例如，使线束不直接与车身锐边接触，其方法有两种：一种是两者之间留一定的间隙；另一种是增加绝缘层厚度，避免车身锐边损坏线束外部的绝缘层，导致短路事故。线束安装在振动或运动部件上时，应视实际情况预留一定的长度，保证预留长度能够不使振动在线束上传递，不使线束承受拉力；与温度大于 150℃的零部件之间的距离应大于 50 mm；不与燃油管路、制动管路使用相同的固定点，也不与其交叉或接触。	 线束布置 3
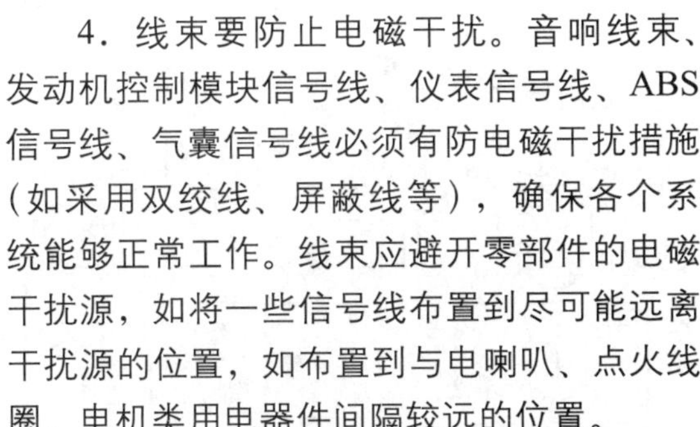 4．线束要防止电磁干扰。音响线束、发动机控制模块信号线、仪表信号线、ABS 信号线、气囊信号线必须有防电磁干扰措施（如采用双绞线、屏蔽线等），确保各个系统能够正常工作。线束应避开零部件的电磁干扰源，如将一些信号线布置到尽可能远离干扰源的位置，如布置到与电喇叭、点火线圈、电机类用电器件间隔较远的位置。	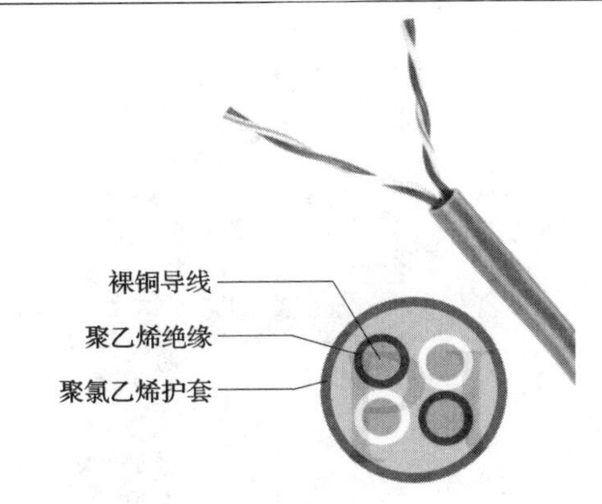 双绞线
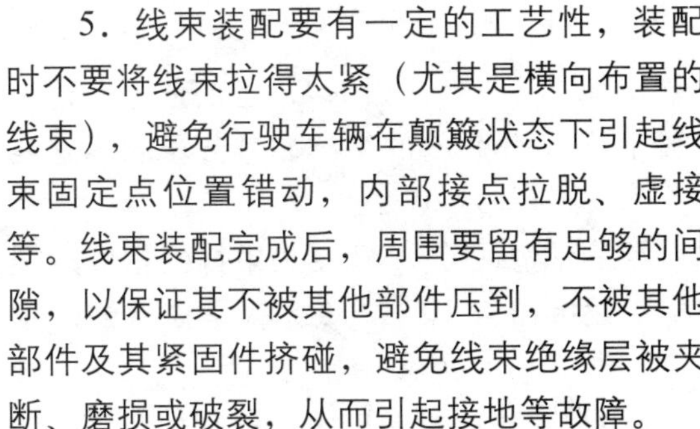 5．线束装配要有一定的工艺性，装配时不要将线束拉得太紧（尤其是横向布置的线束），避免行驶车辆在颠簸状态下引起线束固定点位置错动，内部接点拉脱、虚接等。线束装配完成后，周围要留有足够的间隙，以保证其不被其他部件压到，不被其他部件及其紧固件挤碰，避免线束绝缘层被夹断、磨损或破裂，从而引起接地等故障。	 线束布置 4

（三）接线盒与各柱插头

为了便于检查和更换电路保护器，汽车上常将各种控制继电器和熔断器安装在一起，构成整车电气线路的控制及电能配给的中央控制盒。而为了便于检查和维修，在各线束上又设置了一个节点，如 A 柱左右侧插头、B 柱左右侧插头等。

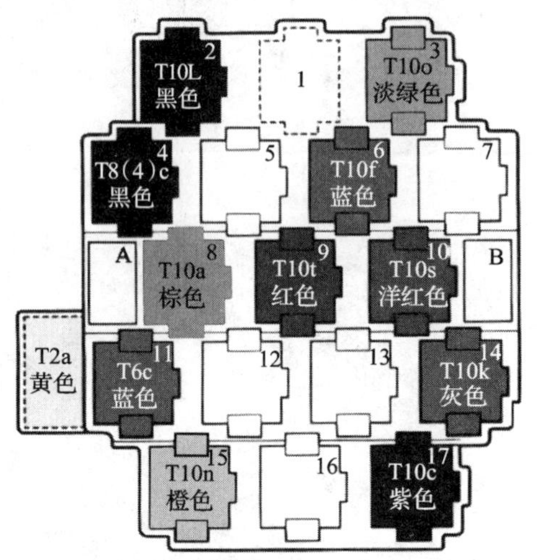

帕萨特左 A 柱插头

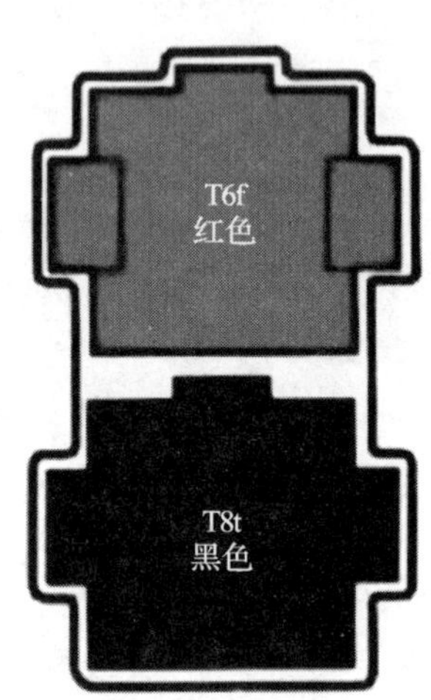

帕萨特左 B 柱插头

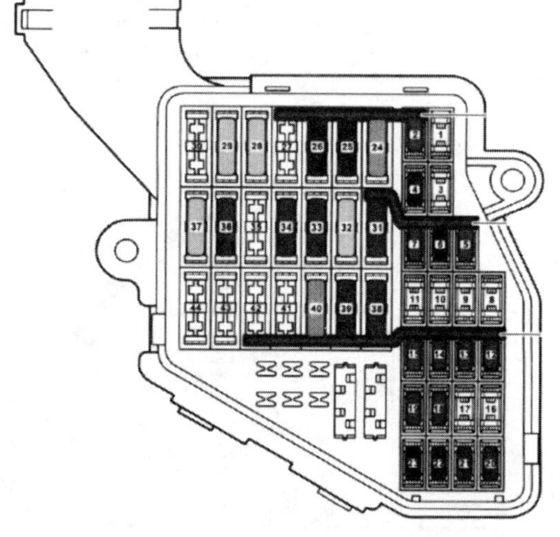

帕萨特熔断器盒

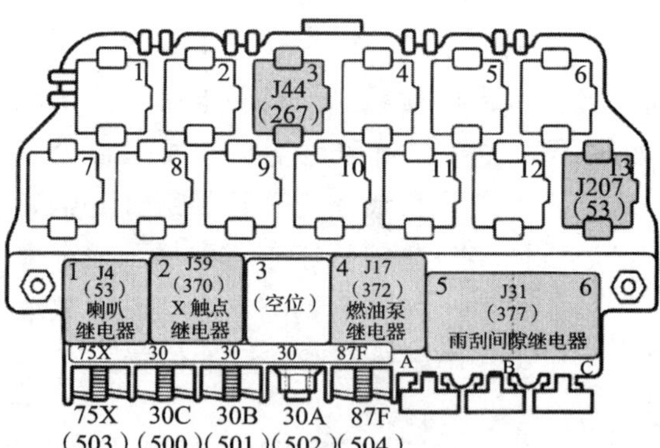

帕萨特中央控制盒

中央控制盒用于安装继电器。在继电器上印有继电器代号，如 J44，上面还标有这个继电器所在中央控制盒的位置数。继电器的插脚上标有如 4/86 的字样，其分子表示继电器的位置号，分母表示继电器的插脚号。

A 柱插头上也有相应的标记。根据电路图所给的信息可在 A 柱插头中找到相应的插头。电路图中还标注有插头的编号，如 T10a 表示插接器有 10 根导线，a 是插接器的编号，用于与其他插接器相区别。

熔断器和继电器在更换时必须先关闭电源，然后更换相同型号的熔断器和继电器，切记不可更换不同型号的熔断器。

课题2　全车电路的维护

项目1　全车电路主要部件的检测

实训要求

掌握全车电路主要部件的检测方法。

主要实训器材

实训车辆

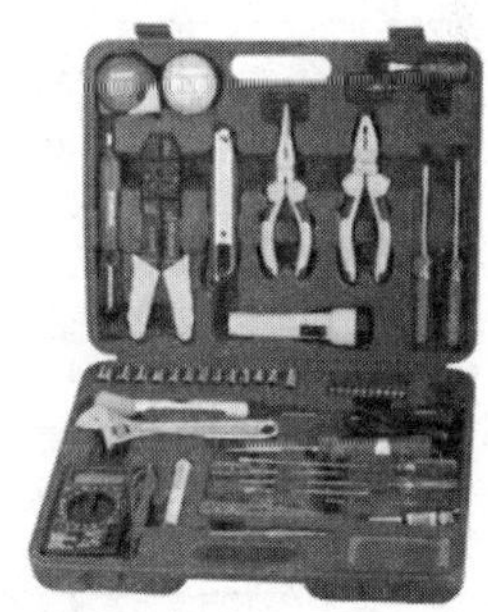

常用修理工具

实训内容

（一）线束

汽车线束内电线的常用规格有标称截面积为 0.5 mm²、0.75 mm²、1 mm²、1.5 mm²、2.5 mm²、4 mm²、6 mm²、10 mm²、16 mm² 等的电线，它们对应不同的允许负载电流值，见下表。

导线标称截面积与载流量的关系

铜芯导线标称截面积（mm^2）	0.5	0.75	1	1.5	2.5	4	6	10	16
60% 载流量（A）	7.5	9.6	11.4	14.4	19.2	25.2	33	45	63
100% 载流量（A）	12.5	16	19	24	32	42	55	75	105

电路导线可根据不同的用途选择标称截面积，见下表。

电路导线标称截面积的选择

标称截面积（mm^2）	用途
0.5	顶灯、指示灯、仪表灯、牌照灯、燃油表、刮水器电动机
0.8	转向灯、制动灯、停车灯、分电器
1	前照灯的单线（不接熔断器）、电喇叭（3 A 以下）
1.5	前照灯的电线束（接熔断器）、电喇叭（3 A 以上）
1.5 ~ 4	其他连接导线
4 ~ 6	电热塞
4 ~ 25	电源线
16 ~ 95	起动机电缆

为便于安装和检修，汽车采用双色导线，主色为基础色，辅色为环布导线的条色带或螺旋色带，且标注时主色在前，辅色在后。在一个插接器中没有颜色相同的两条线，除了从一个端子出来的。以双色为基础选用时，各用电系统的电源线为单色，其余为双色。各系统使用的双色线的主色及其代号见下表。

双色线的主色及其代号

系统名称	电线主色	代号	系统名称	电线主色	代号
电气装置接地线	黑	B	仪表、报警指示和喇叭系统	棕	Br
点火起动系统	白	W	前照灯、雾灯等外部照明系统	蓝	Bl
电源系统	红	R	各种辅助电机及电气操纵系统	灰	Gr
灯光信号系统	绿	G	收 / 放音机、点烟器等系统	紫	V
车身内部照明系统	黄	Y			

（二）开关

1. 点火开关

左图中细实线代表开关内部的结构，图形所表示的是开关没有动作时各插脚的连接状态。开关没有动作时，30 脚和 P 脚导通；开关转到 1 挡时，30 脚和 X 脚、30 脚和 15 脚导通，此为点火挡位；开关转到 2 挡时，30 脚和 50 脚、30 脚和 15 脚导通，此为启动挡位。

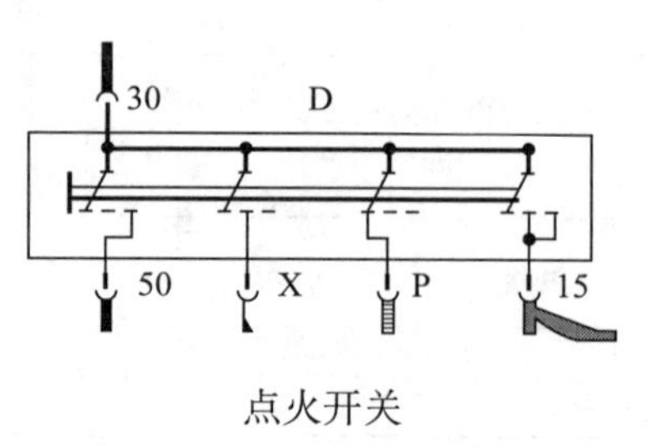

点火开关

2．其他开关

开关是切断或接通电路的一种控制装置，其动作可以是手控的，也可以根据电路或车辆所处状态自动控制，分常开和常闭两种形式。

开关的检查主要是通过万用表电阻挡或蜂鸣挡检查开关的通断。

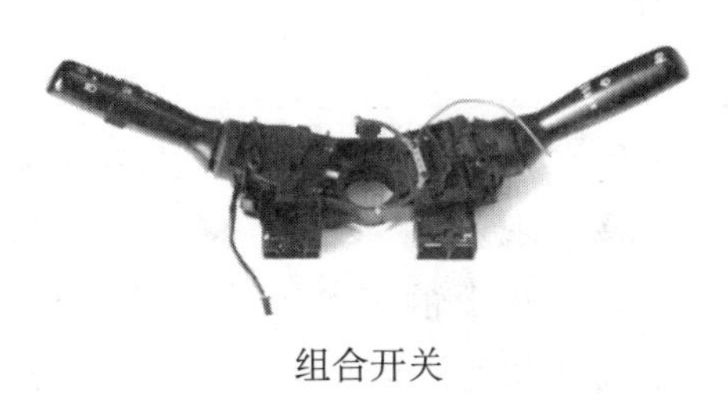

组合开关

（三）继电器

继电器主要分为普通继电器和复合继电器两种，可以实现自动接通或切断一对或多对触点，完成用小电流控制大电流的操作，通过减小控制开关的电流负荷，保护电路中的控制开关。

对于普通继电器可以用万用表进行电阻检查或者接地检查；对于复合继电器大多采用更换的方法检查，有的可以通过解码器读取故障码，如大众车系常用的车载电网控制单元 J519。

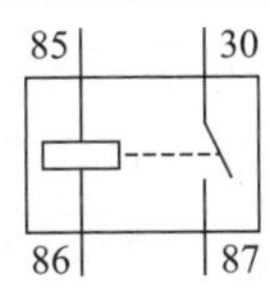

普通继电器结构图

车载电网控制单元 J519

（四）熔断器

熔断器俗称保险丝，它是最普通的电路保护装置，有管式熔断器、大电流熔断器、标准片式熔断器和微型片式熔断器等基本类型。熔断器在电路中起保护作用。

以标准片式熔断器为例，检查熔断器一般用观察法和试灯检测法。观察法就是拔下熔断器观察其是否烧毁。试灯检测法就是用试灯接触熔断器后检查端子，熔断器一端亮一端不亮说明其烧毁；熔断器两端都亮说明其后面的电路有故障；熔断器两端都不亮说明其前面的电路有故障。

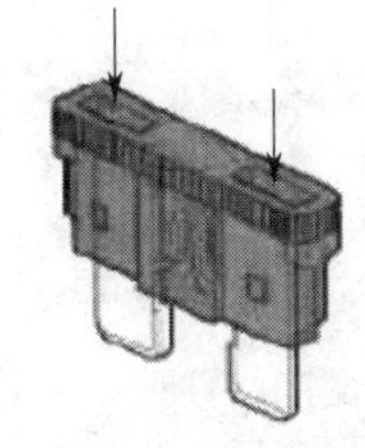

端子检查

试灯检测法

（五）插接器	
线束与线束、线束与电气设备之间采用插接器连接。现代汽车线束总成中有很多种插接器，为保证插接器的可靠连接，其上都有一次锁紧、二次锁紧装置，插孔内都有对端子的限位和止退装置。为了避免装配和安装中出现差错，插接器还可以制成不同的规格型号、不同的形式和颜色，这样不仅拆装方便，而且不会出现差错。在检查插接器时应注意虚接现象。	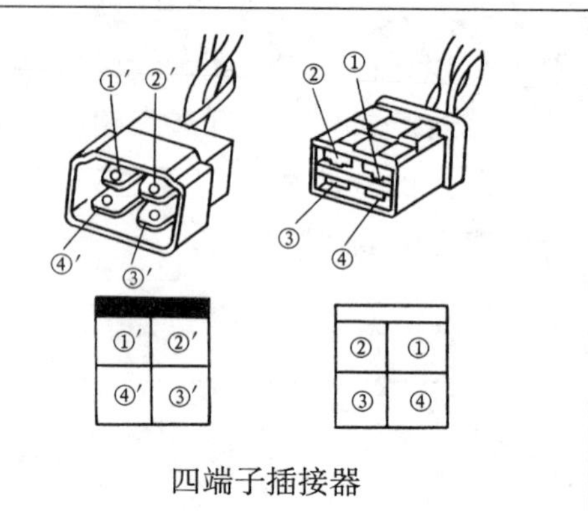四端子插接器

项目 2　电气维修设备的使用

实训要求

1．了解各种电气维修设备的功能。

2．掌握数字式万用表的使用方法。

3．熟悉常见的电气故障及诊断方法。

主要实训器材

实训车辆

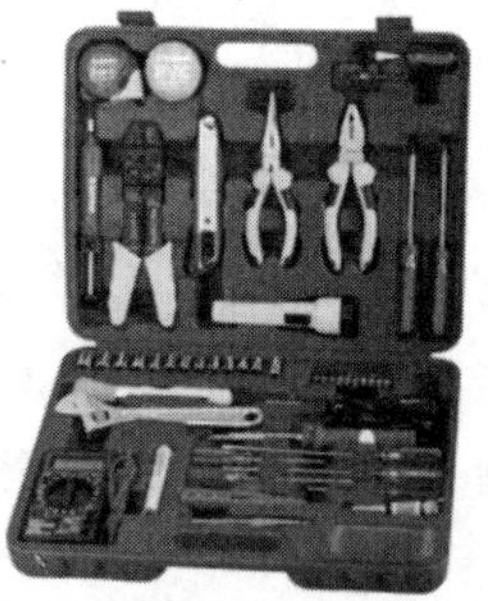

常用修理工具

数字式万用表

实训内容

（一）跨接线

在进行电路检查时会用到很多工具，跨接线就是其中一种。跨接线有时可作为故障诊断的辅助工具，可用于跨过某段被怀疑已断开的导线，而直接向某一部件提供电的通路；也可用于不依赖于电路中的开关或导线而向电路中加上电池电压。跨接线可配上与通导性测试笔相同的探针和夹子，也可设计为各种特殊形式。切勿将跨接线直接跨接在蓄电池的两端或蓄电池正极和搭铁之间。

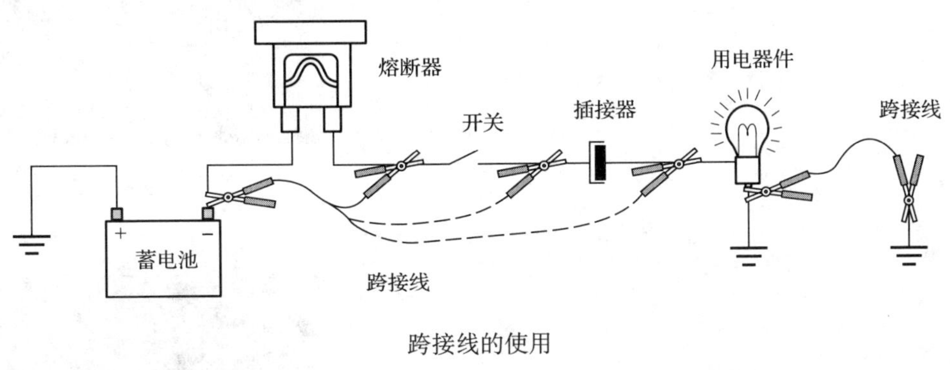

跨接线的使用

（二）试灯

12 V 试灯用于测量电路中是否存在电压。其外观与通导性测试笔很相似，但它没有内部电池，而且其灯泡额定电压为 12 V。当试灯一端接地，另一端探针触到带电压的导体时，灯泡就会点亮。与通导性测试笔一样，试灯不能取代电压表，因为它只能显示用电器件是否有电压，但不能显示电压的高低。

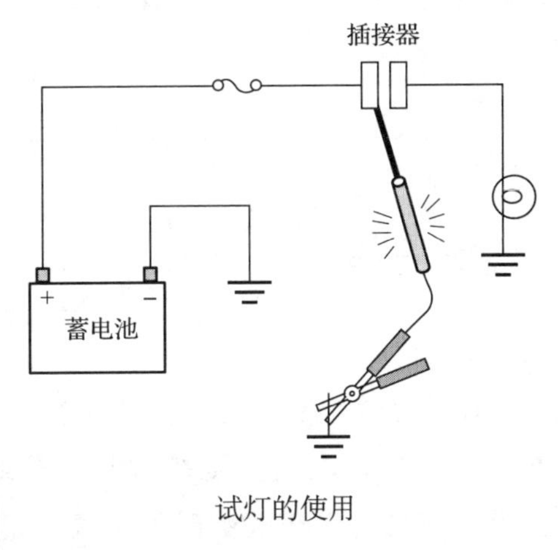

试灯的使用

（三）万用表的使用

不同的汽车万用表其功能及结构不尽相同，但基本都是由数字及模拟量显示屏、功能按钮、测试项目选择开关、温度测量插孔、公用插孔（用于测量电压、电阻等）、搭铁插孔、电流测量插孔、测试探针（或大电流钳）等构成。

数字式万用表

注意：检查数字式万用表电池的情况时，应将电源开关“POWER”按下，如果显示屏上显示“+ −”符号，则表示电量不足，需要更换电池后再使用。

万用表电量不足

注意：测试表笔插孔旁的警告符号“⚠”表示测试电压和电流时不要超过其指示数值。在使用数字式万用表测量前要先确保将其量程开关置于相应的挡位上，否则可能损坏万用表。

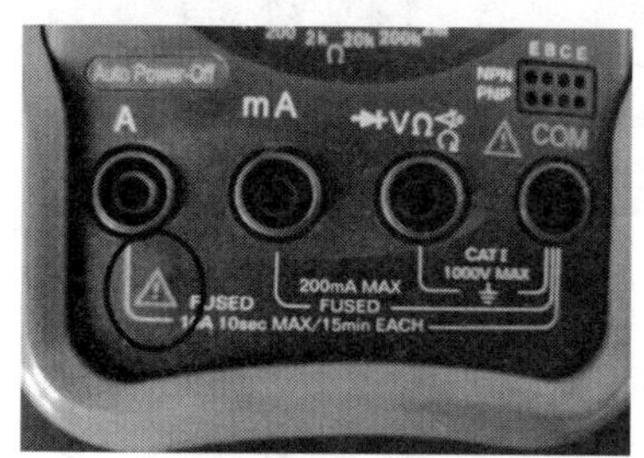

万用表警告符号

1．直流电压的测量

（1）将黑表笔插入COM插孔，红表笔插入→+VΩ插孔。

（2）将功能/量程开关置于直流电压“V—”量程范围，将表笔并接在被测负载或信号源上。显示屏在显示电压读数时，红表笔所接端的极性也将同时显示出来。

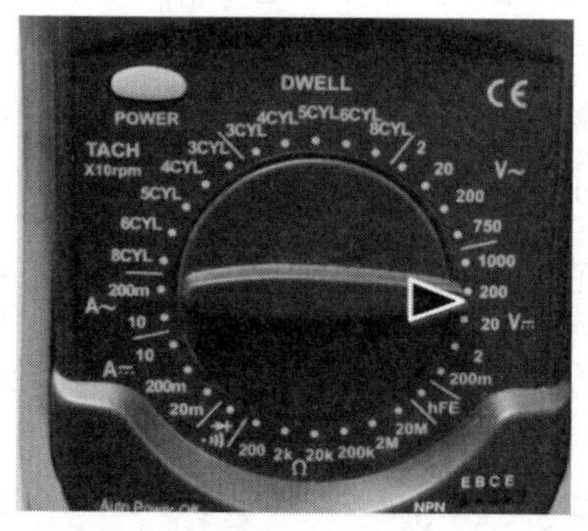

直流电压挡（上限200 V）

注意：

（1）在测量之前如果不知道被测电压范围，应将功能/量程开关置于最高量程挡并逐挡调低。

（2）如果显示屏只显示“1”或“OL”时，说明被测电压已超过量程，功能/量程开关需调高一挡。

（3）不要输入高于1 000 V的电压，虽然有可能得到读数，但有损坏仪表内部线路的可能。

（4）在测量高压时应避免触电。

2．交流电压的测量

（1）将黑表笔插入COM插孔，红表笔插入 ⇥VΩ 插孔。

（2）将功能/量程开关置于交流电压测量“V ～”量程范围，将表笔并接到被测负载或信号源上。

交流电压挡（上限200 V）

注意：

（1）在测量之前如果不知道被测电压范围，应将功能/量程开关置于最高量程挡并逐挡调低。

（2）如果显示屏只显示“1”或“OL”时，说明被测电压已超过量程，功能/量程开关需调高一挡。

（3）不要输入高于700 V的电压，虽然有可能得到读数，但有损坏仪表内部线路的可能。

（4）在测量高压时应避免触电。

3．直流电流的测量

（1）将黑表笔插入COM插孔。当被测电流在200 mA以下时，将红表笔插入mA插孔；当被测电流为200 mA ～ 10 A时，将红表笔插入A插孔。

（2）将功能/量程开关置于“A—”量程范围，将表笔串接在被测电路中。显示屏在显示电流读数时，红表笔所接端的极性也将同时显示出来。

直流电流挡（上限10 A）

4．交流电流的测量

（1）将黑表笔插入COM插孔。当被测电流在200 mA以下时，将红表笔插入mA插孔；当被测电流为200 mA ～ 10 A时，将红表笔插入A插孔。

（2）将功能/量程开关置于“A ～”量程范围，将表笔串接在被测电路中。

交流电流挡（上限10 A）

注意：

（1）在测量之前如果不知道被测电流范围，应将功能 / 量程开关置于最高量程挡并逐挡调低。

（2）如果显示屏只显示“1”或“OL”时，说明被测电流已超过量程，功能 / 量程开关需要调高一挡。

（3）mA 插孔输入过载时会将内装熔丝熔断，须予以更换。熔丝规格为 0.2 A/250 V，几何尺寸为 ϕ5 mm × 20 mm。

（4）10 A 插孔无熔丝，测量时间应小于 10 s，以避免线路发热影响准确度。

5．电阻的测量

（1）将黑表笔插入 COM 插孔，红表笔插入 →VΩ 插孔。

（2）将功能 / 量程开关置于“Ω”量程范围，将表笔跨接到待测电阻上。

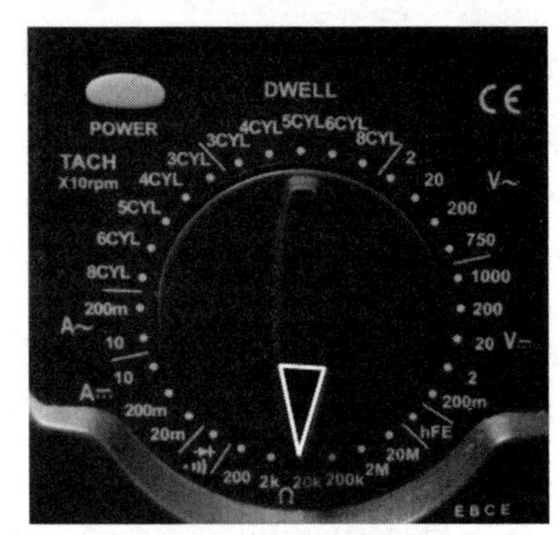

电阻挡（上限 20 kΩ）

注意：

（1）当输入端开路时，显示屏显示为过量程状态，即显示“1”或“OL”。

（2）当被测电阻值大于 1 MΩ 时，仪表需在数秒后才能稳定读数，这对于大电阻值的测量是正常的。

（3）检测在线电阻时，在测量前须确认被测电路电源已断开，同时电容放电完毕。

（4）两手不能同时接触两根表笔的金属杆或被测电阻的两只引脚，以免引起干扰。

6．通断测试

（1）将黑表笔插入 COM 插孔，红表笔插入 →VΩ 插孔。

（2）将功能 / 量程开关置于“→+·))”量程范围，将表笔跨接在待检测电路两端。若被检测两点之间的电阻值小于 50 Ω，蜂鸣器便会发出声响。

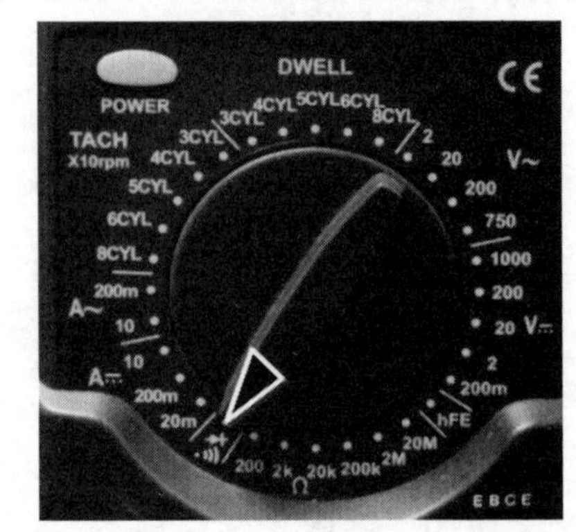

通断挡

注意：

(1) 当输入端开路时，显示屏显示为过量程状态，即显示“1”或“OL”。

(2) 必须在切断电源的状态下检查被测电路的通断，因为任何负载信号都会使蜂鸣器发声，导致判断错误。

（四）常见电气故障

1．对地线短路

对地线短路是指一个电路的正极与地线之间的意外导通。当发生这种情况时，电流绕过工作负载流动，因为电流总是试图通过电阻最小的通路。

负载所产生的电阻会降低电路中的电流量，而短路可能会使大量的电流流过。通常，过量的电流会使熔丝熔断。在示意图中，短路绕过断开的开关和负载，直接流至地线。

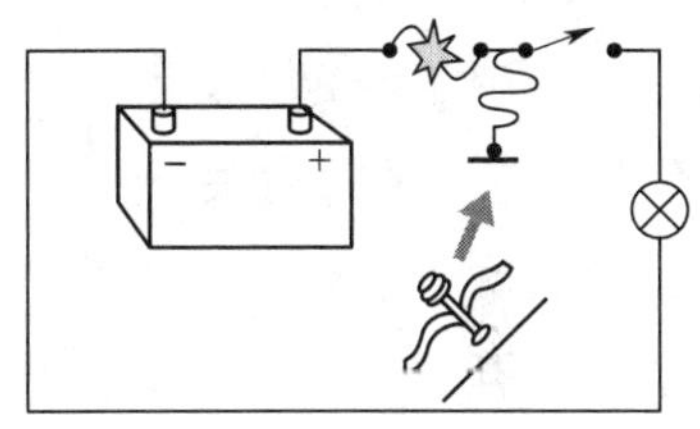

对地线短路

2．对电源短路

对电源短路是指电流不流经用电设备或零部件，直接连接在电源两极。在右图中，电流绕过开关直接流至负载，这就出现了即使开关处于断开状态，灯泡也会点亮的情况。

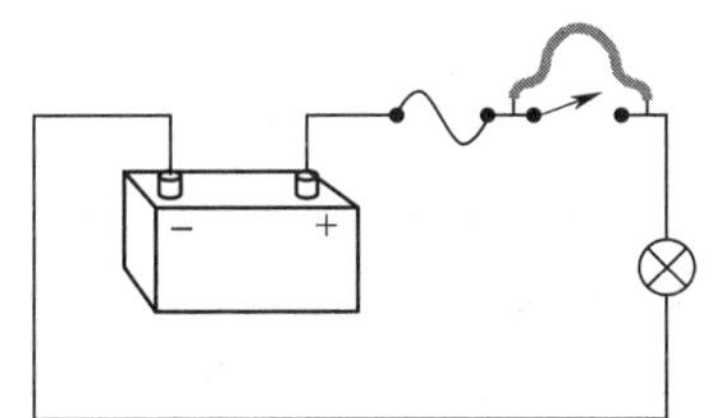

对电源短路

3．断路

断路是指电路中的某个部件、导线烧坏或没安装好时，整个电路在某处断开，如熔丝熔断、电源断开、导线断裂、地线断开、灯泡烧坏等。

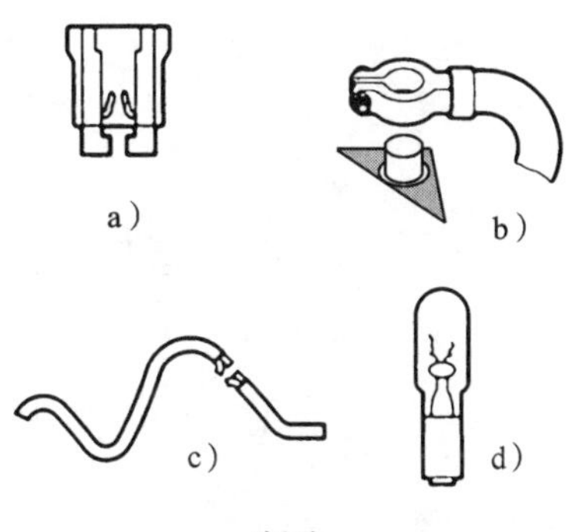

断路

a）熔断器熔断　b）电源断开

c）导线断裂　d）灯泡烧坏

（五）故障诊断方法

诊断工作要求维修人员掌握全面、系统的工作原理。对于所有的诊断工作来说，维修人员必须利用症状现象和出现的迹象，以确定车辆故障的原因。另外，制定诊断流程可以帮助维修人员进行车辆诊断。

首先，验证顾客所反映的“症状”。

然后确定车辆的哪一个“系统”与该症状有关。一旦找到了特定的系统，应当确定该系统内的哪个部件与该故障有关。

在确定发生故障的部件后，应当确定产生故障的原因。有时产生故障的原因仅是部件发生了磨损。但是，在某些情况下，故障原因可能是由该发生故障部件以外的原因造成的。

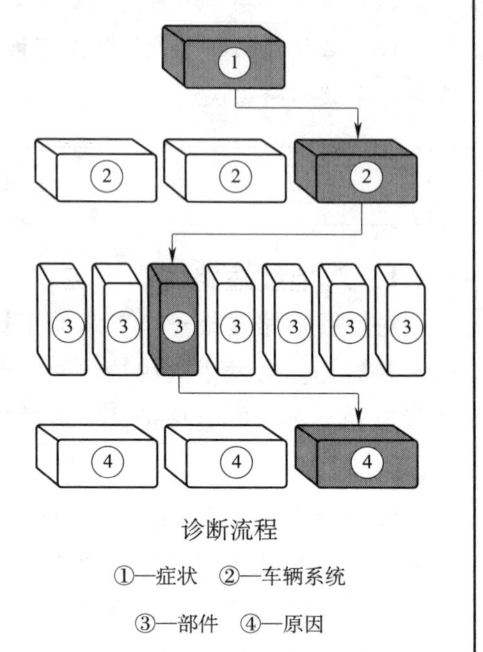

诊断流程

①—症状　②—车辆系统

③—部件　④—原因

单元2　蓄电池的维护与故障排除

知识概述

汽车用铅酸蓄电池与发电机并联，主要作用是向起动机供电。

蓄电池由正负极板、隔板、电解液、外壳等组成。

正负极板上的物质分别是二氧化铅和铅。电解液由纯硫酸和蒸馏水配制而成，其相对密度一般为1.24～1.30 g/cm^3（环境温度为15℃）。

现在轿车常使用12 V免维护蓄电池，其由6个单格组成，每个单格电压为2.1 V。

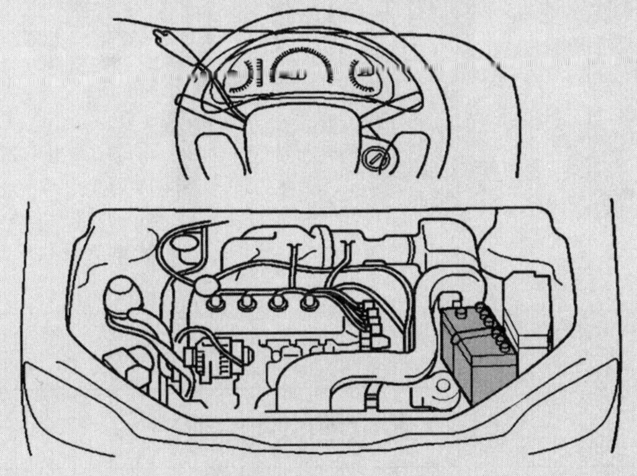

蓄电池在车上的位置

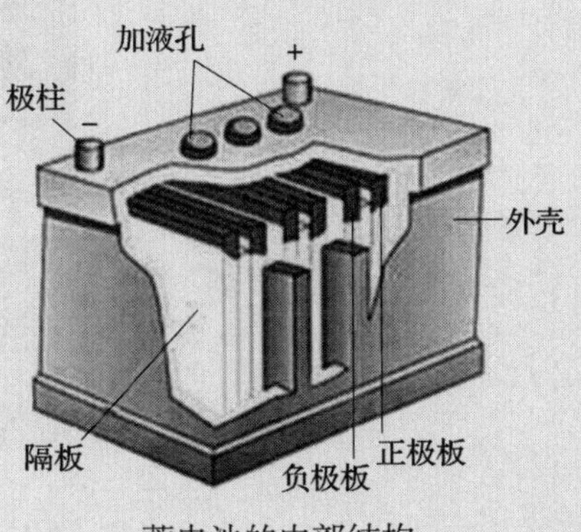

蓄电池的内部结构

课题 1　蓄电池的使用与维护

项目 1　蓄电池的保养与拆装

实训要求

1. 掌握蓄电池的维护方法。
2. 掌握蓄电池的拆装方法。
3. 掌握蓄电池状况的检查方法。

主要实训器材

实训车辆

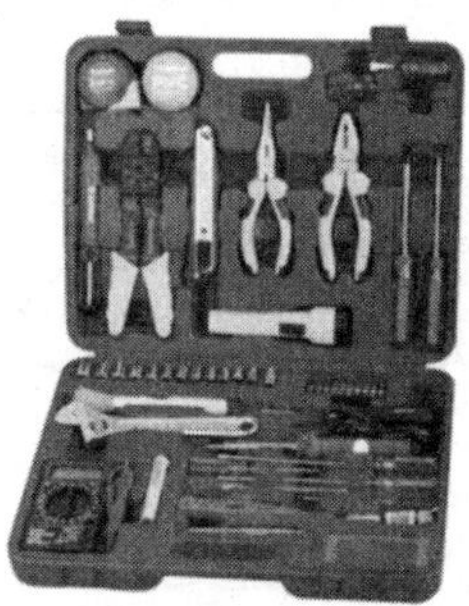
常用修理工具

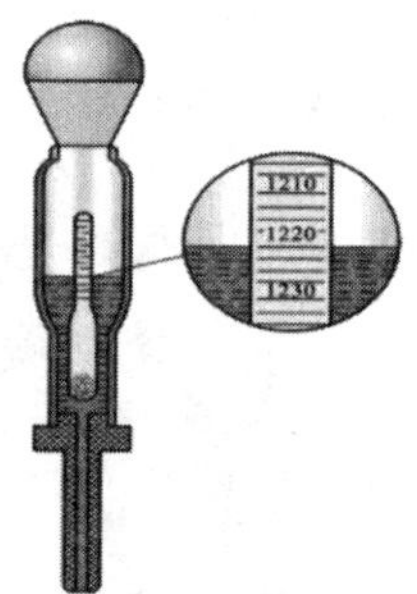

吸式密度计

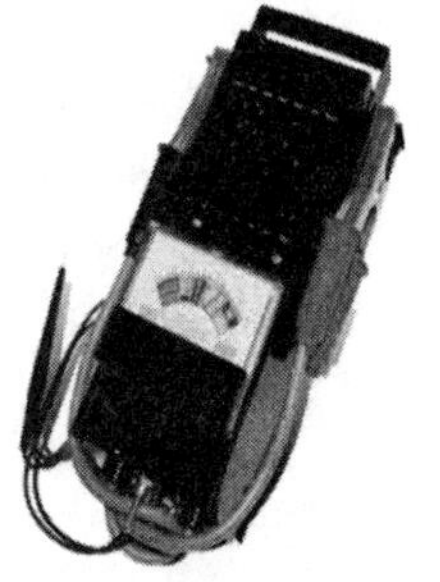
高率放电计

实训内容

（一）蓄电池的外部维护

1. 观察蓄电池外部有无电解液渗漏现象，以确定其外壳有无破裂。若有，应进行修理或更换。	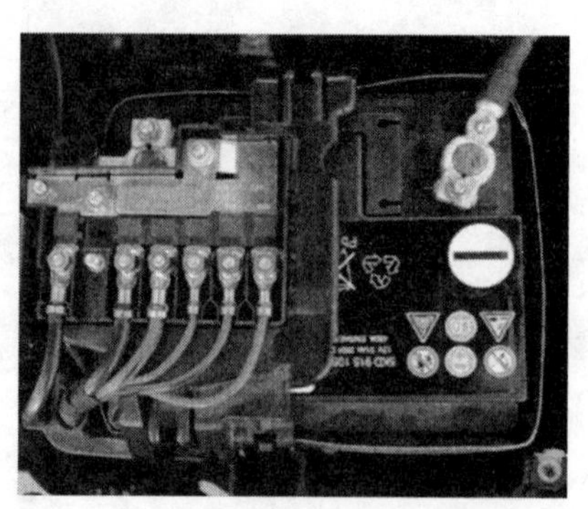 检查蓄电池外壳

2．用苏打水对蓄电池进行冲洗，保持其外部清洁，以防止表面脏污而导致蓄电池自放电。	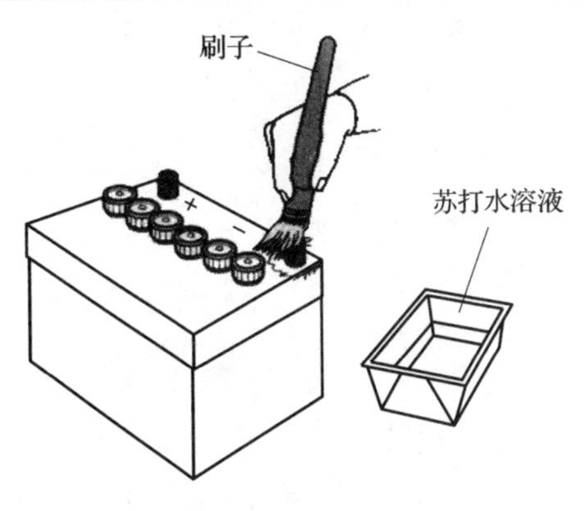 清洁蓄电池表面
3．检查极柱的连接是否有氧化物。若有氧化物，应先用砂纸磨掉，然后涂抹润滑脂或凡士林，最后进行紧固。	 去除极柱上的氧化物
4．用细探针检查免维护蓄电池两侧通气孔是否畅通。	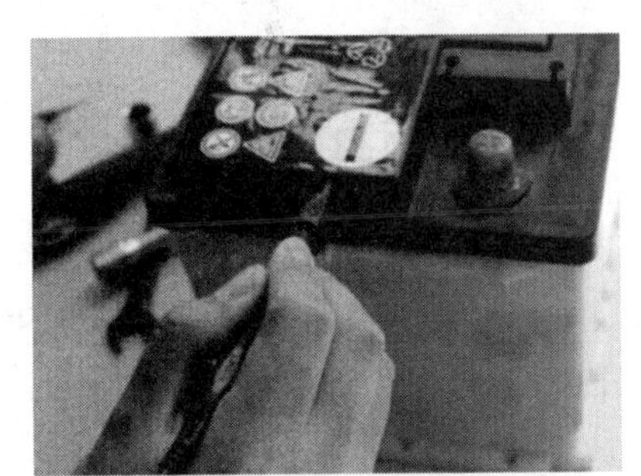 检查通气孔是否畅通
5．检查蓄电池的固定状况。检查蓄电池在车上的安装是否牢固，导线、夹头与两极接线柱的连接是否紧固。	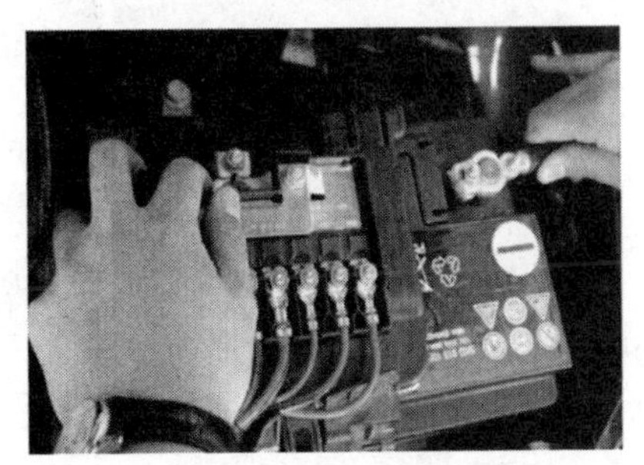 检查接线柱是否牢固

（二）蓄电池的拆装	
1．将点火开关置于“断开（OFF）”位置。	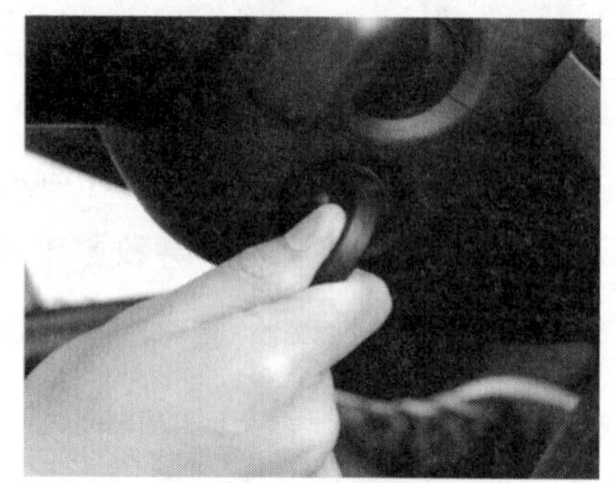 关闭点火开关
2．拧松蓄电池负、正极桩上的电缆接头紧固螺栓，取下电缆。 **注意**：拆卸接线柱时，一定要先拆负极接线柱，再拆正极接线柱。	 拆卸接线柱
3．拆下蓄电池固定夹板的固定螺栓，取下固定夹板。	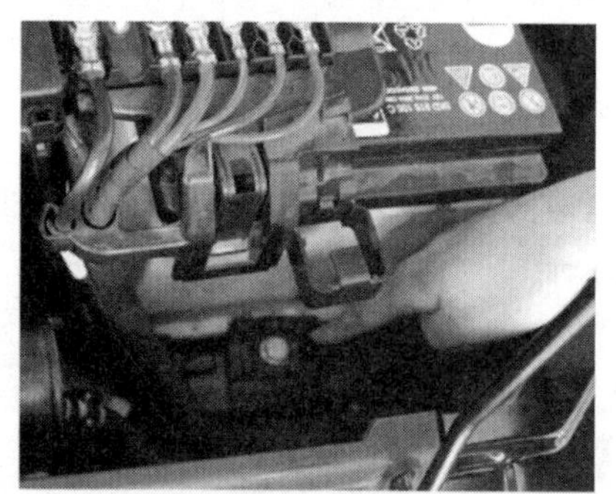 拆卸固定夹板
4．从汽车上取下蓄电池。取下蓄电池时应小心轻放，尽量用蓄电池提把提取。	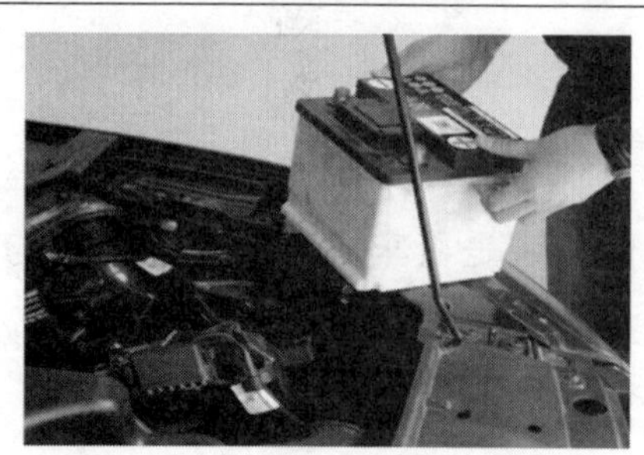 取下蓄电池

5．蓄电池的安装与拆卸步骤相反。操作时应注意以下内容：

（1）检查蓄电池型号、规格是否适合该车型汽车使用。

（2）在发动机运转的情况下，严禁拆装蓄电池。

（3）拆装时尽量不要用手直接触摸电解液，如接触到要及时清洗。

（4）安装接线柱时要先安装正极，再安装负极。

（三）蓄电池状况检查

1．电解液液面高度的检查

应定期检查蓄电池电解液液面高度。电解液液面应高出极板 10 ～ 15 mm。电解液不足时，应及时加注蒸馏水。

（1）玻璃管测量法

工具：内径为 3 ～ 5 mm 的玻璃管。

（2）观察液面高度指示线法

正常液面高度应介于 10 ～ 15 mm 刻度线之间，液面过低时，应加入蒸馏水进行补充。

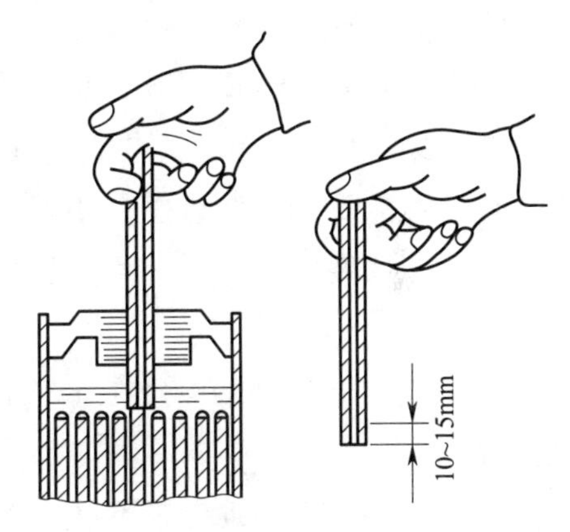

玻璃管测量法

2．电解液密度的检查

通过检查电解液的密度来判断蓄电池的技术状况。

（1）用吸式密度计测量电解液密度

1）把吸式密度计下端橡皮管插入电池单格加液孔内的电解液中，用手将橡胶皮球捏扁，慢慢放松橡胶皮球，电解液就会被吸进玻璃管中。电解液在玻璃管中的刻度就是电解液密度。

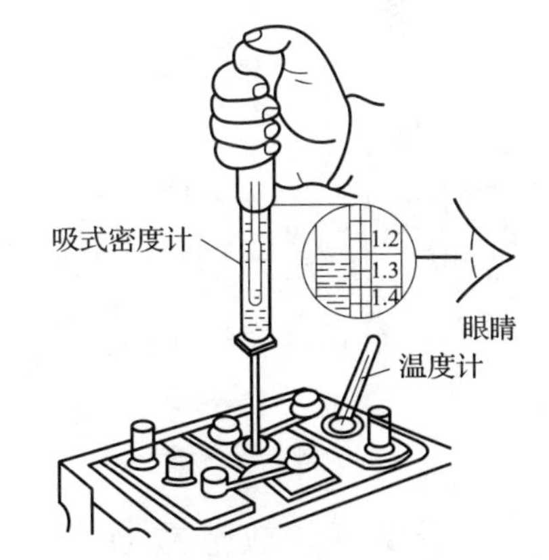

电解液密度的测量与读取

2）放电程度的判断方法：电解液相对密度每下降 0.01 g/cm^3，相当于蓄电池放电 6%，由此，根据电解液密度可以确定蓄电池的放电程度。一般规定，蓄电池冬季放电达 25%，夏季放电达 50% 时不宜再使用，应及时进行充电，否则会使蓄电池极板硫化而提前报废。

标准温度为 20℃时电解液的密度 g/cm³

放电 0%	放电 25%	放电 50%	放电 100%
1.300	1.275	1.245	1.190
1.290	1.255	1.225	1.150
1.280	1.240	1.200	1.120
1.270	1.225	1.180	1.090
1.260	1.210	1.160	1.060

（2）用内装式密度计观察

许多新式蓄电池在加液孔盖或蓄电池壳体上装有内装式密度计（也称蓄电池电量指示器），内部装有一颗能反光的绿色塑料小球，随其浮升的高度变化，从玻璃观察孔中可以看到代表不同状态的颜色。

1）绿色：蓄电池的电量在 65% 以上，可以继续使用。

2）浅绿色：蓄电池电量不足，必须进行充电。

3）淡黄色：电解液液面低于密度计，需更换电池，同时检查汽车发电机充电电压是否过高。

绿点 黑点 黄点

检视窗口

内装绿色小球的笼子

绿色小球

内装式密度计

3．用万用表测量蓄电池电压（额定电压为 12 V）

若测得的电压小于 12 V，说明蓄电池过量放电；若测得的电压为 12.2 ~ 12.5 V，说明蓄电池部分放电；若测得的电压大于 12.5 V，说明蓄电池电量充足。

用万用表测量蓄电池电压

4．模拟启动放电检测

利用 12 V 不可变电流式高率放电计测量蓄电池的技术状况。测量时用力将高率放电计触针刺入正负极，保持 15 s，若蓄电池电压能保持在 9.6 V 以上，说明该蓄电池性能良好，但存电不足；若电压稳定在 10.6 ~ 11.6 V，说明存电充足；若电压迅速下降，说明蓄电池已损坏。

用高率放电计检测

项目 2　蓄电池的充电

实训要求

1．熟悉充电机的选用原则。

2．掌握充电机的使用方法。

3．了解蓄电池充电与维护的注意事项。

主要实训器材

充电机

蓄电池

实训内容

（一）充电机的选择

实际工作中可根据所充蓄电池数量的多少和经营规模的大小来选择充电机。在每次充电的过程中，接入的蓄电池容量应尽可能接近充电机的额定直流电输出值，以保证充电机的使用效率和经济效益。

1．可控硅整流充电机输出端的额定电压较大，额定电流较小，适用于蓄电池串联方法的定电流充电。	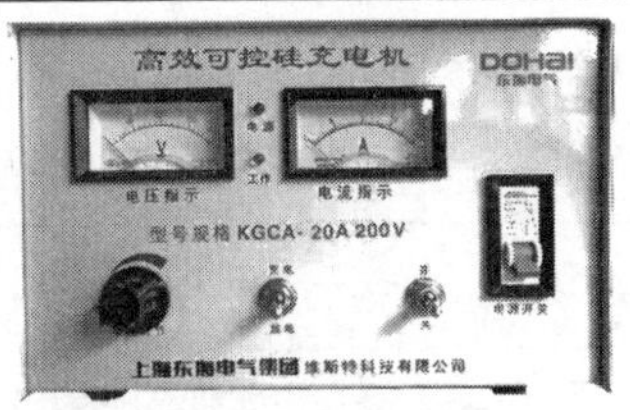 可控硅整流充电机
2．硅整流充电机输出端的额定电压较小，额定电流较大，适用于蓄电池并联方法的定电压充电。	 硅整流充电机

3．快速脉冲充电机设置了常规充电功能，并且其输出端的额定电压与额定电流都很大，适用于蓄电池各种连接方法的充电。快速充电时，可选择与蓄电池容量匹配的电流进行充电。

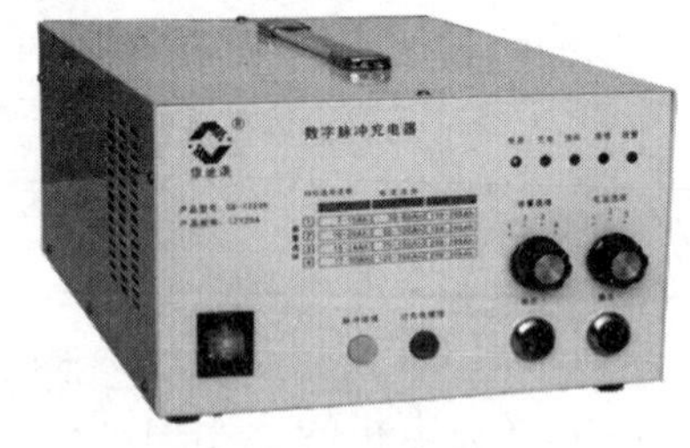

快速脉冲充电机

（二）蓄电池的充电连接方法

1．定电流充电可以同时对多个串联蓄电池进行充电，充电电流要先按照小容量蓄电池进行选择，待小容量蓄电池充足电后，将其拆除，再按余下蓄电池的容量重新选择充电电流进行充电。定电流充电具有较大的适应性，适用于初充电，充电时间长，易形成过充电。

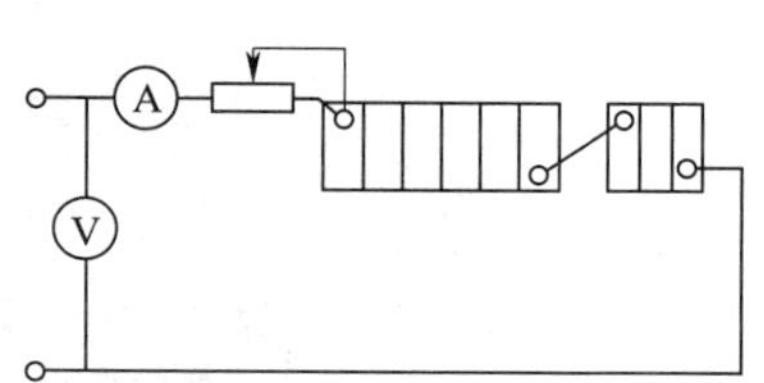

定电流充电

2．定电压充电可以同时对多个蓄电池组进行充电，但要求每组蓄电池的端电压相同。各蓄电池组之间并联，随着蓄电池电压增高，充电电流会减小，直至为零。充电初期的充电电流较大，充电速度快，充电结束时充电电流自动减小至零，不会发生过充电。

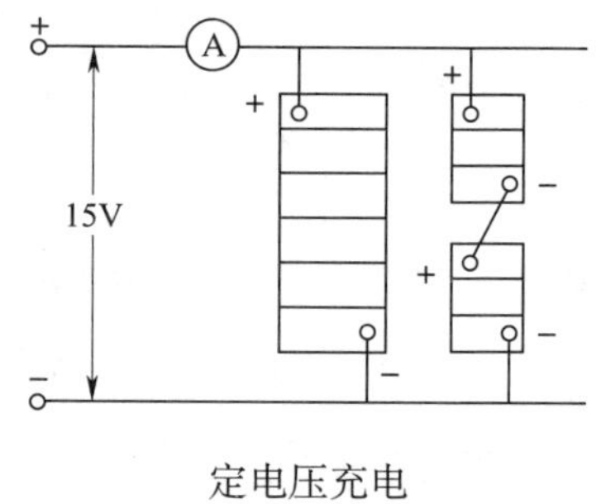

定电压充电

3．快速脉冲充电采用自动控制电路，对蓄电池进行正反向脉冲充电，可以大大提高充电效率，且造成的不良影响较小。对蓄电池进行补充充电仅需 0.5 ～ 1 h。

（三）蓄电池充电与维护的注意事项

1．严格遵循各种充电类型与方法的充电规范。

2．新蓄电池在充电之前，应先注入标准相对密度的电解液，当电解液温度下降到35℃以下时，再进行充电。

3．蓄电池就车充电时，必须拆下与车上连接的电源线。

4．充电时，要先选择充电电压，再连接电池充电线路并将其接牢（以防止接触不良产生火花），然后接通交流电源，最后按要求调整好充电电流。停止充电时，应先将充电电流调至最小，再关闭充电机电源，切断交流电源后再拆下充电连接线。

5．在充电过程中，必须打开蓄电池的加液孔盖，使电池内产生的氢气和氧气得以顺利排出。

6．在充电过程中，要经常检查电解液的温度。当充电温度上升到 40℃时，应将电流减半；若温度继续上升到 45℃，应立即停止充电，并采取降温措施（采用风冷或水冷方式）；待温度降至 35℃以下再进行充电。减小充电电流时，应适当延长充电时间。

7．充电室要安装通风设备；严禁用明火取暖，防止失火；充电设备和蓄电池应分开放置；充电室要经常备有清水、10% 的苏打水溶液或 10% 的氨水溶液。

8．拆卸蓄电池两极接线柱导线接头时，可先用热水冲洗，待氧化物溶解后再进行拆卸，严禁硬撬与敲击，以防止损坏蓄电池壳体或造成极板活性物质的脱落。连接蓄电池两极接线柱导线接头时，要用稍粗一些的纱布将接线部位打磨干净，拧紧螺栓后涂一层润滑脂，以防氧化。

9．配制电解液时，要严格执行安全操作规程，将浓硫酸慢慢倒入蒸馏水中，并不断搅拌，严防腐蚀事故的发生。一旦发生腐蚀，应立即用清水或苏打水进行冲洗，以消除或减少硫酸灼伤。

课题 2　蓄电池的故障诊断与排除

项目 1　蓄电池容量低的故障排除

实训要求

1．了解蓄电池容量低的故障现象及原因。

2．掌握蓄电池容量低的故障排除方法。

主要实训器材

实训车辆

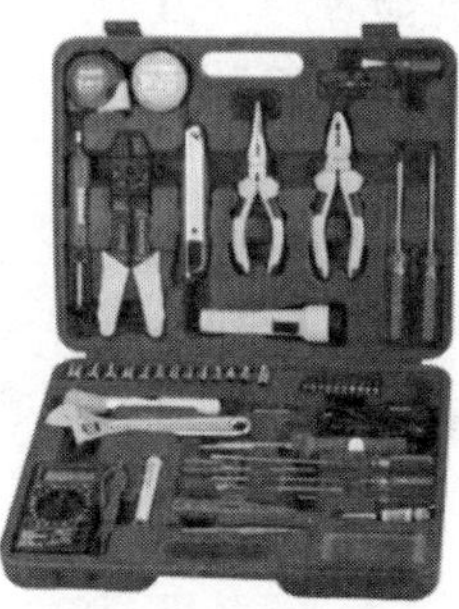
常用修理工具

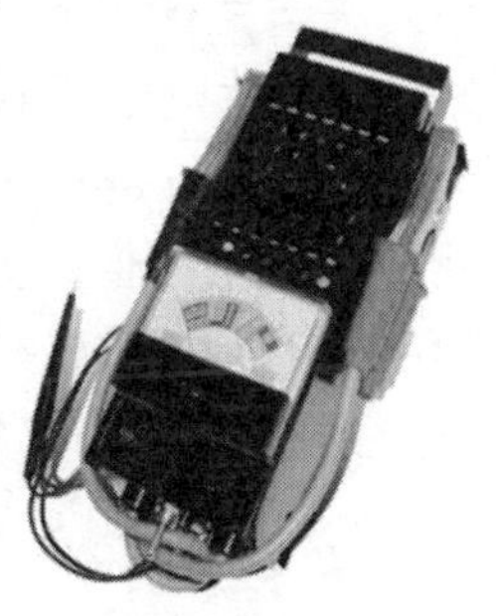
高率放电计

数字式万用表

故障现象

1．发动机启动时，转动无力，发动机不能启动。

2．打开前照灯，同时按喇叭，前照灯变暗，喇叭声音微弱。

故障原因

1．蓄电池充电不足。

2．起动机由于长时间使用，造成大电流放电，致使蓄电池极板上的活性物质脱落。

3．电解液相对密度过高、液面过低或经常亏电，造成蓄电池极板硫化。

4．蓄电池内部活性物质沉淀，造成蓄电池自放电。

5．蓄电池外部电路漏电，造成蓄电池经常亏电。

故障排除方法

1．检查蓄电池两极接线柱与电源导线连接是否牢固，是否有氧化或松动现象。若有应予以排除。	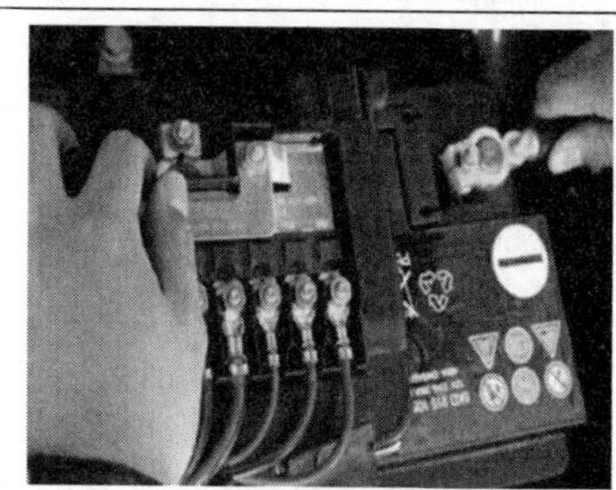 检查接线柱是否牢固
2．检查蓄电池外观，查看有无裂纹、表面是否脏污。若有应予以排除。	 清洁表面
3．断开点火开关，关闭所有用电器件，拆下蓄电池负极搭铁线，在蓄电池正极引线与负极搭铁线之间串联万用表，将万用表调至欧姆挡，量程选择 1 kΩ，测量线束电阻值。如果线束电阻值小于 100 Ω，说明蓄电池外部漏电；如果线束电阻值大于 100 Ω，说明蓄电池内部故障。	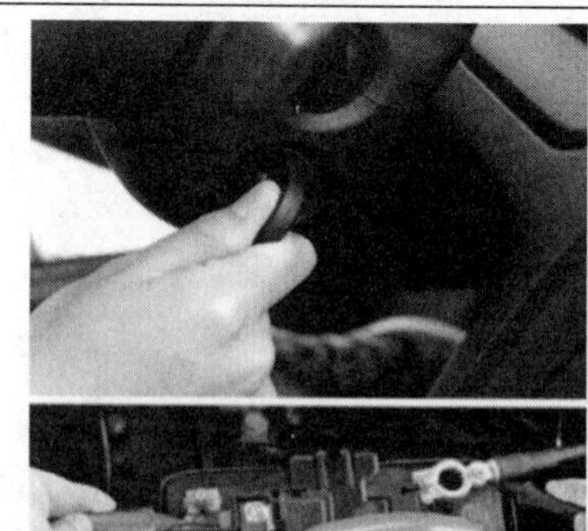  测量线束电阻值

4．用高率放电计检查蓄电池的容量。若纯属容量过低而无其他故障，可对其进行充电处理。同时，应检查发电机的技术状况（对于免维护蓄电池，应直接检查蓄电池观察孔，若出现黄点应更换蓄电池）。	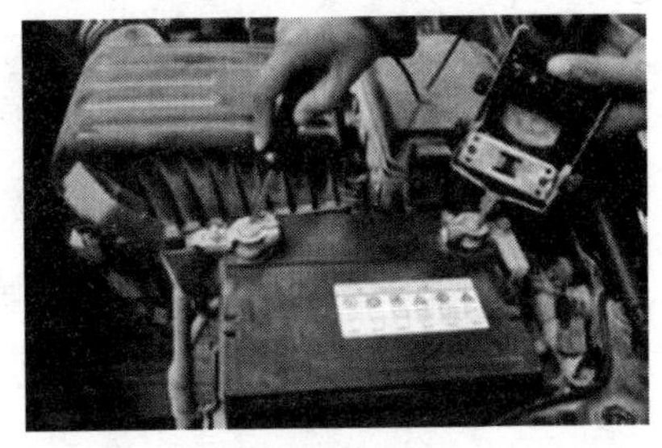 检查蓄电池的容量
5．检查电解液液面高度。若液面高度不足，且极板上有白色结晶物质，则很可能是极板硫化，可通过去硫化充电予以排除。硫化严重时应报废。	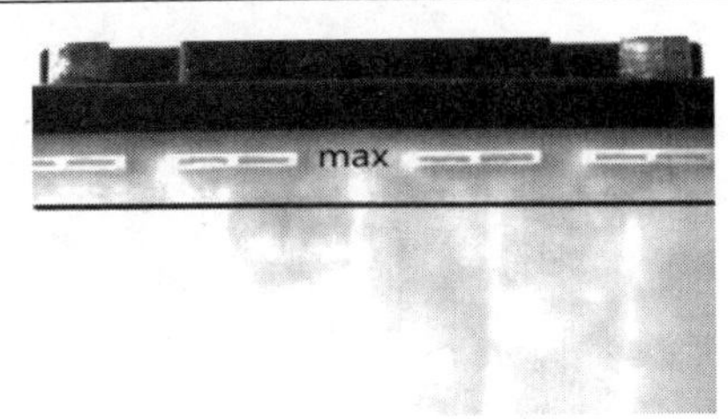 检查液面高度
6．在充电过程中，若出现相邻单格中电解液密度有明显差距，说明蓄电池内部有断路故障；若电解液变为褐色浑浊状态，则说明蓄电池内部有极板脱落故障。遇到这两种情况，应根据故障的严重程度进行修理或报废。	

项目 2　蓄电池外部漏电的故障排除

实训要求 1．了解蓄电池外部漏电的故障现象及原因。 2．掌握蓄电池外部漏电的故障排除方法。
主要实训器材 同本课题项目 1。
故障现象 发动机启动时，起动机启动无力，通过对起动机充电并辅助启动后，汽车能正常行驶。次日，发动机启动时，起动机又出现启动无力的现象。
故障原因 1．由于汽车电器、线束、传感器等电子元器件和电路搭铁，造成漏电，使蓄电池亏电。 2．由于一些开关出现短路，使用电设备一直在工作，造成蓄电池亏电。

<table>
<tr><th colspan="2">故障排除方法</th></tr>
<tr><td>1．检查蓄电池两极柱之间是否有其他意外连接引起短路，检查各种不经过点火开关的用电器件（如门灯、收音机、座椅加热器、点烟器等）开关是否正常接通，关闭所有开关、车门和行李舱盖。</td><td>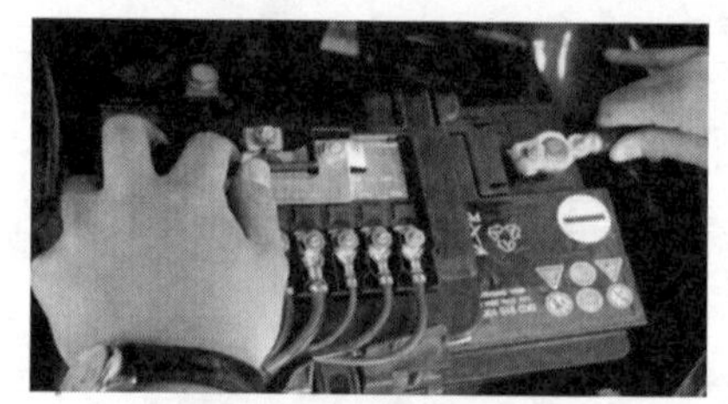
检查极柱的连接情况</td></tr>
<tr><td>2．断开点火开关，关闭所有用电器件，拆下蓄电池负极搭铁线，在蓄电池正极引线与负极搭铁线之间串联万用表，将万用表调至欧姆挡，量程选择 1 kΩ，测量线束电阻值。如果线束电阻值小于 100 Ω，说明蓄电池外部漏电；如果线束电阻值大于 100 Ω，说明蓄电池内部故障。</td><td>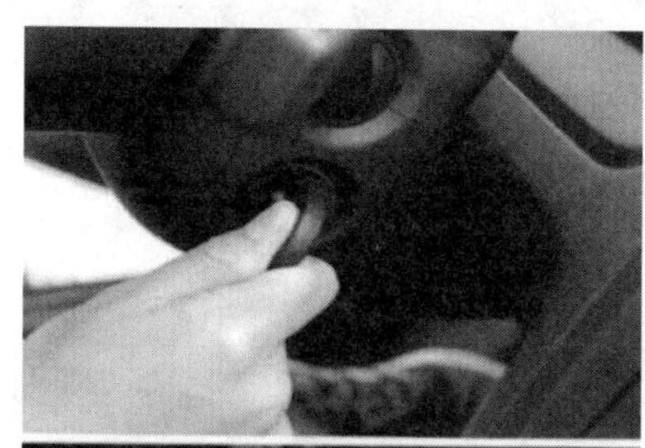

测量线束电阻值</td></tr>
<tr><td>3．将数字式万用表调到大电流挡（最大量程 2 A 以上），红、黑表笔分别与蓄电池负极和搭铁线相连。</td><td>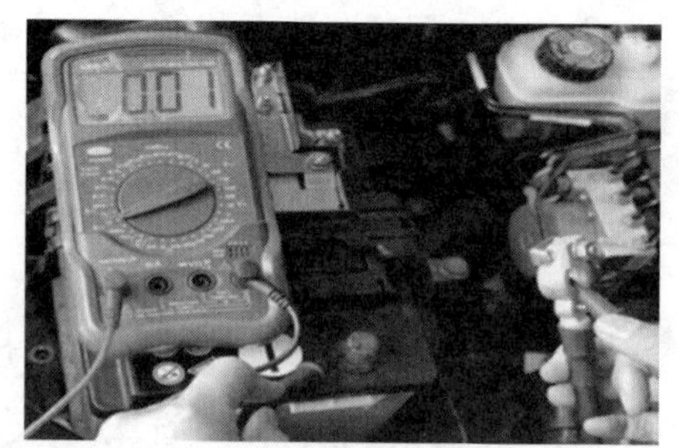
测量蓄电池放电电流</td></tr>
<tr><td colspan="2">4．读取万用表的数值。如果电流小于 10 mA，说明外部电路正常；如果电流大于 10 mA，说明外部电路有漏电现象。</td></tr>
</table>

<table>
<tr>
<td>5．依次拔下熔断器，切断各个电路，观察电流表读数。当拔下某一个熔断器时，如果电流表读数突然下降，说明该熔断器所控制的电路有漏电现象，应查找电路图，找出故障点；如果电流表读数没有变化，则进行下一步检查。</td>
<td>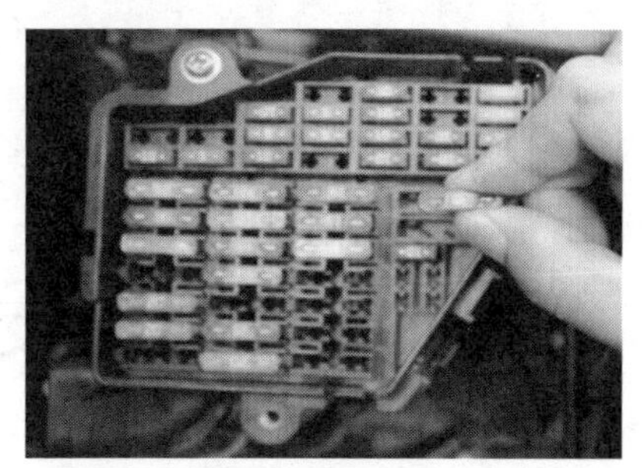
拔下熔断器</td>
</tr>
<tr>
<td>6．依次拔下继电器并拆掉无熔断器组件的导线，然后按线路依次查找故障点。</td>
<td>

继电器</td>
</tr>
</table>

单元3　交流发电机的维护与故障排除

知识概述

在汽车行驶过程中，由发电机向全车用电设备供电（除了起动机），也向蓄电池充电。

充电指示灯的作用是监控充电系统是否正常工作，保证汽车在行驶中供电正常。

电压调节器的作用是对发电机的输出电压进行控制，使其保持基本恒定，以满足汽车用电设备的需求。现在常用的交流发电机是整体式交流发电机，电压调节器安装在发电机内部。

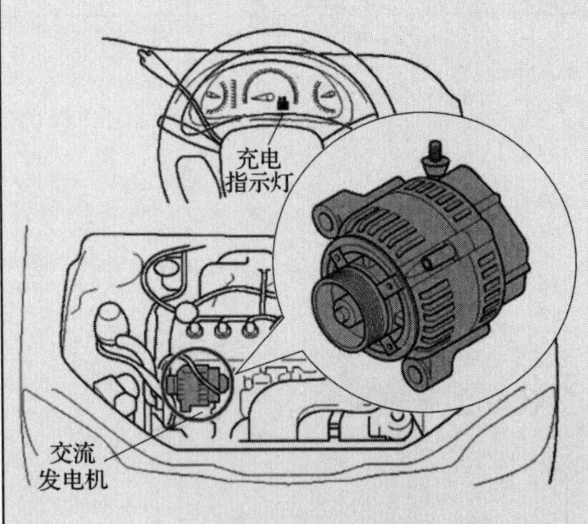

发电机在车上的位置

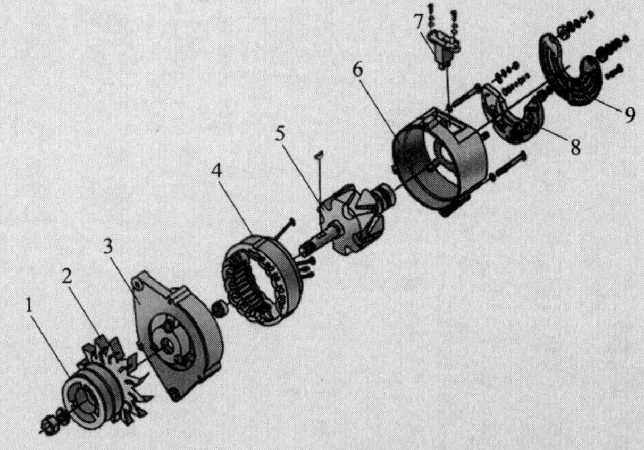

发电机的组成

1—带轮　2—风扇　3—前端盖　4—定子

5—转子　6—后端盖　7—电刷组件

8—整流器组件　9—防护罩

课题1　交流发电机的拆装与检修

项目1　交流发电机的拆装

实训要求

1. 掌握发电机就车拆装的方法。
2. 掌握发电机的分解与装配方法。

主要实训器材

实训车辆

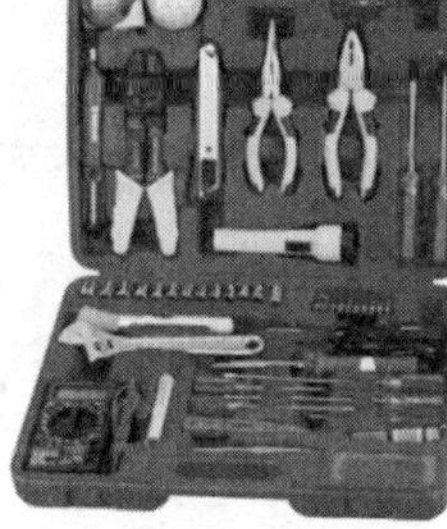
常用修理工具

拉力器

电烙铁

实训内容

（一）发电机就车拆装

1. 拆下蓄电池负极，以防止在拆发电机30号线时出现蓄电池短路的现象。	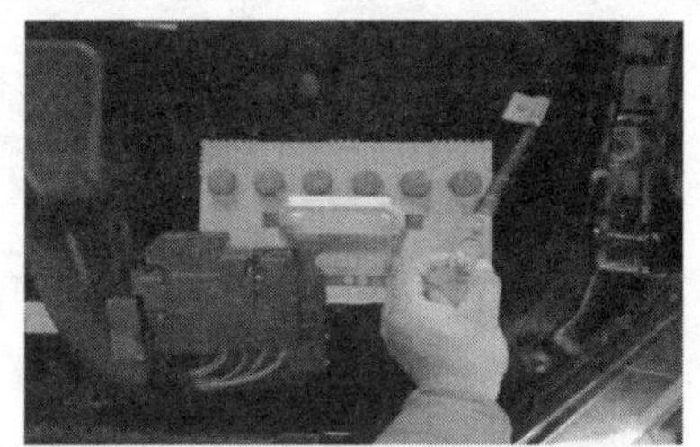 拆卸蓄电池负极
2. 拆下发电机B柱上的电源线，再拆下D柱或拔下发电机插接器。	 拆卸发电机插接器

<table>
<tr><td>3．拆卸发电机传动带。首先拆卸张紧轮盖，然后拧松张紧轮螺栓，再用力摆动张紧轮，拆卸发电机传动带。</td><td>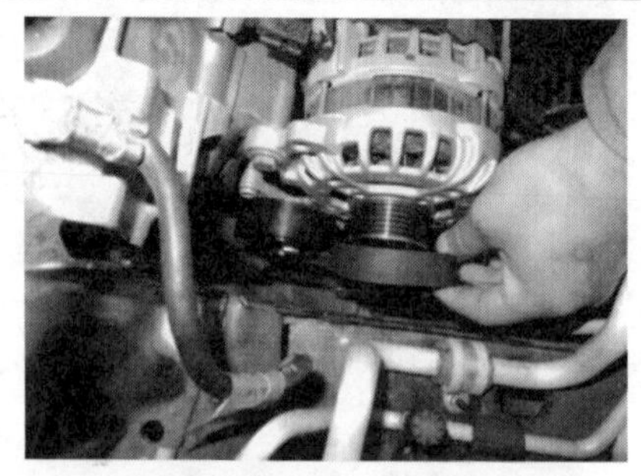
拆卸发电机传动带</td></tr>
<tr><td>4．拆卸发电机的固定螺栓，就可以从车上取下发电机。安装按拆卸的相反顺序进行。</td><td>
拆卸固定螺栓</td></tr>
<tr><td colspan="2">（二）发电机的分解与装配</td></tr>
<tr><td colspan="2">注意：拆卸之前，要在交流发电机前端盖、定子间、后端盖之间的连接处用记号笔做好记号，以便在安装时正确、快速地进行复位。</td></tr>
<tr><td>1．将发电机的传动带轮夹紧在台虎钳上，拧下传动带轮固定螺母，取下螺母和垫圈。</td><td>
拆卸传动带轮螺母</td></tr>
<tr><td>2．用拉力器拉下传动带轮。</td><td>
拆卸传动带轮</td></tr>
</table>

<table>
<tr><td>3．拧下发电机后端的防护罩螺栓，取下防护罩。</td><td>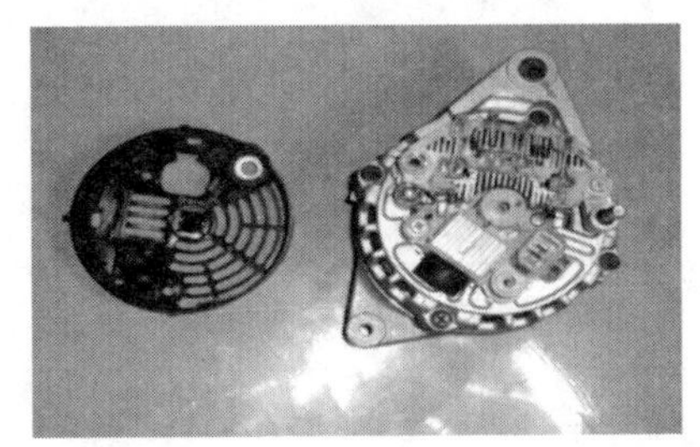
防护罩</td></tr>
<tr><td>4．用旋具拆下后壳体上的电压调节器与电刷，用电烙铁分解定子引出线与整流器连接处。</td><td>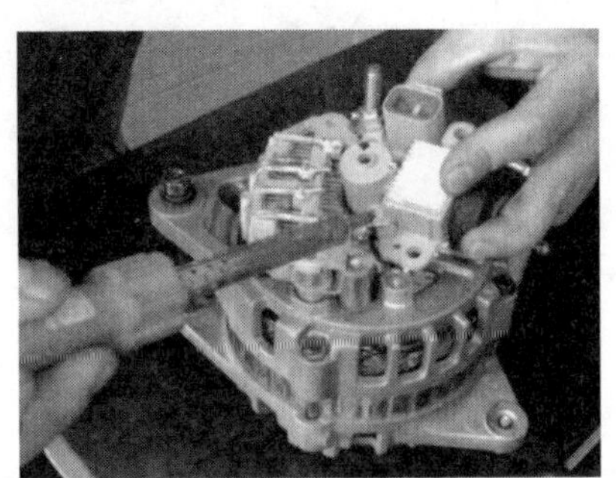
拆卸整流器与电压调节器</td></tr>
<tr><td>5．拆下后端盖上的长螺栓，拆下后端盖，用橡胶锤敲击转子轴，拆下前端盖，至此发电机拆解完毕。</td><td>
拆卸前端盖</td></tr>
<tr><td>6．发电机拆解完成。在安装时，应注意安装顺序。用砂纸轻轻打磨滑环，在轴承外圈和轴承座上涂抹适量润滑油（脂）。安装时应按标记位置安装。</td><td>
拆解完成的发电机零件</td></tr>
</table>

项目 2　交流发电机的检修

实训要求

1．掌握发电机主要部件的检修方法。
2．掌握电压调节器的检修方法。
3．掌握发电机的就车检修方法。

主要实训器材

实训车辆

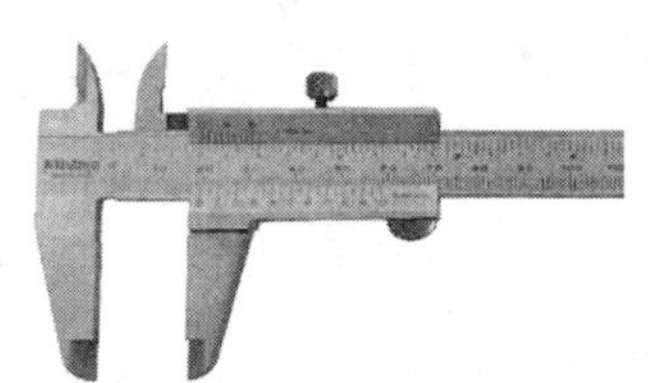
游标卡尺

数字式万用表

实训内容

（一）发电机主要部件的检修

1．定子总成的检修

（1）定子绕组短路、断路的检修

将万用表拨至 200 Ω 挡，分别测量两根定子引线的电阻值。若测得的电阻值小于 1 Ω，并且测得的电阻值基本相等，说明定子绕组连接正常；若测得的电阻值较大或为“∞”，说明定子绕组接触不良或有断路故障；若测量值相互之间不同或差值较大，说明定子绕组短路。

注意：因为发电机的类型不同，定子绕组引线常见的有3根、4根和6根。测量6根引线的定子绕组时应两根引线相互导通，这两根引线又不与其他引线相通，否则有短路现象。

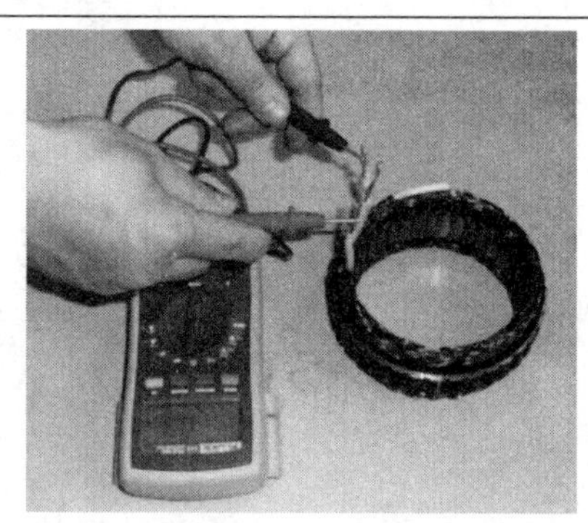
定子绕组断路故障测量

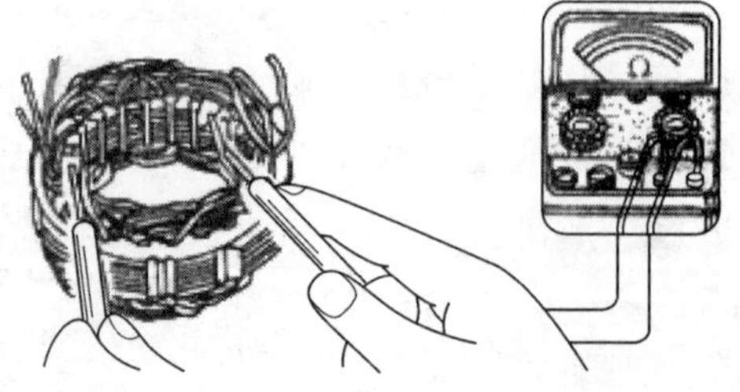

6 根引线的定子绕组短路故障测量

(2) 定子绕组搭铁的检修

检查定子绕组与定子铁芯之间的绝缘情况。用数字式万用表欧姆挡测量定子绕组接线端与铁芯之间的电阻值，若电阻值过小（表内发出响声），说明有绝缘不良故障。正常应指示“∞”。

定子绕组搭铁的检查

2．转子总成的检修

(1) 转子总成短路、断路的检修

用数字式万用表的欧姆挡（200 Ω 挡）检测两集电环之间的电阻值，若电阻值为“∞”，说明转子绕组有断路故障；若电阻值小于规定电阻值，说明转子绕组有短路故障。一般电阻值为 3 ～ 6 Ω。若断路或短路一般都是整体更换。

转子绕组短路、断路的检查

(2) 转子绕组搭铁的检修

把数字式万用表拨到欧姆挡，将一根表笔与任意一个滑环接触，另一根表笔与爪形磁极或转子轴接触，测量其电阻值。若电阻值较小，说明转子绕组有搭铁故障，应进行更换；若电阻值为“∞”，说明转子绕组正常。

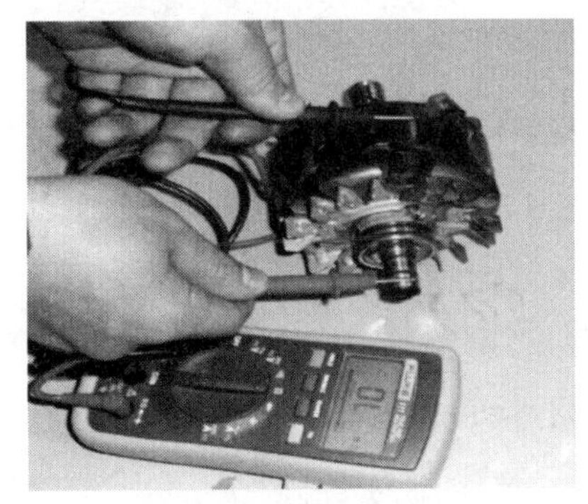

转子绕组搭铁的检查

(3) 滑环的检修

滑环表面应平整、光滑，无明显烧损，否则可用 500 号砂纸打磨。两集电环间隙处应无积聚物。

用直尺测量滑环厚度，厚度应不小于 2 mm，否则应更换。

用千分尺测量滑环圆柱度，应符合要求，否则应在车床上进行精加工。

(4) 转子轴的检修

用百分表检查轴的弯曲度，弯曲度不能超过 0.05 mm（径向圆跳动不超过 0.1 mm），否则应予以校正。爪形磁极在转子轴上应固定牢靠、间距相等。

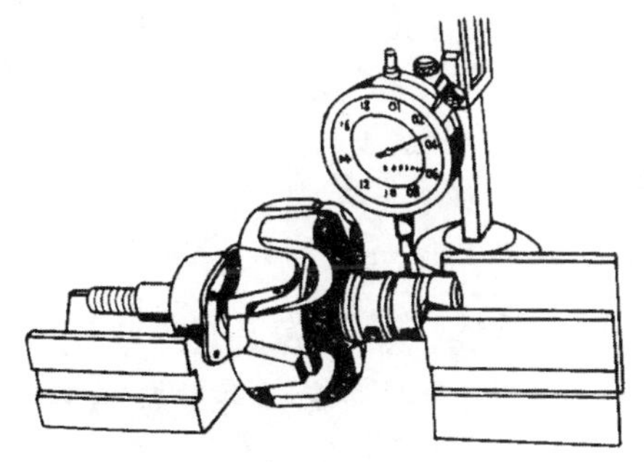

转子轴弯曲度的检查

3．整流器的检修

(1) 正极管的检修

把数字式万用表拨到欧姆挡，黑表笔接整流器输出端子，红表笔分别接整流器各接线柱，万用表均有一定的电阻值，且各电阻值基本相同（约为 580 Ω），否则说明该二极管断路，应更换整流器总成。调换两表笔位置进行测试，此时电阻值为“∞”，否则说明二极管短路，也应更换整流器总成。

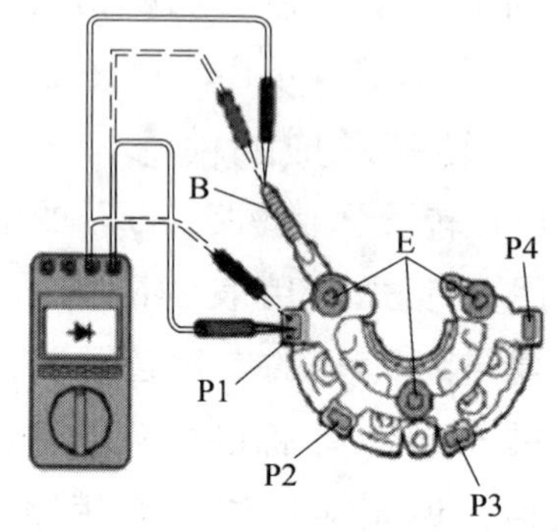

正极管的检修

(2) 负极管的检修

把数字式万用表拨到欧姆挡，红表笔接整流器负极管的外壳，黑表笔分别接整流器各接线柱，万用表均有一定的电阻值，且各电阻值基本相同（约为 580 Ω），否则说明该二极管断路，应更换整流器总成。调换两表笔位置进行测试，此时电阻值为“∞”，否则说明二极管短路，也应更换整流器总成。

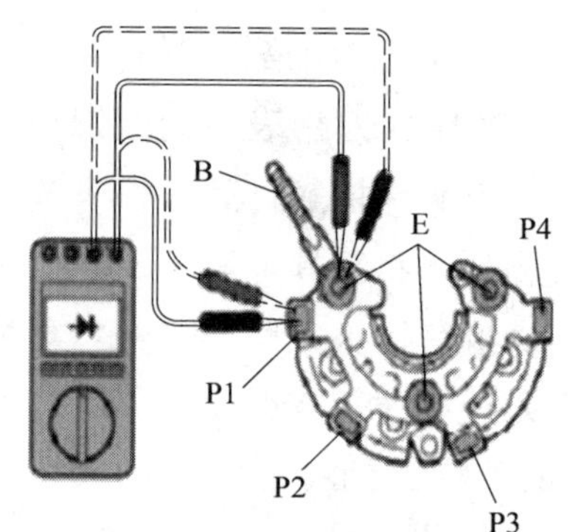

负极管的检修

4．电刷总成的检修

电刷表面不得有油污，且应在电刷架中活动自如。用游标卡尺测量电刷的长度，电刷磨损不得超过原长度的 1/2（标准长度根据发电机型号而定）。当电刷从电刷架中露出 2 mm 时，电刷弹簧力一般为 2 ~ 3 N。电刷架应无烧损、破裂或变形。

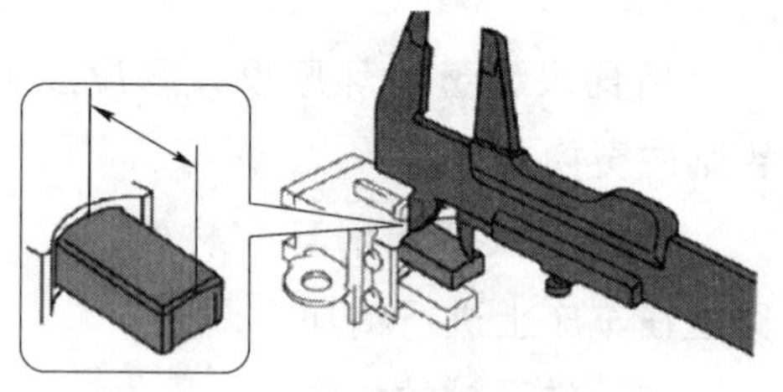
用游标卡尺检查电刷长度

注意：在实际发电机拆解检查时，是不需要把发电机全部拆解后再进行检查的。在拆解时只需要把壳体拆解，定子与整流器不需要焊开，可以直接进行整流器和定子的检测。当确定故障后，必须进行拆解时，再进行拆解。

（二）电压调节器的检修

以晶体管调节器拆解检查为例。

1．晶体管调节器类型的判别

外接地和内接地调节器（试灯一端连接 F 接线柱）如下图所示。

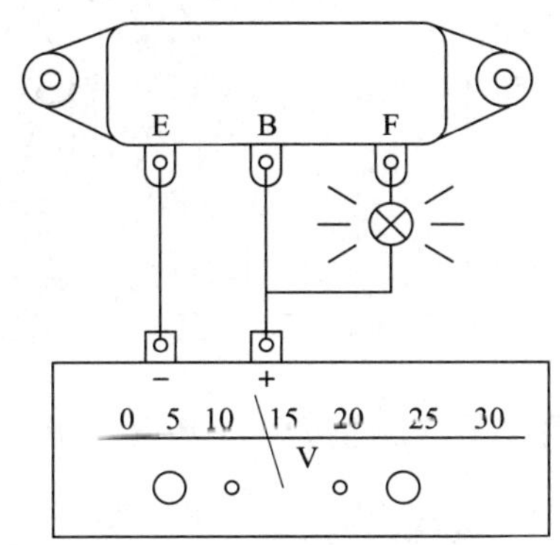

外接地调节器

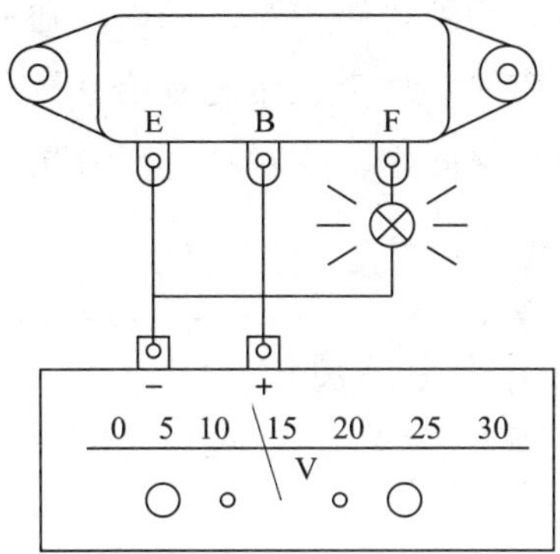

内接地调节器

（1）当试灯另一端仅在连接正极时才使灯亮，说明是外接地调节器。

（2）当试灯另一端仅在连接负极时才使灯亮，说明是内接地调节器。

（3）当试灯另一端分别连接正极、负极均亮时，说明调节器内部有短路故障，应更换。

（4）当试灯另一端分别连接正极、负极均不亮时，说明调节器内部有断路故障，应更换。

2．调节器性能及故障的检测

（1）可调直流电源电压逐渐升高时，试灯会逐渐变亮。当电压接近调节器最大调节电压值时试灯最亮（12 V 调节器调节电压为 13.5 ~ 14.5 V）。当电压大于最大电压调节值时，试灯熄灭，再将电压调低于最大电压调节值，试灯又亮了，说明该调节器工作正常。

（2）当电压调整到大于 14.5 V 时，试灯仍然发亮，说明该调节器的开关电路短路，不能使用。

（3）当电压调整到小于 14.5 V 时，试灯仍然不亮，说明该调节器的开关电路断路，不能使用。

（三）发电机的就车检修

1. 发电机传动带松紧度的检查与调整

检查时，应在发电机传动带的中间位置用手施加 30 ~ 50 N 的压力，传动带的挠度应为 10 ~ 15 mm。若不符合要求，可松开发电机前端盖与支承杆锁紧螺栓，重新进行调整。同时，还应检查曲轴带轮、水泵带轮和发电机带轮是否在同一个平面内，若不在一个平面内，要对其进行调整。

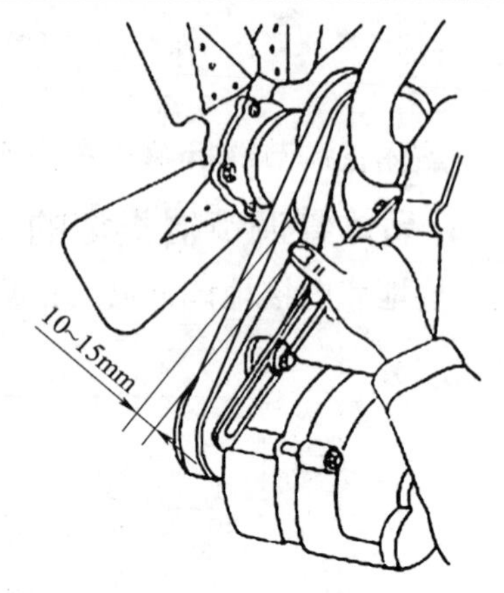

发电机传动带松紧度的检查

2. 发电机的电压测试

(1) 在汽车不启动、用电设备全部关闭的情况下，测量蓄电池电压，并把这个电压视为参考电压。

(2) 将发动机转速保持在中负荷（2 000 r/min 左右）且不使用车上电气设备的情况下，用万用表测量蓄电池电压，这个电压称为空载充电电压。它应高于参考电压，但不超过 2 V。

(3) 将发动机仍然保持在中负荷（2 000 r/min 左右），打开前照灯、暖风机或空调等，当电压稳定时测量蓄电池电压，这个电压称为负载电压。它至少应高于参考电压 0.5 V。

若以上测得的电压都在规定值范围内，则说明充电系统正常；否则，应检查充电系统电路的电压降和发电机发电量。

将万用表拨至 20 V 电压挡，红表笔和黑表笔分别连接发电机 B+ 接线柱与蓄电池正极、发电机壳体与蓄电池负极，其测得电压值不超过 1 V；若不符合此要求，说明充电系统线路中有接触不良之处，应清洁、紧固相关的接线头及连接处。

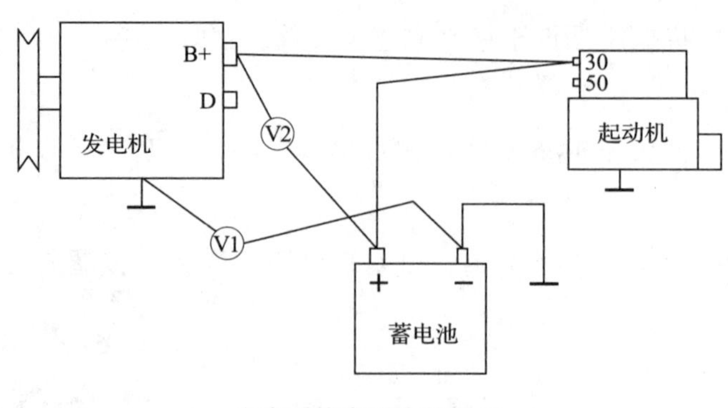

充电系统电压降的测量

课题 2　充电系统的故障排除

项目 1　充电指示灯不亮的故障排除

实训要求

1. 掌握大众车系电路图的识读方法。
2. 掌握充电指示灯不亮的故障排除方法。

主要实训器材

实训车辆

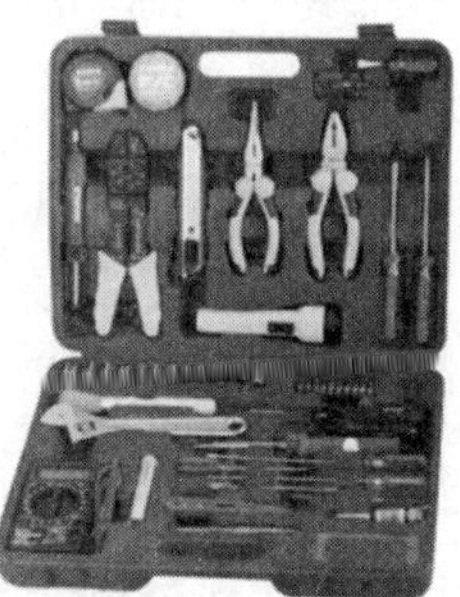

常用修理工具

数字式万用表

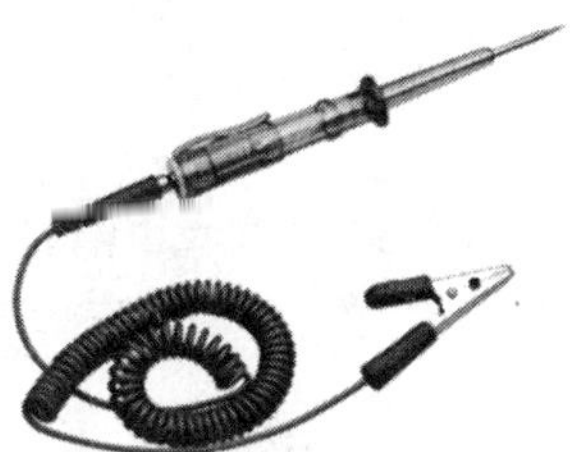

汽车试灯

故障现象

1. 将点火开关打到点火挡，不启动发动机，仪表板上的充电指示灯不亮。
2. 仪表板上其他指示灯正常。

故障原因

1. 仪表板或充电指示灯损坏。
2. 中央控制盒中线路断路。
3. 连接线断路。
4. 调节器损坏。
5. 发电机整流二极管击穿短路。
6. 发电机转子励磁绕组断路。
7. 发电机电刷断裂。

故障排除方法

1．在排除故障之前，必须能识读充电系统电路图，以便正确、快速地确定故障点。下图是大众车系帕萨特车型的充电系统电路图。

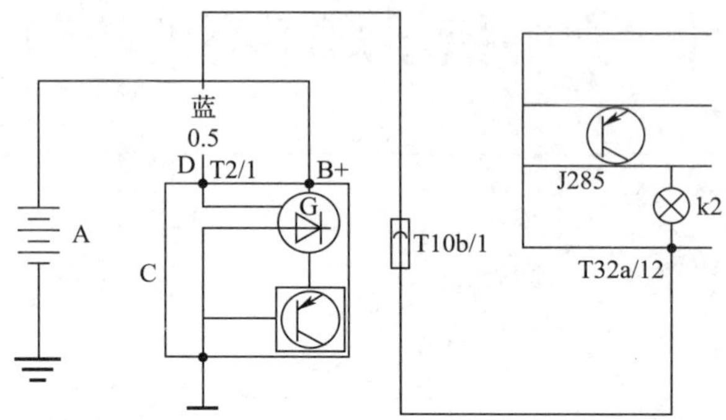

大众车系帕萨特车型的充电系统电路图

A—蓄电池　C—发电机　T2—2 针插头，在发电机上　T10b—10 针插头，黑色，在发动机室控制单元防护罩内的左侧（1 号位）　J285—组合仪表控制单元　k2—充电指示灯　T32a—32 针插头，蓝色，在组合仪表上

2．组合仪表上其他指示灯正常点亮，仪表已进行自检，说明组合仪表电源正常。

3．从发电机上拔下插头 T2，将检测线接在发电机 T2/1 蓝色导线（D+）和搭铁之间，接通点火开关。若充电指示灯点亮，说明线路有故障，应进行发电机拆解检测，检测步骤和上一课题相同；若充电指示灯不亮，说明是线路和组合仪表故障。

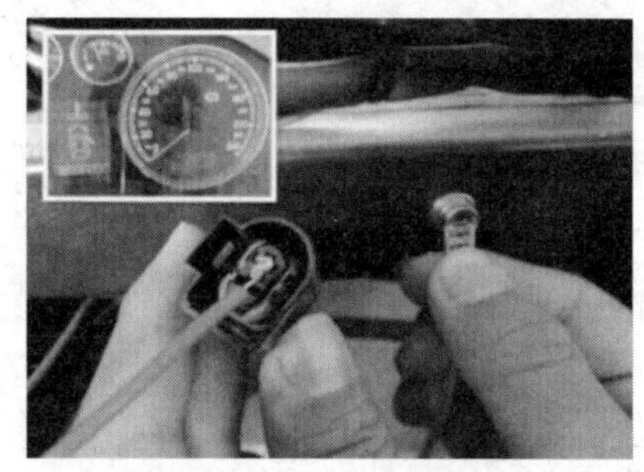

短接发电机插接器

4．拔下发动机室控制单元防护罩内的黑色插头（T10b），找到 1 号位蓝色导线，将检测线接在 T10b/1 蓝色导线和搭铁之间。若充电指示灯点亮，说明 T2 到 T10b 之间出现断路，应修复导线或重新跨接；若充电指示灯不亮，应继续检测。

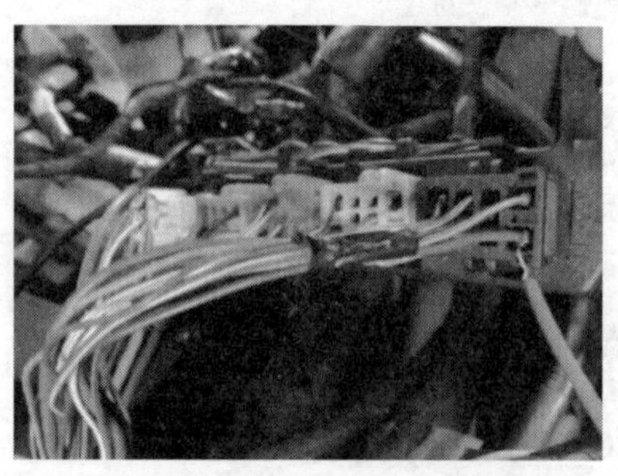

短接 T10b/1 蓝色导线

5．拆卸组合仪表，拔下组合仪表后的蓝色插头，将探针插入T32a/12接口，将万用表调到最小欧姆挡，测量T32a/12到T10b/1蓝色导线的电阻值。若电阻值过大或为“∞”，说明这根导线出现断路或串联了电阻；若电阻值很小，说明这根导线正常。	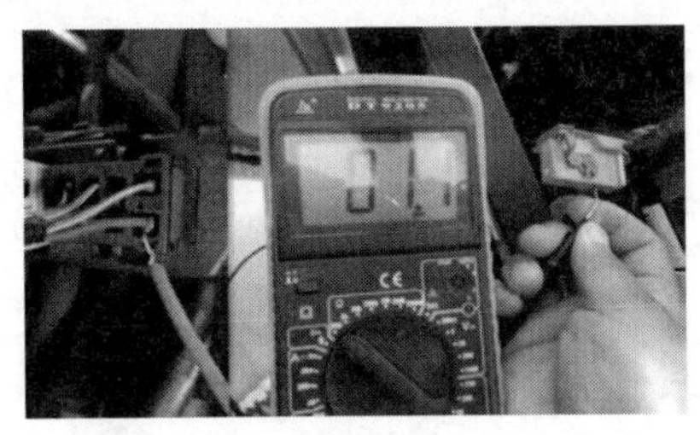 测量导线的电阻值
6．若以上检测都正常，可以确定故障在组合仪表内部，应根据具体情况对组合仪表进行维修或更换。	

项目2　充电指示灯不灭的故障排除

实训要求

1．掌握大众车系电路图的识读方法。

2．掌握充电指示灯不灭的故障排除方法。

主要实训器材

同本课题项目1。

故障现象

将点火开关打到点火挡，不启动发动机，仪表板上的充电指示灯点亮，启动发动机后充电指示灯依旧点亮，提高发动机转速后充电指示灯仍然点亮。

故障原因

1．接线盒线路短路。

2．连接导线短路。

3．组合仪表充电指示灯短路。

4．发电机传动带打滑或折断。

5．调节器损坏。

6．发电机整流二极管短路。

故障排除方法

1．大众车系帕萨特充电系统电路图同本课题项目1。

2．首先检查发电机外部情况。检查传动带的松紧度，导线有无错搭现象，发电机 T2 插头导线有无破皮搭铁现象，若发现这些问题应及时调整或更换。	 检查传动带松紧度
3．拔下发电机插头 T2，观察充电指示灯是否继续点亮。若充电指示灯熄灭，说明发电机内部故障，排除方法参考本单元课题 1 中项目 2 交流发电机的检修；若充电指示灯继续点亮，说明连接线路或组合仪表短路，应继续检查。 **注意**：可以用万用表测量T2/1蓝色导线（D+）和搭铁之间的电阻值，若电阻值很小，说明线路有短路现象。	 拔下发电机插接器
4．拔下发动机室控制单元防护罩内的黑色插头（T10b），用万用表欧姆挡测量发电机 T2/1 蓝色导线（D+）和搭铁之间的电阻值。若电阻值很小，说明 T2 到 T10b 之间或插接器出现搭铁现象，可以沿着线束查找故障点，或者用导线直接跨接 T2 和 T10b；若充电指示灯继续点亮，应拆卸仪表。	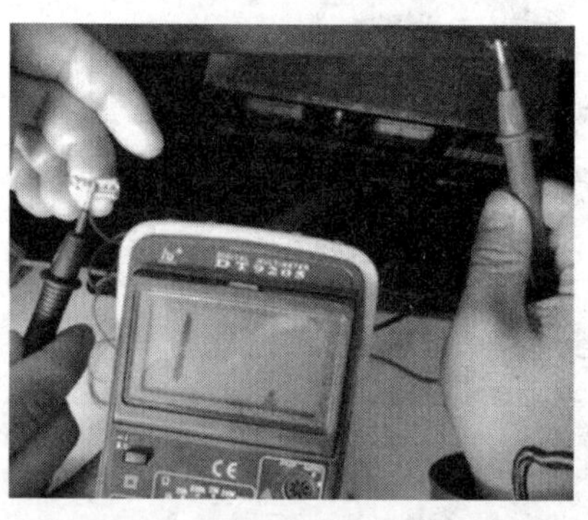 测量发电机插接器与搭铁之间的电阻值
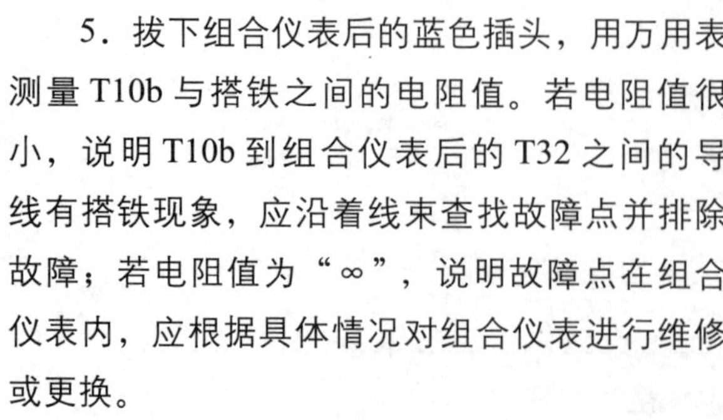 5．拔下组合仪表后的蓝色插头，用万用表测量 T10b 与搭铁之间的电阻值。若电阻值很小，说明 T10b 到组合仪表后的 T32 之间的导线有搭铁现象，应沿着线束查找故障点并排除故障；若电阻值为“∞”，说明故障点在组合仪表内，应根据具体情况对组合仪表进行维修或更换。	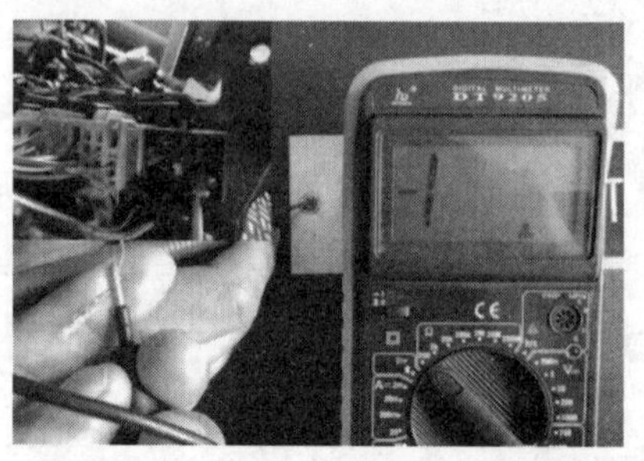 测量 T10b 与搭铁之间的电阻值

注意：

(1) 在电路维修中，特别是在检查故障时，应能读懂电路图。

(2) 在观察电路图时要找到三要素：电源、开关和搭铁。

(3) 分析存在哪些故障可能造成系统出现这个故障现象。

(4) 检查时应从简单故障开始检查，然后再检查复杂故障；先整体检查后局部检查，最后确定故障点。

(5) 检查时如果有大型用电设备，首先确定是用电设备故障还是电路故障，这样能快速排除故障。

单元4　起动系统的维护与故障排除

知识概述

起动系统主要由蓄电池、点火开关、空挡起动开关、起动继电器、起动机等组成。

起动机一般由直流电动机、传动机构（也称啮合机构）和控制装置（电磁开关）三部分组成，现在常用的起动机是永磁减速起动机。

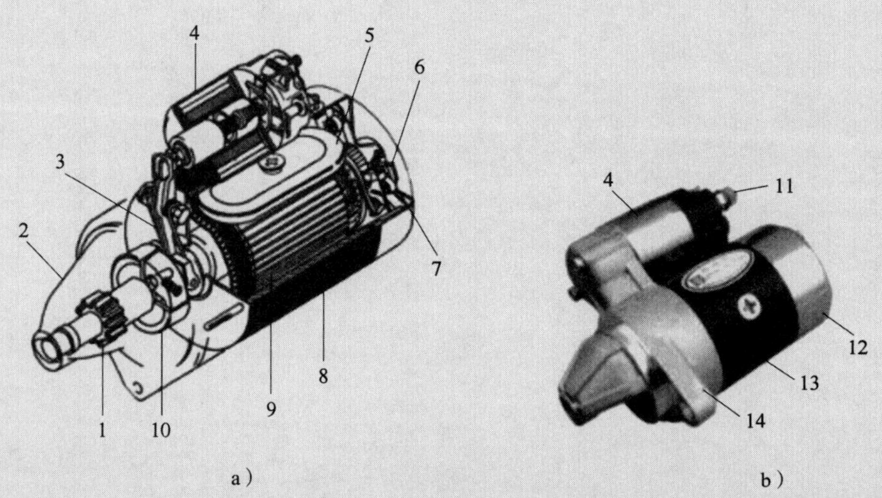

起动机的结构

a）内部结构　b）外部结构

1—驱动齿轮　2—传动机构外壳　3—拨叉　4—电磁开关　5—磁场绕组　6—电刷

7—电刷弹簧　8—外壳　9—电枢　10—单向离合器　11—电源接线柱（B）

12—后端盖　13—直流电动机　14—前端盖

直流电动机一般均采用直流串励式电动机，主要由外壳、磁极、电枢、换向器及电刷等组成，磁极一般采用永磁式的，起动机一般采用行星齿轮式减速起动机，其质量和体积比普通起动机可减小30%～35%。

课题1　起动机的拆装与检修

项目1　起动机的拆装

实训要求

1. 掌握从车上拆下起动机的方法。
2. 掌握起动机的分解与装配方法。

主要实训器材

实训车辆

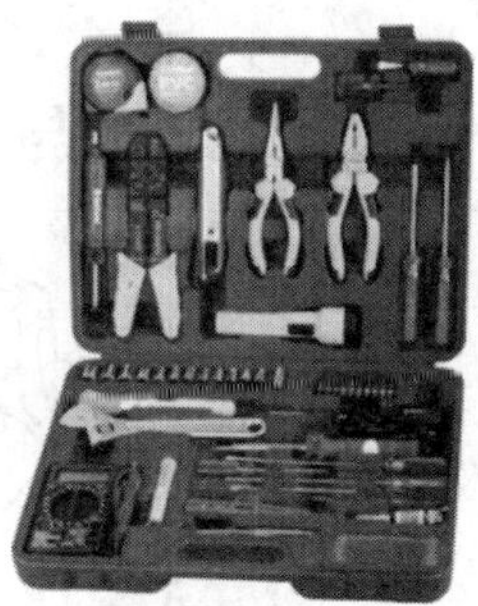
常用修理工具

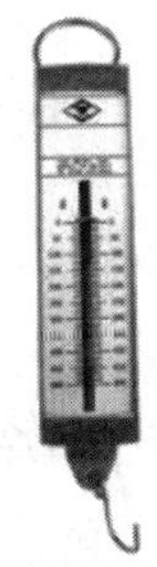
弹簧秤

指针式万用表

实训内容

（一）从车上拆下起动机

1. 将汽车停入举升机下，打开发动机舱盖，拆下蓄电池负极，切断电源。

注意： *用举升机举升汽车时要正确选择汽车的支点，举升后要记住锁死举升机。*

拆卸蓄电池负极

<table>
<tr><td>2．用举升机将汽车举起，拔下起动机 50 号插接器，用扳手拆下起动机 30 号接线柱螺母，拆下 30 号接线。</td><td>
拆卸起动机接线</td></tr>
<tr><td>3．用扳手拧松起动机上部的固定螺杆，取下起动机。</td><td>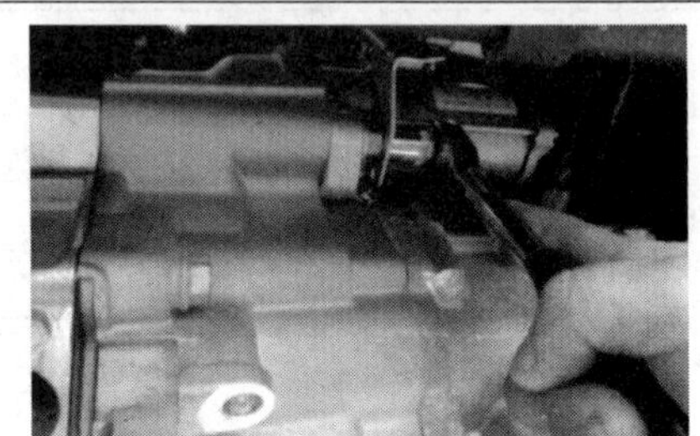
拆卸起动机固定螺杆</td></tr>
<tr><td colspan="2">（二）起动机的分解与装配</td></tr>
<tr><td>1．将起动机外部污渍擦净，然后拆下电磁开关与电动机连接导线，再拆下电磁开关。</td><td>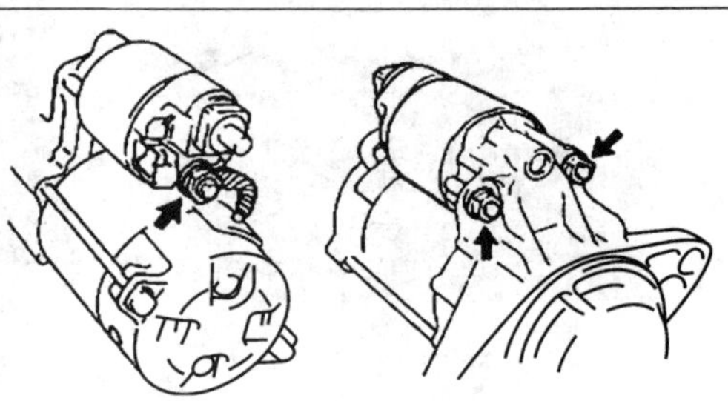
拆卸电磁开关</td></tr>
<tr><td>2．拧出后端盖上的长螺栓，分解电动机与传动机构。
注意：在分解时，应避免减速行星齿轮落地。</td><td>
电动机与传动机构</td></tr>
<tr><td>3．分解传动机构，卸下传动机构前端卡环，依次取下各个零件。
注意：分解时注意观察拨叉的安装方向，以免装复时装反。</td><td>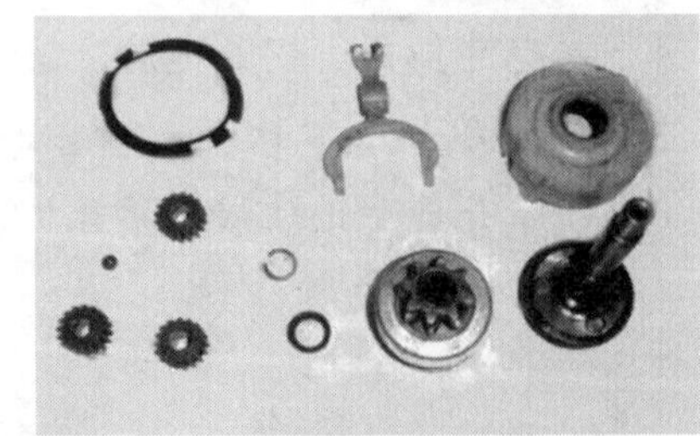
传动机构各零件</td></tr>
</table>

4．卸下后盖上的两颗螺钉，取出电刷架和转子。

注意：*在取电刷架时应避免电刷被弹簧弹飞。*

电动机部件

5．装配起动机。

（1）装入电刷前要用砂纸对转子进行打磨，注意拨叉的安装方向要正确，注意区分电磁开关的两个接线柱，要保证卡环进入止推环内。

（2）换向器及电刷表面不得有油污，在轴承、花键齿配合部位涂少量润滑脂。

（3）注意电动机壳体的缺口方向应与拨叉固定胶垫对准。

（4）装配完毕，首先用手旋转驱动齿轮，单向离合器要起作用，其电枢轴应转动灵活，否则说明衬套不同心；其次要对起动机进行通电检查，包括齿轮伸出量及起动转矩的检查。

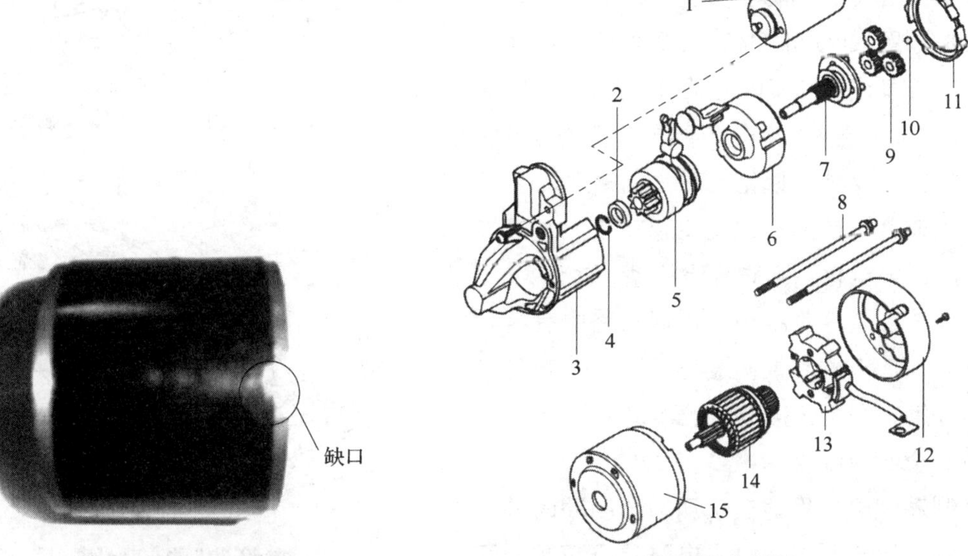

电动机壳体缺口位置

起动机分解图

1—电磁开关　2—止推环　3—前盖　4—卡环　5—单向离合器　6—齿圈　7—太阳轮　8—固定螺杆　9—行星齿轮　10—铁珠　11—齿圈盖　12—后盖　13—电刷架　14—转子　15—壳体

6．装复后进行电磁开关试验、空载性能试验和全制动试验。

（1）电磁开关试验

1）吸拉动作试验。将起动机固定到台虎钳上，拆下起动机C端子上的磁场绕组电缆引线端子，用带夹电缆将起动机C端子和电磁开关壳体与蓄电池负极相连，将起动机50端子与蓄电池正极相连，此时驱动齿轮应向外移动。若驱动齿轮不动，说明电磁开关有故障，应予以修理或更换。

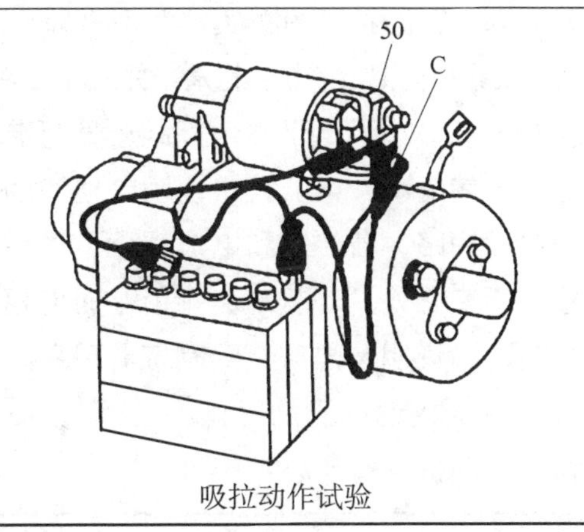

吸拉动作试验

2）保持动作试验。在吸拉动作的基础上，当驱动齿轮保持在伸出位置时，拆下电磁开关C端子上的电缆夹，此时驱动齿轮应保持在伸出位置不动。若驱动齿轮回位，说明保持线圈断路，应予以修理。

3）回位动作试验。在保持动作的基础上，再拆下起动机壳体上的电缆夹，此时驱动齿轮应迅速回位。若驱动齿轮不能回位，说明回位弹簧失效，应更换弹簧或电磁开关总成。

（2）空载性能试验

空载试验的目的是检查起动机内部是否有电路故障和机械故障。首先将起动机固定牢固，连接蓄电池负极至起动机壳体，将量程为0～150 A的直流电流表连接在蓄电池正极与起动机30端子之间，短时间连接50与30端子。整个操作时间应控制在5 s以内，以免起动机过热烧损。

若电流大、转速低，说明存在装配过紧等机械故障，或电枢、励磁绕组搭铁、短路。

若电流和转速都很小，说明电路中有接触不良之处，如电刷和换向器接触不良，弹簧压力过小，励磁绕组连接端接触不良等。

（3）全制动试验

全制动试验的目的在于测出全制动时的电流与转矩，以判断起动机主电路是否正常，同时可以检查单向离合器是否打滑。

进行全制动试验时，将起动机夹紧在专用试验架上，装好扭力杠杆和弹簧秤，接好线路。合上开关，观察单向离合器是否打滑，并立即记录电流表及电压表和弹簧秤的示数，然后与技术标准对照。

若转矩小、电流大，说明电枢和励磁绕组搭铁、短路。若转矩和电流都小，说明电路有接触不良之处。若驱动齿轮锁止而电枢轴有缓慢转动，说明单向离合器有打滑现象。全制动试验每次接通电流的时间不应超过5 s，以免损坏起动机及蓄电池。

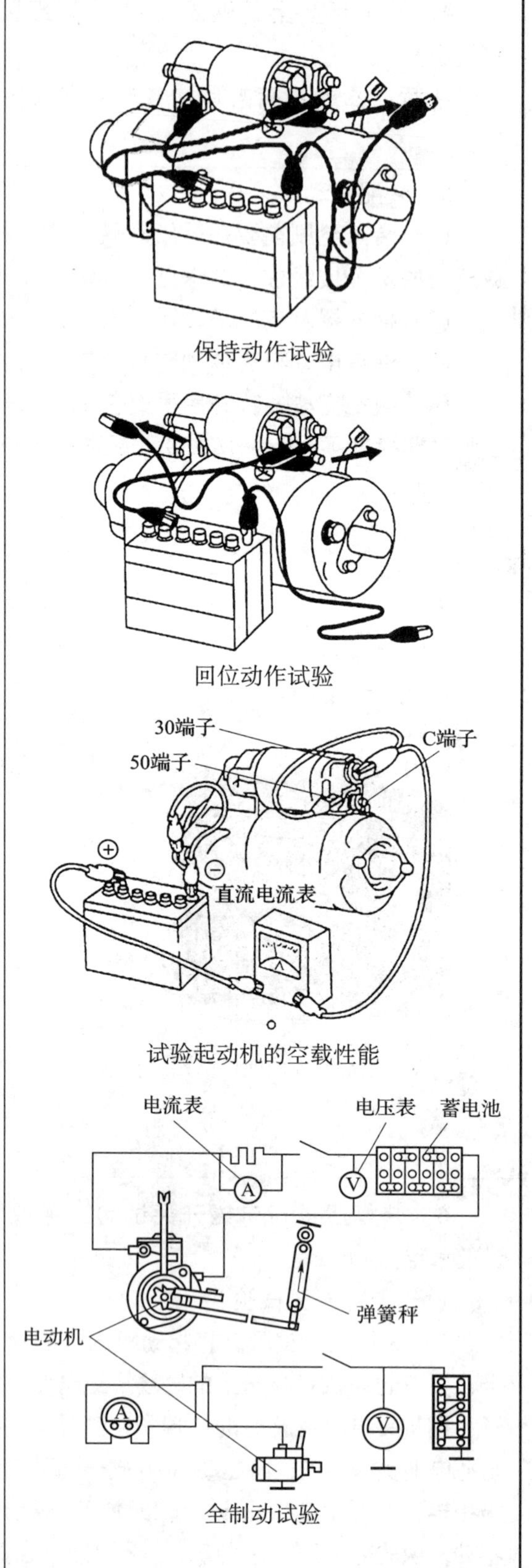

保持动作试验

回位动作试验

试验起动机的空载性能

全制动试验

项目2 起动机的检修

实训要求

1．掌握起动机的就车检修方法。
2．掌握起动机主要部件的检修方法。

主要实训器材

起动机

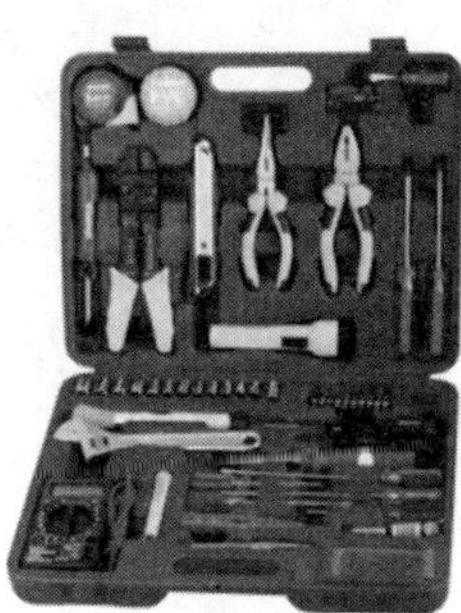
常用修理工具

数字式万用表

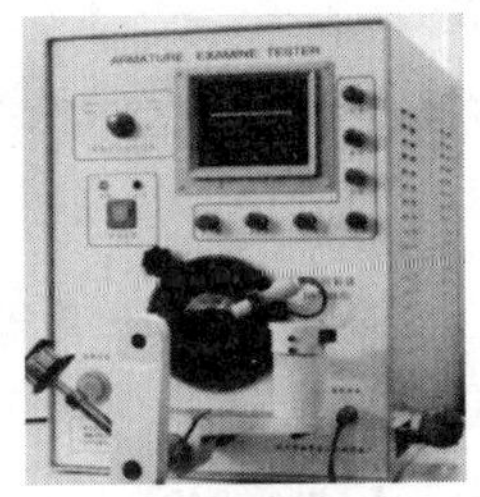
电枢检测仪

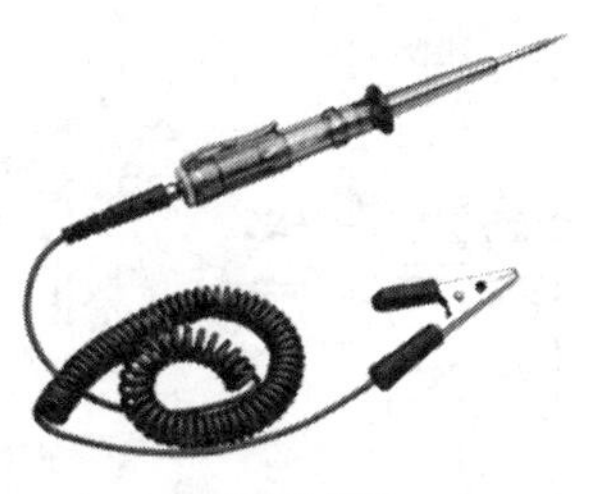
汽车试灯

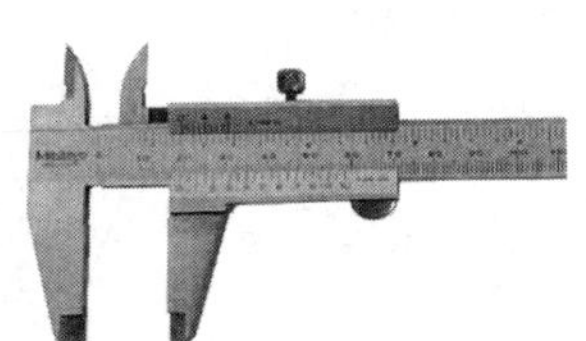
游标卡尺

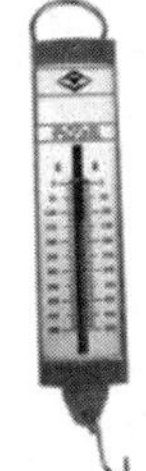
弹簧秤

测量工具

实训内容

（一）起动机的就车检修

1．电磁开关的检修

将变速器置于空挡或P挡，用短接线短接起动机电磁开关30端子与C端子，起动机应正常运转。若起动机不运转，说明起动机有故障。

电磁开关的检修

2．起动线路的检修

首先拔下起动机电磁开关连接插头 50 端子，用试灯连接电磁开关的 50 端子插头，将点火开关打到启动挡，试灯应点亮（用万用表检测时应有 12 V 左右的电压），起动机电路正常；若无电压或试灯不亮则应检查起动线路。

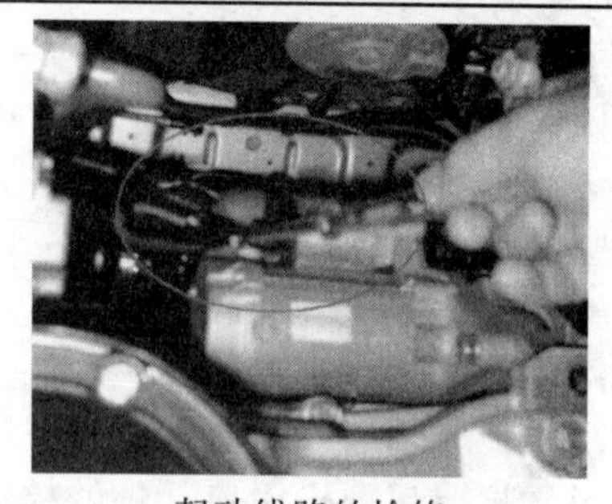

起动线路的检修

（二）起动机主要部件的检修

1．电枢总成的检修

（1）电枢轴的检修

电枢轴弯曲度可用百分表检测，其径向跳动量应不大于 0.10 ~ 0.15 mm，否则应予以校正。

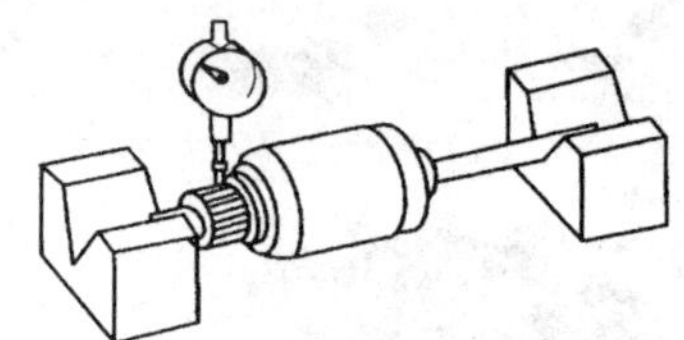

电枢轴的测量

（2）换向器的检修

1）若换向器上的脏污、烧蚀、划痕沟槽较轻，可用细砂布进行修磨。损失较严重的应进行车削机加工，但要保证换向片的厚度不得小于 2 mm。

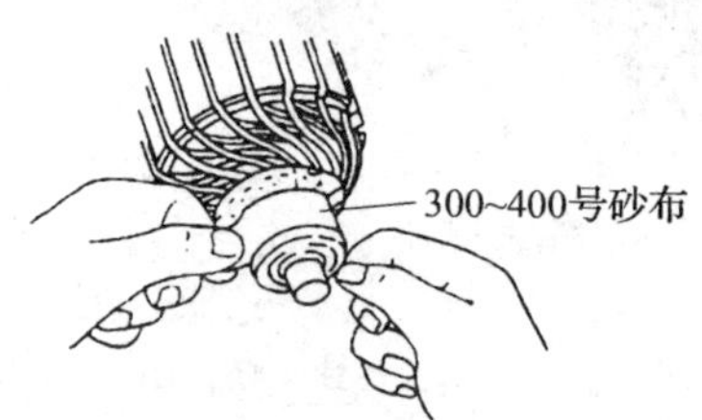

换向器的打磨

2）换向器外径的检修。用游标卡尺测量换向器外径。使用时，换向器外径的大小可根据换向片的磨损量来确定，一般要求换向片的厚度不得小于 1.5 ~ 2 mm，否则应更换。

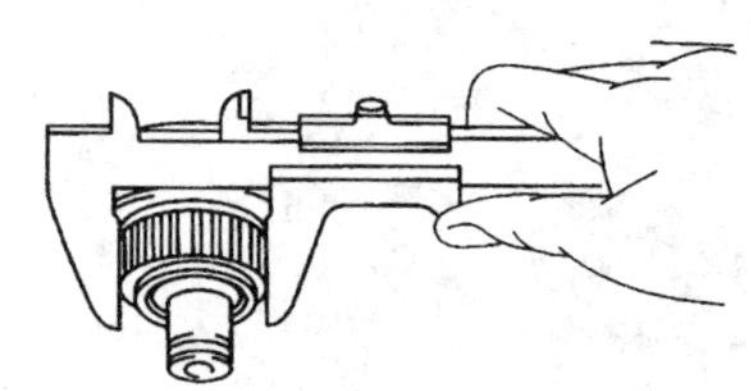

换向器外径的测量

3）换向器绝缘云母层的检修。对于有云母深度要求的，应按其要求进行检查与修复；若其深度不够，可用专用锉刀（也可用钢锯条改制）进行修磨。

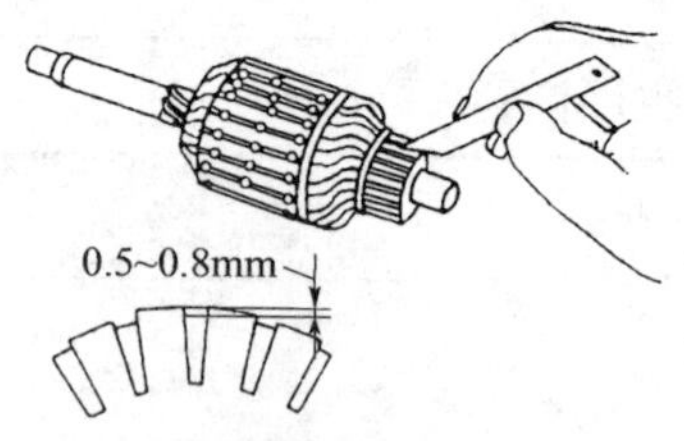

换向器绝缘云母层的测量

（3）电枢的检修

1）电枢线圈搭铁的检修。用万用表检查时，其表笔分别搭在换向器和铁芯（或电枢轴）上，电阻值应为“∞”；若电阻值为零，则为搭铁，应更换。

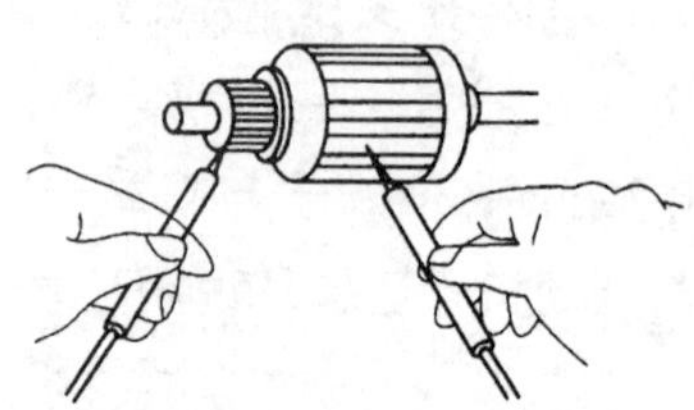

电枢线圈搭铁的检查

2）电枢线圈短路的检修。把电枢放在万能试验台检验器上，接通电源，将锯片放在检验器上并转动电枢。若锯片不振动，说明电枢线圈无短路，否则说明电枢线圈短路，应予以修理或更换。

电枢线圈短路的检查

3）电枢线圈断路的检修。检查电枢线圈的导线是否甩出或脱焊。用万用表两表笔分别与相邻换向器接触，其读数应一致，否则说明电枢线圈断路，应更换。

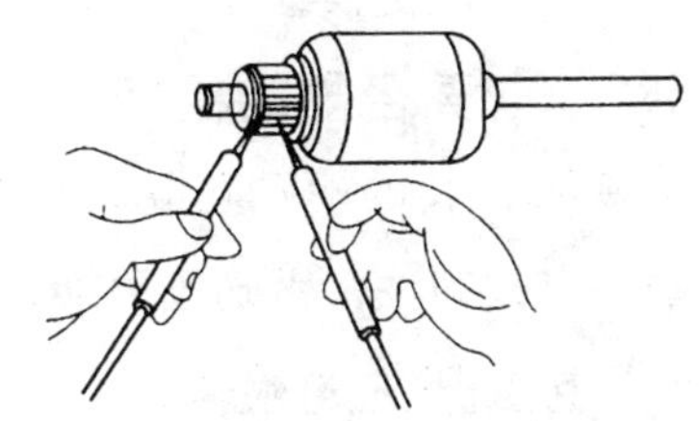
电枢线圈断路的检查

2．定子的检修

检查磁铁是否被牢固地固定在定子上，并检查外壳是否有裂纹。若零件发生故障，应作为一个总成进行更换。

注意：勿用台虎钳夹定子或用锤子敲击定子。

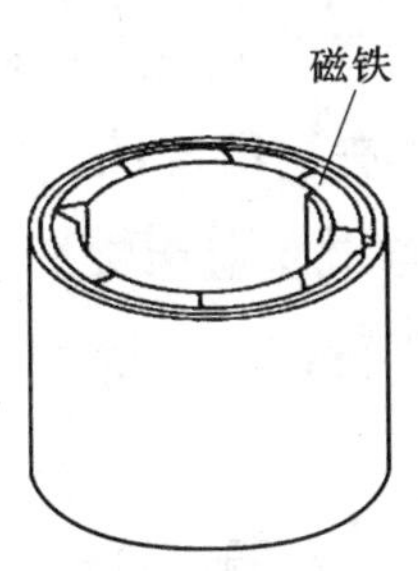

定子的检查

3．电刷总成的检修

(1) 电刷高度的测量

电刷磨损后的高度不应小于电刷原高度的2/3，否则应更换新电刷。电刷在架内应活动自如，无卡滞。电刷与换向器的接触面积不低于75%。

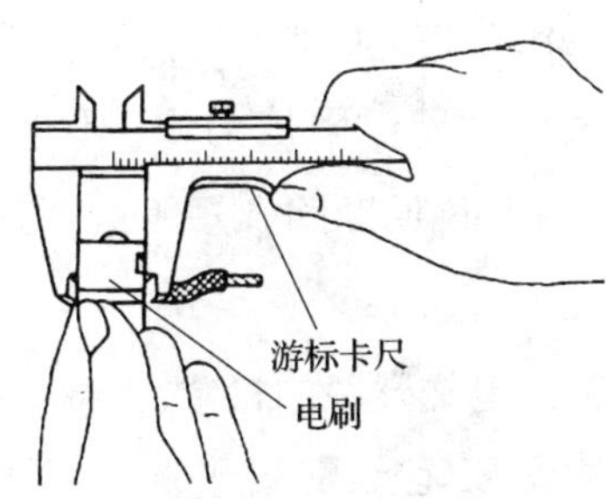

电刷高度的测量

(2) 电刷架的检修

用万用表的欧姆挡检测两绝缘电刷架与电刷架后盖，其电阻值应为“∞”，否则说明绝缘体损坏。用相同的方法检测两搭铁电刷架与电刷架后盖，其电阻值应为零，否则说明电刷架松动，搭铁不良。

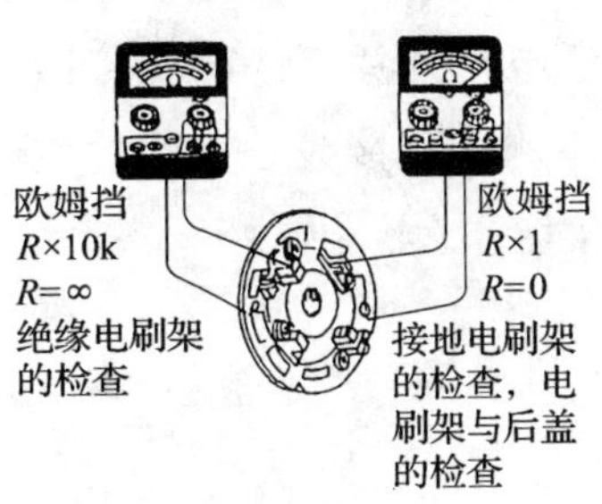

电刷架的检修

（3）电刷弹簧的检修

用弹簧秤检查弹簧的弹力，应为 12 ～ 15 N，若弹力过小，应更换。

4．单向离合器的检修

按顺时针转动驱动齿轮，应自由转动；逆时针转动时应被锁住，否则应更换。

5．电磁开关的检修

（1）保持线圈的检修

将两表笔分别接于励磁接线柱（50 端子）和电磁开关外壳（搭铁），若有电阻值，说明保持线圈良好；若电阻值为零，说明短路；若电阻值为“∞”，说明断路。短路或断路时都应更换保持线圈。

（2）吸拉线圈的检修

将两表笔分别接于励磁接线柱（50 端子）和起动机接线柱（C 端子），若有电阻值，说明吸拉线圈良好；若电阻值为零，说明短路；若电阻值为“∞”，说明断路。短路或断路时都应更换吸拉线圈。

（3）电磁开关的检修

将两表笔分别接于起动机接线柱（C 端子）和电源接线柱（30 端子），用手将接触盘铁芯压住，让电磁开关上的电源接线柱与起动机接线柱连通，测量两接线柱之间的电阻值应为零，否则说明接触不良。

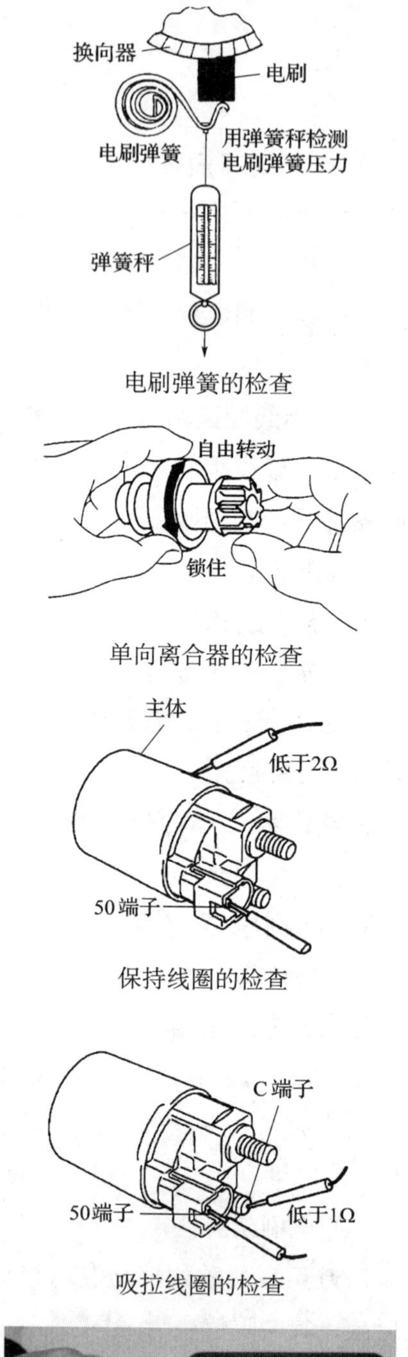

电刷弹簧的检查

单向离合器的检查

保持线圈的检查

吸拉线圈的检查

电磁开关的检查

课题 2　起动系统的故障排除

项目 1　起动系统不工作的故障排除

实训要求

1．了解起动机的电路图。

2．掌握起动机不工作的故障排除方法。

主要实训器材

实训车辆

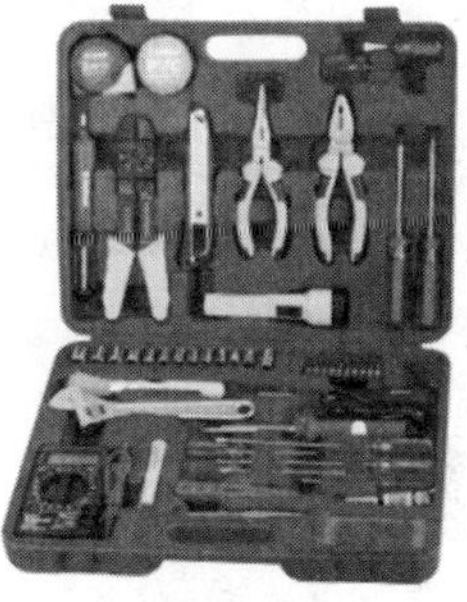

常用修理工具

高率放电计

数字式万用表

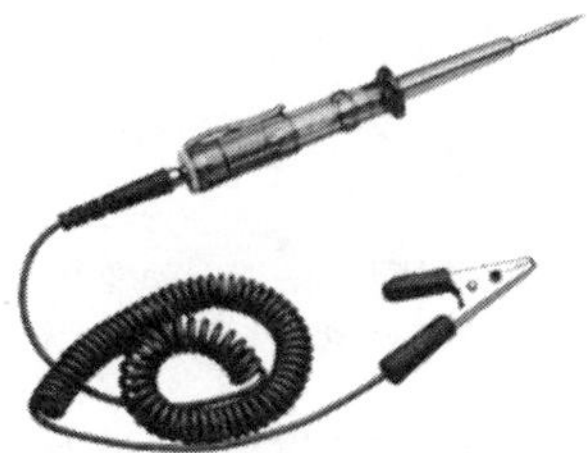

汽车试灯

故障现象

发动机启动时，起动机不工作，发动机不能启动。

电路图

本课题以帕萨特 1.8T 车型为主，在分析故障之前必须了解本车型的起动系统电路图。

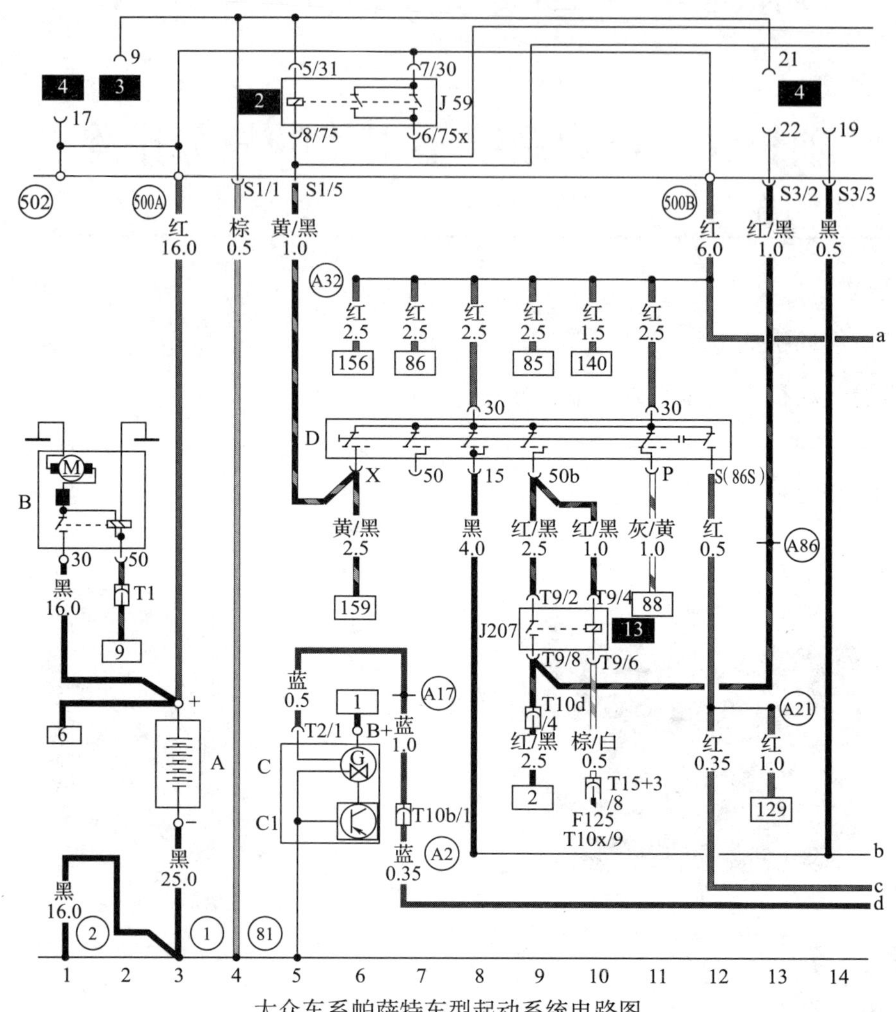

大众车系帕萨特车型起动系统电路图

A—蓄电池

B—起动机

C—发电机

C1—调压器

D—点火开关

F125—多功能开关，在自动变速器上

J59—X 触点继电器，在继电器板上 2 号位（370 继电器）

J207—起动限制继电器，在继电器板上 13 号位（53 继电器）

T1—1 针插头，在发动机室

T2—2 针插头，在发电机上

T10b—10 针插头，黑色，在发动机室控制单元防护罩内的左侧（1 号位）

T10d—10 针插头，棕色，在发动机室控制单元防护罩内的左侧（2 号位）

T10x—10 针插头，在多功能开关上

T15+3—18 针插头，棕色，在右 A 柱处（10 号位）

(1)—接地点，蓄电池与车身

(2)—接地点，变速器与车身

(81)—接地连接线，在仪表板线束内

(500A)—螺栓接地点 1（30c 火线），在继电器板上

(500B)—螺栓接地点 1（30c 火线），在继电器板上

(502)—螺栓接地点 3（30a 火线），在继电器板上

(A2)—正极连接线（15），在仪表板线束内

(A17)—连接线（61），在仪表板线束内

(A21)—连接线（86s），在仪表板线束内

(A32)—正极连接线（30），在仪表板线束内

(A86)—连接线（50a），在仪表板线束内

<table>
<tr><td colspan="2">故障原因
1．蓄电池严重亏电，蓄电池到起动机粗导线断路。
2．起动机的控制电路出现断路或短路故障。
3．起动机的电磁开关或电动机有故障等。
4．起动限制继电器出现故障。
5．自动变速器多功能起动开关有故障或控制单元有故障。</td></tr>
<tr><td colspan="2">故障排除方法</td></tr>
<tr><td>1．打开前照灯，按喇叭，检查蓄电池的电量。若蓄电池电量不足，用高率放电计检查蓄电池的状况，如需更换蓄电池则进行更换，再检查蓄电池与起动机的导线连接情况。</td><td>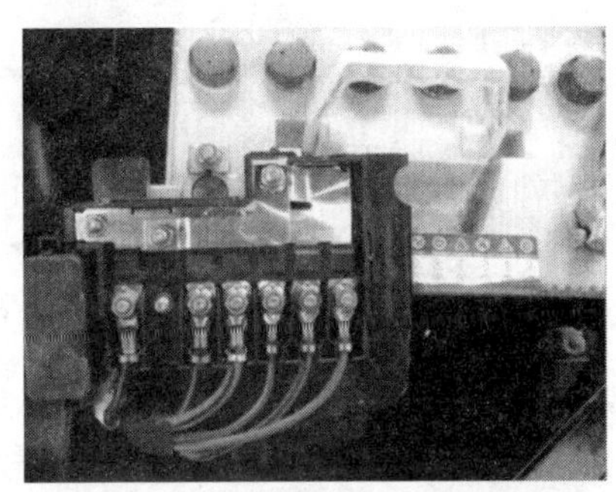
检查蓄电池与起动机的导线连接情况</td></tr>
<tr><td>2．拔下起动机电磁开关连接插头 50 端子，用试灯连接电磁开关 50 端子插头，将点火开关打到启动挡。若试灯点亮，说明起动机本身有故障，应进行维修；若试灯不亮，说明起动机控制电路有故障。</td><td>
起动线路的检修</td></tr>
<tr><td>3．拔下继电器板上 13 号位的起动限制继电器（J207）并进行检查。若继电器损坏，应更换新继电器；若继电器正常，将其恢复原样，再进行一遍检查。</td><td>
检查起动限制继电器（J207）</td></tr>
</table>

4．将自动变速器置于N挡或P挡，用手指接触起动继电器，然后将点火开关打到启动挡。若手指感到继电器有振动，说明起动电路中的执行电路有故障；若手指没有感到振动，说明起动电路中的控制电路有故障。	检查起动继电器有无振动
5．执行电路的检修。打开发动机舱盖，找到发动机室控制单元左侧2号位棕色插接器（T10d），用试灯连接插接器红黑线（T10d/4），将点火开关打到启动挡。若试灯点亮，说明插接器T10d/4到起动机50端子出现故障；若试灯不亮，说明点火开关50b接头到插接器T10d/4导线之间有故障。然后依次缩小范围，最终确定故障点（也可以用万用表测量电压或导线之间的电阻值）。	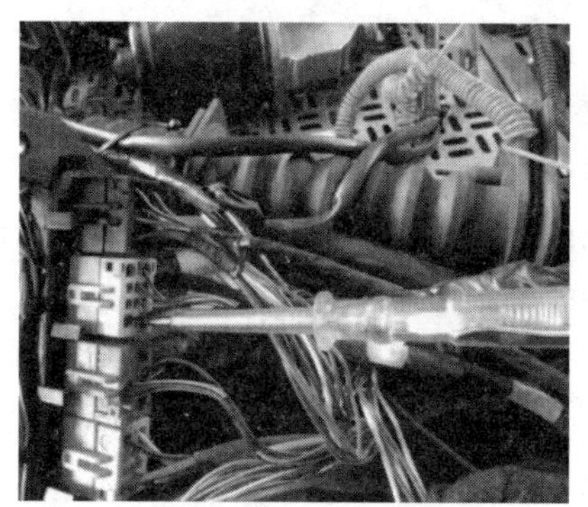用试灯测试T10d插接器
6．控制电路的检修。 （1）找到右A柱处10号棕色插接器，用试灯连接插头T15+3/8棕白色线，将点火开关打到启动挡。若试灯不亮，说明点火开关50b接头到插头T15+3/8导线之间有故障；若试灯点亮，说明后半部分导线有故障。 （2）找到变速杆下的多功能开关插接器，用万用表测量插座T15+3/8到多功能开关T10x/9棕白色线之间的电阻值，若电阻值为“∞”，说明这段导线断路；若电阻值很小，说明多功能开关或自动变速器控制单元有故障，应继续检查。	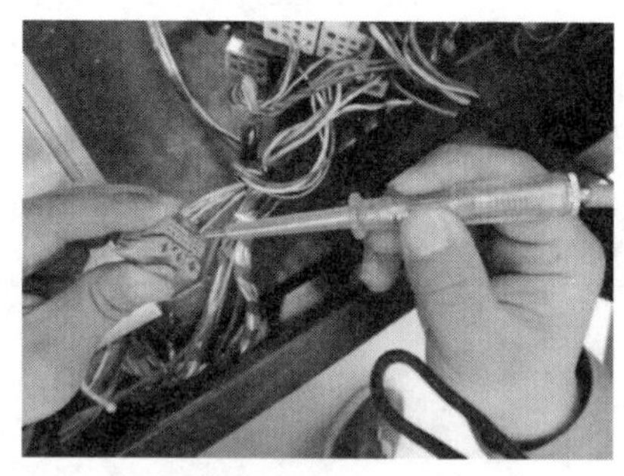检查右A柱插接器

项目 2　起动系统无力的故障诊断

实训要求

1．掌握起动机运转无力故障的现象及原因。

2．掌握起动机运转无力的故障排除方法。

主要实训器材

同本课题项目 1。

故障现象

起动机转动缓慢、无力，带动发动机运转困难，甚至稍转即停；或启动时起动机只发出“咔嗒”一声响，但不能转动。

电路图

同本课题项目 1。

故障原因

1．蓄电池电压过低或接线柱接触不良。

2．电磁开关中接触盘与触点烧蚀导致接触不良。

3．电动机内部永久磁铁损坏或电枢线圈短路。

4．电刷与换向器接触不良，如换向器脏污、烧蚀，电刷磨损严重、弹簧过弱等。

5．电枢与磁极铁芯相碰扫膛，如转子轴弯曲变形或轴承磨损严重导致松旷等。

6．起动机搭铁线接触不良或发动机转动阻力太大。

故障排除方法

1．打开前照灯，按喇叭，检查蓄电池的电量。若蓄电池电量不足，用高率放电计检查蓄电池的状况，如需更换蓄电池则进行更换；若电量正常，再进行一遍检修。	 检查蓄电池电量

<table>
<tr>
<td>2．将自动变速器置于N挡或P挡，用粗导线短接起动机30端子与C端子。若起动机转动有力，说明电磁开关接触不良；若起动机仍转动无力，说明是起动机本身的故障。</td>
<td>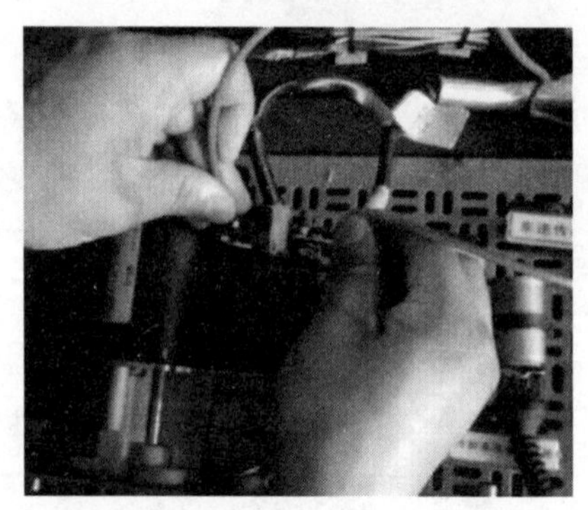
短接起动机30端子与C端子</td>
</tr>
<tr>
<td colspan="2">3．拆卸起动机，进行部件检查。可能的故障有起动机电刷接触不良、起动机电枢绕组局部断路或短路、电动机轴弯曲变形或轴承磨损严重。</td>
</tr>
</table>

单元 5　电控燃油喷射系统的维护与故障排除

知识概述

汽油机由两大机构和五大系统组成，即由曲柄连杆机构、配气机构、燃料供给系、润滑系、冷却系、点火系和起动系组成。

发动机的传感器主要有节气门位置传感器、空气流量计或进气歧管压力传感器、氧传感器、冷却液温度传感器、进气温度传感器、曲轴位置传感器、凸轮轴位置传感器、爆燃传感器等。

发动机点火系统主要有双缸同时点火和单缸独立点火两种，近年来单缸独立点火应用越来越多。

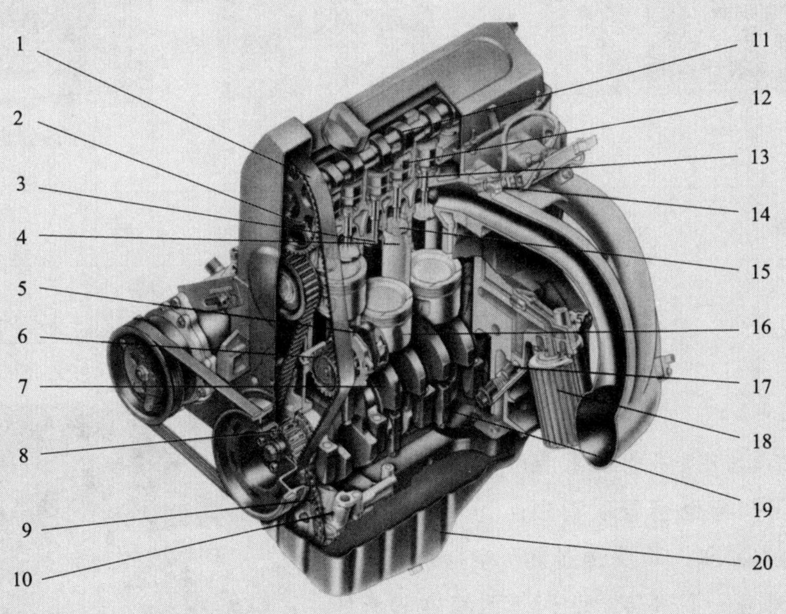

发动机结构图

1—正时齿形带　2—凸轮轴正时齿形带轮　3—排气门　4—气缸体　5—水泵　6—水泵齿形带　7—曲轴　8—曲轴正时齿形带轮　9—机油泵链　10—机油泵　11—凸轮轴　12—液压挺柱　13—气缸盖　14—喷油器　15—进气门　16—活塞　17—限压阀　18—机油滤清器　19—连杆　20—油底壳

课题 1　电控燃油喷射系统的测量

项目 1　进气歧管真空度的测量

实训要求

1．掌握测量进气歧管真空度的方法。

2．掌握真空度测量结果的分析方法。

主要实训器材

实训车辆

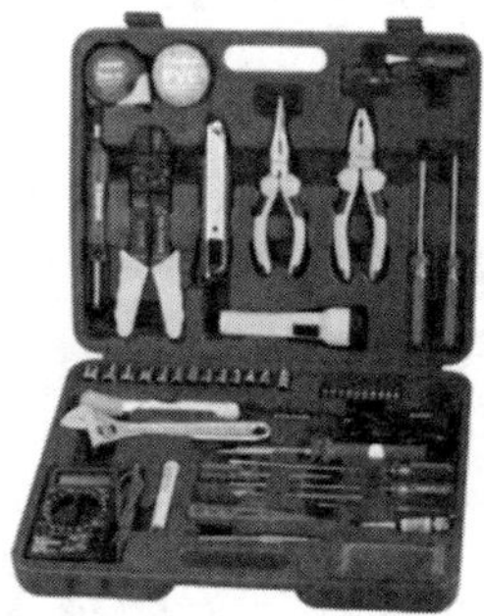

常用修理工具

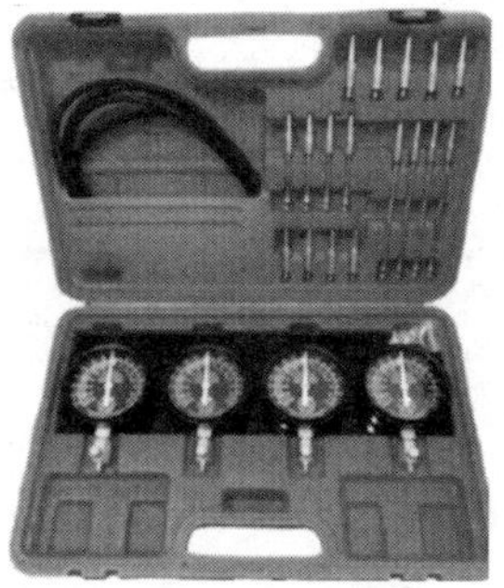

进气歧管真空表

实训内容

（一）测量方法

首先将发动机预热到正常温度，然后将进气歧管上的测压孔与真空表软管相连（应将真空表接在节气门的后面），将变速器置于空挡位置，让发动机在怠速工况下运转，此时读取真空表上的指针读数。

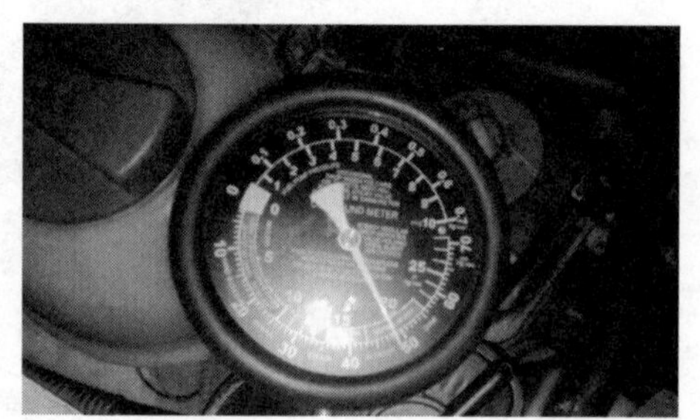

真空度检查

（二）测量结果分析

1．在正常状态下发动机怠速运转时，真空表指针应稳定在 64 ～ 71 kPa（其摆幅的大小、摆速的快慢与发动机的密封性、空燃比及点火性能有关）。若怀疑某缸工作不良，可采用单缸断火法诊断。单缸断火后，进气歧管真空度的跌落值应越大越好，这是判断各缸工作好坏的指标。

2．怠速时，若指针低于正常值，主要是活塞环、进气歧管漏气造成的，也可能与点火过迟或配气过迟有关。在此情况下，节气门若突然开启，指针会回落到 0；若节气门突然关闭，指针也回跳不到 84.66 kPa。

3．怠速时，指针跌落了 13.33 kPa（100 mmHg）左右，说明某进气门处有结胶。

4．怠速时，指针有规律地下跌某一数值，说明某气门烧毁。

5．怠速时，指针跌落了 6.66 kPa 左右，说明气门与气门座不密合。

6．怠速时，指针在 46.66 ～ 60 kPa（350 ～ 450 mmHg）快速摆动，升速时指针反而稳定，说明进气门杆与其导管磨损松旷。

7．怠速时，指针在 33.33 ～ 74.66 kPa（250 ～ 560 mmHg）缓慢摆动，且随发动机转速升高摆动加剧，说明气门弹簧弹力不足或气缸衬垫泄漏。

8．怠速时，指针停留在 26.66 ～ 50.66 kPa（200 ～ 380 mmHg），说明气门机构失调，气门开启过迟。

9．怠速时，指针跌落在 46.66 ～ 57.33 kPa（350 ～ 430 mmHg），说明点火时刻过迟。

10．怠速时，指针在 46.66 ～ 53.33 kPa（350 ～ 400 mmHg）缓慢摆动，说明火花塞间隙太小。

11．怠速时，指针在 17.33 kPa（130 mmHg）以下，说明进气歧管漏气。

12．怠速时，指针在 17.33 ～ 64 kPa（130 ～ 480 mmHg）大幅度摆动，说明气缸衬垫漏气。

13．指针最初指示较高，怠速时逐渐跌落到 0，说明排气消声器或排气系统堵塞。

进气歧管真空度的检测是一项综合性很强的检测，能测的项目很多，而且检测时无须拆下火花塞等机件，是最重要、最实用和最快速的测试方法之一。但是进气歧管真空度的检测也有不足之处，它往往不能指出故障的确切部位。例如，真空表能指示出气门有故障，然而不能指示出是哪一个气门有故障，此情况只能再借助于测气缸压力或测气缸漏气量（率）的方法才能确诊。

项目 2　气缸压力的测量

实训要求

1．掌握气缸压力的测量方法。

2．掌握气缸压力测量结果的分析方法。

主要实训器材

实训车辆

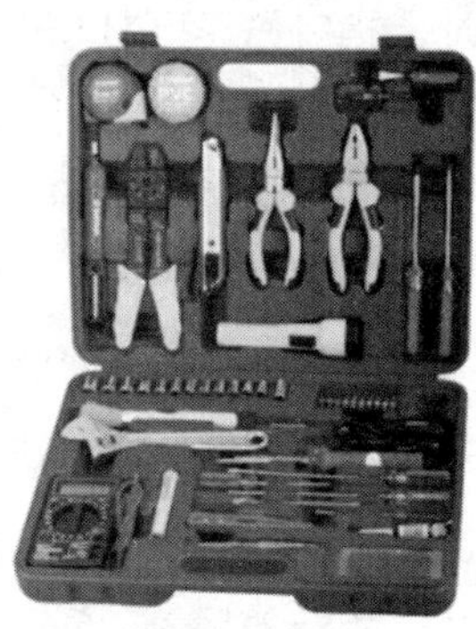

常用修理工具

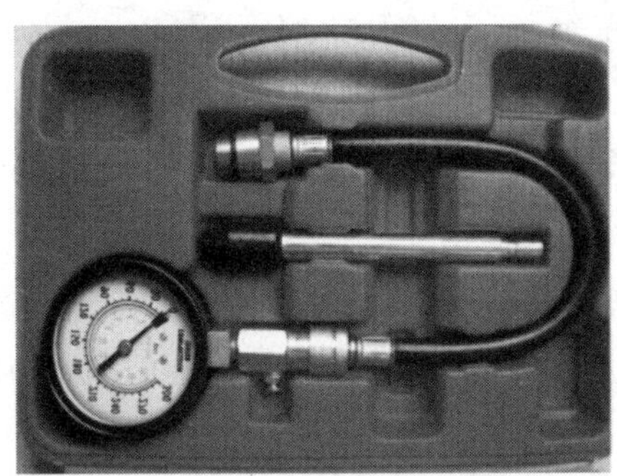

气缸压力表

实训内容

（一）测量方法

发动机的工况首先看发动机的气缸压力。大部分电喷发动机的气缸压力为 1 200 ~ 1 400 kPa，少数高压缩比的发动机气缸压力在 1 700 kPa 以上。发动机原设计气缸压力的大小主要取决于燃烧室的容积和发动机的压缩比，以及是否有增压机构。实际使用中影响发动机各缸压力的主要因素有燃烧室积炭量、燃烧室的密封状况及排气是否通畅等。

1．保证蓄电池电量充足，将发动机预热到正常温度（80℃以上），拆下发动机罩盖。	 拆卸发动机罩盖
2．拆下空气滤清器滤芯，用空气枪吹掉火花塞凹坑内的所有尘土，以免拆卸火花塞时杂质掉入气缸。卸下全部火花塞，逐缸测量各气缸压力。若不拆火花塞，所测得的气缸压力将高于实际气缸压力；若拆一个测一个，就会出现越往后测得气缸压力越高的情况。	 拆卸火花塞
3．拆下发动机燃油泵熔断器和继电器，或者断开4个喷油器插接器。 **注意**：在检查气缸压缩压力时，若喷射系统不停止工作，燃料喷射发动机喷出的燃料会进入气缸，导致“淹缸”以及缸压偏低的情况。	 断开喷油器插接器

4．用压力表接头连接要测量的气缸（螺纹旋转拧紧）或者用手垂直用力按压压力表，使橡胶接头与气缸盖火花塞接口密闭接合。	 连接气缸压力表
5．测量前将压力表的软管接头与火花塞孔拧紧或按紧，不得泄漏。每次测量前还需将气缸压力表回零。测量时一边用起动机旋转曲轴，一边将加速踏板完全踩到底，使节气门在全开位置保持 3 ～ 5 s（发动机转速在 2 500 r/min 以上，发动机转速过低，气缸压力就会过低）。气缸压力测量具有一定的偶然性，只测一次往往不准确，只有经过 2 ～ 3 次测量然后取其平均值，测量结果才有效、可靠。	 测量结果

（二）测量结果分析

1．当测量值高于规定值 10%及以上时，说明气缸内可能有积水、积油，或燃烧室内积炭过多，或气缸垫过薄，或气缸体、气缸盖磨损过甚。

2．当测量值低于规定值时，可从火花塞孔或喷油器孔向活塞顶部注入 20 ～ 30 mL 的新鲜机油，转动曲轴数转后重测。若压力明显上升，说明活塞环和气缸磨损严重。

3．若注油后无明显变化，可测相邻气缸的压力。若压力值也同样低，可能是相邻两气缸间的气缸垫烧穿；若气缸垫未烧穿，则可能是气门或气门座的密封状况不良，应予以拆检。

4．完全没有压力的气缸，可能是气门卡住、气门烧缺口或活塞烧穿、活塞环黏附在环槽内。气缸压力值在 2 ～ 3 次测量中出现忽高忽低的变化，可能是因为气门关闭不严。

5．若气缸的压缩压力低，则从火花塞孔向气缸内注入少量发动机机油，然后再次检查；若添加机油后压力升高，可能是活塞环和气缸孔磨损或损坏；若压力仍然较低，则可能是气门卡住或就位不当，或者是气缸垫漏气。

6．相邻两缸出现压力偏低现象，而其他缸表现正常，可能是因为相邻两气缸垫漏气或气缸盖螺栓未拧紧；一个气缸或多个气缸同时出现压力读数偏高的情况，可能是因为发动机过热或爆燃，这是压缩比改变造成的故障现象。

项目 3　燃油压力的测量

实训要求

1．掌握燃油压力的测量方法。

2．掌握燃油压力测量结果的分析方法。

主要实训器材

实训车辆

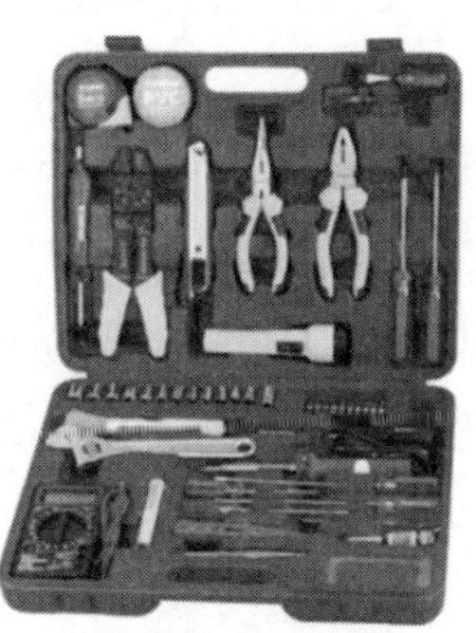
常用修理工具

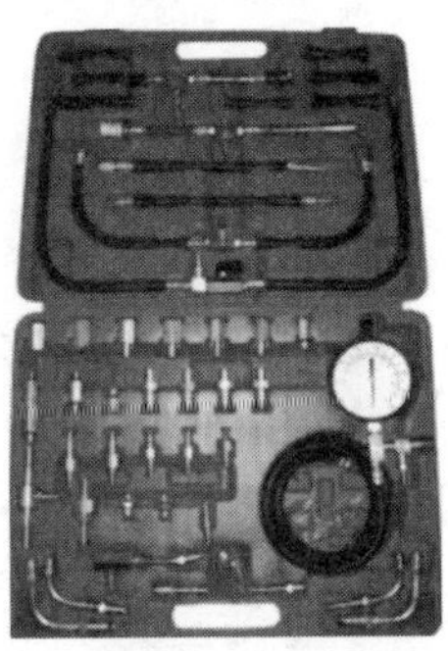
燃油压力表

实训内容

（一）测量方法

1．卸压。先拔下燃油泵熔断器、继电器或油泵插头，再启动发动机，直至发动机自行熄火后，再次启动发动机 2 ～ 3 次，然后拆下蓄电池负极。	 拔下燃油泵继电器
2．安装燃油压力表。将燃油压力表串接在进油管中，带测压口的车辆则将燃油压力表连接到测压口上。在拆卸油管时要用一块毛巾或棉布垫在油管接口下，防止燃油泄漏在地上，然后连接蓄电池负极。	 安装燃油压力表

<table>
<tr><td>3．静态油压测量。不启动发动机，用跨接线连接油泵两个端子到正负极或用一根导线短接燃油泵继电器的开关触点，并将点火开关转至“ON”位置，使燃油泵工作。静态油压约为 300±20 kPa。</td><td>
静态油压测量</td></tr>
<tr><td>4．怠速油压测量。装复燃油泵熔断器和继电器，启动发动机，使燃油泵在怠速下运转，此时燃油压力表读数为怠速工作油压，正常值应为 250±20 kPa；当拔下真空管时，油压应上升至 300±20 kPa（与节气门全开时的油压基本相等），否则应更换燃油压力调节器。</td><td>
怠速油压测量</td></tr>
<tr><td>5．急加速油压测量。急加速至节气门全开，油压表读数为燃油供给系统的急加速油压，一般急加速时油压应迅速由怠速油压时的 250±20 kPa 上升至 300±20 kPa，松开节气门后油压应下降到 250±20 kPa。若急加速油压无变化，则可能是真空管插错或漏气。</td><td>
急加速油压测量</td></tr>
<tr><td>6．最大供油压力测量。用包有软布的钳子夹住回油管，此时燃油压力表读数为燃油泵最大供油压力，一般为正常工作油压的 2 ～ 3 倍，即 500 ～ 750 kPa。燃油泵最大供油压力偏高是由于燃油泵限压阀卡滞造成的，应更换电动燃油泵。</td><td>
最大供油压力测量</td></tr>
</table>

7．剩余油压测量。松开油管夹钳，将发动机熄火，燃油泵停止运转 10 min 后，油管保持压力应大于 150 kPa。	 剩余油压测量
8．将燃油系统泄压，拆下蓄电池负极，拆下燃油压力表，重新装好油管接头，预置燃油系统的油压，以便下次顺利启动，最后检查油管各处是否有漏油。	 检查有无漏油现象

（二）测量结果分析

1．在测量静态油压时，若测得油压偏高，是由于回油管变形或油压调节器损坏造成的，应先仔细检查回油管，变形的回油管会阻碍燃油的回流，导致静态油压升高；若回油管完好则更换燃油压力调节器。

2．怠速工作油压偏高多是由于油压调节器真空管错装、漏装或漏气造成的，应检查真空管安装是否正确，是否漏气，必要时进行更换。

3．若急加速油压与怠速工作油压差值小于 50 kPa，说明在节气门全开时进气系统仍存在真空节流（如节气门无法开至最大角度），应予以检修。

4．油泵最大供油压力偏低是由于燃油滤清器堵塞、油泵进油滤网脏堵、电动燃油泵内部损坏、油泵限压阀关闭不严造成的，应先更换燃油滤清器，若油压仍然偏低，则从油箱中拆出电动燃油泵进行检查。

5．剩余油压过低是由于电动燃油泵止回阀关闭不严、油压调节器回油阀关闭不严或喷油器有滴漏造成的，此时应先恢复静态油压，再用包有软布的钳子夹住回油软管。若压力停止下降，应更换油压调节器；若压力继续下降，说明电动燃油泵止回阀密封不严或喷油嘴滴漏。

课题 2　用解码器检查电控燃油喷射系统

项目 1　故障码的读取

实训要求

1．掌握解码器的使用注意事项。

2．能正确读取故障码。

主要实训器材

实训车辆

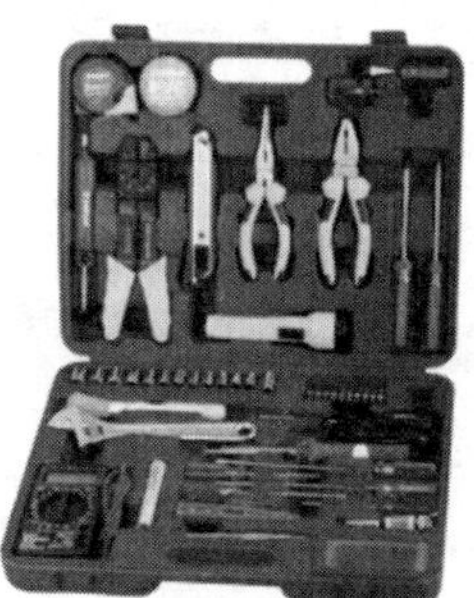

常用修理工具

金德 KT600 解码器

实训内容

（一）解码器的使用注意事项

在使用解码器读取故障码时应注意以下几点：

1．排除故障后须及时清除故障码，否则再次进行故障诊断时，此故障码还会出现。

2．如果故障涉及氧传感器，则必须在着车几分钟后才能读取氧传感器故障码。

3．如果 ECU 供电电压被切断，则故障码会被清除。

4．在读取故障码之前，首先应保证蓄电池电压正常、电控燃油喷射系统供电正常、发动机和变速器的搭铁线正常。

5．只要将点火开关置于“ON”位置，无论发动机是否运转，均不可断开任何 12 V 的电气装置，以防在操作时其中的线圈因自感作用产生的瞬时高压击穿 ECU 或传感器。

（二）读取故障码	
1．连接解码器，选择正确的诊断接头（根据具体车型而定）。	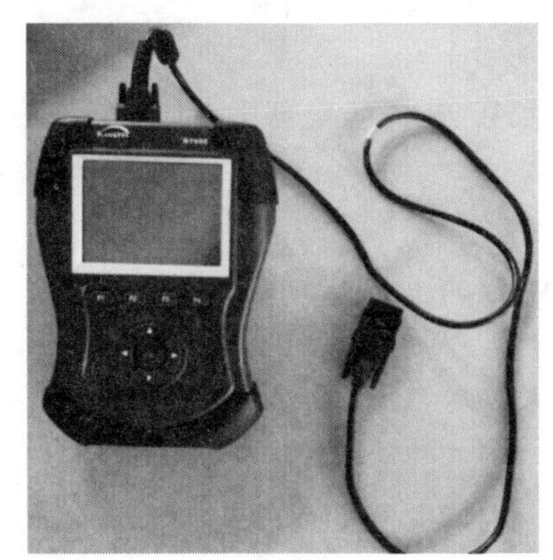 连接解码器
2．找到车辆诊断插座（一般在转向盘下方、正副驾驶中间操作台上或发动机舱内），将诊断接头插接到诊断插座上。	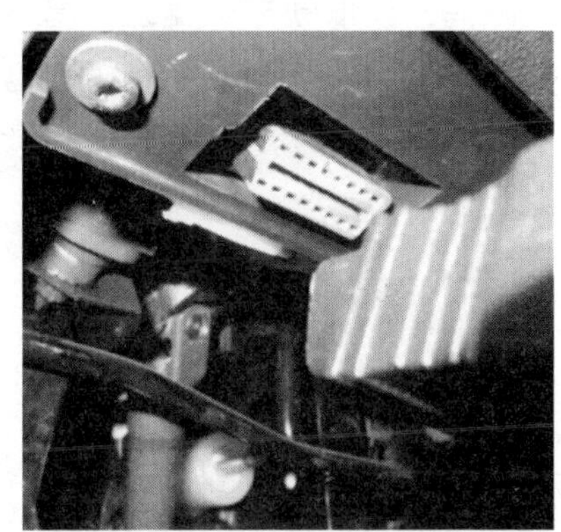 连接诊断接头与插座
3．接通点火开关（静态解码）或启动发动机（动态解码）。若发动机因故障无法启动，仍要接通点火开关，然后使解码器开机。	 解码器开机键

4．选择与车辆相对应的汽车图标，进入车辆故障测试界面，屏幕上会显示该车型的诊断信息。

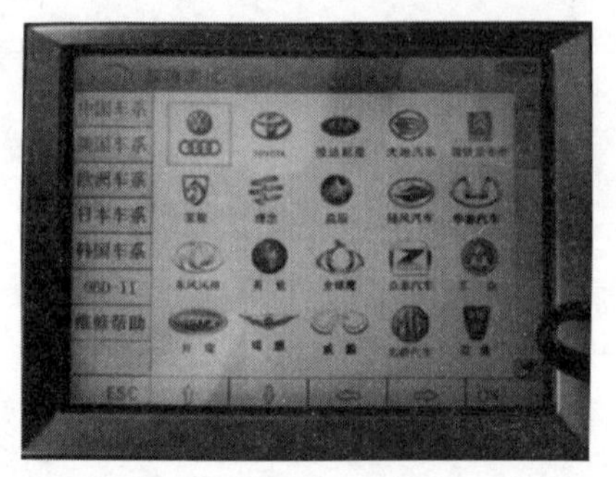

选择车型

5．选择【选择系统】指令，在【选择系统】界面选择【01-发动机】指令，会出现一个界面，该界面包括读取车辆电脑型号、读取故障码、清除故障码、读取动态数据流、基本设定、控制器编码、元件控制测试、各种调整匹配、系统登录等指令。

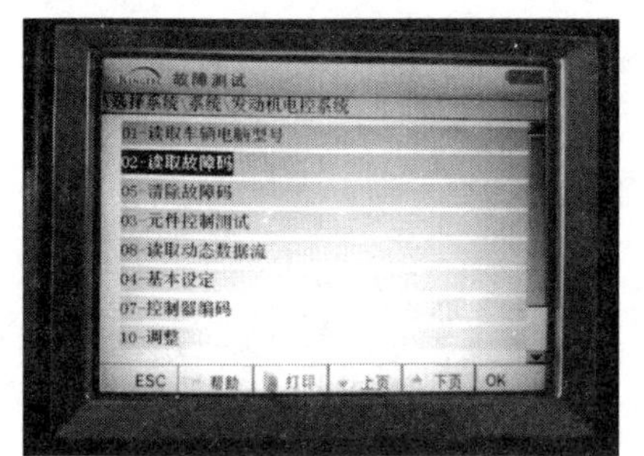

发动机诊断界面

6．在选择菜单中选择【02-读取故障码】，系统开始检测电脑随机存储器（ROM）中存储的故障记忆内容，测试完毕后在屏幕上显示测试结果。若所测试系统无故障码，则屏幕显示“系统正常”字样，选择ESC按键返回上一级菜单。

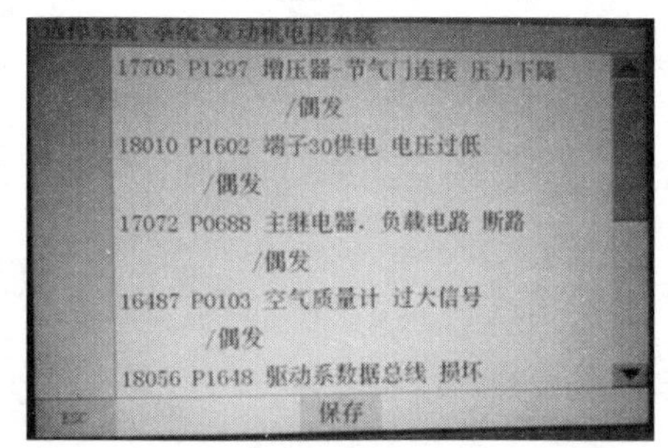

故障码读取结果

7．关闭点火开关，根据故障码表寻找和排除打印输出的故障。在更换显示有故障的零件前，先要按照电路图检查这些组件的接线和插头连接，并检查搭铁线。如果故障是作为“偶然故障”（SP）给出的，则特别要遵守此项规定。接线的检查还应参考对应车型的电路图。

<table>
<tr><th colspan="4">大众车系帕萨特车型的主要故障码</th></tr>
<tr><th>V.A.G1551 打印输出</th><th>可能的故障原因</th><th>可能的影响</th><th>故障排除</th></tr>
<tr><td rowspan="3">00515
霍尔传感器 G40 断路、对正极短路、对地短路</td><td>①断路或对正极短路
②传感器盘松动
③ G40 损坏</td><td rowspan="2">①在节气门全开时功率不足
②排放值不合格
③燃油消耗高</td><td rowspan="3">检测霍尔传感器</td></tr>
<tr><td>①对地短路
② G40 损坏</td></tr>
<tr><td>①对地短路
② F96 的供电有故障
③ F96 损坏</td><td>增压压力降低（增压器转速的安全限制）</td></tr>
<tr><td rowspan="3">00575
进气歧管的压力没有达到调节限度</td><td>①空气流量计的输出信号太弱
②在增压器与空气流量计之间有漏气处</td><td>功率增大</td><td>①检测空气流量计
②检查进气系统</td></tr>
<tr><td>①增压器的压力单元发卡
②增压控制电磁阀损坏
③短路或断路</td><td>功率减小</td><td>检测空气流量计</td></tr>
<tr><td>空气流量计的输出信号太强</td><td>功率输出减少</td><td>检测空气流量计</td></tr>
<tr><td rowspan="4">00670
节气门位置传感器 G127 信号太弱、信号太强、信号不可靠</td><td>①对地短路
② G127 的供电有问题
③ G127 损坏</td><td rowspan="4">①怠速转速太高
②没有怠速转速控制
③当松开加速踏板时，发动机运转不平稳
④在发动机低速时空调压缩机不能工作</td><td rowspan="4">①进行节气门控制单元的自适应调整
②检测节气门位置传感器 G127</td></tr>
<tr><td>①断路或对正极短路
② G127 接地不良
③ G127 损坏</td></tr>
<tr><td>①节气门卡住
②接 G127 的线束有问题</td></tr>
<tr><td>①对地短路
② F125 损坏</td></tr>
<tr><td rowspan="3">01247
活性炭过滤器电磁阀 N80 对地短路、对正极短路、输出断开</td><td>①对地短路
② N80 损坏</td><td rowspan="3">①在部分负荷时，车辆行驶不平稳
②车辆会发出汽油味</td><td rowspan="3">检测活性炭过滤器的电磁阀</td></tr>
<tr><td>①对正极短路
② N80 损坏</td></tr>
<tr><td>①断路
② N80 损坏</td></tr>
</table>

续表

V.A.G1551 打印输出	可能的故障原因	可能的影响	故障排除
01249 ~ 01252 1 缸的喷油器 N30、2 缸的喷油器 N31、3 缸的喷油器 N32、4 缸的喷油器 N33 对地短路、对正极短路	①对地短路 ②喷油器损坏	①发动机运转不平稳 ②发动机灭火	检测喷油器
	①对正极短路 ②喷油器损坏		
	①断路 ②喷油器损坏		
01259 燃油泵继电器 J17 断路、对地短路、对正极短路	①断路 ②燃油泵继电器 J17 损坏	①发动机不能启动 ②发动机熄火 ③存储了几个故障码	检测燃油泵继电器
	对地短路	点火开关打开时燃油泵连续运转	
	对正极短路	①发动机不能启动 ②发动机熄火 ③存储了几个故障码	
	①燃油泵正极短路 ② N75 损坏	①功率减小 ②增压压力太低	
	①电线束中线断开 ② N75 损坏		
16486 空气流量计 G70 信号太弱	①断路或对正极短路 ② G70 损坏 ③空气漏气 ④空气滤清器阻塞	对性能无明显影响	①检测空气流量计 ②检查进气系统
16487 空气流量计 G70 信号太强	①断路或对正极短路 ② G70 损坏	对性能无明显影响	检测空气流量计
16496 进气温度传感器 G42 信号太弱	①对地短路 ② G42 损坏	进入紧急运行状态（替代常数为 +19.5℃）	检测进气温度传感器
16497 进气温度传感器 G42 信号太强	①断路或对正极短路 ② G42 损坏		
16500 冷却液温度传感器 G62 有不可靠信号	①插接处锈蚀 ②插接处松动 ③ G62 损坏	①在低温时冷启动困难 ②发动机暖机工况不良 ③燃油消耗增加 ④排放指标不合格	检测冷却液温度传感器
16501 冷却液温度传感器 G62 信号太弱	①对地短路 ② G62 损坏		
16502 冷却液温度传感器 G62 信号太强	①断路或对正极短路 ② G62 损坏		

续表

V.A.G1551 打印输出	可能的故障原因	可能的影响	故障排除
16505 节气门电位计 G69 有不可靠信号	①插接处锈蚀 ② G69 损坏	①加速不平稳 ②怠速不稳	检测节气门电位计
16506 节气门电位计 G69 信号太弱	①断路或对地短路 ② G69 损坏	①加速不平稳 ②当松开加速踏板时负荷变化剧烈	
16507 节气门电位计 G69 信号太强	①断路或对正极短路 ② G69 损坏		
16514 λ 传感器电路有故障	①电线插接处锈蚀 ② λ 传感器的信号线和地间短路	λ 闭环控制不工作（混合气通过开环控制形成）	检测 λ 控制
	信号线中的电流太弱（λ 传感器脏污或 λ 传感器的缝隙阻塞或脏污）	①怠速不稳 ②排放指标不合格 ③燃油消耗高	检测 λ 传感器信号线是否工作
16515 λ 传感器电压太低	①对地短路或与 λ 传感器信号线的屏蔽短路 ②对地短路或与 λ 传感器接地参考线的屏蔽短路 ③ λ 传感器损坏	① λ 闭环控制不工作（混合气通过开环控制形成） ②怠速不稳 ③排放指标不合格 ④燃油消耗高	①检测 λ 控制 ②检测 λ 传感器信号线及 λ 传感器是否工作
16516 λ 传感器电压太高	信号线对正极短路		
16518 λ 传感器不工作	①接地参考线对地短路 ② λ 传感器损坏（脏污）	①怠速不稳 ②排放指标不合格 ③燃油消耗增加 ④火花塞积炭	检测 λ 控制
	λ 传感器不加热		检测 λ 加热
16519 λ 传感器加热元件电路有故障	断路或短路	λ 加热不起作用	检测 λ 加热
16705 发动机转速传感器 G28 有不可靠信号	①传感器盘松动或弯曲 ②转速传感器 G28 损坏 ③接头松动 ④屏蔽线断路	①启动困难 ②发动机失火	①拆下油底壳并检查传感器盘 ②检测发动机转速传感器
16706 发动机转速传感器 G28 无信号输出	①断路或短路 ②发动机转速传感器 G28 松动或损坏	①发动机不能启动 ②发动机熄火	检测发动机转速传感器
16711 爆燃传感器 G61 信号太弱	传感器松动或插接处锈蚀	①燃油消耗高 ②性能不良	爆燃传感器的紧固力矩为 20 N·m
16716 爆燃传感器 G66 信号太弱	①断路或对地短路 ②爆燃传感器损坏		检测爆燃传感器

续表

V.A.G1551 打印输出	可能的故障原因	可能的影响	故障排除
16885 车速信号不可靠	①车速传感器 G22 与仪表板插座之间的电线断路 ②发动机控制单元与仪表板插座之间的电线断路 ③ G22 损坏 ④仪表板插接不良	①发动机控制单元不能切断空调压缩机 ②不良的负荷变化性能	检查车速信号
16989 控制单元损坏	发动机控制单元损坏	发动机不能启动	更换发动机控制单元
17733 ～ 17736 1 ～ 4 缸爆燃控制达到控制极限	燃油质量不好（汽油牌号低于 91 号）	①燃油消耗高 ②性能不良 ③发动机运转不平稳	加注不低于 91 号的汽油
	爆燃传感器的紧固力矩错误		用 20 N · m 的力矩紧固爆燃传感器
	发动机异响（附件松动）		检测爆燃传感器
17913 怠速开关 F60 不关闭或断路	①地板垫压下加速踏板 ②节气门匹配错误 ③节气门卡住 ④断路或对正极短路 ⑤怠速开关 F60 损坏	①怠速太高 ②怠速控制不起作用 ③当松开加速踏板时负荷变化剧烈 ④空调压缩机在发动机低速时不能接通	①调整加速踏板拉线 ②检测怠速开关
17914 怠速开关 F60 不关闭或断路	①节气门线束插座锈蚀 ②对地短路 ③怠速开关 F60 损坏		
17953 节气门控制失效	①断路 ②节气门不灵活或脏污 ③ G69 和 G127 损坏	①怠速太高 ②当松开加速踏板时发动机负荷变化剧烈	检测节气门控制单元
17966 节气门驱动器 G186 电路有故障	①对地短路 ②对正极短路 ③节气门控制器 V60 损坏	怠速太高	检测节气门控制器
17967 节气门控制单元 J338 基本设置有问题	①断路或怠速开关断开 ②节气门卡住（不能关闭） ③无发动机转速传感器信号	节气门控制单元的自适应没有完成	检测节气门控制单元
17972 节气门控制单元 J338 在进行基本设置时电压过低	在进行基本设置时电压低于 10 V	—	检测蓄电池电压，读取测量数据块，显示组为 03，显示区为 2

续表

V.A.G1551 打印输出	可能的故障原因	可能的影响	故障排除
17978 发动机控制单元断路	①有目的地改动 ②信号线短路 ③电子止动器控制单元损坏或丢失	发动机启动后马上熄火	①电子止动器与发动机控制单元匹配 ②检测电子止动器电气系统
18010 电压供给 30 号线的电压太低	蓄电池的线没接上	自适应值均被清除	清除故障码，并连续对车辆进行监控
	断路		检测发动机控制单元的供电
18020 发动机控制单元编码错误	发动机控制单元编码错误	①性能降低 ②排放量升高 ③在故障存储器中有各种故障	给控制单元确定编码

项目 2 故障码的清除

实训要求

掌握故障码的清除方法。

主要实训器材

同本课题项目 1。

实训内容

清除故障码

汽车故障排除后，需要清除故障码。清除故障码时，应严格按照特定车型所规定的故障码清除方法来进行，万不可简单、随意地用拆除蓄电池负极搭铁线的方法来清除故障码。否则，可能会造成以下两个方面的麻烦：其一，使某些车型的控制电脑失去“经验记忆”。有些车型的控制电脑具有自动记忆功能，拆除蓄电池负极搭铁线后，便会自动清除存储在随机存储器（RAM）中发动机运行的经验数据，从而使汽车在维修后的相当长一段时间内性能不好，或行驶一段后，又重现已清除掉的故障码。其二，会造成某些功能的丧失，如音响锁止便是较为常见的例子。这时，需要按照较为烦琐的程序对音响系统进行解密，才能恢复音响系统的正常工作。

第 1 步～第 5 步与上一任务（读取故障码）的操作方法一样，最后在选择菜单中选择【05- 清除故障码】，清除故障码后试车，再次读取故障码进行验证。当前有故障的故障码是不能被清除的，如果是氧传感器、爆燃传感器之类的技术型故障码，虽然能立即清除，但是在一定周期内还会出现，必须彻底排除故障后故障码才会被彻底清除。

清除故障码界面

项目 3　数据流的读取与分析

实训要求

1．掌握数据流的读取方法。

2．掌握数据流的分析方法。

主要实训器材

同本课题项目 1。

实训内容

（一）读取方法

蓄电池电压正常；冷却液温度不低于 80℃；确保所有熔断器都正常；各系统搭铁正常；关闭所有用电设备（在检测过程中散热器风扇不能转动）；关闭空调开关；将换挡杆置于 P 挡或 N 挡位置。数据流中主要参数有发动机转速、发动机工作温度（冷却液工作温度、进气温度）、发动机负荷（进气压力传感器、空气流量计）、驾驶员指令数据（节气门、加速踏板）、传感器信号（氧传感器、爆燃传感器）等。

读取测量数据块的步骤如下：

前 5 步与本课题项目 1 的操作方法一样，最后在系统功能选择菜单中选择【08- 读取动态数据流】进入操作界面（大众车系的数据流需要原厂手册支持），仪器默认读取 1、2、3 组数据流。可以通过单击屏幕界面上组号调节框的组号大小选择不同的数据流组，或者可以直接单击组号框，利用界面弹出的小键盘输入具体的数据流组号。

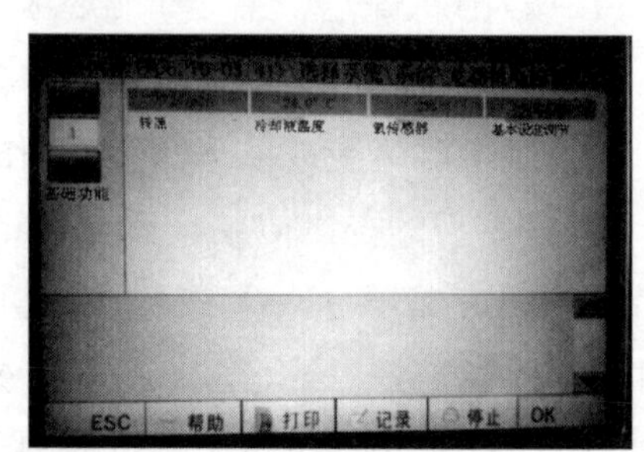

读取数据流界面

显示组总览表

显示组号	内容	正常值
00 基本功能	①冷却液温度	80 ～ 105℃
	②发动机负荷	1 ～ 2.5 ms
	③发动机转速	760 ～ 960 r/min
	④蓄电池电压	10 ～ 14.5 V
	⑤节气门角度	0 ～ 5°
	⑥怠速时空气流量的控制值	−3.0 ～ 3.0 kg/h
	⑦怠速时空气流量的自适应值	−4.0 ～ 4.0 kg/h
	⑧混合气形成的控制值（λ 控制值）	−10% ～ 10%
	⑨混合气形成的自适应值（λ 自适应值）	−0.64 ～ 0.64 ms
	⑩混合气形成的自适应值（λ 自适应值）	−8% ～ 8%
01 基本功能	①发动机转速	740 ～ 920 r/min
	②冷却液温度	80 ～ 105℃
	③氧传感器	−10% ～ 10%
	④基本调整	1 × 111111
	第 04 项的 8 位备用区 第 1 位为“1”：无故障记忆 第 2 位为“1”：催化转换器温度超过 350℃ 第 3 位为“1”：空调压缩机关闭 第 4 位为“1”：怠速开关闭合 第 5 位为“1”：λ 传感器调节完成 第 6 位为“1”：节气门关闭 第 7 位为“1”：转速低于 2000 r/min 第 8 位为“1”：冷却液温度高于 80℃	
02 基本功能	①发动机转速	740 ～ 920 r/min
	②发动机负荷	15% ～ 25%
	③曲轴转两周的喷油时间	2.0 ～ 4.0 ms
	④进气量	2.0 ～ 4.5 g/s
03 基本功能	①发动机转速	740 ～ 920 r/min
	②进气量	2.0 ～ 4.0 g/s
	③节气门开度	0.2% ～ 4.0%
	④点火提前角	6° ～ 12°

续表

显示组号	内容	正常值
04 基本功能	①发动机转速	740 ~ 920 r/min
	②电控模块 ECM 电压	12 ~ 15 V
	③冷却液温度	80 ~ 105℃
	④进气温度	-48 ~ 143℃
05 基本功能	①怠速转速（测量值）	740 ~ 920 r/min
	②发动机负荷	15% ~ 25%
	③车速	—
	④工况	怠速 部分负荷 急加速 超速
06 基本功能	①发动机转速	740 ~ 920 r/min
	②发动机负荷	15% ~ 25%
	③进气温度	-48 ~ 143℃
	④海拔高度修正系数	-50% ~ 20%
08 基本功能— 制动系统 真空泵	①制动状况	运转 / 不运转
	②泵状况	—
	③增压压力	—
	④泵测试	TE active
10 点火	①发动机转速	740 ~ 920 r/min
	②发动机负荷	15% ~ 25%
	③节气门开度	0.2% ~ 4.0%
	④点火提前角	6° ~ 12°
11 点火	①怠速转速	740 ~ 920 r/min
	②冷却液温度	80 ~ 105℃
	③进气温度	-48 ~ 143℃
	④点火提前角	6° ~ 12°
14 点火—失火 识别	①发动机转速	740 ~ 920 r/min
	②发动机负荷	15% ~ 25%
	③失火总数	0 ~ 4
	④失火识别	被启用

续表

显示组号	内容	正常值
15 点火—失火识别（1～3缸）	①1缸失火	0/1
	②2缸失火	0/1
	③3缸失火	0/1
	④失火识别	被启用
16 点火—失火识别（4缸）	①4缸失火	0/1
	②未定义	—
	③未定义	—
	④失火识别	被启用
60 转速调节—节气门适应电子动力控制系统（EPC）	①节气门阀1	8%～60%
	②节气门阀2	60%～94%
	③自学习步数	0～100
	④适应状态	ADP OK

提示：本数据流只是提取帕萨特1.8T车型部分典型数据，由于车型不同可能会出现数据流显示不一致的现象，应以实际应用车型为主。

（二）数据流数据分析

1. 显示组01

(1) 怠速转速大于800 r/min：可能为发动机有额外负荷（如空调、前照灯等），超出740～920 r/min时检测发动机怠速。

(2) 冷却液温度在80℃固定不变：应检查冷却液温度传感器是否损坏，导线有无短路或断路。

(3) 冷却液温度高于110℃：检查风扇温控开关、风扇电动机电路和节温器等。

(4) λ控制值小于−10%：说明燃油压力过高，喷油管漏油，碳罐电磁阀损坏，空气流量计不准，λ自适应值超差。

(5) λ控制值高于+10%：说明燃油压力过低，喷油器堵塞，流量计不准。

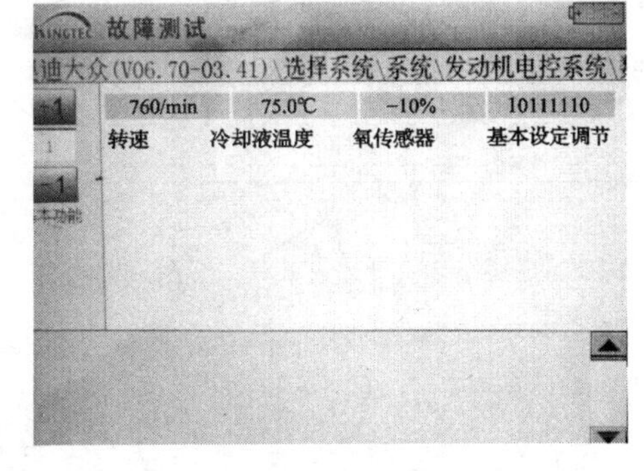

显示组01

2．显示组 02

（1）喷油时间小于 2 ms：说明有来自活性炭罐的混合气或碳罐电磁阀有故障。

（2）喷油时间大于 4 ms：说明发动机有额外负荷或空气流量计有故障。

（3）吸入空气量小于 2 g/s：说明空气流量计有故障、信号不准或有漏气处。

（4）吸入空气量大于 4.5 g/s：说明发动机有额外负荷或空气流量计有故障。

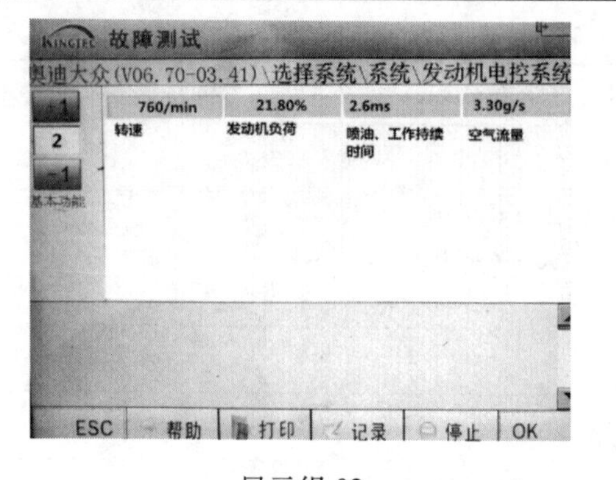

显示组 02

3．显示组 03

节气门开度大于 4%：说明怠速电位计损坏，节气门卡死，节气门拉线过紧或未进行基本调整。

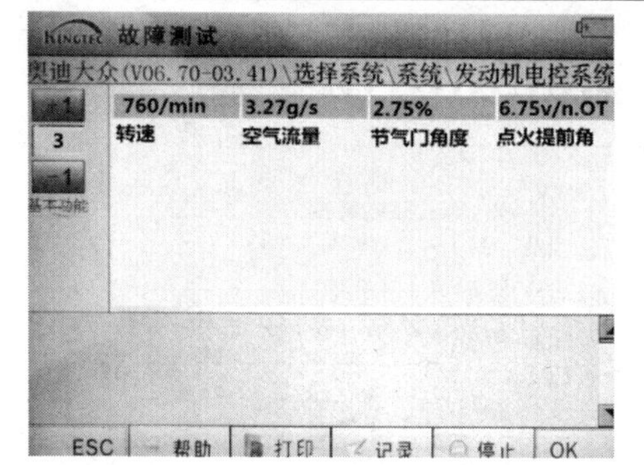

显示组 03

4．显示组 04

ECM 电压不在范围内，应检查发电机输出电压和 ECU 供电电压。

进气温度与实际空气温度不符，应检查进气温度传感器，若一直显示常数 19.5℃，则说明进气温度传感器损坏。

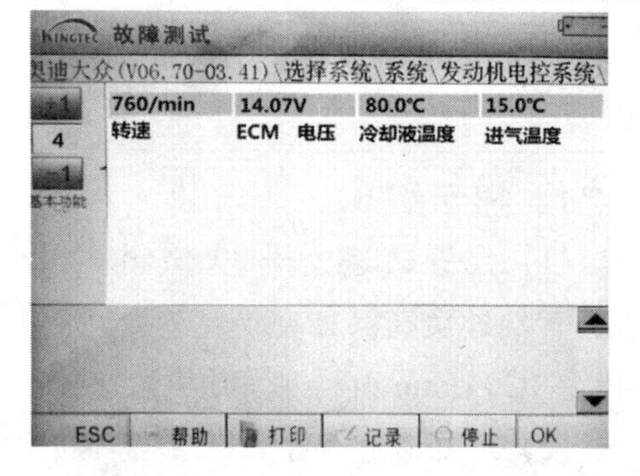

显示组 04

5．显示组 05

运行状态应符合实际工作状态，若出现不一致则检查节气门控制单元。

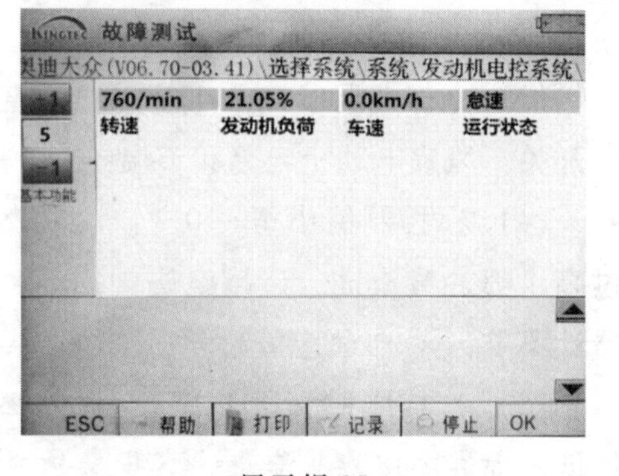

显示组 05

课题 3　电控燃油喷射系统波形分析

项目 1　波形类别及波形识别

实训要求

1. 熟悉常见电控燃油喷射系统信号的类型和判定依据。
2. 能进行电控燃油喷射系统信号波形的识别。

主要实训器材

实训车辆

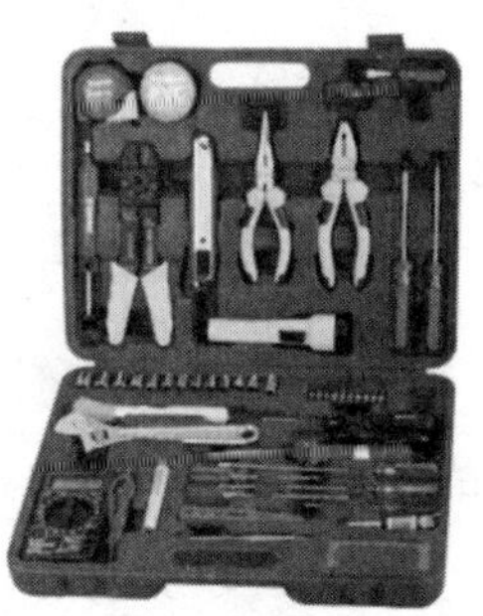
常用修理工具

金德 KT600 解码器

实训内容

（一）信号类型

当今汽车系统中存在五种基本类型的电子信号，这五种电子信号可以看成是控制系统中各个传感器、控制电脑和其他设备之间相互通信的基本语言，包括直流信号、交流信号、频率调制信号、脉宽调制信号和串行数据信号。

1. 直流（DC）信号

在汽车中产生直流信号的传感器和装置有发动机冷却液温度传感器、燃油温度传感器、进气温度传感器、节气门位置传感器、翼板式/热丝式空气流量计、真空和节气门开关、进气压力传感器等。

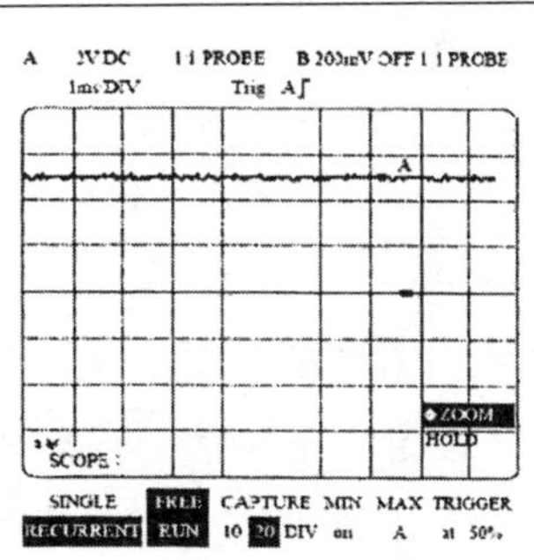

直流信号波形

2．交流（AC）信号

在汽车中产生交流信号的传感器和装置有车速传感器、防滑制动轮速传感器、磁电式曲轴转角和凸轮轴传感器、爆燃传感器等。

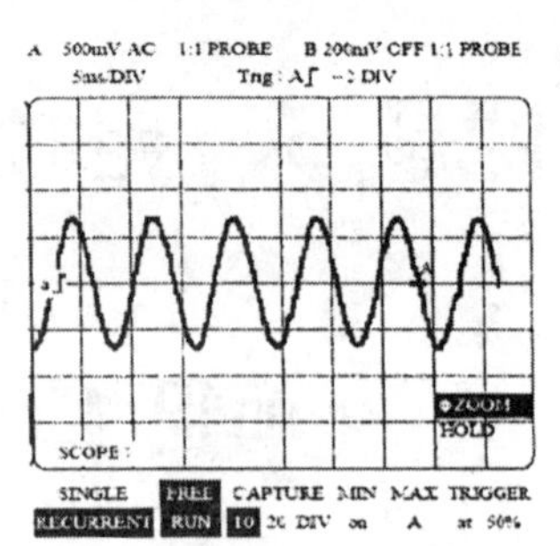

交流信号波形

3．频率调制信号

在汽车中产生可变频率信号的传感器和装置有数字式空气流量计、福特数字式进气压力传感器、光电式车速传感器、霍尔式车速传感器、光电式凸轮轴和曲轴转角传感器、霍尔式凸轮轴和曲轴转角传感器。

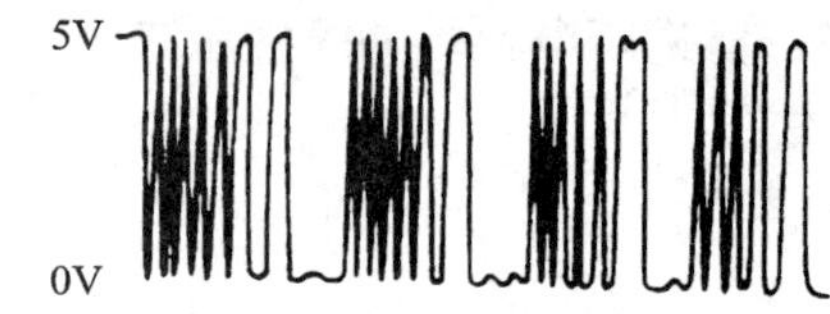

频率调制信号波形

4．脉宽调制信号

在汽车中产生脉宽调制信号的电路或装置有一次点火线圈，电子点火正时电路，废气再循环控制、涡轮增压和其他控制电磁阀，喷油嘴，怠速控制电动机和电磁阀。

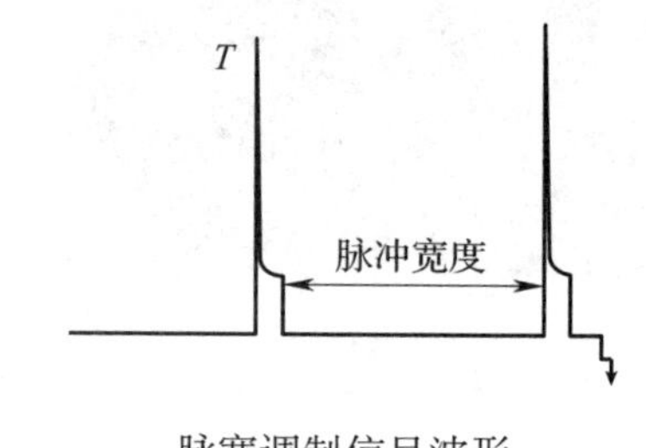

脉宽调制信号波形

5．串行数据（多路）信号

若汽车中具有自诊断能力和其他串行数据送给能力的控制模块，则串行数据是由发动机控制电脑（PCM）、车身控制电脑（BCM）和防滑制动系统（ABS）或其控制模块产生的。

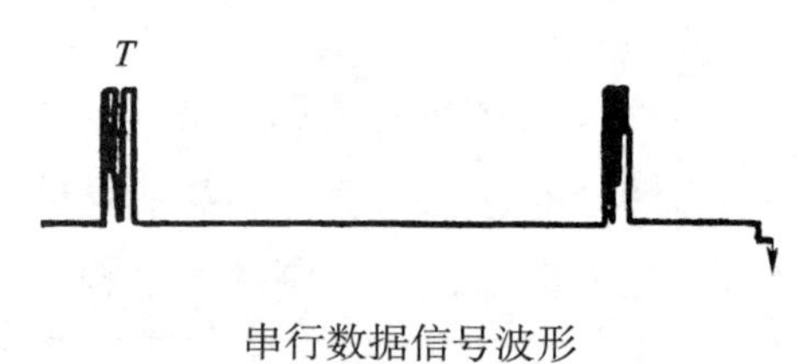

串行数据信号波形

（二）汽车电子信号的判定依据

每个电子信号都可以由五种判定依据中的一个或多个特征组成。每个电子信号都要用判定依据来确定电子通信，这五种判定依据分别是幅值、频率、形状、脉冲宽度和阵列。

如果一个传感器的执行器或控制电脑产生了不正确的电子信号，该电路可能遭到“通信中断”的损失，具体表现为行驶能力及排放等故障码（DTC）。

电子信号与五种判定依据的关系

信号类型	判断依据				
	幅度	频率	形状	脉冲宽度	阵列
直流	√				
交流	√	√	√		
频率调制	√	√	√		
脉宽调制	√	√	√	√	
串行数据	√	√	√	√	√

1．幅值

幅值是指电子信号在一定点上的瞬时电压。

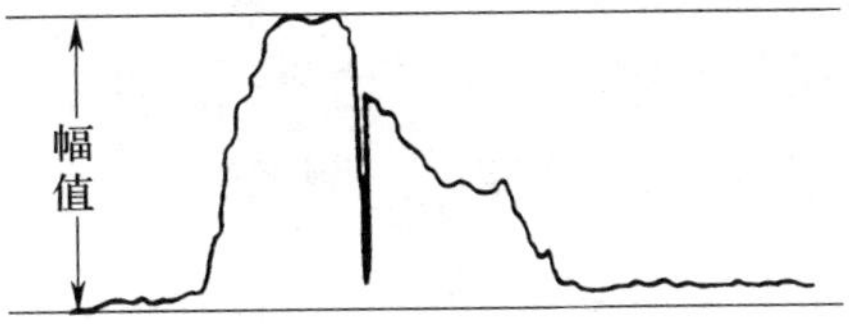

幅值

2．频率

频率是指电子信号在两个事件或循环之间的时间（一般指 1 s）的循环次数。

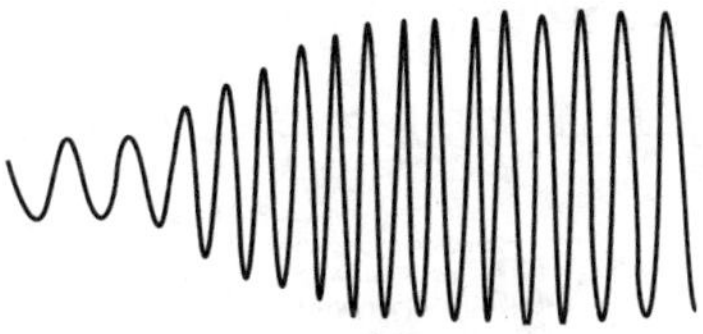

频率

3．形状

形状是指电子信号的外形特征，如电子信号的曲线、轮廓、上升沿、下降沿等。

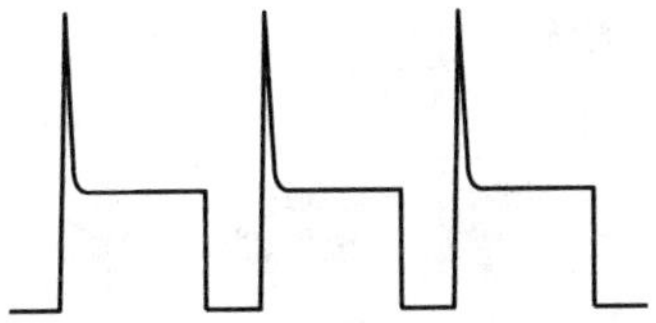

形状

4．脉冲宽度

脉冲宽度是指电子信号所占的时间或占空比。

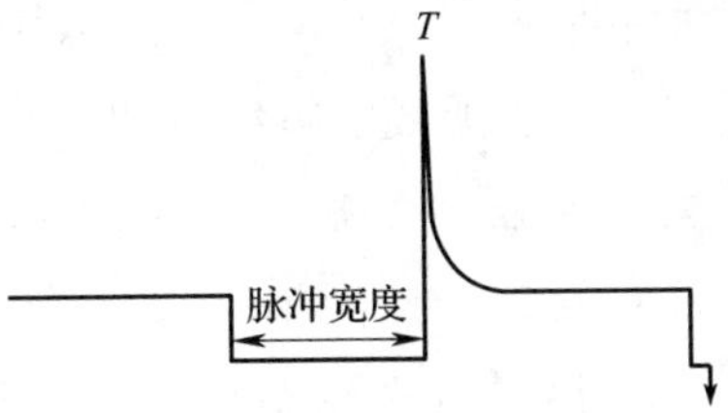

脉冲宽度

5．阵列

阵列是指组成信息 / 信号的重复方式。

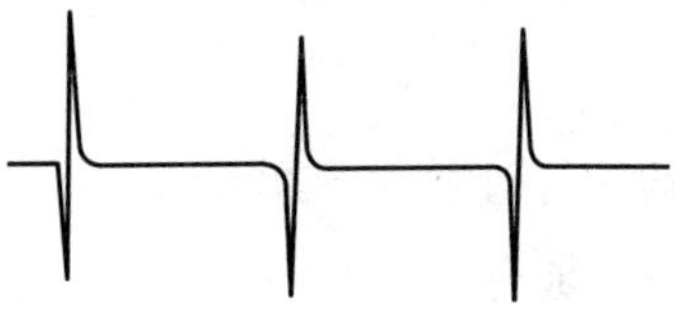

阵列

（三）波形识别

1．波形术语

（1）峰—峰值：表示波形的最高点与最低点的差值。

（2）信号周期：表示信号每周期所占宽度（秒数）。

（3）脉冲宽度：表示信号负电压部分的宽度（秒数）。

（4）占空比：表示信号的脉冲宽度与信号周期的比值，用百分比表示。

占空比计算：$\frac{15\ \text{ms}}{20\ \text{ms}}\times 100\%=75\%$。

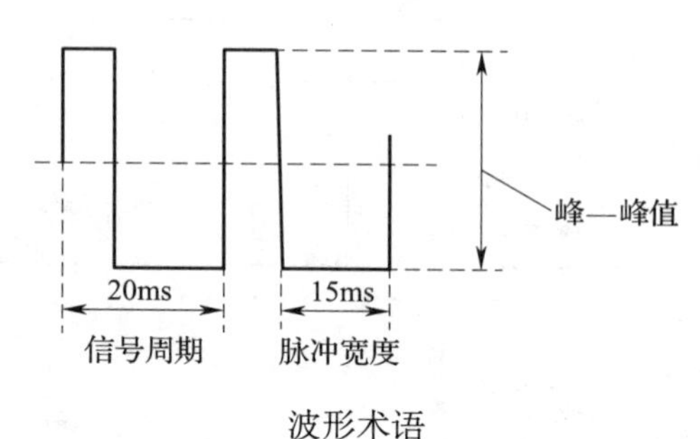

波形术语

2．波形界面

（1）单通道波形的特点

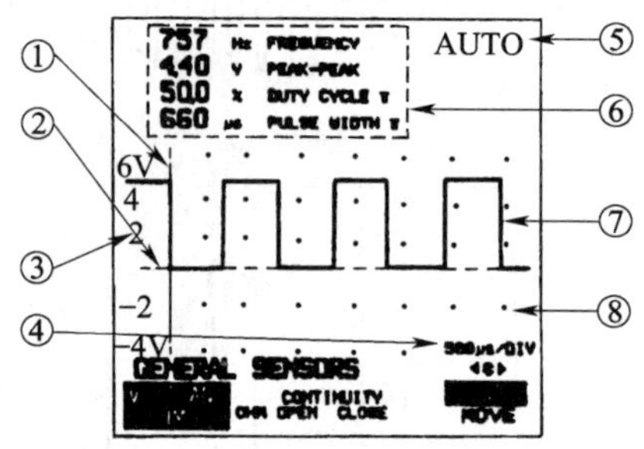

单通道波形

①水平时基的零线，时间点代表触发事件。

②信号垂直幅度的零线（即 0 V）。

③垂直量程（每格 2 V），可以利用光标键改变量程。

④水平时基（每格 500 μs），可以利用光标键改变时基。

⑤自动量程，同时适用于水平时基和垂直量程。

⑥从信号计算出来的读数。

⑦信号波形。

⑧格线，表示水平和垂直格。

（2）双通道波形的特点

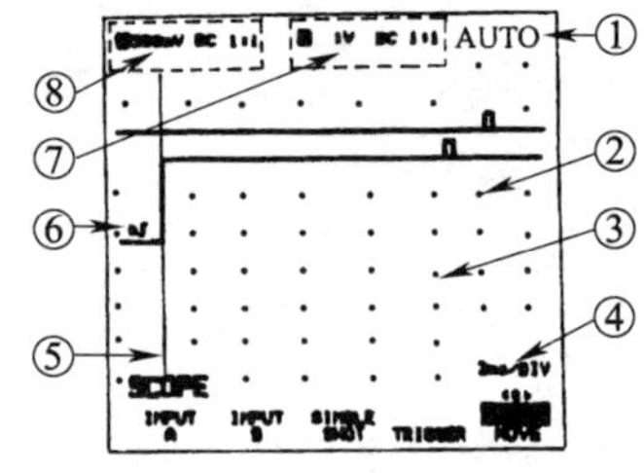

双通道波形

①自动量程设定及信号追踪功能作用。

②通道零电位。

③通道 A 零电位。

④时基范围。

⑤时基零位线（触发事件）。

⑥触发标记，表示触发源（a 表示通道 A）、触发率（表示负沿）和触发电平（图例的垂直位置）。

⑦通道 B 量程设定和探头识别。在通道 B 关闭时显示“OFF”。

⑧通道 A 量程设定和探头识别。

项目 2　典型传感器波形的检测与分析

实训要求

掌握典型传感器波形的检测与分析方法。

主要实训器材

实训车辆

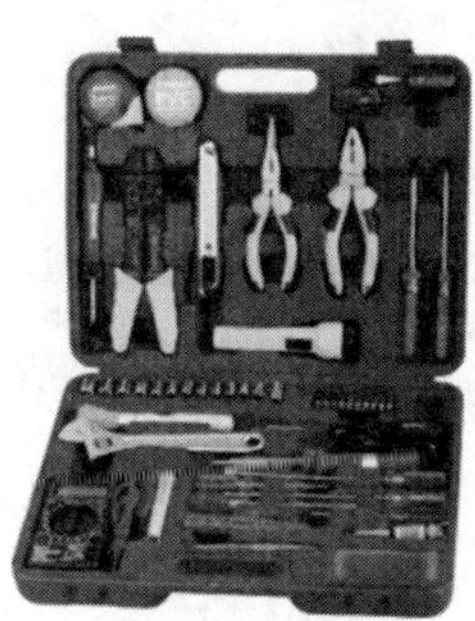

常用修理工具

示波器

实训内容

（一）热丝式空气流量计波形的检测与分析

热丝式空气流量计即模拟输出电压信号传感器，大多数热丝式空气流量计在空气流量增大时，输出电压也随之升高。热丝式空气流量计内部温度补偿电路比较复杂，输出电压模拟信号被送到控制电脑，控制电脑根据该信号来计算发动机负荷，以判定燃油供给量和点火正时等。

测试方法：

1．连接好波形测试设备，将探针接信号输出端子，将鳄鱼夹搭铁。

2．关闭所有附属电气设备，启动发动机，并使其怠速运转。当怠速稳定后，检查怠速时输出信号的电压。做加速和减速试验时，应有类似下图中的波形出现。

3．将发动机转速从怠速加至节气门全开（加速过程中节气门应以中速打开），节气门全开后持续 2 s，注意不要使发动机超速运转，然后再将发动机降至怠速运转，并保持 2 s。

4．从怠速工况急加速发动机至节气门全开，然后减小小节气门使发动机回至怠速，待波形稳定后，仔细观察热丝式空气流量计的波形。

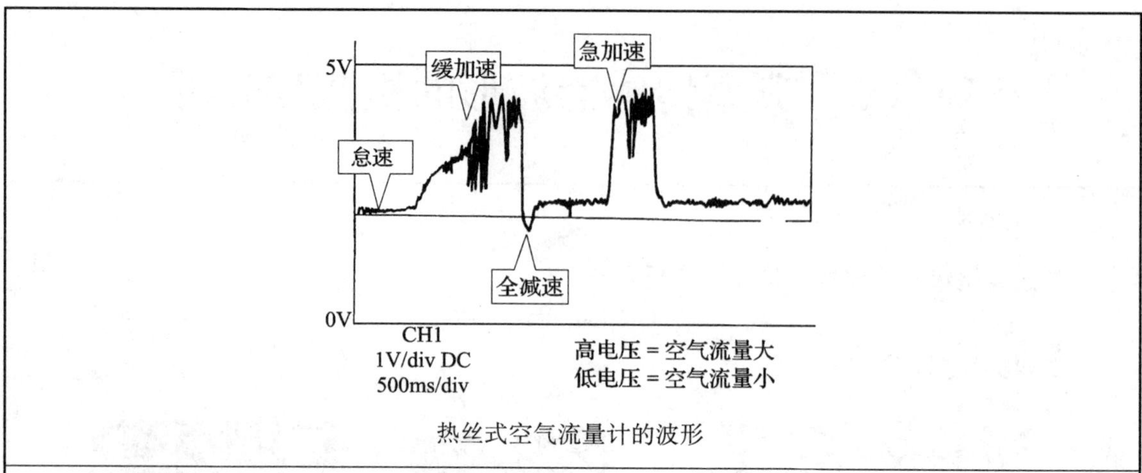

热丝式空气流量计的波形

波形分析：

可以通过从厂家的维修资料中找到输出电压的正确参考值与测量值进行比较，通常热丝式空气流量计输出的电压范围是从怠速时超过 0.2 V 升至 4 V 以上（完全踩下加速踏板时），当全减速时输出电压应比怠速时的电压稍低些。发动机运转时，波形的幅值不断波动，这是正常的。

不同车型，其输出电压有很大的差异，一般车型在怠速时输出电压超过 0.2 V，这个值的大小可以判断空气流量计的好坏。许多损坏的空气流量计在怠速时输出电压太高，而完全踩下加速踏板时又达不到 4 V。另外，从混合气是否正常或是否冒黑烟也可以判断空气流量计的好坏。

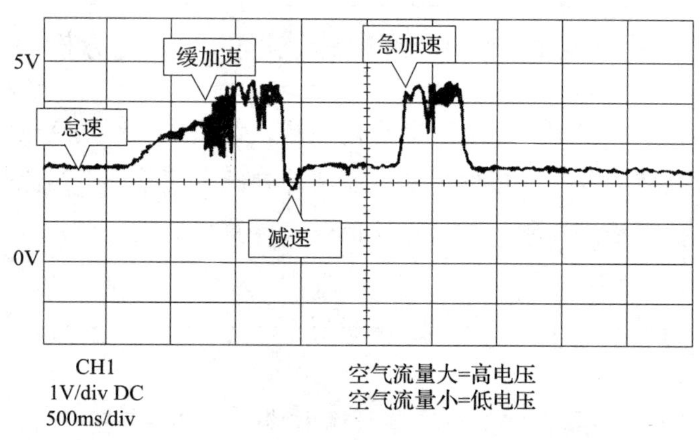

热线式空气流量计的波形

（二）模拟式节气门位置传感器波形的检测与分析

节气门位置传感器是一种非常重要的传感器，因为控制电脑将用其信号来计算发动机负荷、点火正时，控制废气再循环、怠速以及变速器换挡等许多功能和参数。因此，当节气门位置传感器工作不良时，将引起加速、怠速、驾驶性能以及尾气排放等方面的许多问题。

测试方法：

1．连接好波形测试设备，将探针接信号输出端子，将鳄鱼夹搭铁。

2．打开点火开关，发动机不运转，慢慢让节气门从关闭位置到全开位置，并重新返回至节气门关闭位置。反复这个过程几次。这时波形应如下图所示铺开在显示屏上。

波形分析：

查阅车型规范手册，以得到精确的电压范围。通常传感器的电压应从怠速时的低于 1 V 到节气门全开时的低于 5 V。波形上不应有任何断裂、对地尖峰或大跌落。

特别应注意达到 2.8 V 处的波形，这时传感器的炭膜容易损坏或断裂。

在传感器中磨损或断裂的炭膜不能向发动机 ECU 提供正确的节气门位置信息，因此，发动机 ECU 不能为发动机提供正确的混合气浓度命令，从而引起汽车驾驶性能问题。

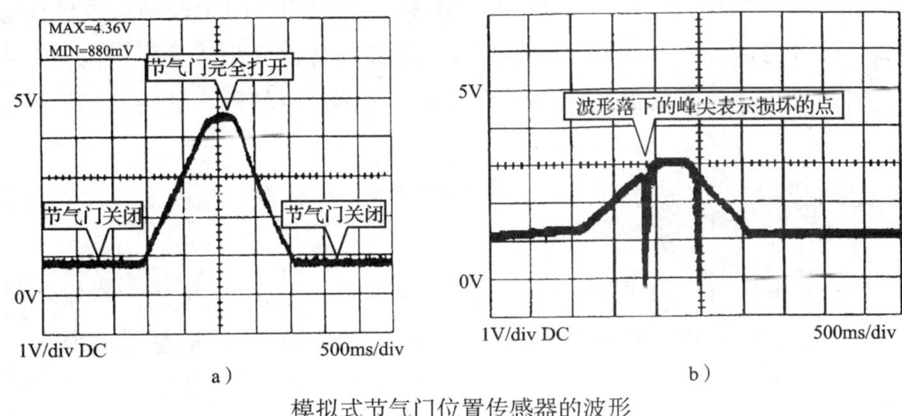

模拟式节气门位置传感器的波形

a）正常波形　b）不正常波形

（三）电磁式曲轴位置传感器波形的检测与分析

测试方法：

1．连接好波形测试设备，将探针接信号输出端子，将鳄鱼夹搭铁。

2．连接波形测试设备，启动发动机使其怠速运转，然后加速，获得相关波形。

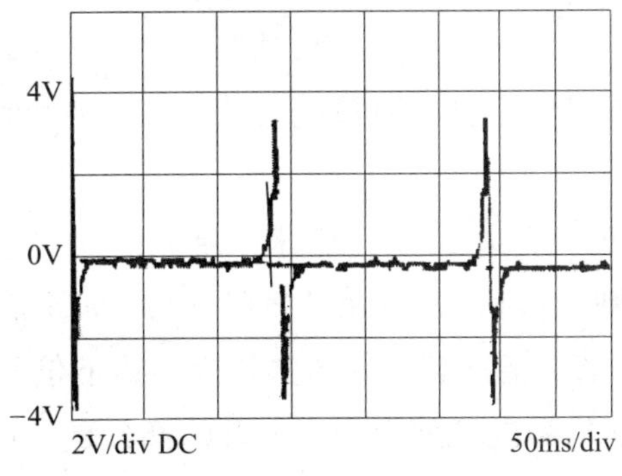

电磁式曲轴位置传感器的波形

波形分析：

1．除去传感器触发轮上一个齿或两个相互靠近的齿所产生的同步脉冲，可以确定上止点的信号。去除的齿会引起输出信号频率的变化，而在齿数减少的情况下，幅值也会变化。触发轮上相同的齿形应产生相同形式的连续脉冲，幅值（峰—峰值电压）与曲轴的转速成正比。

2．波形的上下波动。波形不可能在 0 V 电位的上下完全对称，但大多数传感器的波形相当接近。电磁式曲轴位置传感器的幅值随转速的增加而增加。

3．波形的频率应与发动机的转速同步变化。两个脉冲的间隔时间只在同步脉冲出现时才改变。能使两个脉冲的间隔时间改变的唯一因素是触发轮上的齿轮数缺少或特殊齿经过传感器，任何其他改变脉冲间隔时间的波形出现都可能意味着传感器有故障。

4．不同类型的传感器其波形峰值电压和形状并不相同。由于线圈是传感器的核心部分，所以故障往往与温度关系密切，大多数情况是波形峰值变小或变形，同时出现发动机失速、断火或熄火。通常最常见的传感器故障是根本不产生信号，这说明传感器的线圈有断路故障。

5．当故障出现在示波器上时，摇动线束可以进一步确定电磁式曲轴位置传感器是否故障的根本原因。

6．在大多数情况下，如果传感器或电路有故障，波形检测设备的显示屏上将完全没有信号，所以波形检测设备显示屏上 0 V 电压处是一条直线便是很重要的诊断信息。

（四）氧传感器波形的检测与分析

氧传感器是燃油反馈控制系统的重要部件，用汽车示波器观察到的氧传感器信号电压波形能够反映出发动机的机械部分、燃油供给系统以及发动机电脑控制系统的运行情况，并且所有汽车的氧传感器信号电压的基本波形都是一样的，利用波形进行故障判断的方法也类似。氧传感器一般分为二氧化锆型和二氧化钛型两种。

测试方法：

1．以 2 500 r/min 的转速预热发动机和氧传感器 2 ~ 6 min，然后让发动机怠速运转 20 s。

2．在 2 s 内将发动机节气门从全闭（怠速）至全开 1 次，共进行 5 ~ 6 次。但不要使发动机空转转速超过 4 000 r/min，只要用节气门进行急加速和全减速就可以了。

3．使屏幕上的波形稳定，根据氧传感器的最高、最低信号电压值和信号的响应时间来判断氧传感器的好坏（在信号电压波形中，上升的部分是急加速造成的，下降的部分是急减速造成的）。

波形分析：

现在一般电控汽车上的氧传感器都是二氧化锆型的，其输出信号的电压范围为 0 ~ 1 V。二氧化钛型氧传感器输出信号为 5 V 或 1 V 的可变电压信号。二氧化钛型氧传感器的工作原理与发动机冷却液温度传感器和进气温度传感器的工作原理相似，这两种传感器的电阻值随着温度的变化而变化，二氧化钛型氧传感器的电阻值随其周围氧含量的变化而变化。发动机控制电脑为读取这个可变电阻两端的电压降，通常会提供一个参考工作电压，一般为 1 V（有的是 5 V）。

主副氧传感器的波形

主氧传感器信号用作混合控制的反馈信号，副氧传感器信号用来测试三效催化转化器的净化效率。一个工作正常的三效催化转化器，在配上燃油反馈控制系统后就可以保证将尾气中的有害成分转化为相对无害的二氧化碳和水蒸气。在汽车匀速行驶时，安装在三效催化转化器后的氧传感器信号电压的波动应比装在三效催化转化器前的氧传感器（前氧传感器）信号电压的波动小得多，因为正常运行的三效催化转化器在转化 HC 和 CO 时要消耗氧气。

当三效催化转化器损坏时，三效催化转化器的转化效率丧失，这时在其前、后排气管中的氧气量十分接近（几乎相当于没有安装三效催化转化器），前、后两个氧传感器的信号电压波形就趋于相同，并且电压波动范围也趋于一致，出现这种情况时应更换三效催化转化器。

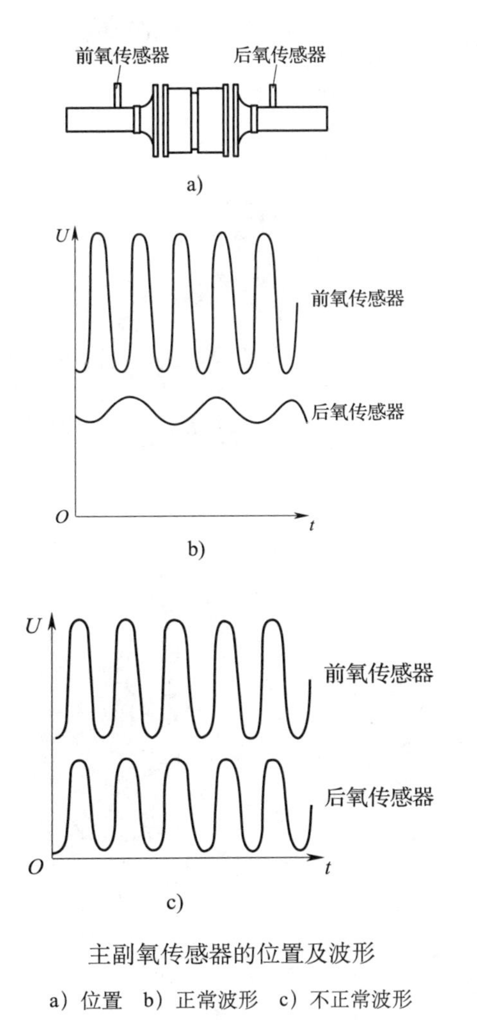

主副氧传感器的位置及波形

a）位置 b）正常波形 c）不正常波形

课题 4　电控燃油喷射系统主要部件的检查

项目 1　电动燃油泵控制系统的检查

实训要求

1．掌握电动燃油泵的拆卸过程。

2．掌握电动燃油泵的检查方法。

主要实训器材

实训车辆

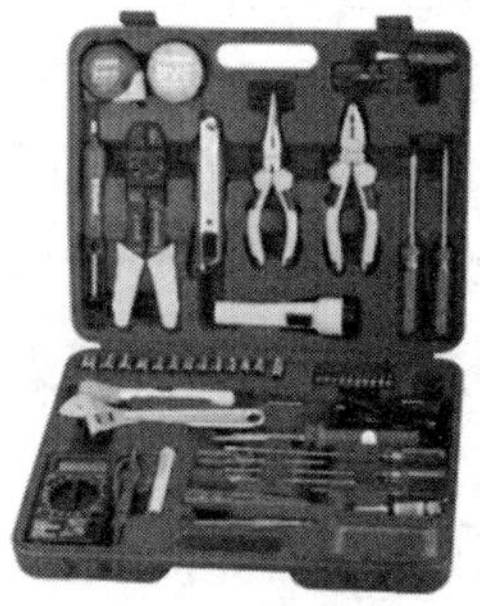
常用修理工具

数字式万用表

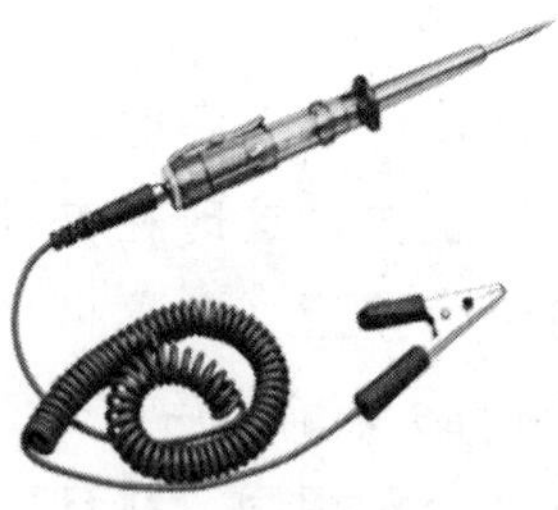
汽车试灯

电路图

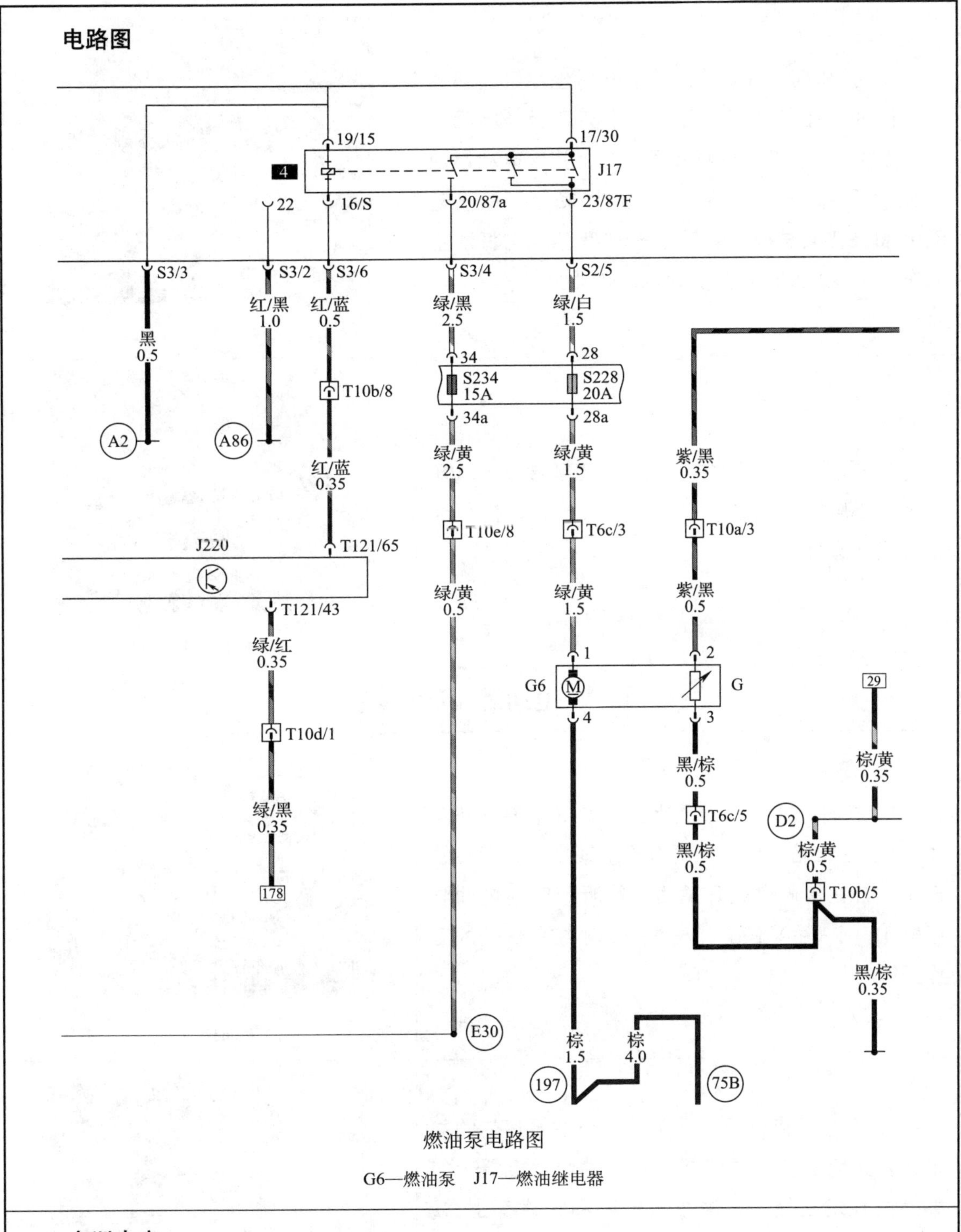

燃油泵电路图

G6—燃油泵　J17—燃油继电器

实训内容

（一）电动燃油泵的拆卸

1．释放燃油系统的油压，拔下油泵继电器或油泵熔断器。

<table>
<tr><td>2. 打开汽车行李舱盖或翻开后坐垫（大部分汽车的油箱在打开汽车后舱盖或翻开后坐垫后就可以看见），拆除出油管和回油管，拔下电动燃油泵线束插头，拧出固定螺钉，从油箱上方取出电动燃油泵托架总成（也有一些车型必须先将油箱从车上拆下，然后才能拆卸电动燃油泵）。</td><td>
拆卸后排座椅</td></tr>
<tr><td>3. 拆下电动燃油泵与托架的连接导线，从托架上拉出电动燃油泵，取下橡胶缓冲垫，拆下卡扣，拉出滤网。</td><td>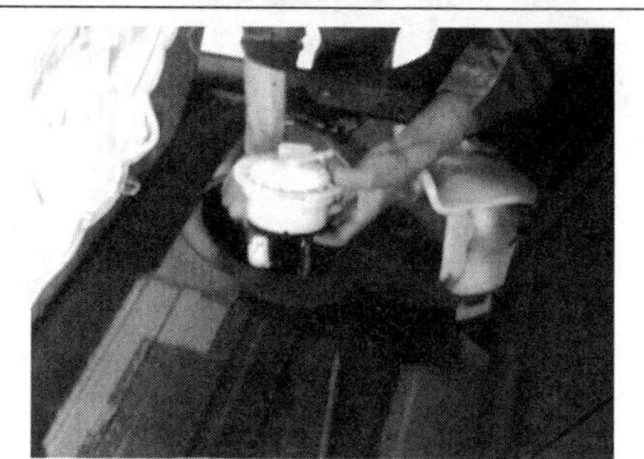
拆卸电动燃油泵总成</td></tr>
<tr><td colspan="2">（二）电动燃油泵的检查</td></tr>
<tr><td>1. 打开油箱盖，接通点火开关（不要启动发动机），在油箱口处仔细听有无电动燃油泵运转的声音。若在接通点火开关后，能听到电动燃油泵运转 3 ～ 5 s 后又停止，说明控制系统各部分的工作正常。</td><td>
油箱口</td></tr>
<tr><td>2. 若接通点火开关后听不到燃油泵运转的声音，首先检查燃油泵熔断器和燃油泵继电器，如果燃油泵熔断器、燃油泵继电器和线路都正常，应检查燃油泵（用短接方法），若燃油泵也正常，说明 ECU 外部的电动燃油泵控制电路工作正常，故障在 ECU 内部，应更换 ECU。</td><td>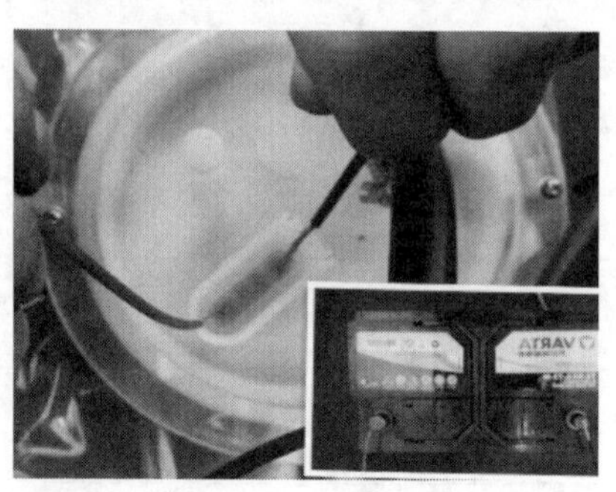
检查燃油泵</td></tr>
</table>

3．检查燃油系统的压力，保证燃油泵供油压力正常。	 检查燃油系统的压力

项目 2　喷油器及控制电路的检查

实训要求

1．掌握喷油器的检查和清洗过程。

2．掌握喷油器控制电路的检查方法。

主要实训器材

同本课题项目 1。

电路图

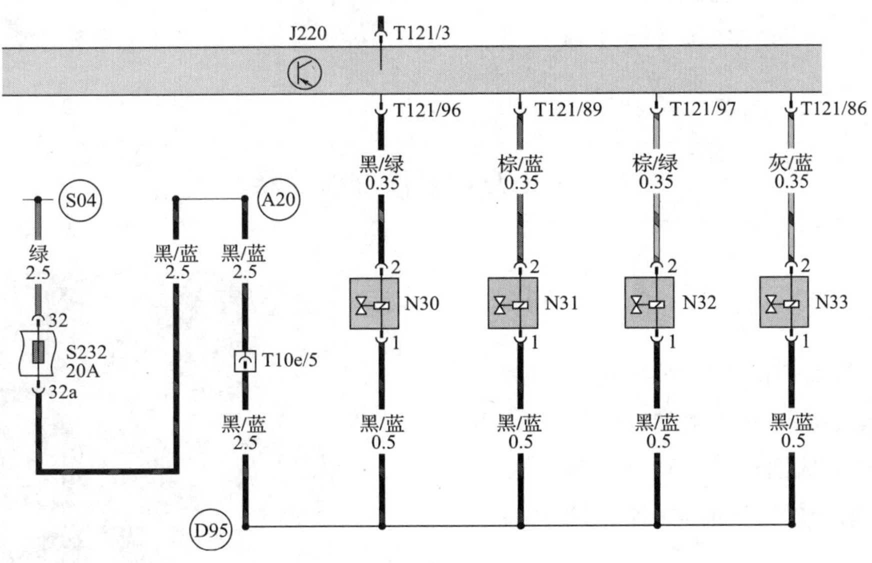

喷油器电路图

N30—1 缸喷油器　N31—2 缸喷油器　N32—3 缸喷油器　N33—4 缸喷油器

<table>
<tr><td colspan="2">实训内容</td></tr>
<tr><td colspan="2">（一）用【元件控制测试】功能检测喷油器</td></tr>
<tr><td>1．打开点火开关，不启动发动机，连接解码器，选择正确的车型，进入发动机系统的故障测试界面，选择【03－元件控制测试】，按【Enter】键进入元件控制测试界面。</td><td>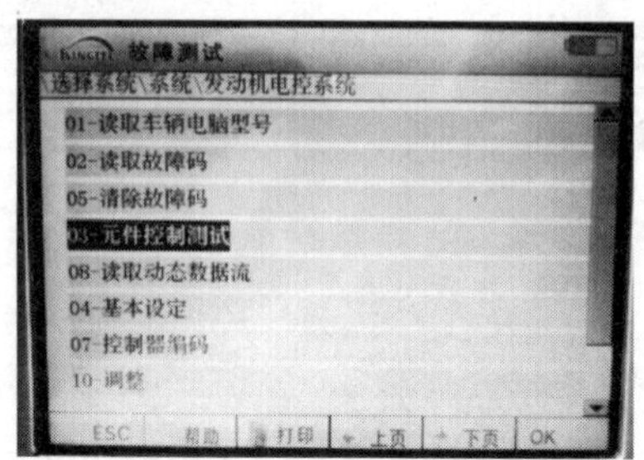

进入元件控制测试界面</td></tr>
<tr><td>2．注意听是否有第1缸喷油器工作的声音，以判断其工作是否正常。屏幕上显示第1缸喷油器的检测结果。</td><td>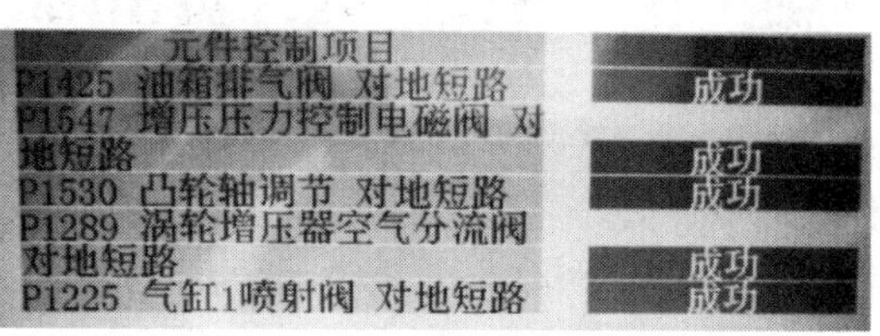

1缸测试</td></tr>
<tr><td>3．第1缸喷油器检测完毕按【Enter】键进入第3缸喷油器检测，以此类推，检测所有喷油器，检测完毕按【Esc】键退出。</td><td>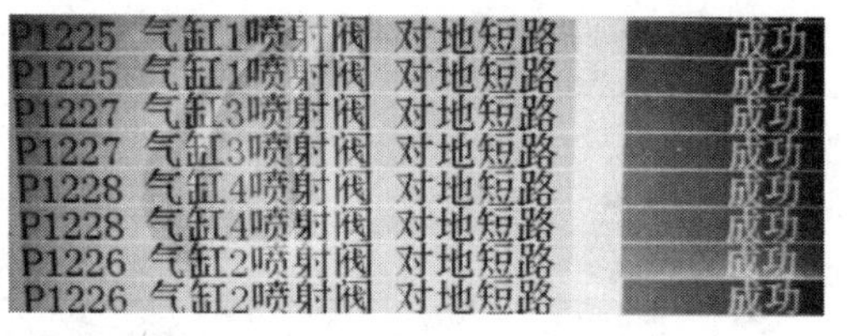

3缸测试</td></tr>
<tr><td colspan="2">（二）用万用表检查喷油器</td></tr>
<tr><td>1．对喷油器的工作状况进行检查，即在发动机运转时，用手触试或用听诊器检查喷油器针阀开闭时的振动声响。若无振动或听不到声响，说明喷油器或其电路有故障。</td><td>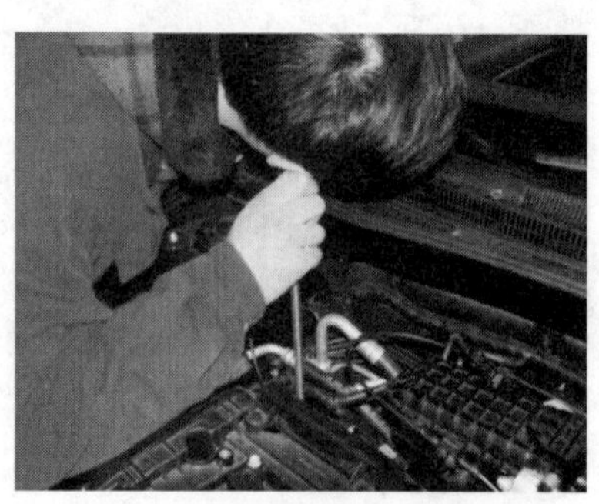
听喷油器的声响</td></tr>
</table>

<table>
<tr><td>2. 拔下喷油器的连接器，用万用表欧姆挡测量喷油器电磁线圈的电阻值。一般来说，低阻抗型喷油器线圈的电阻值为2 ~ 3 Ω，高阻抗型喷油器线圈的电阻值为13 ~ 16 Ω，若不符，应更换喷油器。</td><td>
测量喷油器的电阻值</td></tr>
<tr><td>3. 测量结束后，插好喷油器的插接器（拔插喷油器插接器时必须保证关闭点火开关）。</td><td>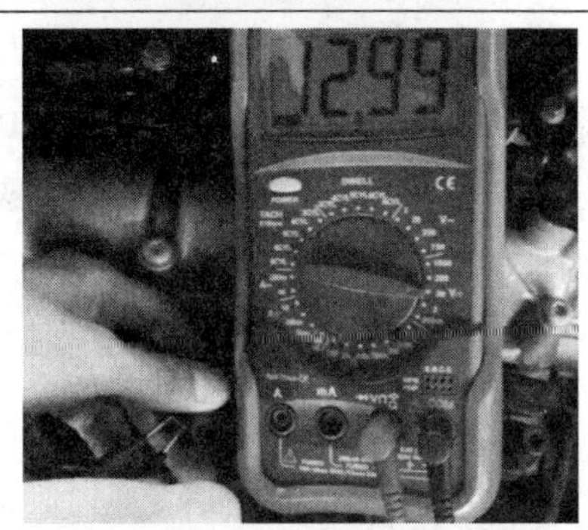
测量喷油器插接器的电压</td></tr>
<tr><td colspan="2">（三）用喷油器清洗机检测喷油器</td></tr>
<tr><td>1. 超声波清洗
超声波清洗是利用超声波在介质中传播时产生的穿透性和空气冲击波，将带有复杂外形、内腔和细孔的物体进行强力清洗来彻底清除喷油器上的顽固积炭。一般在超声波清洗槽内加入适量的清洗剂或专用的超声波清洗剂，清洗剂以浸过喷油器针阀 20 mm 左右为宜。</td><td>
超声波清洗</td></tr>
<tr><td>2. 雾化性检测
雾化性检测是检测同一辆车上的喷油器在相同的工况下，各喷油器喷射量之间的差值是否达到要求或在规定的误差范围内。连接好喷油器后，在控制面板中选择【均匀性 / 雾化性】检测，设定相应的工况参数，按【运行】键即可。</td><td>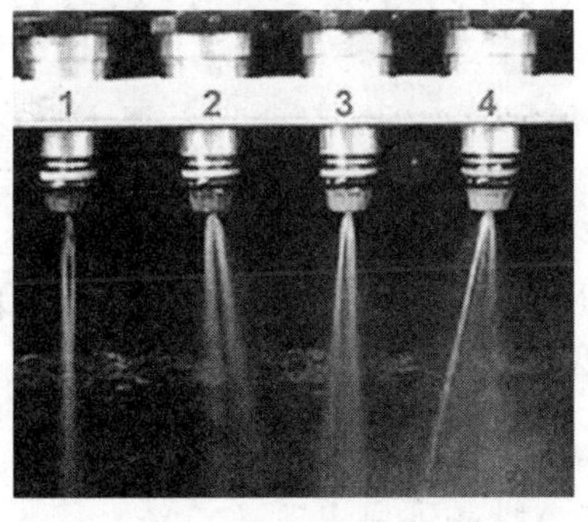

雾化性检测</td></tr>
</table>

<table>
<tr><td>

3．密封性测试

密封性测试是在系统压力下检测喷油器针阀的密封情况，测试喷油器是否有滴漏现象。连接好喷油器后，选择密封性测试项目，按【运行】键，系统开始工作，此时可通过按【增压】键和【减压】键来调节压力，将压力设定为被检车出厂规定的检测压力，一般比喷油开启压力低 0.10 ~ 0.20 kPa，观察喷油器是否有滴漏，要求是 1 min 内滴漏不大于一滴（或按技术标准）。

</td><td>

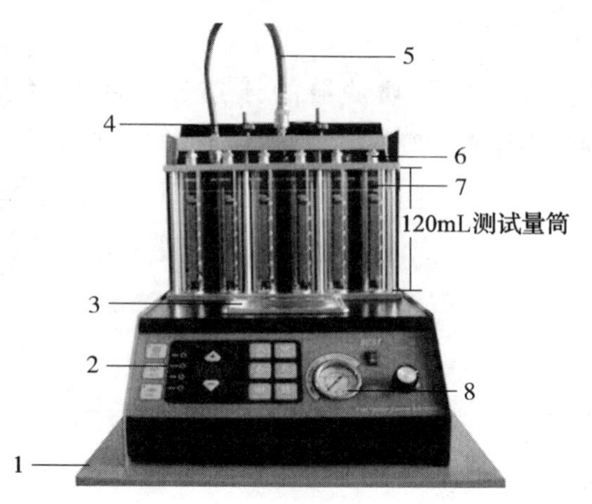

喷油嘴清洗器

1—工具箱 2—电子操作面板 3—内置超声波清洗槽 4—油嘴固定塞 5—油管 6—量筒塞 7—测试量筒 8—调压测试表

</td></tr>
<tr><td>

4．喷油量检测

喷油量检测是检测喷油器在 15 s 常喷情况下的喷油量，然后参照喷油器的相关技术手册判断其是否与标准喷油器的喷油量一致或是否在其误差范围内。在控制面板中选择喷油量测试项目，按【运行】键，系统开始工作，此时可通过按【增压】键和【减压】键来调节压力，测试完毕系统自动停止，并以蜂鸣器鸣叫提示。

</td><td>

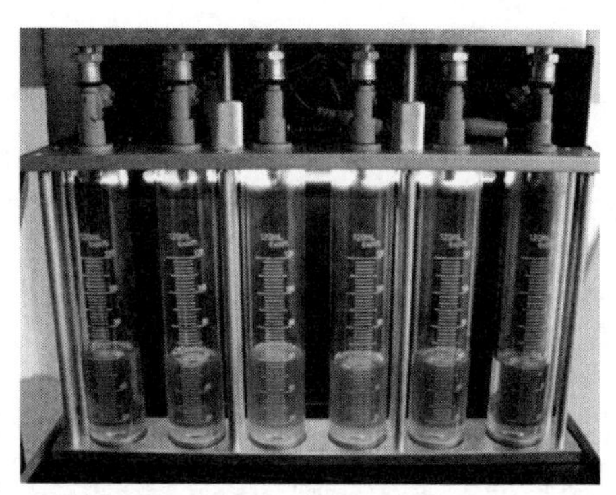

喷油量检测

</td></tr>
</table>

项目 3　空气流量计及控制电路的检查

实训要求 掌握空气流量计及其控制电路的检查方法。
主要实训器材 同本课题项目 1。

电路图	
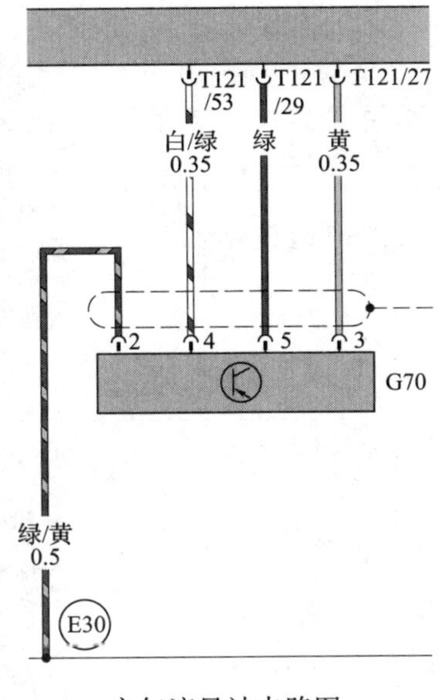 空气流量计电路图	
实训内容	
（一）读取空气流量计的数据流	
1．启动发动机，使冷却液温度达到正常温度（80℃以上），关闭用电设备（散热器风扇不应转动），连接解码器，读取故障码。	 发动机冷却液温度指示仪表
2．读取数据流，选择【显示组 02】，显示怠速时所吸入的空气量，正常值为 2.00 ~ 4.00 g/s。若未达到规定值或有空气流量计的故障码，则应检查空气流量计的电压。	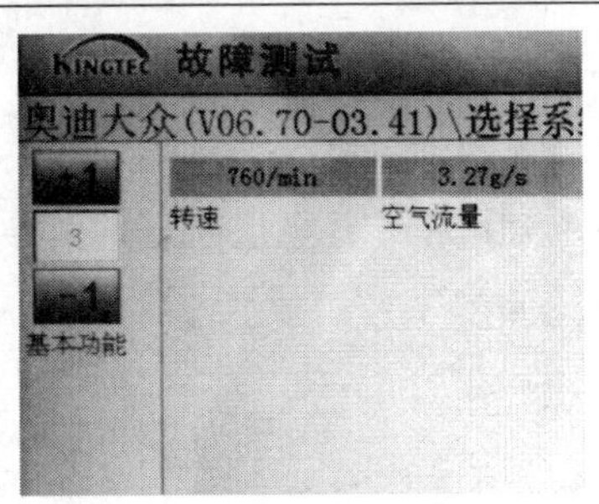 读取数据流

（二）空气流量计的检查	
1．在检查空气流量计前，要先检查空气流量计熔丝和燃油泵继电器是否正常，若不正常，应更换部件（帕萨特车型空气流量计是通过燃油泵继电器供电的）。	 燃油泵继电器
2．拔下空气流量计插接器，短暂启动发动机，用万用表电压挡测量插头触点 2（供电端）与发动机搭铁之间的电压，电压值约为蓄电池电压。	 测量空气流量计触点 2
3．短暂启动发动机，用万用表欧姆挡测量插头触点 2 与插头触点 3（控制单元搭铁）之间的电压，电压值约为蓄电池电压。	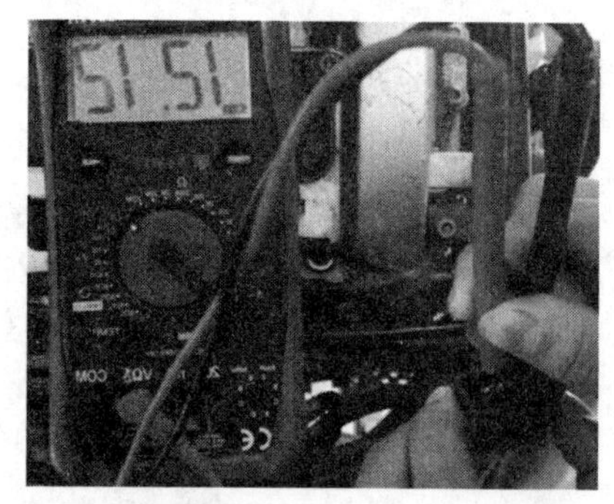 测量空气流量计触点 2、3 之间的电压
4．用万用表电压挡测量插头触点 3 与插头触点 4 之间的电压，电压值约为 5 V，为控制单元参考电压。	 测量插头触点 3、4 之间的电压

5．用万用表通断挡检查插头各触点与控制单元插头导线的通断，如空气流量计插头触点 4 与控制单元插头触点 T121/53 之间导线的通断，若以上检查都没有问题，考虑更换控制单元与空气流量计。	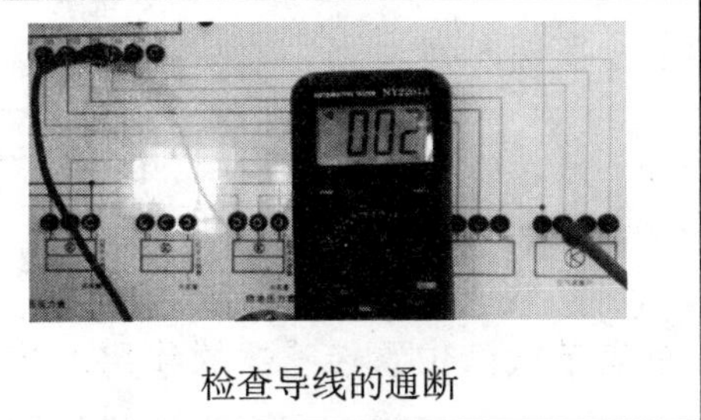 检查导线的通断

项目 4　节气门控制单元及控制电路的检查

实训要求

掌握节气门及其控制电路的检查方法。

主要实训器材

同本课题项目 1。

电路图

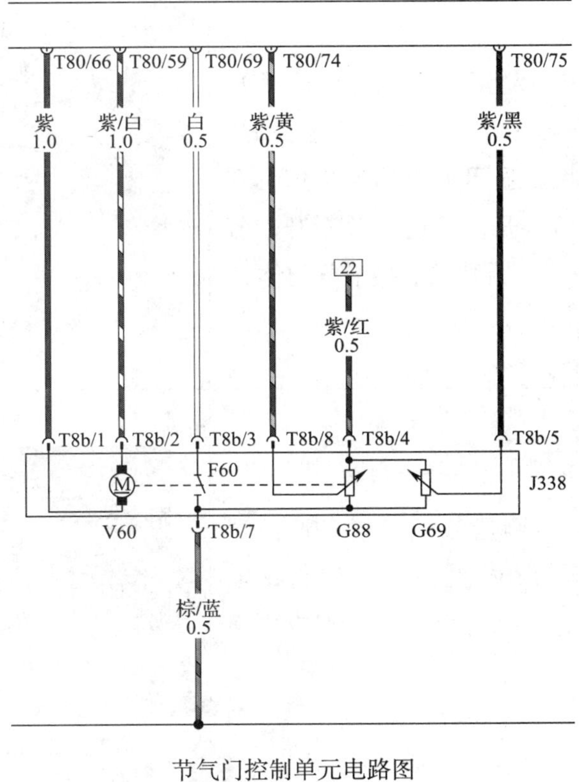

节气门控制单元电路图

<table>
<tr><td colspan="2">实训内容</td></tr>
<tr><td colspan="2">（一）节气门控制单元的检查</td></tr>
<tr><td colspan="2">节气门控制组件的组成和作用：节气门电位计（G69）和节气门定位电位计（G88）具有节气门位置传感器的作用。节气门定位器（V60）具有控制怠速的作用，能适当开大或关小节气门，所以本节气门控制组件没有怠速控制阀。怠速开关（F60）用以向发动机 ECU 提供怠速位置信号。怠速开关闭合时，由节气门定位器来决定怠速时节气门的开度。</td></tr>
<tr><td>1．关闭点火开关，拔下节气门体插接器，用万用表欧姆挡测量节气门体 V60 两端 T8b/1 和 T8b/2 之间的电阻值，应符合技术要求。</td><td>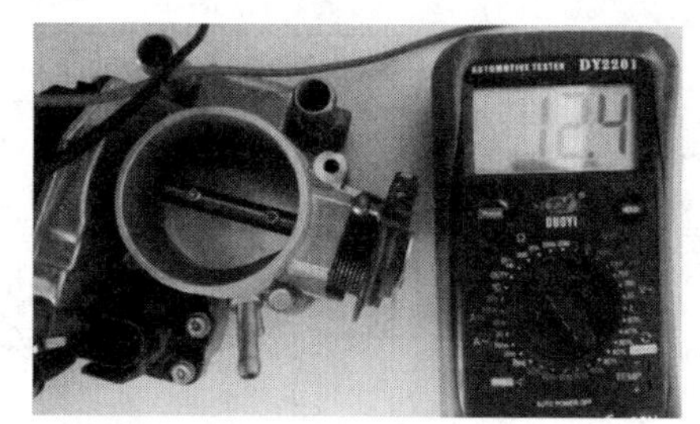

检查 V60 两端的电阻值</td></tr>
<tr><td>2．用万用表欧姆挡测量节气门体 F60 两端 T8b/3 和 T8b/7 之间的电阻值。当节气门全关时，怠速开关应闭合，万用表显示很小的电阻值。踩下加速踏板时，节气门打开，怠速开关断开，万用表显示电阻值为“∞”，否则应更换节气门体。</td><td>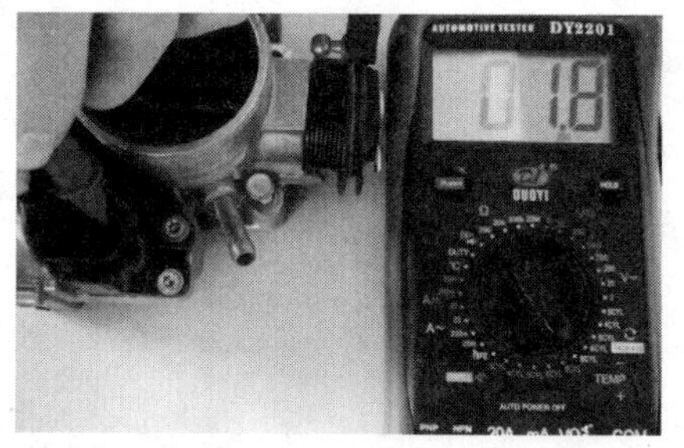

检查 F60 两端的电阻值</td></tr>
<tr><td>3．用万用表欧姆挡测量节气门体 G69 两端 T8b/5、T8b/8 与 T8b/4、T8b/7 之间的电阻值，电阻值应随节气门开度的变化而变化，否则应更换节气门体。</td><td>

检查 G69 两端的电阻值</td></tr>
</table>

（二）节气门控制电路的检查	
1．首先用解码器读取汽车故障码，看是否有节气门故障，并观察节气门的数据流，应符合技术要求。	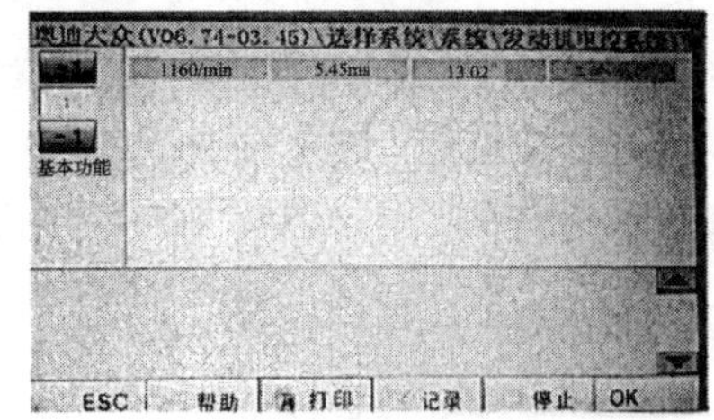 读取数据流
2．拔下节气门控制单元的插接器，打开点火开关，用万用表电压挡测量插头触点 4 与插头触点 7 之间的电压，应约为 5 V。	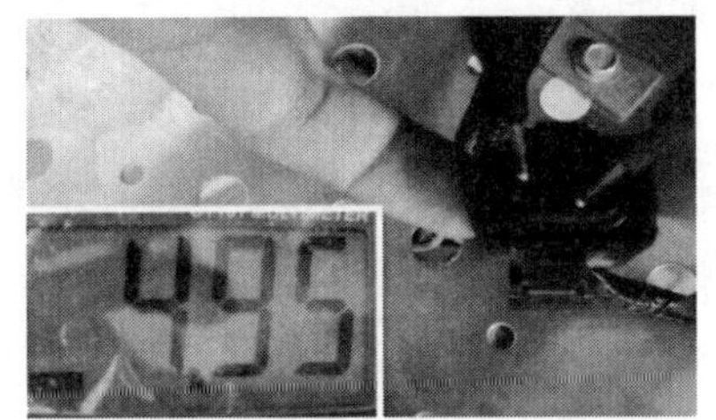 测量插头触点 4、7 之间的电压
3．用万用表电压挡测量插头触点 3 与插头触点 7 之间的电压，应约为 12 V。	 测量插头触点 3、7 之间的电压
4．关闭点火开关，按电路图检查节气门控制单元与 ECU 控制单元连接线的导通性，如检测触点 1 和 ECU 引脚 T80/66 的电阻值不应大于 1.5 Ω，另外检查节气门控制单元与 ECU 控制单元的导线有无断路现象。	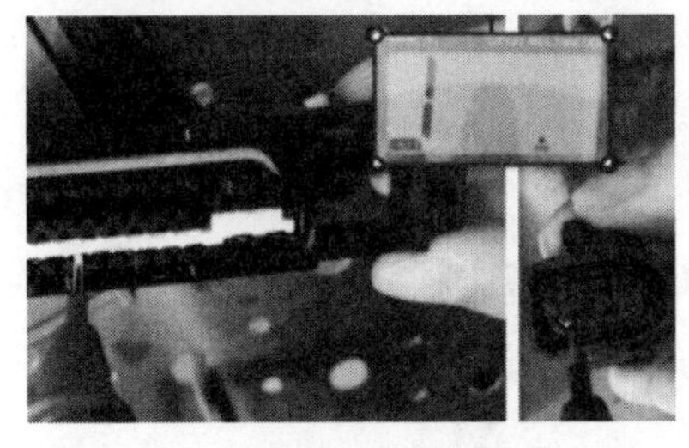 检查电阻（断路）
5．若以上检查都正常，应检查发动机控制单元的供电电压，必要时更换发动机控制单元。	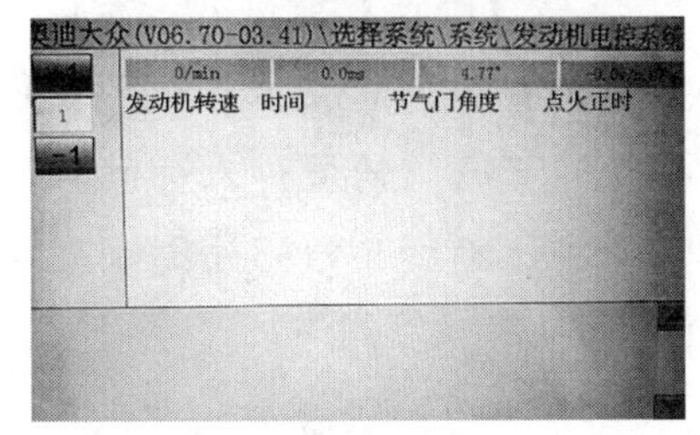 读取数据流

（三）节气门控制单元的匹配

拆装或更换新的节气门控制组件，以及发动机 ECU 出了故障，都必须重新进行基本设定。以下情况会使节气门控制组件的基本设定出现问题：节气门转动不灵活，如因油泥沉积；节气门拉索调整不当；蓄电池电压过低；节气门控制组件插接器接触不良。因此，在匹配前应检查节气门体，确保一切正常。

1. 打开点火开关，不启动发动机，连接好解码器，选择上海大众、一汽大众或德国大众诊断程序（说明：对于匹配节气门这三个软件的功能一样，选择其中任何一个都可以操作）。	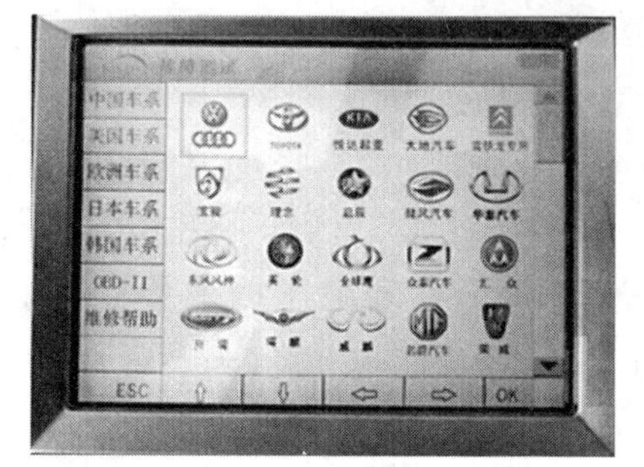 选择车型
2. 选择【普通模式】→【快速数据流诊断模式】→【发动机系统】，选择【系统基本调整】功能并输入调整号 098（或 060、001）。 098——桑塔纳 Gsi、帕萨特 B5（1.8）、捷达王（5 阀）、奥迪（A6、V6）。 060——捷达前卫（2 阀）、奥迪 A6（1.8、1.8T、2.4、2.8）、帕萨特 B5（1.8T、2.8）、宝来、POLO。 001——小红旗 488、帕萨特 B4、奥迪（100、200、V6 等老款）。	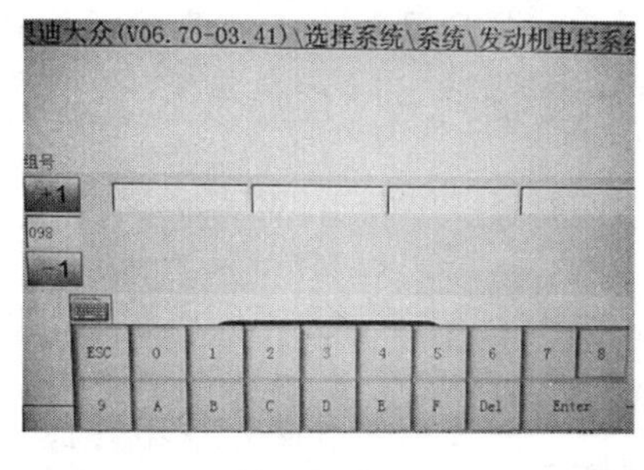 输入调整号
3. 按【确定】键进入设定过程。节气门控制器经过 Min 到 Max 点及中间五个位置。控制单元将相应的节气门角度存入存储器，此过程大约需要 10 s 中，随后节气门短时间在启动位置，然后关闭。	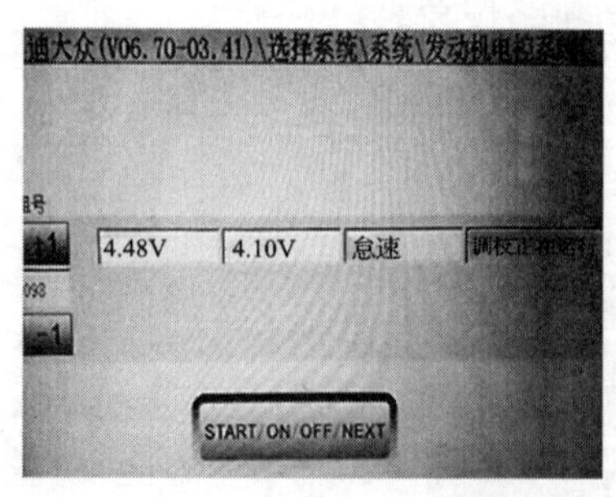 正在调整

4．当屏幕最后一行显示“自适应完成”字样时基本设定完成，按【退出】键完成设定。先关闭点火钥匙，再将其打开，启动发动机，验证匹配效果。	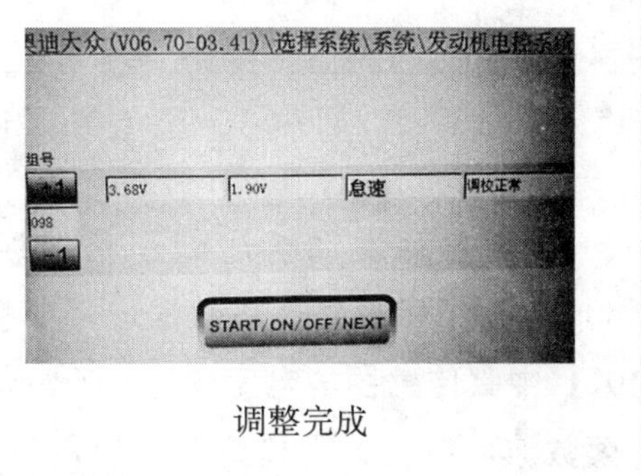 调整完成

项目 5　氧传感器及控制电路的检查

实训要求

掌握氧传感器及其控制电路的检查方法。

主要实训器材

同本课题项目 1。

电路图

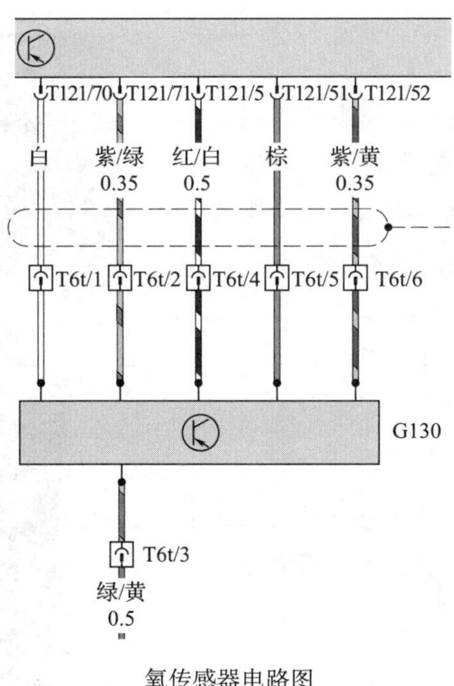

氧传感器电路图

实训内容	
（一）读取氧传感器的数据流	
1．启动发动机达到正常温度后（大于 80℃），用解码器读取数据流，观察【显示组 07】中氧传感器的电压变化。若氧传感器电压读数波动缓慢，则检查氧传感器的加热情况。若氧传感器电压在 0.1 ～ 0.5 V 跳变，说明混合气过稀；若在 0.5 ～ 1 V 跳变，说明混合气过浓；若在 0.45 ～ 0.5 V 不变，说明传感器断路。	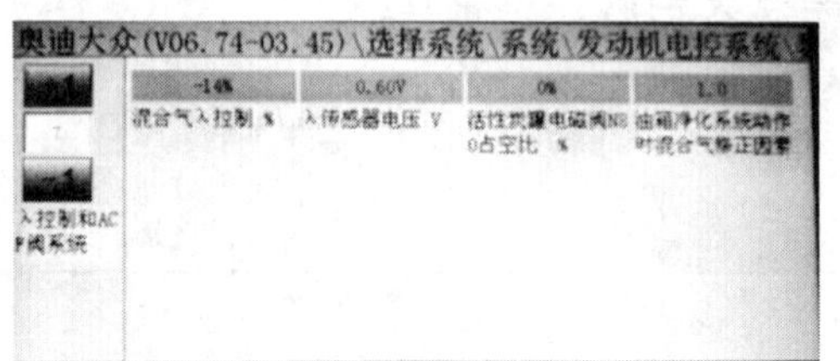 显示组 07
2．选择【显示组 08】，观察氧传感器的调节值。若调节值为正值，实际喷油时间应增加；若调节值为负值，实际喷油时间应减少。	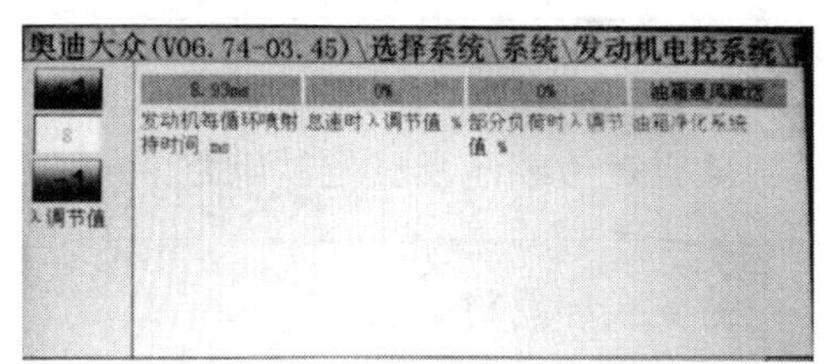 显示组 08
（二）氧传感器的检查	
1．拔下氧传感器插接器，测量传感器端子 1 和 2 之间的电阻值。在常温下电阻值为 1 ～ 15 Ω（不同车型其标准值不同），电阻值随温度升高而增大，否则应更换氧传感器。	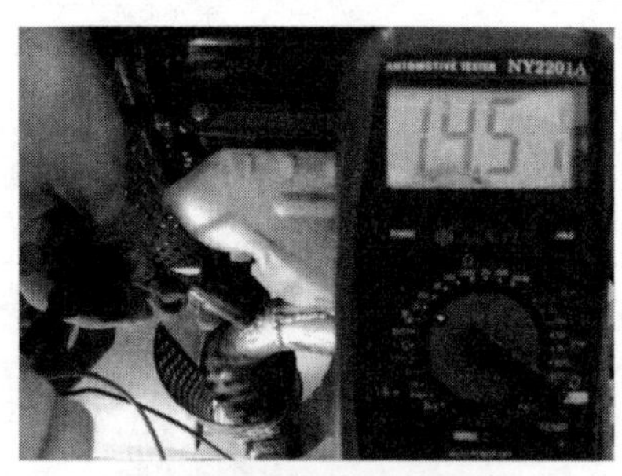 测量氧传感器的电阻值
2．短时启动发动机，用万用表电压挡测量插头端子 1 和 2 之间的电压，约为蓄电池电压。	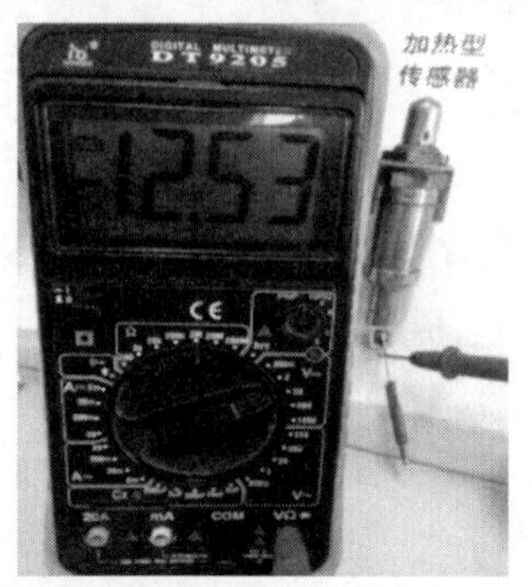 测量插头端子 1 和 2 之间的电压

3．打开点火开关，测量氧传感器端子 3 和 4 之间的电压。标准值为 450±50 mV，若读数不正确，应检查氧传感器是否对正极（或对地）断路或短路，最后检查氧传感器到控制单元之间导线的通断情况。	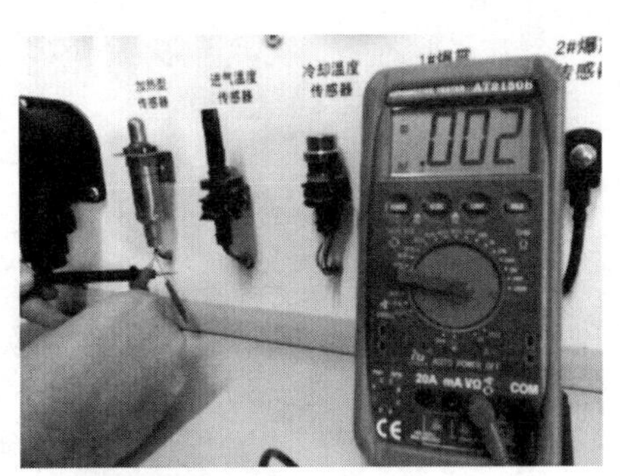 测量传感器端子 3 和 4 之间的电压
4．用万用表电压挡测量插头触点 3 和 4 之间的电压，约为 5 V，该电压为控制单元参考电压。	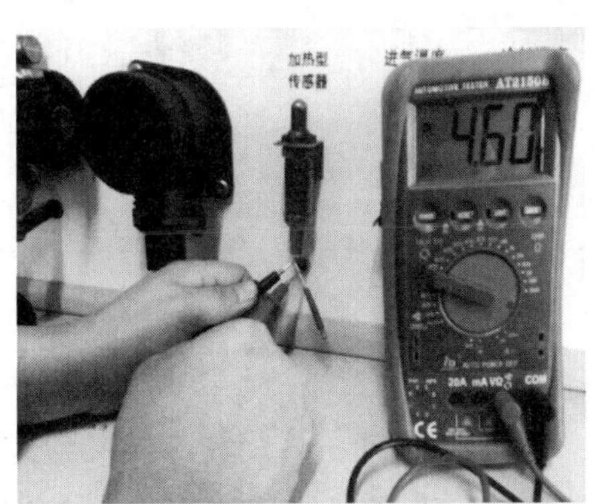 测量插头触点 3 和 4 之间的电压

项目 6　冷却液温度传感器及控制电路的检查

实训要求 掌握冷却液温度传感器及其控制电路的检查方法。
主要实训器材 同本课题项目 1。

电路图

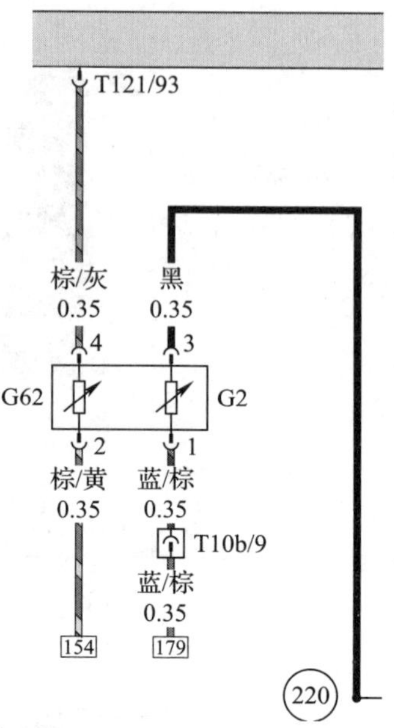

冷却液温度传感器电路图

G2—发动机温度传感器　G62—发动机温度传感器（用于冷却液温度表）

实训内容

1．启动发动机，使其保持在怠速工况，读测量数据块。选择【显示组 01】，检查冷却液温度传感器。若显示数据不真实，有两种情况：传感器断路或短路；传感器本身失效（传感器失效不会有故障码）。	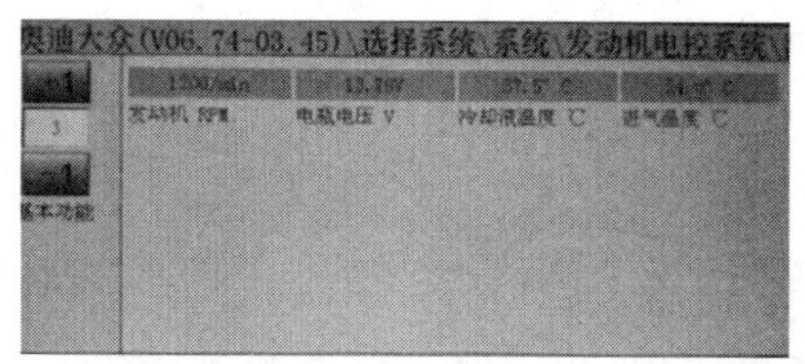显示组 01
2．拔下冷却液温度传感器插接器，用万用表欧姆挡测量传感器触点 1 和 3 之间的电阻值，将测得的电阻值与标准值进行比较，若不符应更换传感器。	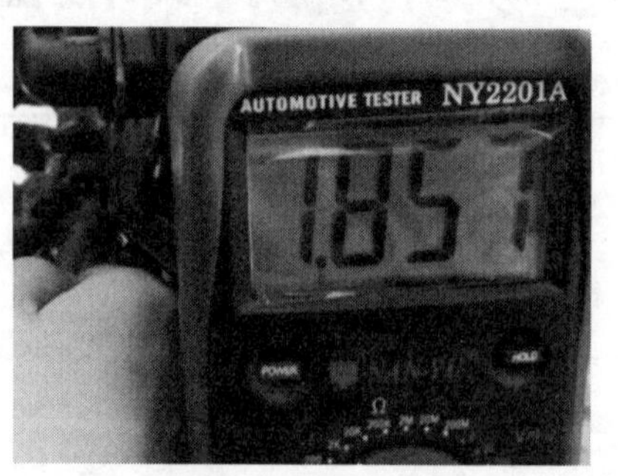测量传感器触点 1 和 3 之间的电阻值

3．测量冷却液温度传感器端子到控制单元或搭铁点导线的通断性，如冷却液温度传感器插头端子 4 与控制单元 T121/93 之间导线的通断情况。

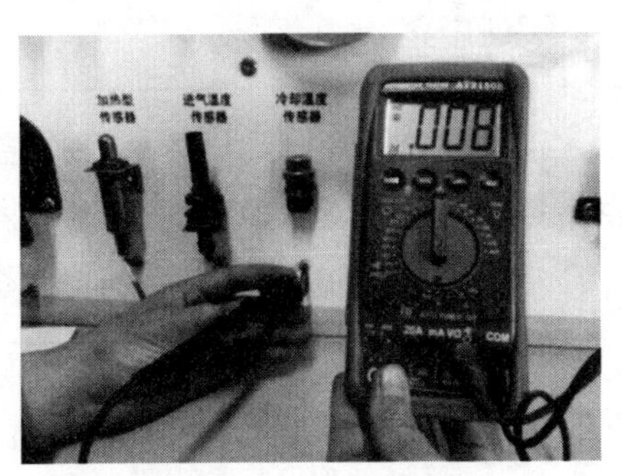

测量导线的通断性

项目 7　碳罐电磁阀及控制电路的检查

实训要求

掌握碳罐电磁阀及其控制电路的检查方法。

主要实训器材

同本课题项目 1。

电路图

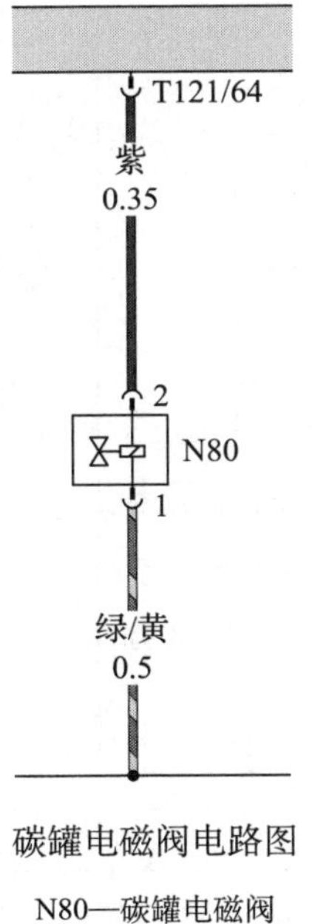

碳罐电磁阀电路图

N80—碳罐电磁阀

实训内容	
碳罐电磁阀在发动机达到工作温度和一定转速时才打开，让进气系统从碳罐中抽出汽油蒸气。碳罐电磁阀由发动机 ECU 操控，在发动机不工作及怠速时碳罐电磁阀是关闭的，此时 ECU 切断了碳罐电磁阀的搭铁电路。	
1．当没有电信号时，碳罐电磁阀应关闭。拔下碳罐电磁阀连接软管，对准其进气孔吹气，检查电磁阀的开闭是否良好。	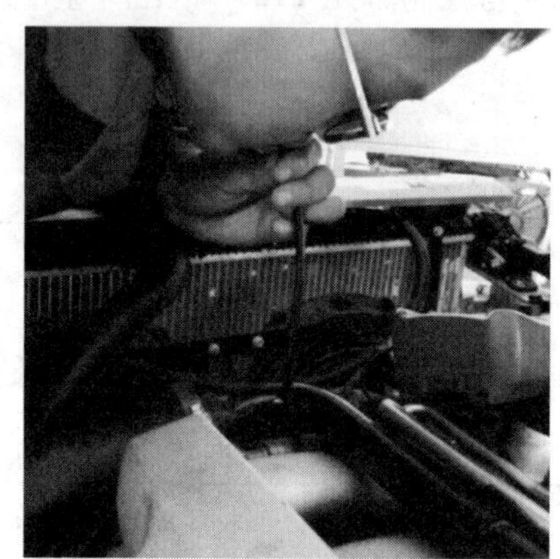 检查电磁阀的密闭性
2．用数字式万用表欧姆挡测量碳罐电磁阀两触点之间的电阻值，其电阻值应为 22 ~ 30 Ω。	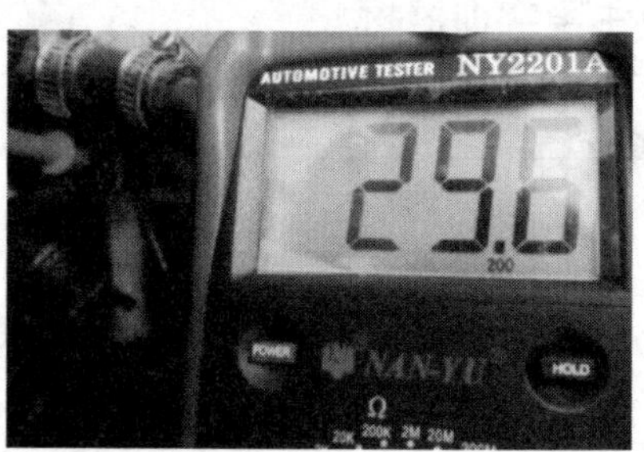 测量碳罐电磁阀的电阻值
3．启动发动机，用万用表电压挡测量插头端子 1 与发动机搭铁之间的电压，约为蓄电池电压。若电压过低或无电压，应先检查端子 1 和熔断器间有无断路，若线路正常，则检查汽油泵继电器。	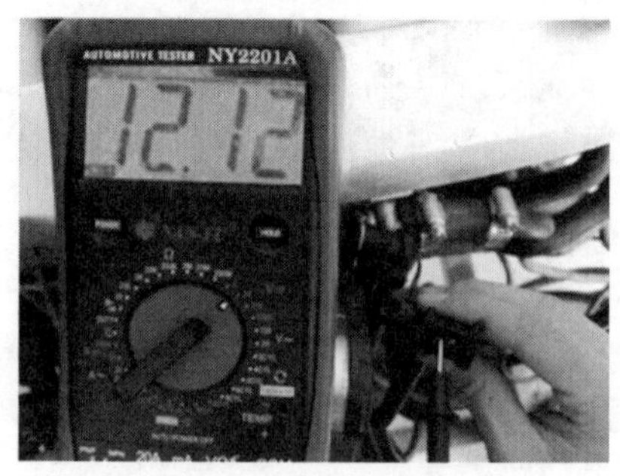 测量碳罐电磁阀的电压
4．检查端子 2 与 ECU 之间的线路有无短路或断路现象。	

项目 8　发动机转速传感器及控制电路的检查

实训要求

掌握发动机转速传感器及其控制电路的检查方法。

主要实训器材

同本课题项目 1。

电路图

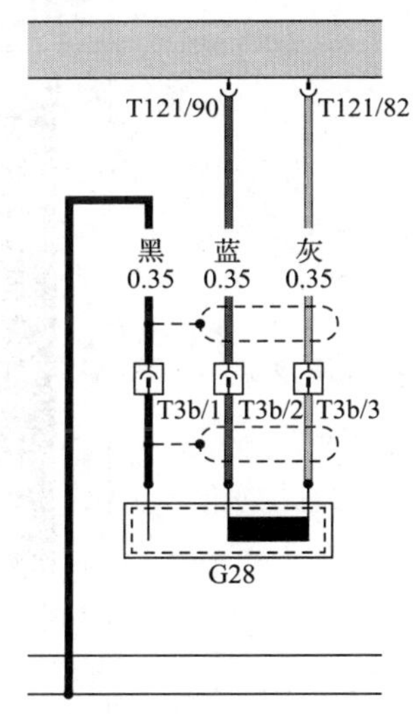

发动机转速传感器电路图

G28—发动机转速传感器

实训内容

发动机转速传感器发送转速信号和上止点信号给控制单元，若没有信号，发动机不能启动。当发动机运转时，若转速传感器或其连接线路出现故障，则发动机立即熄火。

1．启动发动机，观察发动机转速传感器的工作情况。读取数据流，选择【显示组 03】，观察发动机转速是否正常显示。

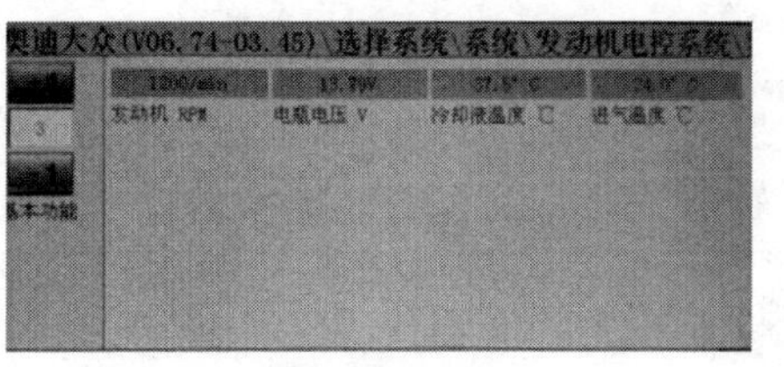

显示组 03

2．关闭点火开关，拔下发动机转速传感器插头，用万用表欧姆挡测量传感器插座端子 2 和 3 之间的电阻值，应为 480 ～ 1 000 Ω，否则应更换转速传感器。	 测量转速传感器插座端子 2 和 3 之间的电阻值
3．用万用表欧姆挡测量传感器端子 2 和 1（屏蔽线）、3 和 1 之间的电阻值，应为“∞”。	 测量转速传感器端子 2 和 1、3 和 1 之间的电阻值
4．测量发动机转速传感器端子到控制单元或搭铁点导线的通断性，如发动机转速传感器插头端子 2 与控制单元 T121/90 之间导线的通断情况。	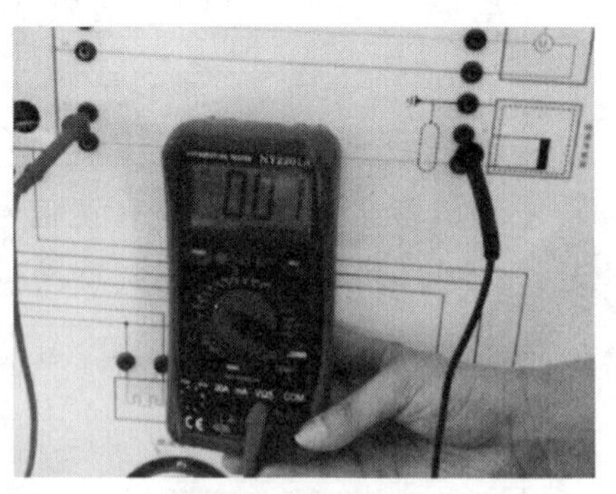 测量导线的通断性

课题 5　电控燃油喷射系统的故障排除

项目 1　发动机不能启动的故障排除

实训要求

1．掌握发动机不能启动的故障现象及原因。

2．掌握发动机不能启动的故障排除方法。

主要实训器材

实训车辆

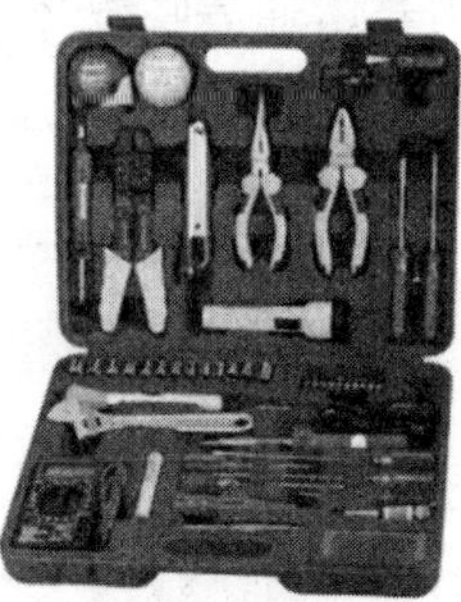

常用修理工具

数字式万用表

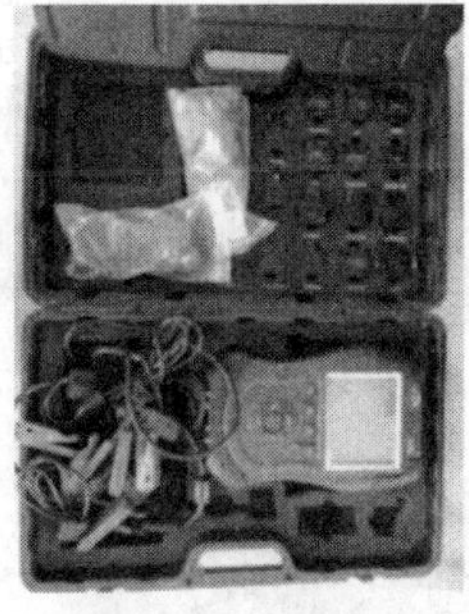

金德 KT600 解码器

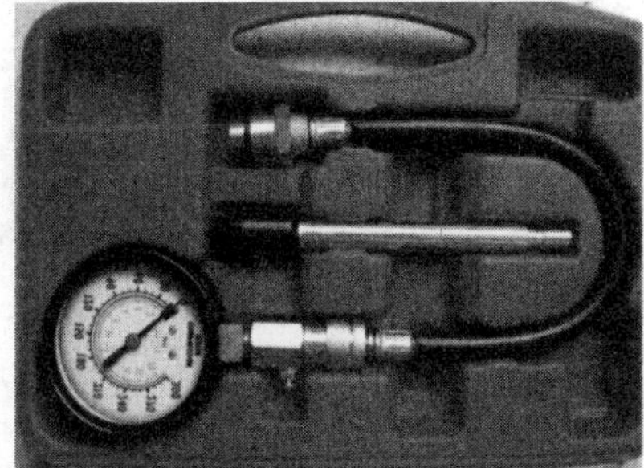

气缸压力表

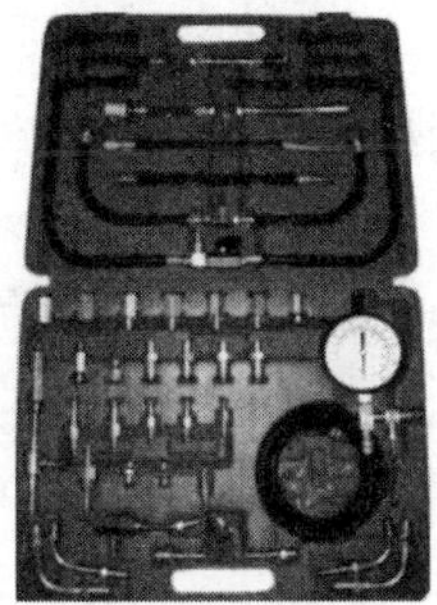

燃油压力表

故障现象

接通起动开关时，起动机能带动发动机正常转动，但发动机不能启动，且无着车征兆。

故障原因

1．油箱中无燃油。

2．发动机启动时节气门全开。

3．电动燃油泵不工作。

4．喷油器不工作。

<table>
<tr><td colspan="2">5．油路压力过低。
6．点火系统故障。
7．发动机气缸压力过低。</td></tr>
<tr><td colspan="2">故障排除方法</td></tr>
<tr><td colspan="2">电子控制燃油喷射式发动机在设计上具有很好的启动性能。汽车喷射系统的一般故障通常不会导致发动机不能启动，若出现了不能启动且无着车征兆的故障，其原因一定是发动机的点火系统、燃油系统和控制系统三者之中的一个或一个以上的系统完全丧失了功能。</td></tr>
<tr><td>1．对于发动机不能启动的故障，应先检查油箱的存油情况。打开点火开关，若燃油表指针不动或油量警告灯亮，说明油箱内无燃油，应加满燃油后再启动。</td><td>

燃油表指示油量</td></tr>
<tr><td>2．进行故障自诊断。若有故障码，则按故障码查找相应的故障原因。</td><td>

读取故障码</td></tr>
<tr><td>3．检查点火系统。导致发动机不能启动的最常见原因是点火系统不能点火，其检修步骤为：首先拆卸火花塞，检查火花塞的间隙和积炭，然后用示波器观察各缸的点火波形，必要时更换点火系统的各部件。</td><td>
拆卸火花塞</td></tr>
</table>

4．检查电动燃油泵是否正常工作。电动燃油泵不工作是造成发动机不能启动的最常见原因之一。打开点火开关，听燃油泵有无转动，或短暂短接燃油泵电源线，观察燃油泵的转动情况。若无转动，应检查熔断器和燃油继电器及电动燃油泵控制电路。	 检查燃油泵的工作情况
5．检查喷油器是否喷油。若点火系统和电动燃油泵工作均正常，应进一步检查喷油控制系统。在启动发动机时，检查各喷油器是否工作。若喷油器不工作，可用一个大阻抗的试灯接在喷油器的线束插头上，观察试灯是否闪亮。若在启动发动机时试灯闪亮，说明喷油器控制系统工作正常；若试灯不闪亮，说明喷油器控制系统或控制线路有故障。	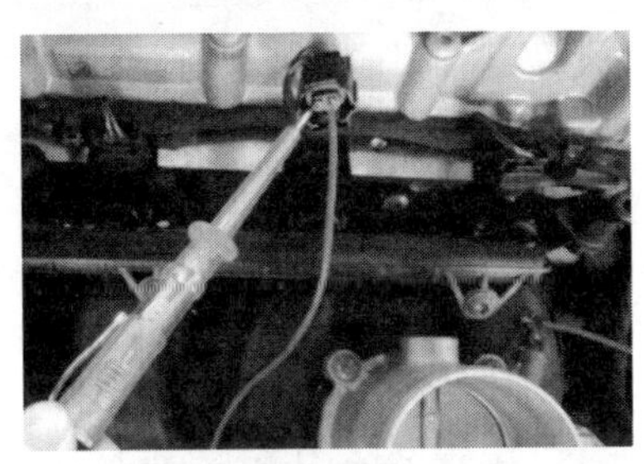 检查喷油电路
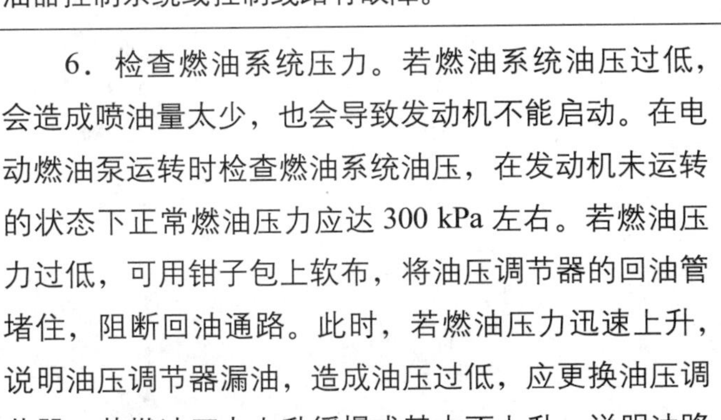 6．检查燃油系统压力。若燃油系统油压过低，会造成喷油量太少，也会导致发动机不能启动。在电动燃油泵运转时检查燃油系统油压，在发动机未运转的状态下正常燃油压力应达 300 kPa 左右。若燃油压力过低，可用钳子包上软布，将油压调节器的回油管堵住，阻断回油通路。此时，若燃油压力迅速上升，说明油压调节器漏油，造成油压过低，应更换油压调节器；若燃油压力上升缓慢或基本不上升，说明油路堵塞或电动燃油泵有故障。	 安装燃油压力表
7．检查气缸压缩压力。若上述检查均正常，应进一步检查发动机气缸压缩压力。若气缸压缩压力低于 0.8 MPa，说明发动机机械部分有故障，应进一步拆检发动机本体。	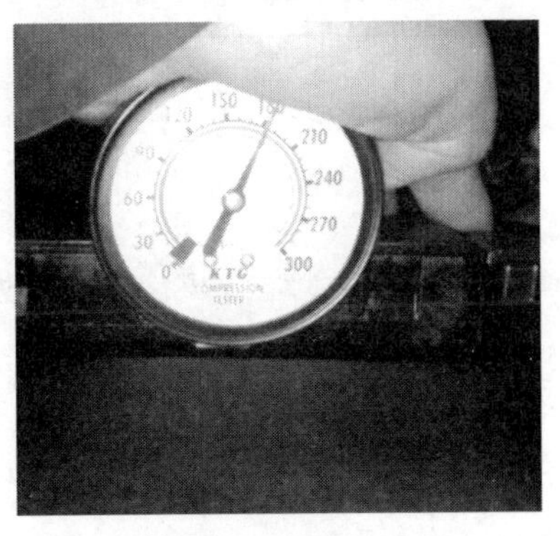 检查气缸压缩压力

项目 2　发动机启动困难的故障排除

实训要求

1．掌握发动机启动困难故障的现象及原因。

2．掌握发动机启动困难的故障排除方法。

主要实训器材

同本课题项目 1。

故障现象

启动时曲轴转动速度正常，但需要较长时间才能启动，或有明显着车征兆而不能启动。

故障原因

1．进气系统中有漏气处。

2．燃油压力太低。

3．空气滤清器滤芯堵塞。

4．冷却液温度传感器故障。

5．空气流量计故障。

6．节气门控制单元故障。

7．喷油器故障（不工作、漏油和堵塞）。

8．点火正时不正确。

9．气缸压缩压力太低。

10．ECU 故障。

故障排除方法

1．进行故障自诊断，若有故障码，则按故障码查找相应的故障原因。	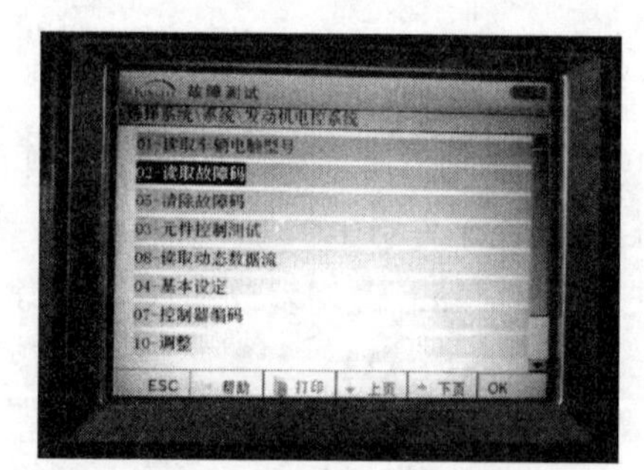 读取故障码

2．检查怠速时进气歧管的真空度。若真空度小于 66.7 kPa（500 mmHg），说明进气系统中有空气泄漏，应检查进气歧管各个管接头、衬垫、真空软管等处，以及排气再循环系统、燃油蒸气回收系统。	 检查进气歧管的真空度
3．检查空气滤清器。若空气滤清器滤芯堵塞，应清洗或更换滤芯。	 检查空气滤清器
4．如果节气门在 1/4 左右开度时发动机能正常启动，而节气门全关时启动困难，应检查节气门控制单元及其控制电路是否正常。	 检查线路的通断
5．检查燃油压力。将燃油压力表接入燃油管路，启动发动机，燃油压力应达到 300 kPa 左右。若压力太低，应检查油压调节器、喷油器有无漏油，燃油滤清器有无堵塞，燃油泵最大泵油压力是否正常。	 检查燃油压力

6．检查温度传感器和空气流量计。首先读取数据流，然后拔下温度传感器和空气流量计的线束插头，用万用表欧姆挡测量温度传感器和空气流量计各接线端子之间的电阻值，如果电阻值不符合标准，应更换。	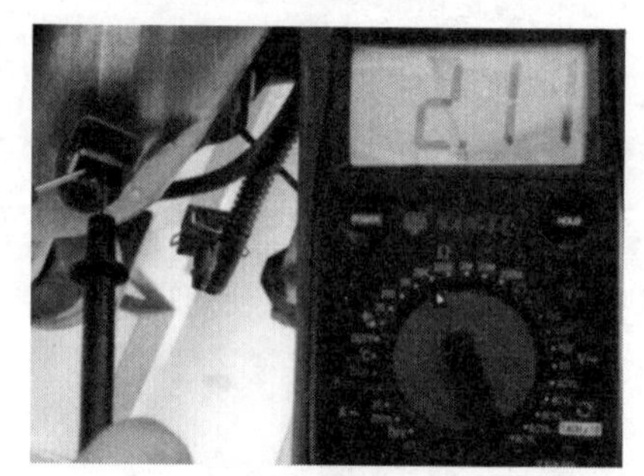 测量温度传感器的电阻值
7．检查气缸压缩压力。若气缸压缩压力过低，应拆检发动机。	 检查气缸压缩压力
8．若上述检查均正常，可换一台新的控制电脑试一下。若有好转，说明原控制电脑有故障，应更换。	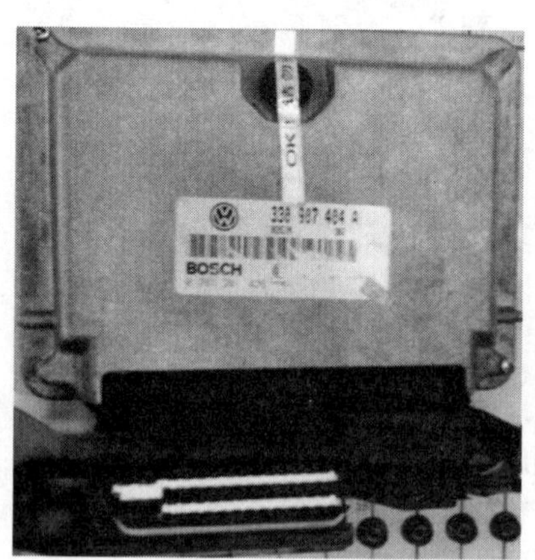 更换控制电脑

项目 3　发动机加速不良的故障排除

实训要求

1．掌握发动机加速不良故障的现象及原因。

2．掌握发动机加速不良的故障排除方法。

主要实训器材

同本课题项目 1。

故障现象

踩下加速踏板后发动机转速不能马上升高，有迟滞现象，加速反应迟缓，或在加速过程中发动机转速有轻微的波动。

故障原因

1．点火提前角不正确。

2．燃油压力过低。

3．进气系统中有漏气处。

4．节气门位置传感器或空气流量计故障。

5．喷油器工作不良。

6．废气再循环系统工作不正常。

故障排除方法

1．进行故障自诊断，检查有无故障码。空气流量计、节气门位置传感器等故障都会影响汽车的加速性能，按显示的故障码查找故障原因。	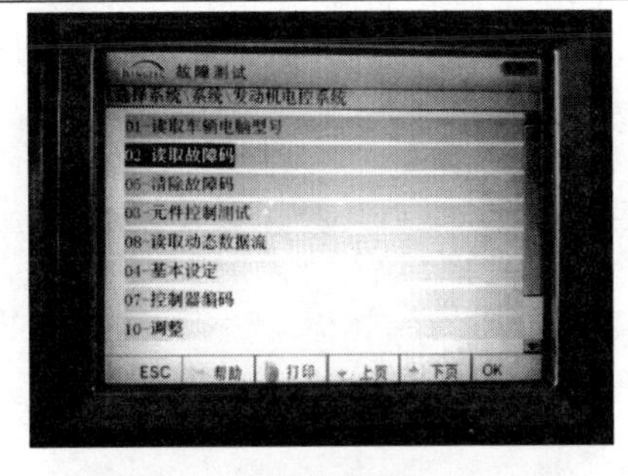 读取故障码
2．检查点火正时。在发动机怠速时点火提前角应为 10° ~ 15°，若不正确，应调整发动机的初始点火提前角。加速时点火提前角应能自动加大到 20° ~ 30°，若有异常，应检查点火控制系统或更换控制电脑。	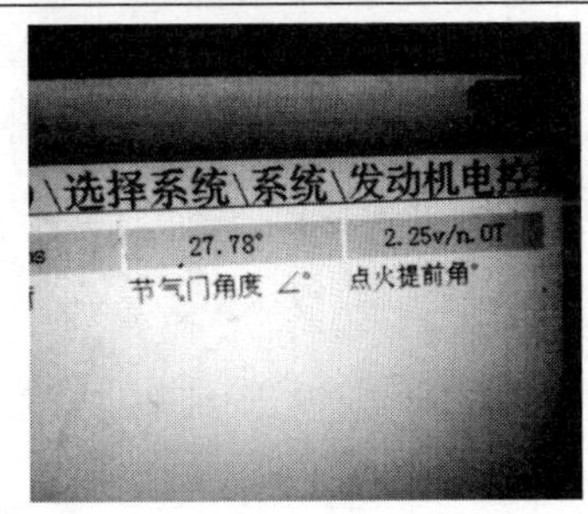 节气门角度

3．检查进气系统有无漏气。测量进气歧管真空度，怠速时真空度应大于 66.7 kPa（500 mmHg）。若真空度太小，说明进气系统有漏气处，应仔细检查各进气歧管接头处及各软管、真空管等。	 检查进气歧管真空度
4．检查空气滤清器。若空气滤清器有堵塞，应清洗或更换。	 检查空气滤清器
5．检查节气门位置传感器。对于线性输出式节气门位置传感器，在节气门由全闭到全开变化时，其信号端子与接地端子之间的电阻值应连续增大，不应出现断续现象，若有异常，应按规定进行调整或更换。	 检查节气门位置传感器的电阻值
6．检查燃油压力。怠速时燃油压力应符合规定值，加速时燃油压力应能上升 50 kPa 左右。若油压过低，应检查油压调节器、电动燃油泵等。	 检查燃油压力

<table>
<tr><td>7．拆卸、清洗各喷油器。检查喷油器在加速工况下的喷油量。若有异常，应更换喷油器。</td><td>
清洗喷油器</td></tr>
<tr><td>8．对于设有废气再循环系统的电控发动机，可以拔下废气再循环阀上的真空软管并将其塞住，然后检查发动机的加速性能。如果此时加速性能恢复正常，说明废气再循环系统工作不正常，再循环的排气量太大，影响了发动机的加速性能。对此，应检查废气调整阀、三通电磁阀的工作是否正常，若有异常应更换。</td><td>
检查废气再循环系统</td></tr>
</table>

项目 4　发动机减速不良的故障排除

实训要求

1．掌握发动机减速不良故障的现象及原因。

2．掌握发动机减速不良的故障排除方法。

主要实训器材

同本课题项目 1。

故障现象

发动机怠速运转正常，但在行驶中突然松开加速踏板进行减速时，发动机经常发生熄火故障。

故障原因

1．怠速调整过低。

2．怠速自动控制失常。

3．断油控制失常。

4．怠速控制系统或点火系统线路接触不良。

故障排除方法

1．若有怠速不稳现象，应先按怠速不稳故障的检查方法进行检查，检查发动机初始怠速。若初始怠速过低，应按规定程序和标准进行调整。

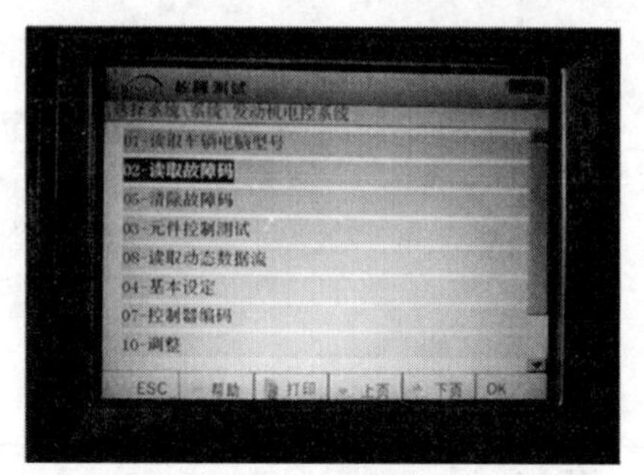

读取故障码

2．检查节气门位置传感器。在节气门全闭时，节气门位置传感器内的怠速开关触点应闭合。若不能闭合，应按标准进行调整。若调整无效，应更换节气门位置传感器。

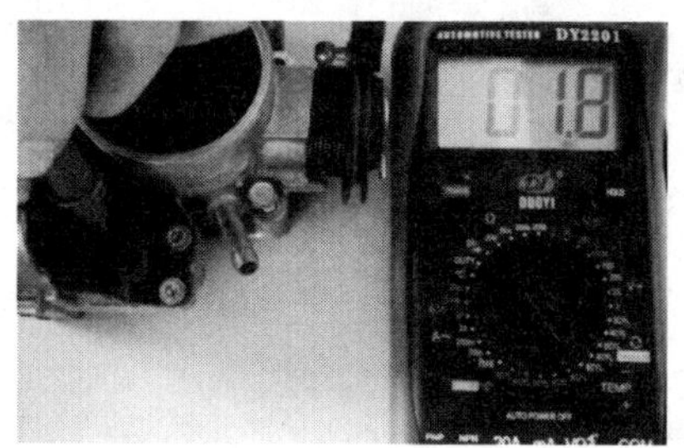

检查怠速开关触点 F60 的电阻值

3．检查怠速控制。发动机熄火后拔下怠速控制阀线束插头，待发动机启动后再插上插头。若发动机转速无变化，说明怠速控制阀不工作，应检查发动机怠速运转时怠速控制阀线束插头内有无脉冲电压信号输出。若无信号，则检查控制线路；若有信号，说明怠速控制阀已损坏，应更换。

4．检查减速断油功能是否正常。拔下节气门位置传感器线束插头，用一根导线将插头内怠速开关触点的两接线插孔短接，启动发动机，踩下加速踏板，观察发动机转速能否在断油转速和回油转速之间来回变化，并记录回油转速的数值。若回油转速过低（一般不低于 1 200 r/min），说明电脑内断油控制功能失常，应更换。

5．检查 ECU 控制线路及点火线路各插接器有无松动或接触不良。

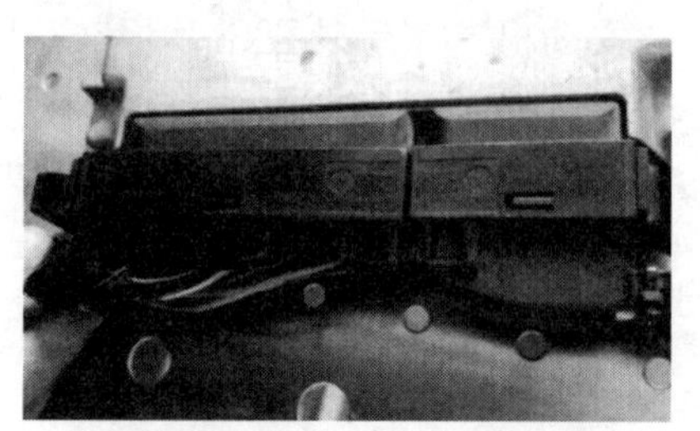

检查 ECU 控制线路有无松动

项目 5　发动机怠速运转不稳的故障排除

实训要求

1．掌握发动机怠速运转不稳故障的现象及原因。

2．掌握发动机怠速运转不稳的故障排除方法。

主要实训器材

同本课题项目 1。

故障现象

发动机怠速运转不稳，发动机抖动甚至熄火。

故障原因

1．进气系统中有漏气处。

2．油路压力太低。

3．空气滤清器堵塞。

4．喷油器雾化不良、漏油或堵塞。

5．怠速控制阀或旁通空气阀工作不良。

6．火花塞工作不良。

7．空气流量计有故障。

8．气缸压缩压力过低。

9．氧传感器、冷却液温度传感器、节气门位置传感器工作不良。

故障排除方法

1．进行故障自诊断，若有故障码，则按故障码查找相应的故障原因。	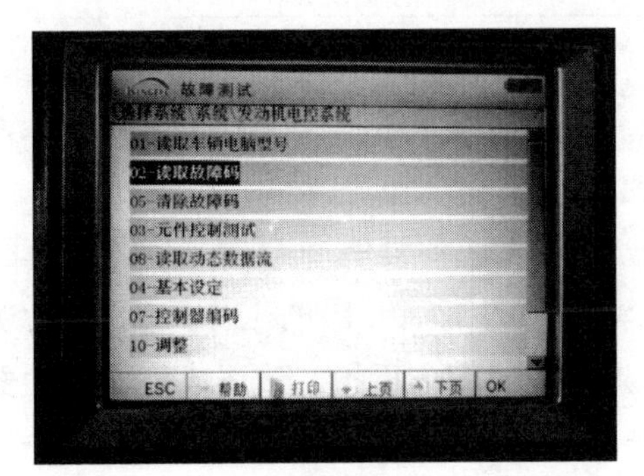 读取故障码

2．检查进气系统各管接头、各真空软管、废气再循环系统和燃油蒸发回收系统有无漏气。	 检查各管接头有无漏气
3．检查怠速控制阀的工作是否正常。拔下怠速控制阀接线插头，若发动机转速无变化，说明怠速控制阀或控制电路有故障，应检查电路或更换怠速控制阀。	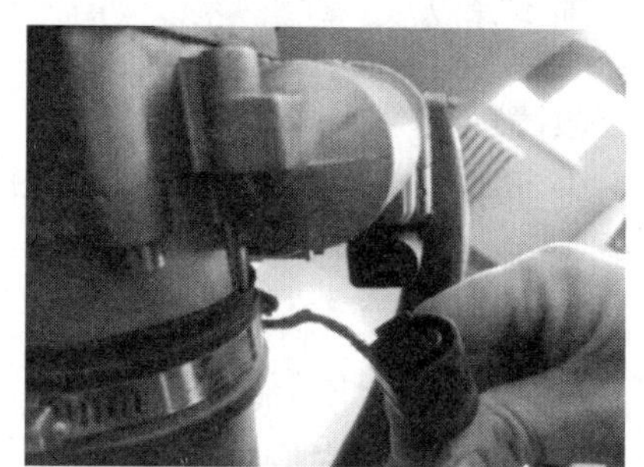 检查节气门体
4．怠速时逐个拔下各缸高压线，检查发动机转速下降是否相等。若某气缸在拔下高压线时发动机转速基本不变，说明该气缸工作不良或不工作，应检查该气缸火花塞或喷油器有无故障，喷油器控制电路有无短路。	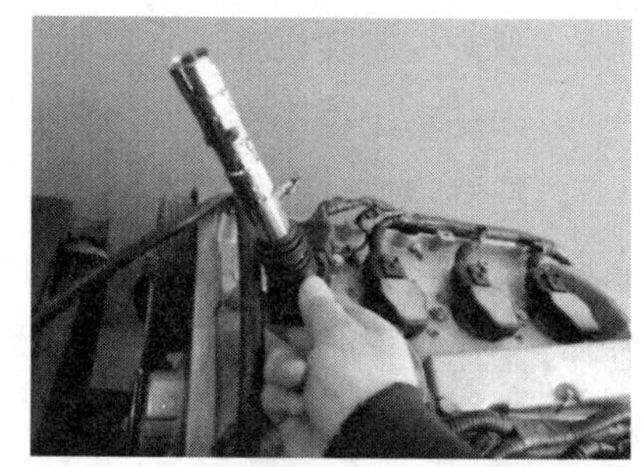 检查火花塞
5．仔细查听各缸喷油器在怠速时的工作声音。若各缸喷油器的工作声音不均匀，说明其喷油不均匀，应拆检、清洗或更换喷油器。	 查听喷油器的工作声音

<table>
<tr><td>6．用示波器检查点火系统的工作情况，对有问题的部件进行更换。</td><td>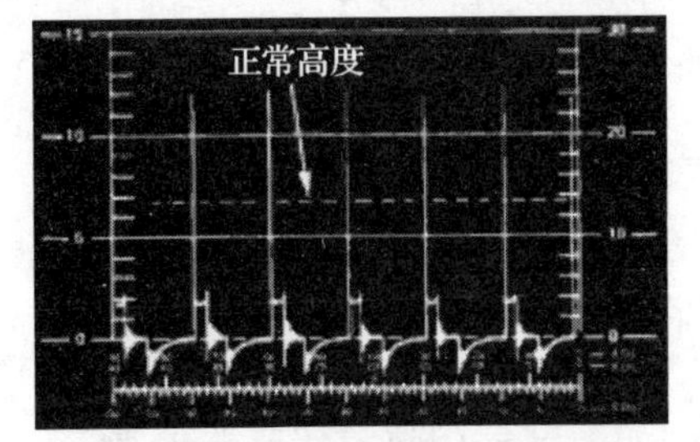波形分析</td></tr>
<tr><td>7．检查燃油压力。怠速时的燃油压力约为 250 kPa。若燃油压力过低，应检查油压调节器、电动燃油泵和燃油滤清器。</td><td>检查燃油压力</td></tr>
<tr><td>8．检查气缸压缩压力。若压力低于 0.8 MPa，应拆检发动机。</td><td>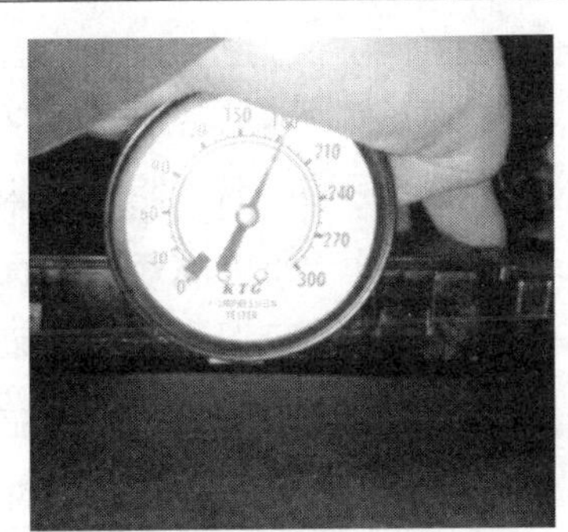检查气缸压缩压力</td></tr>
</table>

项目 6　发动机油耗过高的故障排除

实训要求 1．掌握发动机油耗过高故障的现象及原因。 2．掌握发动机油耗过高的故障排除方法。
主要实训器材 同本课题项目 1。

故障现象

发动机动力良好，但耗油量过大，加速时排气管冒黑烟。

故障原因

1．冷却液温度传感器失常。

2．空气流量计或进气歧管压力传感器失常。

3．节气门位置传感器失常。

4．燃油压力过高。

5．喷油器漏油。

故障排除方法

1．进行故障自诊断。若有故障码，则按故障码查找相应的故障原因。

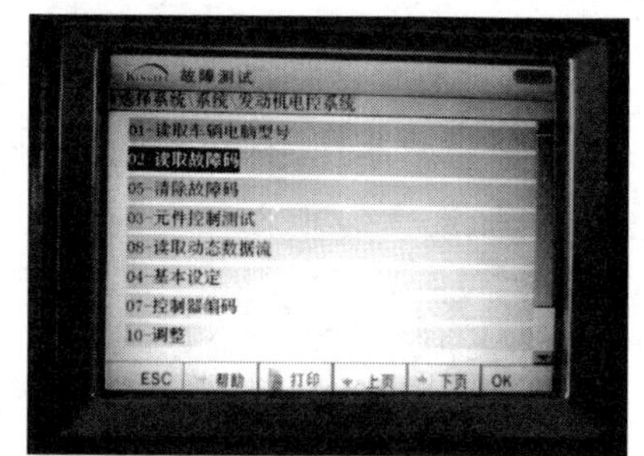

读取故障码

2．检查冷却液温度传感器，其在不同温度下的电阻值应符合标准。若电阻值太大，会使控制电脑误认为发动机处于低温状态，从而进行冷车加浓控制，使油耗增加。可以用电脑故障检测仪来检测冷却液温度。它能在发动机运转时显示冷却液温度传感器传给控制电脑的信号所表示的冷却液温度数值，将这一数值与发动机实际冷却液的温度相比较，就能直观地反映出冷却液温度传感器是否工作正常。

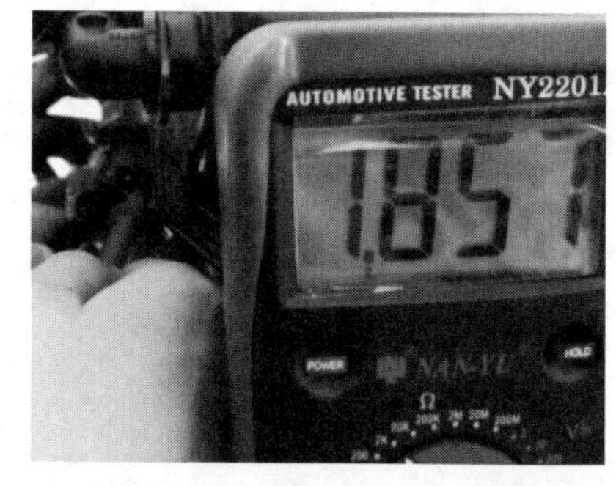

测量冷却液温度传感器的电阻值

3．检查空气流量计或进气歧管绝对压力传感器，其数值应符合标准。空气流量计或进气歧管压力传感器的误差会直接影响喷油量，若检测结果有异常，应进行更换。

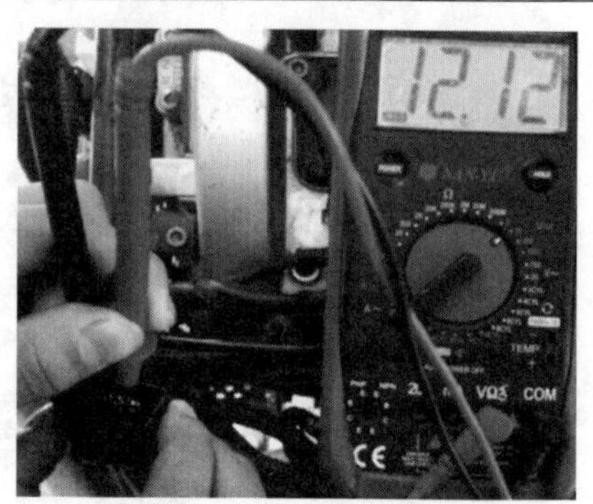

测量空气流量计的电压

<table>
<tr><td>4．检查节气门位置传感器。可以根据数据流进行比对检查，检查结果应符合技术要求，否则应进行更换。</td><td>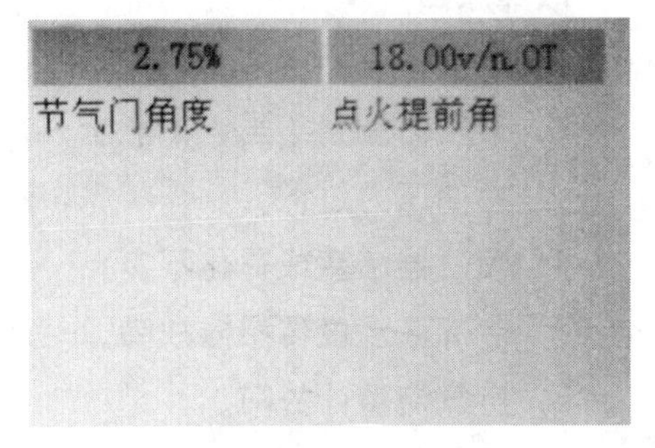
调整节气门角度</td></tr>
<tr><td>5．检查燃油压力。怠速时的燃油压力应符合规定值。随着节气门的开启，燃油压力应逐渐上升，节气门全开时的燃油压力约比怠速时高 50 kPa。若燃油压力随节气门开度变化而改变，但压力始终偏高，说明油压调节器有故障，应更换。最后拆卸喷油器，检查各喷油器有无漏油。若有异常，应清洗或更换喷油器。</td><td>
检查燃油压力</td></tr>
</table>

项目 7　发动机动力不足的故障排除

实训要求

1．掌握发动机动力不足故障的现象及原因。

2．掌握发动机动力不足的故障排除方法。

主要实训器材

同本课题项目 1。

故障现象

发动机无负荷运转时基本正常，但带负荷运转时加速缓慢，上坡无力，将加速踏板踩到底时仍感到动力不足，转速不上升，达不到最高车速。

<table>
<tr><td colspan="2">

故障原因

1．空气滤清器堵塞。

2．节气门调整不当，不能全开。

3．燃油压力过低。

4．喷油器堵塞或雾化不良。

5．冷却液温度传感器故障。

6．空气流量计故障。

7．点火正时不当或高压火花太弱。

8．发动机气缸压缩压力过低。

</td></tr>
<tr><td colspan="2">

故障排除方法

</td></tr>
<tr><td>

1．检查蓄电池电压。若蓄电池电压过低，会引起喷油器喷油量减少，造成发动机动力不足，加速迟缓。此时应检查充电系统或更换蓄电池。将加速踏板踩到底，检查节气门能否全开。若不能全开，应调整节气门拉索或加速踏板，若为电子节气门，应检查加速踏板位置传感器等。

</td><td>

检查蓄电池电压

</td></tr>
<tr><td>

2．检查空气滤清器有无堵塞。若有堵塞，应清洗或更换。

</td><td>

检查空气滤清器

</td></tr>
<tr><td>

3．进行故障自诊断，检查有无故障码出现。影响发动机动力性的传感器和执行器有冷却液温度传感器、空气流量计或进气歧管压力传感器、点火器、喷油器等。按所显示的故障码查找故障原因。

</td><td>

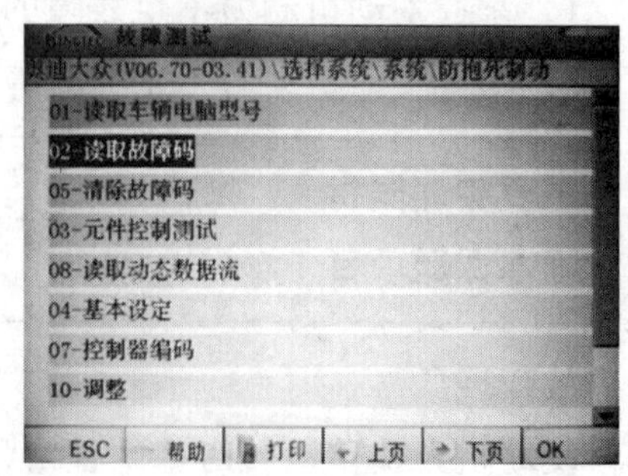

读取故障码

</td></tr>
</table>

4．检查节气门体总成的怠速开关和基本参数是否调整正确。若不正确，应按标准重新调整或更换。	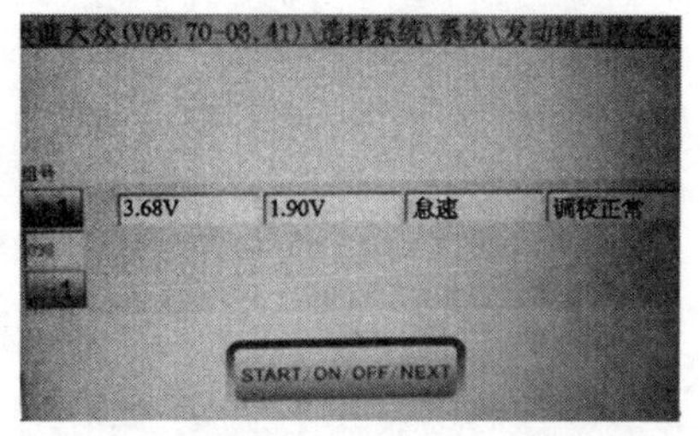 调整节气门控制单元
5．检查点火正时。在热车后的怠速运转中检查点火提前角应为 10°～ 15°，加速时点火提前角应能自动提前至 20°～ 30°。若怠速时的点火提前角不正确，应调整初始点火提前角；若加速时的点火提前角不正确，应检查点火提前角控制线路及曲轴位置传感器等。	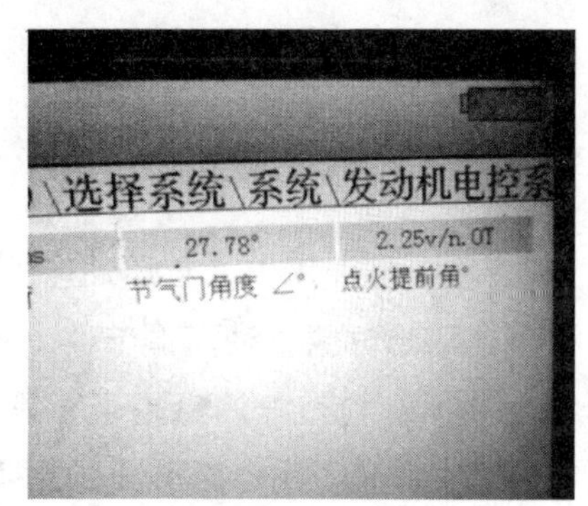 检查点火正时
6．检查冷却液温度传感器。在不同温度下，冷却液温度传感器的电阻值应能按规定的标准值变化。若不符合标准，应更换冷却液温度传感器。	 检查冷却液温度传感器
7．检查空气流量计或进气歧管压力传感器。若有异常，应更换。	 检查空气流量计

<table>
<tr>
<td>8．检查所有火花塞、高压线、点火线圈等点火系统零部件。若有异常，应更换。</td>
<td>
检查高压线</td>
</tr>
<tr>
<td>9．检查燃油压力。若燃油压力过低，应进一步检查电动燃油泵、油压调节器、燃油滤清器等。拆卸喷油器，检查喷油量是否正常。若喷油量不正常或喷油雾化不良，应清洗或更换喷油器。</td>
<td>

检查燃油压力</td>
</tr>
</table>

单元 6　自动变速器的维护与故障排除

知识概述

自动变速器主要由液力变矩器、行星齿轮机构、离合器、制动器、油泵、滤清器、管道、控制阀体、速度调压器等部件组成，按照这些部件的功能，可将它们分成液力变矩器、变速齿轮机构、供油系统、自动换挡控制系统和换挡操纵机构五大部分。

现在越来越多的汽车应用电控液力式自动变速器，它通过各种传感器，将发动机转速/节气门开度、车速、发动机温度等众多参数传给控制单元（ECU）；ECU根据这些信号控制换挡电磁阀和油压电磁阀，从而实现自动换挡。

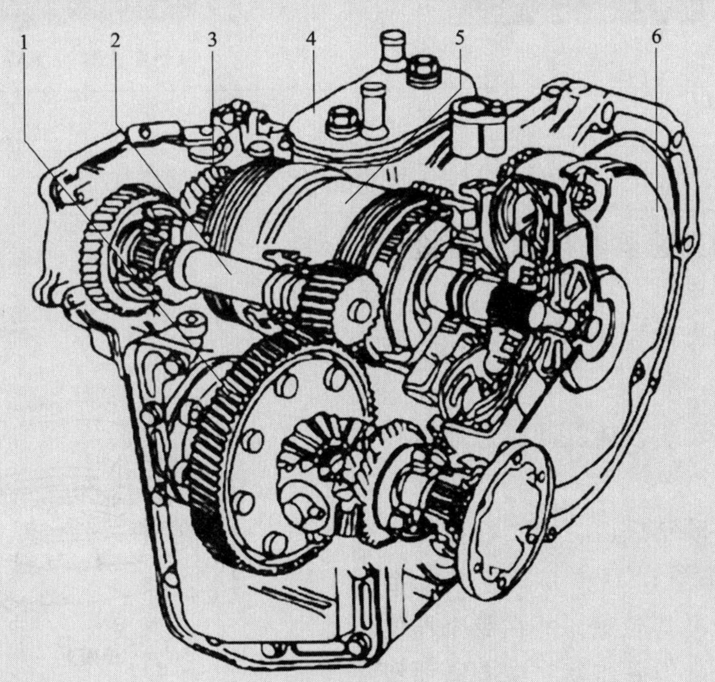

01M 型自动变速器结构图

1—差速器　2—小齿轮轴　3—主动齿轮齿圈　4—ATF 冷却器　5—变速机构　6—变矩器

课题1　自动变速器的维护与保养

项目1　油面检查与油质检查

实训要求

1．掌握各种车型的ATF油面检查方法。

2．掌握ATF油质的检查方法与注意事项。

主要实训器材

实训车辆

自动变速器油（ATF）

实训内容

（一）油面检查

1．有自动变速器油尺的油面检查方法

（1）将汽车停放在水平地面上，拉紧驻车制动器。

（2）启动发动机，让发动机怠速运转1 min以上。

（3）踩住制动踏板，将换挡杆拨至倒挡（R位）、前进挡（D位）、前进低挡（S、L或2、1位）等位置，并在每个挡位上停留数秒，使液力变矩器和所有换挡执行元件中都充满自动变速器油，最后将换挡杆拨至停车挡（P位）位置。

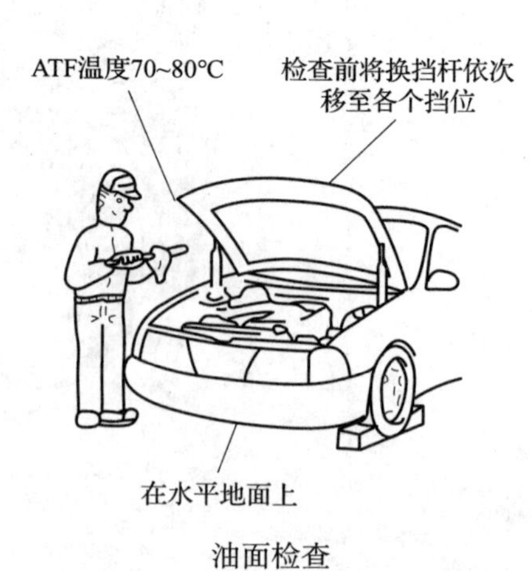

油面检查

(4) 拔出自动变速器油尺，将油尺擦干净后再全部插入原处后拔出，检查油尺上的油面刻度。 **注意**：若自动变速器处于冷态（即冷车刚启动，自动变速器油的温度较低，为室温或低于 25℃），油面高度应在油尺刻度线的下限附近；若自动变速器处于热态（如低速行驶 5 min 以上，自动变速器油的温度已达 70 ~ 80℃），油面高度应在油尺刻度线的上限附近。 (5) 油面过低时，应从加油管处添加合适的油液，直至油面高度符合标准为止。	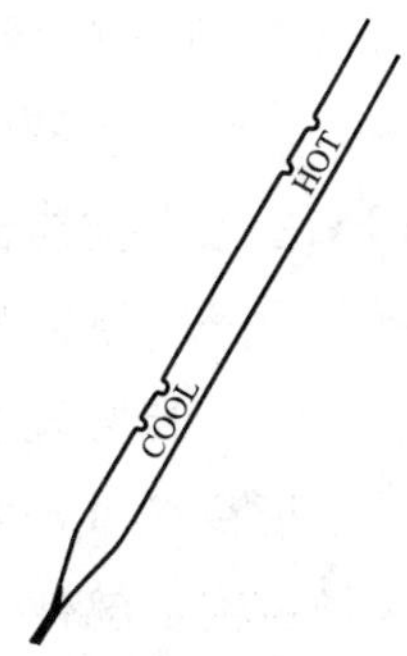 自动变速器油尺刻度
2．无自动变速器油尺的油面检查方法 (1) 检查时使汽车车身保持水平，发动机运转时通过打开空调和提高发动机怠速转速，来保证自动变速器油泵向油道供油充足。 (2) 踩下制动踏板，并将换挡手柄置于各挡位停顿片刻，保持发动机怠速运转，将换挡手柄置于 P 挡或 N 挡，从变速器油底壳上卸下处于高处的加油螺塞，若自动变速器油液连续溢出即为合适。若油液没有连续溢出，应加注自动变速器油，直到其连续溢出为止。 (3) 在向自动变速器加注油液时若有吸气声，说明有空气进入，这样会使油液产生泡沫，此时应关闭发动机并等待一段时间，等自动变速器油液稳定后再加注。	 油位检查孔

（二）油质检查

在检查油面高度的同时，应观察一下油液的油质状况，正常情况下 ATF 到更换里程时更换即可，大多数汽车在行驶（4 ~ 6）× 10^4 km 时更换 ATF，具体更换时间要根据车辆使用说明书执行。影响油液和自动变速箱使用寿命最重要的因素是油液温度，而影响油液温度的主要因素是液力变矩器有故障，离合器、制动器滑动或分离不彻底，单向离合器滑动和油冷却器堵塞等，所以油液温度过高或急剧上升是十分重要和危险的信号，说明自动变速箱内部有故障。若发现温度过高，应立即停止检查，因为若油液温度过高，将会使油液黏性下降，性能变坏（产生油膏沉淀和积炭），堵塞细小量孔，卡滞控制阀门，降低润滑效果，破坏橡胶密封部件，从而导致变速器损坏。

此外，检查变速器油的气味和状态也是十分重要的。油液的气味和状态可以体现自动变速器的工作状态。

检查油液时，从油尺上嗅一嗅油液的气味，在手指上点少许油液，用手指互相摩擦看是否有渣粒，或将油尺上的液压油滴在干净的白纸上，检查液压油的颜色及气味。正常液压油的颜色一般为粉红色，且无气味。若液压油呈棕色或有焦味，说明已变质，应立即换油。

油液变质的状态及原因

液压油的状态	变质原因
油液变为深褐色或深红色	①没有及时更换液压油 ②长期重载荷运转，使某些部件打滑或损坏，引起变速器过热
油液中有金属色	离合器盘、制动器盘或单向离合器严重磨损
油尺上黏附胶质油膏	变速器油温过高
油液有烧焦气味	①油温过高，油面过低 ②油冷却器或管路堵塞
油液从加油管溢出	油面过高或通气孔堵塞

项目 2　ATF 的更换

实训要求

1．掌握自动变速器维护工具的使用方法。

2．掌握 ATF 的更换方法。

主要实训器材

实训车辆

自动变速器循环换油机

ATF

废油收集器

实训内容

（一）ATF 更换的准备工作

自动变速器油的更换周期是（6 ~ 8）× 10^4 km 或 2 ~ 3 年更换一次。现在有三种更换自动变速器油的方法：第一种是重力换油法。这种方法在行业内俗称“手换”，即打开自动变速器的放油螺钉，让里面的油液自然排出。这是一种旧的换油方法，优点是操作方便，耗时少，缺点是换油不彻底。这种换油方法的换油率只有 40%。第二种换油方法是直接拆下油底壳进行放油并加注。这种换油方法的优点在于成本较低，换油率可达到 80%，这种程度的换油率已经足以保证自动变速器正常工作。第三种是利用循环换油机进行换油。利用循环换油机进行换油，其换油率高达 90%，虽然利用循环换油机进行换油的换油率很高，但普及率却不及前两种换油方法。

在更换 ATF 时应做好以下准备：

1．启动汽车，使自动变速器达到正常工作温度（50 ~ 80℃）。

2．准备好与车型相符的新 ATF 和操作设备（ATF 的规格参阅车辆说明书）。

（二）ATF的更换

1．重力换油法

（1）将车辆运行至自动变速器达到正常工作温度（油温50～80℃）后停车熄火。

（2）拆下自动变速器油底壳上的放油螺钉，将油底壳内的液压油放干净。有些车型的自动变速器油底壳上没有放油螺钉，应拆下整个油底壳后放油。拆油底壳时应先将后半部油底壳螺钉拆下，拧松前半部油底壳螺钉，再将后半部油底壳撬离变速器壳体，放出部分液压油，最后将整个油底壳拆下。

拆卸油底壳

（3）拆下油底壳，将油底壳清洗干净。有些自动变速器油底壳上的放油螺钉为磁性螺钉，也有些自动变速器在油底壳内专门放置一块磁铁，以吸附铁屑。清洗时必须注意将螺钉或磁铁上的铁屑清洗干净后放回。

油底壳磁铁

（4）拆下自动变速器液压油散热器油管接头，用压缩空气将散热器的残余液压油吹出，再装好油管接头，然后装好油底壳和放油螺钉。

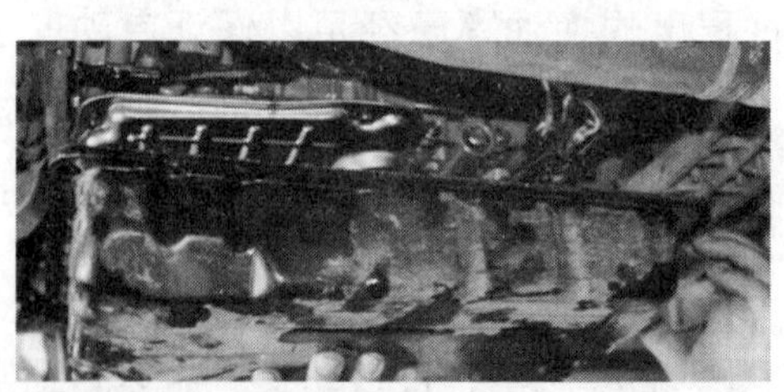

安装油底壳

(5) 从自动变速器加油管中加入规定牌号的液压油。一般自动变速器油底壳内的储油量为 4 L 左右。

加注 ATF

(6) 启动发动机，检查自动变速器油面高度。注意由于新加入的油液温度较低，油面高度应在油尺刻度线的下限附近。若油面高度过低，应继续加注油至规定油面高度。

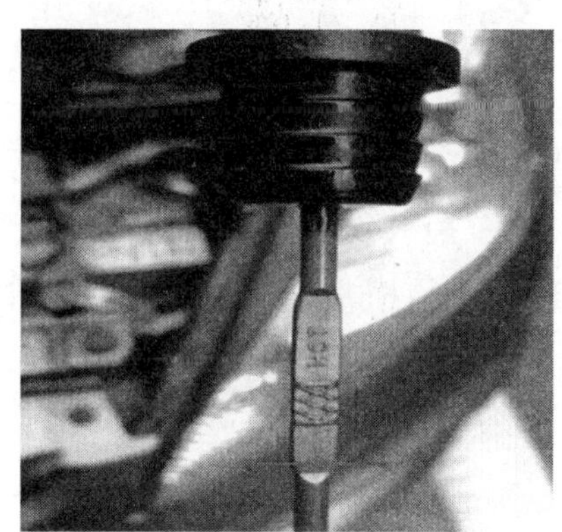

检查油面高度

(7) 让汽车行驶至发动机和自动变速器达到正常工作温度，再次检查油面高度是否在油尺刻度线的上限附近。若油面高度过低，应继续加注 ATF 至规定油面高度。

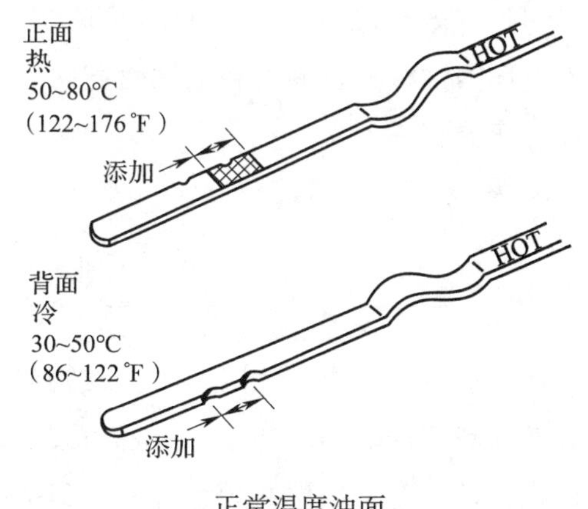

正常温度油面

2．用循环换油机换油

(1) 将车辆运行至自动变速器达到正常工作温度（油温 50 ~ 80℃）后停车熄火。

（2）准备好自动变速器循环换油机，接好电源。一般的循环换油机采用气动泵驱动机器工作。	 自动变速器循环换油机
（3）向自动变速器循环换油机容器内加注 ATF，一般一次加注 12 L 即可，也可以加注更多的 ATF 进行清洗循环，但有点浪费。	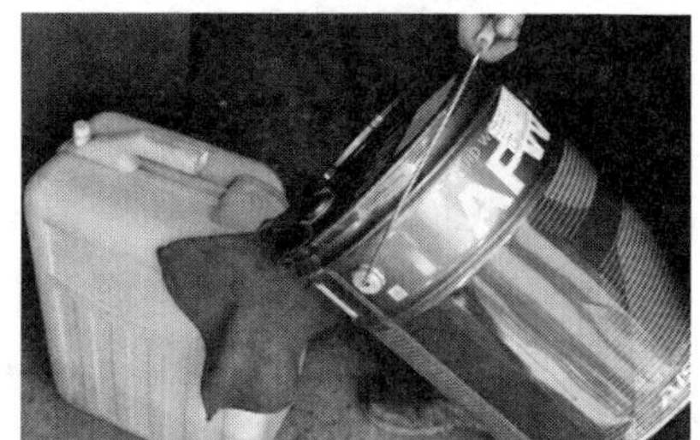 添加 ATF 到容器内
（4）拧开自动变速器放油和注油螺钉，并把循环换油机的注油管和出油管同时插入自动变速器。	 插入注油管和出油管
（5）循环换油机工作时，可以从视窗中看到新油和旧油的循环过程。换油时要启动发动机，挂入各个挡位并短暂停留，目的是使各挡位油道中的旧油流出。当看到旧油窗口有红色、透明油液流出后，循环换油机换油过程结束。	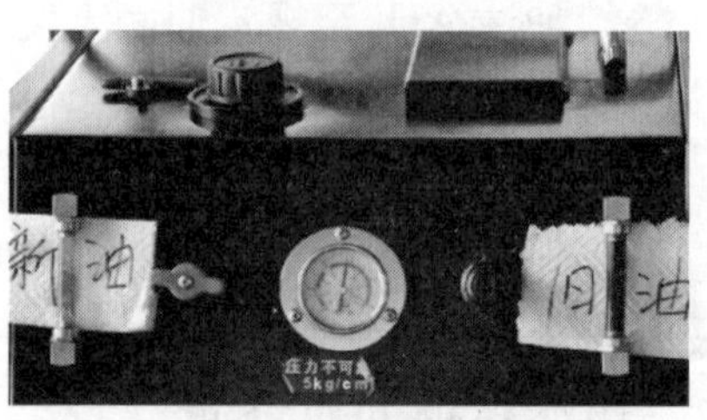 循环换油机的工作状态

<table>
<tr><td>（6）换油完毕，需要启动车辆并在怠速情况下切换至各个挡位（每个挡位停留 10 s 左右），观察转速、油温、油量的变化，均正常后换油结束。</td><td>
运转自动变速器</td></tr>
<tr><td colspan="2">（三）注意事项</td></tr>
<tr><td colspan="2">若不慎加入过多 ATF，使油面高于规定的高度，切不可凑合使用。因为当油面过高时，行驶中油液被行星齿轮剧烈地搅动，产生大量的泡沫。这些带有泡沫的 ATF 进入油泵和控制系统后，对自动变速器的工作极为不利。其后果和油面高度不足一样，会造成油压过低，导致自动变速器内的摩擦元件打滑、磨损。因此，油面过高时，应把 ATF 放掉一些。有放油螺钉的自动变速器只需要将螺钉打开即可放油；没有放油螺钉的自动变速器在进行少量放油时，可从加油管处往外吸。</td></tr>
</table>

课题2　自动变速器的测试

项目1　失 速 实 验

实训要求

1．掌握自动变速器失速实验的方法。

2．掌握对失速实验效果进行分析的方法。

主要实训器材

实训车辆

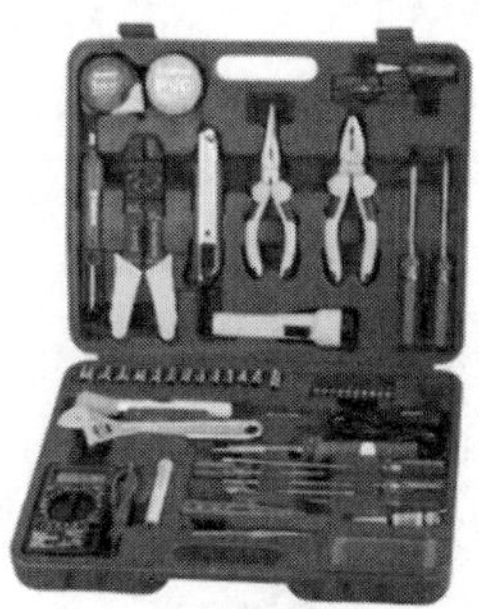

常用修理工具

汽车挡块

<table>
<tr><td colspan="2">实训内容</td></tr>
<tr><td colspan="2">（一）准备工作</td></tr>
<tr><td colspan="2">失速实验是检查发动机、变矩器及自动变速器中有关换挡执行元件的工作是否正常的一种方法。
在进行失速实验之前，应做好以下准备工作：
1．行驶汽车，使发动机和自动变速器均达到正常工作温度。
2．检查汽车的驻车制动系统，确认其性能良好。
3．检查自动变速器的油面高度及油质是否良好。</td></tr>
<tr><td colspan="2">（二）实验步骤</td></tr>
<tr><td>1．将汽车停放在宽阔的水平地面上，前、后车轮用汽车挡块塞住。</td><td>
停放车辆</td></tr>
<tr><td>2．拉紧驻车制动，左脚用力踩住制动踏板。</td><td>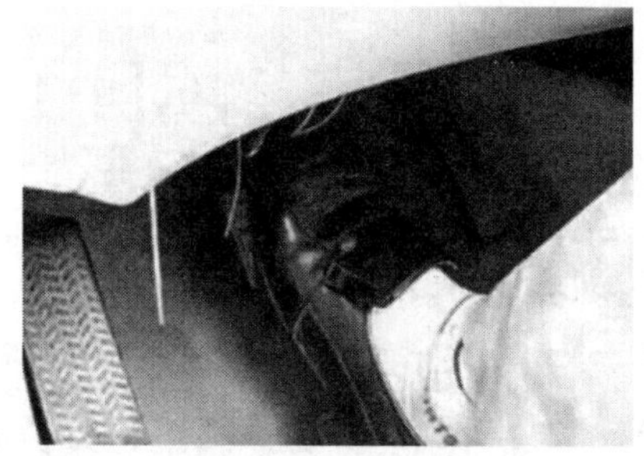
踩制动踏板</td></tr>
<tr><td>3．启动发动机，将换挡杆拨至 D 挡。</td><td>
将换挡杆拨至 D 挡</td></tr>
</table>

<table>
<tr><td>4．在左脚踩紧制动踏板的同时，用右脚将加速踏板踩到底，迅速读取此时发动机的最高转速。</td><td>
发动机转速</td></tr>
<tr><td>5．读取发动机转速后，立即松开加速踏板，将换挡杆拨至 R 挡或其他挡位，并做同样的实验。</td><td>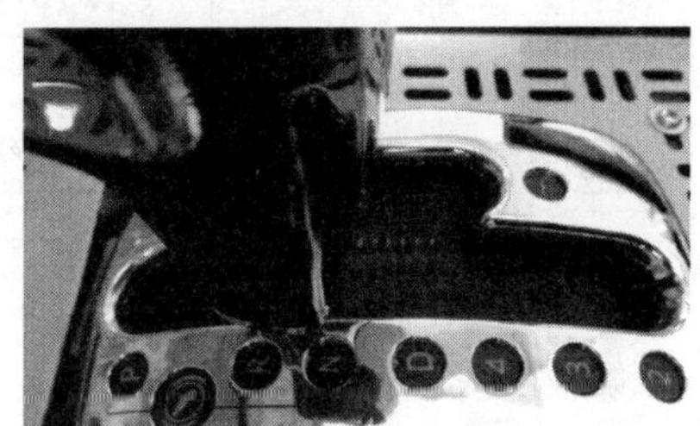
将换挡杆拨至 R 挡</td></tr>
</table>

（三）注意事项

由于在失速工况下，发动机的动力全部消耗在液力变矩器内自动变速器油的内部摩擦损失上，自动变速器油的温度将急剧上升，因此，在失速实验中，加速踏板从踩下到松开整个过程的时间不得超过 5 s，否则会使自动变速器油因温度过高而变质，甚至损坏密封圈等零件。

在一个挡位实验完成之后，不要立即进行下一个挡位的实验，要等油温下降以后再进行。实验结束后不要立即熄火，应将换挡杆拨至空挡或停车挡，让发动机怠速运转几分钟，以使自动变速器油的温度正常。若在实验中发现驱动轮因制动力不足而转动，应立即松开加速踏板，停止实验。

在进行失速实验时无论换挡杆处于何位置，因自动变速器的结构原因，失速实验只可检查到前进挡 1 挡和倒挡的执行元件，对前进挡 2 挡及 2 挡以上的挡位执行元件一般不能检测，因为换挡正常的变速器在失速时不可能进行挡位变化。

（四）实验分析

不同车型的自动变速器都有其失速转速标准，若失速转速与标准值相符，说明自动变速器的油泵、主油路油压及各个换挡执行元件的工作基本正常；若失速转速高于标准值，说明主油路油压过低或换挡执行元件打滑；若失速转速低于标准值，则可能是发动机动力不足或液力变矩器有故障。例如，当液力变矩器导轮的单向离合器打滑时，液力变矩器在液力耦合器的工况下工作，其变矩比下降，从而使发动机的负荷增大，转速下降。

失速转速不正常的故障原因

换挡杆的位置	失速转速	故障原因
所有位置	过高	①主油路油压过低 ②前进挡和倒挡的转换执行元件打滑
	过低	①发动机动力不足 ②变矩器导轮的单向离合器打滑
D 挡	过高	①前进挡油路油压过低 ②前进挡离合器打滑
R 挡	过高	①倒挡油路油压过低 ②倒挡及高挡离合器打滑

项目2 时 滞 实 验

实训要求

1．掌握自动变速器时滞实验的方法。

2．掌握对时滞实验效果进行分析的方法。

主要实训器材

实训车辆

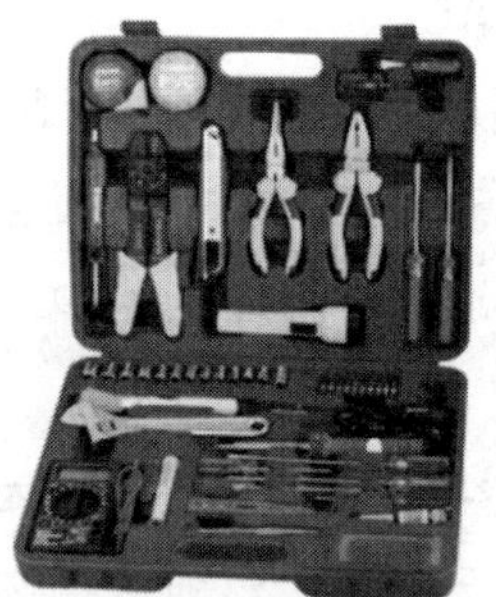

常用修理工具

秒表

实训内容

（一）准备工作

在发动机怠速运转时将换挡杆从空挡拨至前进挡或倒挡后，需要有一段短暂的迟滞或延时才能使自动变速器完成挡位的接合（此时汽车会产生轻微的振动），这一短暂时间称为自动变速器换挡的迟滞时间。时滞实验就是为了测出自动变速器换挡的迟滞时间，根据迟滞时间的长短来判断主油路油压及换挡执行元件的工作是否正常。

在进行时滞实验之前，应做好以下准备工作：

1．行驶汽车，使发动机和自动变速器均达到正常工作温度。

2．检查汽车的驻车制动，确认其性能良好。

3．检查自动变速器的油面高度应正常，油质良好。

（二）实验步骤

1．行驶汽车，使发动机和自动变速器达到正常工作温度（50 ~ 80℃）。	 发动机工作温度
2．将汽车停放在水平路面上，拉紧驻车制动。	 停放汽车
3．将自动变速器换挡杆从 N 挡拨至 D 挡，用秒表测量从拨动换挡杆开始到感觉到汽车振动为止所需的时间，该时间称为 N–D 迟滞时间。	 N–D 迟滞时间

<table>
<tr><td>4．将换挡杆拨至 N 挡，使发动机怠速运转 1 min 后，再做一次同样的实验，共做 3 次实验，取平均值作为 N–D 迟滞时间。</td><td>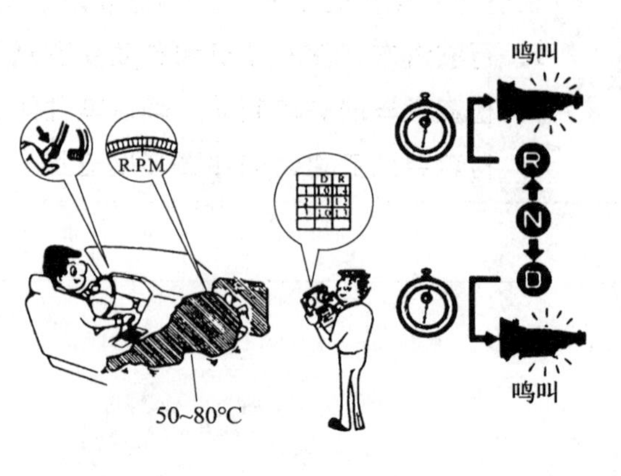

时滞实验</td></tr>
<tr><td>5．按上述方法，将换挡杆由 N 挡拨至 R 挡，测量 N–R 迟滞时间。</td><td>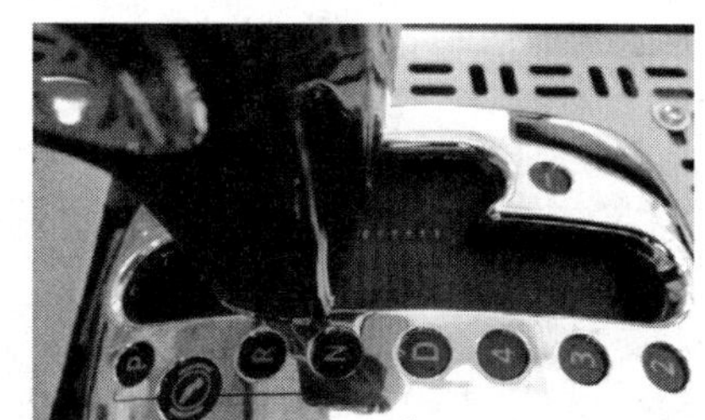
将换挡杆由 N 挡拨至 R 挡</td></tr>
<tr><td colspan="2">（三）实验分析</td></tr>
<tr><td colspan="2">大部分自动变速器 N–D 迟滞时间小于 1 ~ 1.2 s，N–R 迟滞时间小于 1.2 ~ 1.5 s。若 N–D 迟滞时间过长，说明主油路油压过低，前进挡离合器摩擦片磨损过度或前进挡单向离合器工作不良；若 N–R 迟滞时间过长，说明倒挡主油路油压过低，倒挡离合器（或倒挡制动器）磨损过度或工作不良。</td></tr>
</table>

项目 3 油 压 实 验

实训要求

1．掌握自动变速器油压实验的方法。

2．掌握对油压实验效果进行分析的方法。

主要实训器材

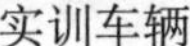
实训车辆

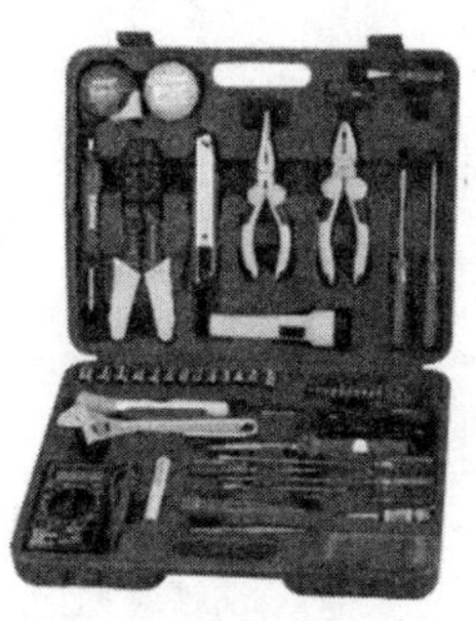
常用修理工具

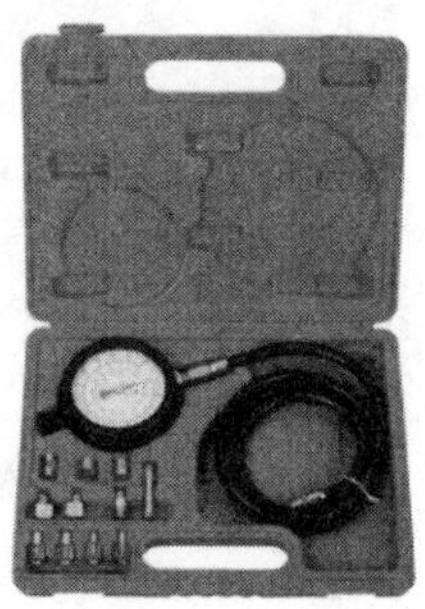
气缸压力表

实训内容

（一）准备工作

自动变速器工作时，通过测量液压控制系统各回路的压力来判断各元件的功能是否正常，目的是检查液压控制系统各管路及元件是否漏油及各元件（如液力变矩器、蓄压器等）是否工作正常，是判别故障在液压控制系统还是在机械系统的主要依据。

在进行油压实验之前，应做好以下准备工作：

1．行驶汽车，使发动机和自动变速器均达到正常工作温度。

2．准备一块量程为 2 MPa 的压力表。

3．检查自动变速器的油面高度应正常，油质良好。

4．找出自动变速器各油路测压孔的位置。通常在自动变速器外壳上有几个用方头螺钉堵住的用于测量不同油路油压的测压孔，若没有资料确定各油路的测压孔，可用举升机将汽车升起，在发动机运转时分别将各个测压孔螺钉松开少许，观察各测压孔在换挡杆位于不同挡位时是否有油液流出，以此判断各油路测压孔的位置。

（二）实验步骤

1．前进挡主油路油压测试

（1）拆下自动变速器壳体上的主油路测压孔或前进挡油路测压孔螺钉，接上油压表。

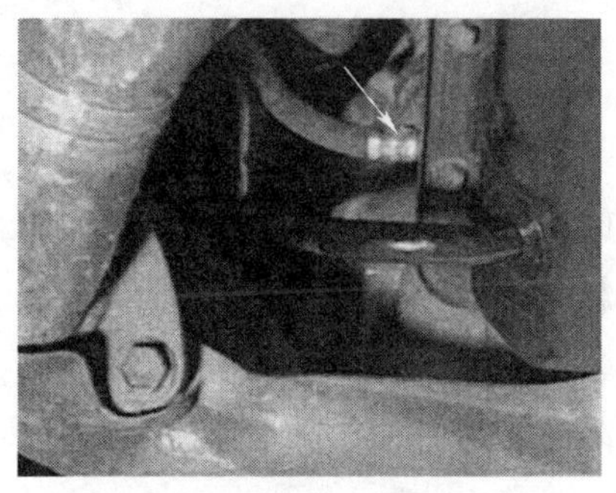
在测压孔处接油压表

（2）启动发动机，将换挡杆拨至 D 挡。	 将换挡杆拨至 D 挡
（3）读取发动机怠速运转时的油压，该油压即为怠速工况下的前进挡主油路油压。	 怠速油压
（4）用左脚踩紧制动踏板，同时用右脚将加速踏板完全踩下，在失速工况下读取油压，该油压即为失速工况下的前进挡主油路油压。	 失速油压
（5）将换挡杆拨至 N 挡或 P 挡，让发动机怠速运转 1 min 以上。	 将换挡杆拨至 N 挡

（6）将换挡杆拨至各个前进低挡（S、L 或 2、1 挡），重复上述步骤，读取各个前进低挡在怠速工况和失速工况下的主油路油压。

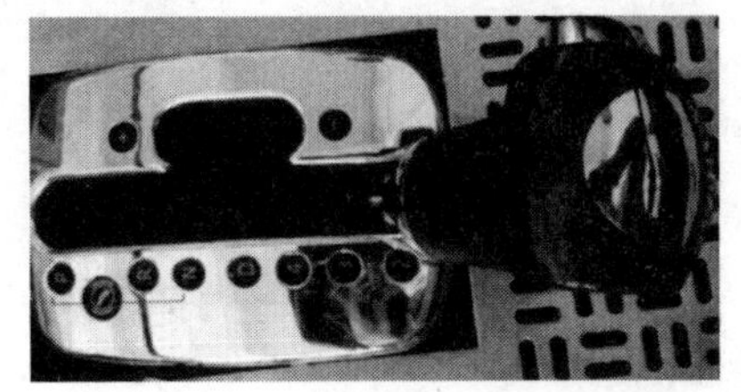

将换挡杆拨至 2 挡

2．倒挡主油路油压测试

（1）拆下自动变速器壳体上的主油路测压孔或倒挡油路测压孔螺钉，接上油压表。

（2）启动发动机，将换挡杆拨至 R 挡。

（3）在发动机怠速运转工况下读取油压，该油压即为怠速工况下的倒挡主油路油压。

（4）用左脚踩住制动踏板，同时用右脚将加速踏板完全踩下，在发动机失速工况下读取油压，该油压即为失速工况下的倒挡主油路油压。

（5）将换挡杆拨至 N 挡，让发动机怠速运转 1 min。

（三）注意事项

1．进行油压实验时，应使发动机和自动变速器达到正常工作温度。

2．进行完一个挡位的实验后，使发动机怠速运转 1 min 再做实验。

3．进行油压实验时，首先应确定各挡位油道位置。

（四）实验分析

各工况的测试结果及故障原因

工况	测试结果	故障原因
怠速	所有挡位的主油路油压过低	①油泵故障 ②主油路调压阀故障 ③主油路故障
	前进挡和前进低挡主油路油压均太低	①前进挡离合器活塞漏油 ②前进挡油路泄漏
	前进挡主油路油压正常；前进低挡主油路油压过低	① 1 挡强制离合器或 2 挡强制离合器活塞泄漏 ②前进低挡油路泄漏
	前进挡主油路油压正常；倒挡主油路油压过低	①倒挡及高挡离合器漏油 ②倒挡油路泄漏
	所有挡位的主油路油压均太高	①节气门位置传感器故障 ②主油路调压阀故障 ③油压电磁阀或线路故障
失速	稍低于标准油压	①节气门位置传感器故障 ②主油路调压阀故障 ③油压电磁阀或线路故障
	明显低于标准油压	①油泵故障 ②主油路故障

项目4　道 路 实 验

实训要求

1．掌握自动变速器道路实验的方法。

2．掌握对道路实验效果进行分析的方法。

主要实训器材

实训车辆

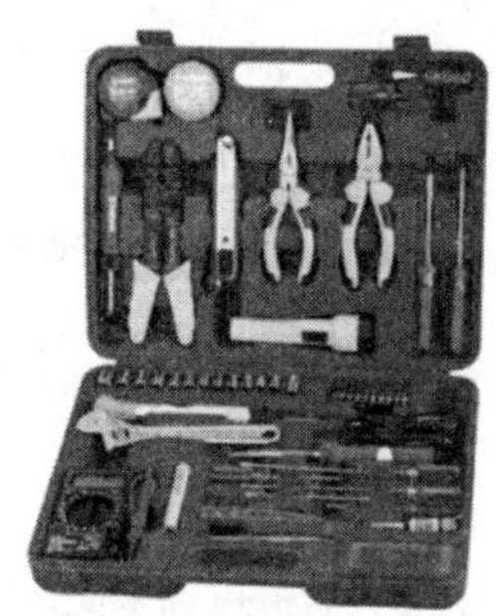

常用修理工具

实训内容

（一）准备工作

道路实验是诊断、分析自动变速器故障的有效手段之一。此外，自动变速器在修复之后，也应进行道路实验，以检查其工作性能，检验修理质量。自动变速器的道路实验内容主要有检查换挡车速、换挡质量，以及换挡执行元件有无打滑。在进行道路实验之前，应先让汽车以中低速行驶 5 ~ 10 min，让发动机和自动变速挡开关置于“ON”位置（即超速挡指示灯熄灭），并将模式开关置于普通模式或经济模式位置。

（二）实验步骤

1．升挡检查

将换挡杆拨至 D 挡，踩下加速踏板，使节气门保持在 1/2 开度左右，让汽车起步加速，检查自动变速器的升挡情况。自动变速器在升挡的发动机会有瞬时的转速下降，同时车身有轻微的颤动感。在正常情况下，汽车起步后随着车速的升高，应能感觉到自动变速器顺利由 1 挡升入 2 挡，随后再由 2 挡升入 3 挡，最后升入超速挡。自动变速器不能升入高速挡（3 挡或超速挡），说明控制系统或换挡执行元件有故障。

2. 升挡车速的检查

将换挡杆拨至 D 挡，踩下加速踏板，使节气门保持在某一固定开度，让汽车起步并加速。当察觉到自动变速器升挡时，记下升挡车速。一般 4 挡自动变速器在节气门开度保持在 1/2 时，由 1 挡升至 2 挡的升挡车速为 25 ～ 35 km/h，由 2 挡升至 3 挡的升挡车速为 55 ～ 70 km/h，由 3 挡升至 4 挡（超速挡）的升挡车速为 90 ～ 120 km/h。由于升挡车速和节气门开度有很大的关系，即节气门开度不同时，升挡车速也不同，而且不同车型的自动变速器各挡位传动比的大小都不相同，升挡车速也不完全一样。因此，只要升挡车速明显低于上述范围，说明升挡车速过低（即过早升挡）。如汽车在行驶中有明显的换挡冲击，升挡车速明显高于上述范围，说明升挡车速过高（即太迟升挡）。

大部分自动变速器维修手册中都有自动变速器升挡（或降挡）车速标准表，但表中通常只列出了节气门全开或全关时的升挡（或降挡）车速。然而，在道路实验中，往往因道路条件的限制而无法让汽车以节气门全开行驶，而且以节气门全开行驶也容易加剧自动变速器内摩擦元件的磨损，一般不宜采用。因此，维修手册中的数据只能作为参考。由于降挡时刻在行驶中不易察觉，因此，在道路实验中一般无法检查自动变速器降挡车速，只能通过检查升挡车速来判断自动变速器有无故障。若有必要，还可以检查在其他模式下或换挡杆位于前进低速挡位置时的换挡车速，并与标准值进行比较，作为判断故障的参考依据。升挡车速太低一般是控制系统的故障所致；换挡车速太高则可能是控制系统的故障所致，也可能是换挡执行元件的故障所致。

3. 升挡时发动机转速的检查

有发动机转速表的汽车在做自动变速器道路实验时，应注意观察汽车行驶中发动机转速变化的情况。这是判断自动变速器工作是否正常的重要依据之一。在正常情况下，若自动变速器处于经济模式或普通模式，节气门保持在低于 1/2 开度范围内，则在汽车由起步加速直至升入高速挡的整个行驶过程中，发动机转速都将低于 3 000 r/min。通常在加速至即将升挡时发动机转速可达到 2 500 ～ 3 000 r/min，在刚刚升挡后的短时间内发动机转速将下降至 2 000 r/min 左右。若在整个行驶过程中发动机转速始终过低，加速至升挡时仍低于 2 000 r/min，说明升挡时间过早或发动机动力不足；若在行驶过程中发动机转速始终偏高，升挡前后的转速在 2 500 ～ 3 500 r/min，而且换挡冲击明显，说明升挡时间过迟；若在行驶过程中发动机转速过高，经常高于 3 000 r/min，在加速时达到 4 000 ～ 5 000 r/min，甚至更高，说明自动变速器的换挡执行元件（离合器或制动器）打滑，应拆修自动变速器。

4．换挡质量的检查

换挡质量的检查内容主要是检查有无换挡冲击。在正常情况下，自动变速器的换挡冲击应十分微弱。若换挡冲击太大，说明自动变速器的控制系统或换挡执行元件有故障，原因可能是油路油压过高或换挡执行元件打滑，应做进一步检查。

5．锁止离合器工作状况的检查

自动变速器变矩器中的锁止离合器工作是否正常也可以采用道路实验的方法进行检查。在实验中，让汽车加速至超速挡，以高于 8 km/h 的车速行驶，并让节气门踏板踩下至 2/3 开度，同时检查发动机转速的变化情况。若发动机转速没有太大的变化，说明锁止离合器处于接合状态；若发动机转速升高很多，说明锁止离合器没有接合，原因通常是锁止控制系统有故障。

6．发动机制动作用的检查

检查自动变速器有无发动机制动作用时，应将换挡杆拨至前进低速挡（S、L 或 2、1 挡），在汽车以 2 挡或 3 挡行驶时，突然松开加速踏板，检查是否有发动机制动作用。如果松开加速踏板后车速立即下降，说明有发动机制动作用；否则，说明控制系统或前进挡离合器有故障。

7．强制降挡功能的检查

检查自动变速器强制降挡功能时，应将换挡杆拨至 D 挡，保持节气门开度为 1/3 左右，在以 2 挡、3 挡或超速挡行驶时突然将加速踏板完全踩到底，检查自动变速器是否被强制降挡。在强制降挡时，发动机转速会突然上升至 4 000 r/min 左右，并伴随加速升挡，转速逐渐下降。若踩下加速踏板后没有出现强制降挡，说明强制降挡功能失效；若在强制降挡时发动机转速升得太高（5 000 ～ 6 000 r/min），并在升挡时出现换挡冲击，说明换挡执行元件打滑，应拆修自动变速器。

课题 3　自动变速器元件的检测

项目 1　故障码的读取与清除

实训要求

1．掌握解码器的使用方法。

2．掌握故障码的读取与清除方法。

3．能正确读取数据流。

主要实训器材

实训车辆

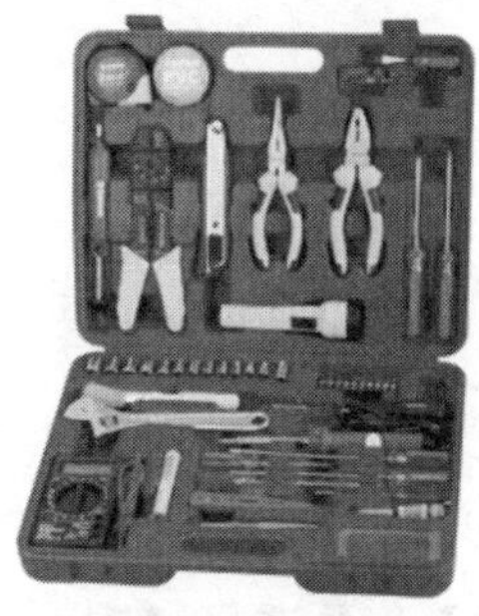
常用修理工具

数字式万用表

金德 KT600 解码器

实训内容

（一）读取故障码

1. 选择正确的测试接头，一般选用 OBDⅡ-16 测试接头。将测试主线的一端插入诊断仪器口，另一端与测试接头连接。	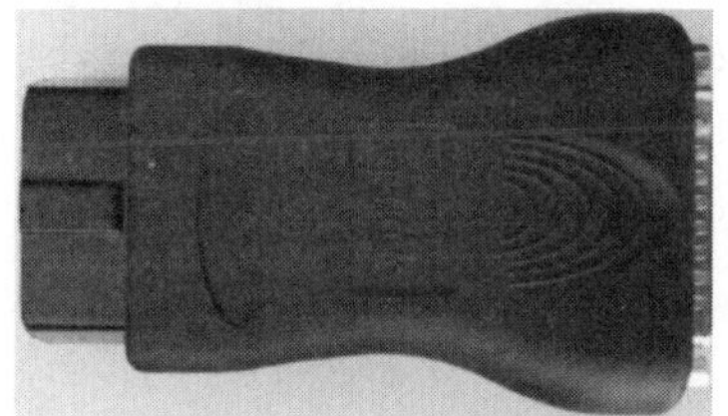 OBDⅡ-16 测试接头
2. 将汽车停稳，关闭点火开关，拉起驻车制动器，用 OBDⅡ-16 测试接头连接汽车诊断接口，汽车诊断接口一般在驾驶室左下方。	 汽车诊断接口

<table>
<tr>
<td>3．诊断座自带电源，故无须外接电源。打开点火开关，打开解码器电源开关，选择【亚洲车系】，再选择【国产车系】。</td>
<td>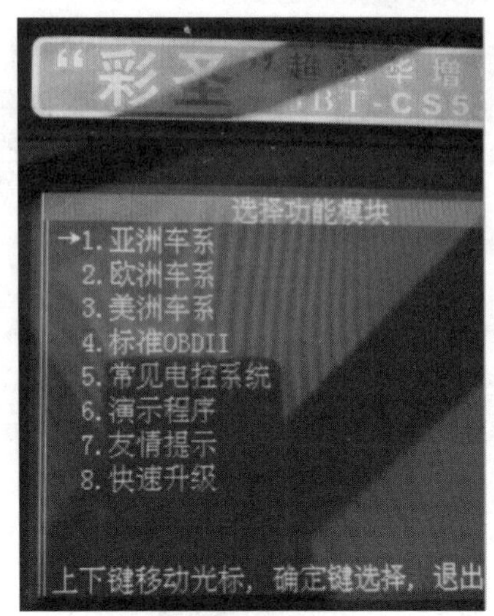

解码器选项 1</td>
</tr>
<tr>
<td>4．进入【国产车系】，会出现很多国产车型，选择与实训车辆相符的车型，然后按【确定】键进入。</td>
<td>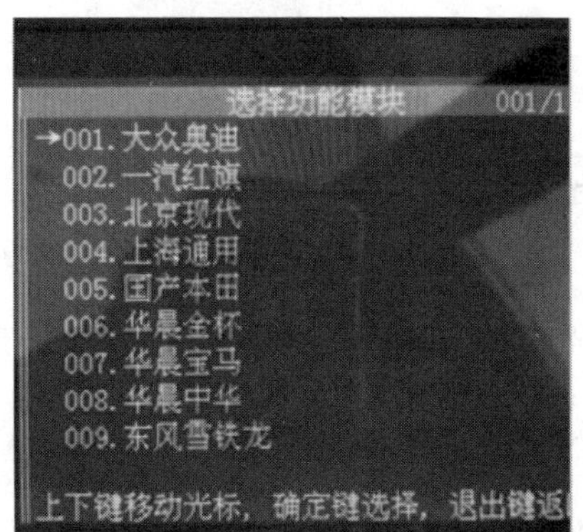

解码器选项 2</td>
</tr>
<tr>
<td>5．进入【K 线电控诊断】，如为 CAN-BUS 系统（速腾、奥迪 A6L 等车型）选择【CAN-BUS 系统】，会出现诊断列表，选择【汽车诊断测试】。</td>
<td>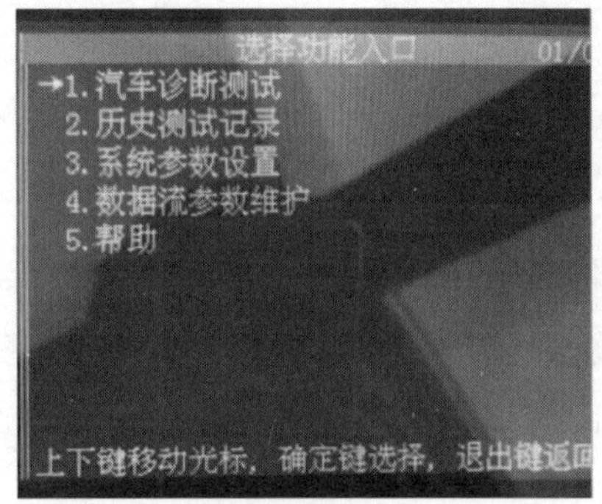

解码器选项 3</td>
</tr>
</table>

<table>
<tr><td>6. 进入选择功能选项，选择【地址直接进入】，在下方“输入地址值”处输入 02，直接选择【02 – 自动变速箱】。</td><td>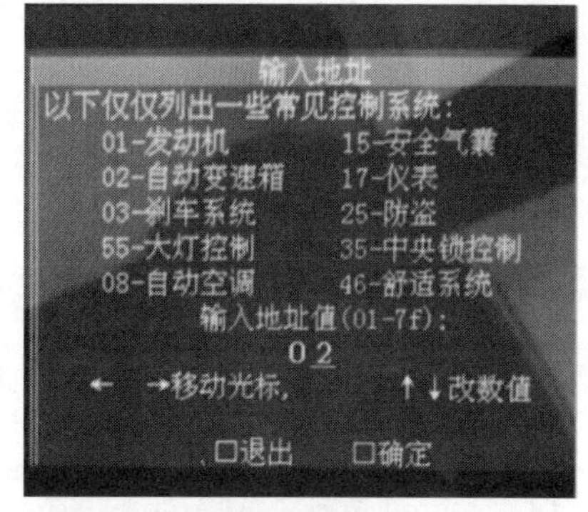
输入地址值</td></tr>
<tr><td>7. 解码器进入自动变速器的功能模块，直接选择【读取故障码】，按【确定】键会出现一些故障码。</td><td>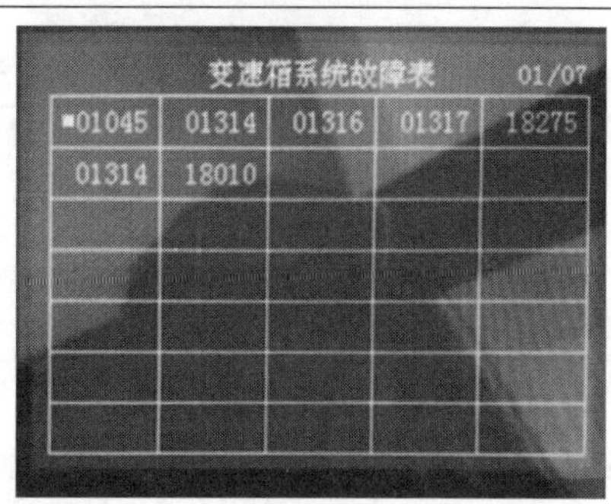
故障码</td></tr>
<tr><td>8. 选择其中一个故障码，按【确定】键会显示具体的故障类型和故障位置，若要退出，按【退出】键即可。</td><td>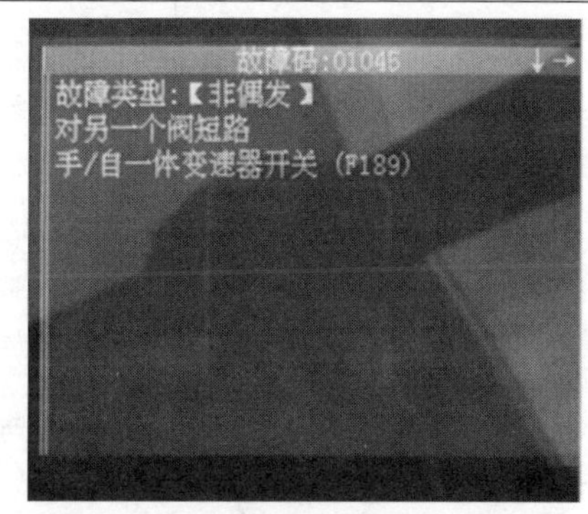
故障类型</td></tr>
<tr><td colspan="2">（二）清除故障码</td></tr>
<tr><td>1. 前 6 个步骤与上述相同。读取故障码后按【退出】键，在【选择功能】中选择【清除故障码】。</td><td>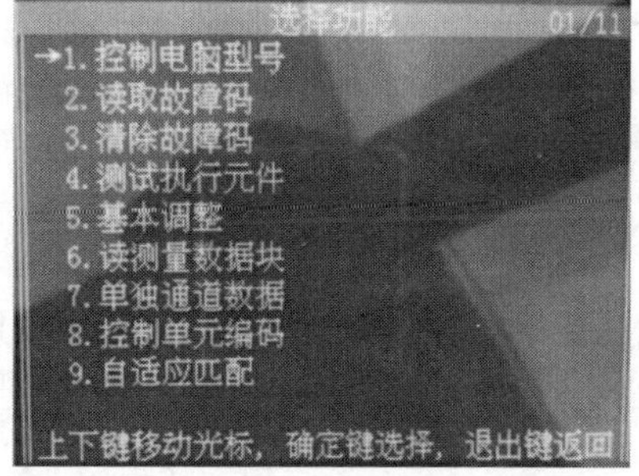
选择功能界面</td></tr>
</table>

2．清除后，界面会显示系统正常或存在故障码，未清除的故障码就是汽车存在的故障，应进行维修。

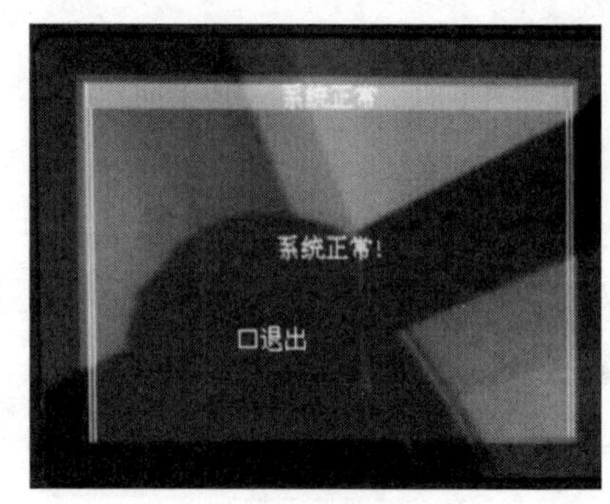

清除故障码

01M 型自动变速器自诊断故障码表

故障码	可能的故障原因	故障排除
00258 电磁阀 1——N88 断路、对地短路	①导线断路或对地短路 ②电磁阀 1——N88 有故障	①按电路图检查导线和插塞的连接情况 ②读取测量数据块 ③进行电气检查
00260 电磁阀 2——N89 断路、对地短路	①导线断路或对地短路 ②电磁阀 2——N89 有故障	①按电路图检查导线和插塞的连接情况 ②读取测量数据块 ③进行电气检查
00262 电磁阀 3——N90 断路、对地短路	①导线断路或对地短路 ②电磁阀 3——N90 有故障	①按电路图检查导线和插塞的连接情况 ②读取测量数据块 ③进行电气检查
00264 电磁阀 4——N91 断路、对地短路	①导线断路或对地短路 ②电磁阀 4——N91 有故障	①按电路图检查导线和插塞的连接情况 ②读取测量数据块 ③进行电气检查
00266 电磁阀 5——N92 断路、对地短路	①导线断路或对地短路 ②电磁阀 5——N92 有故障	①按电路图检查导线和插塞的连接情况 ②读取测量数据块 ③进行电气检查
00268 电磁阀 6——N93 断路、对地短路	①导线断路或对地短路 ②电磁阀 6——N93 有故障	①按电路图检查导线和插塞的连接情况 ②读取测量数据块 ③进行电气检查
00270 电磁阀 7——N94 断路、对地短路	①导线断路或对地短路 ②电磁阀 7——N94 有故障	①按电路图检查导线和插塞的连接情况 ②读取测量数据块 ③进行电气检查
00281 车速传感器 G68 无信号	①车速传感器导线断路 ②车速传感器 G68 有故障 ③主动齿轮上的脉冲叶轮松动	①按电路图检查导线和插塞的连接情况 ②读取测量数据块 ③进行电气检查 ④更换车速传感器 G68 ⑤更换主动齿轮

续表

故障码	可能的故障原因	故障排除
00293 多功能开关 F125 开关状态不确定	①导线断路 ②多功能开关 F125 有故障	①按电路图检查导线和插塞的连接情况 ②读取测量数据块 ③进行电气检查 ④更换多功能开关 F125
00297 变速器转速传感器 G38 无信号	①导线断路 ②变速器转速传感器 G38 有故障	①按电路图检查导线和插塞的连接情况 ②读取测量数据块 ③更换变速器转速传感器 G38
00300 变速器机油温度传感器 G93 无法识别故障类型	①导线断路 ②变速器机油温度传感器 G93 有故障	①按电路图检查导线和插塞的连接情况 ②读取测量数据块 ③进行电气检查
00518 节气门电位计 G69 信号超出允许值	①导线断路或短路 ②节气门电位计 G69 损坏	①若还显示了故障码 00638，应先排除该故障 ②按电路图检查导线和插塞的连接情况 ③读取测量数据块 ④进行电气检查 ⑤更换节气门电位计 G69 ⑥对系统进行基本调整
	①六缸机、柴油机或带有 Simos 点火和喷射装置的四缸机，节气门电位计 G69 的信号是从发动机控制单元传到变速器控制单元上的 ②发动机控制单元故障 ③节气门电位计 G69 损坏	①检查六缸机、柴油机或带有 Simos 点火和喷射装置的四缸机 ②对系统进行基本调整 ③更换节气门电位计 G69
00529 无转速信号	转速传感器导线断路	①按电路图检查导线和插塞的连接情况 ②读取测量数据块 ③检查发动机控制单元 ④按发动机故障码进行修理
00532 电源电压	①蓄电池损坏 ②调节器电压过低	①检查蓄电池 ②读取测量数据块 ③检查控制单元 J217 的电压 ④进行电气检查
00545 发动机 / 变速器电气连接断路、对地短路	①导线断路或对地短路 ②发动机 / 变速器控制单元未接上	①按电路图检查导线和插塞的连接情况 ②读取测量数据块 ③检查发动机控制单元 ④按发动机相应故障码进行修理 ⑤对系统进行基本调整

续表

故障码	可能的故障原因	故障排除
00596 整流器导线间短路	①传输线 / 滑阀箱和线束间的 10 孔插塞连接故障 ②接滑阀箱的传输线损坏	①按电路图检查导线和插塞的连接情况 ②进行电气检查 ③更换传输线
00638 发动机 / 变速器电气连接无信号	①导线断路或对地短路 ②发动机 / 变速器控制单元未接上 ③节气门信号未传至变速器控制单元	①按电路图检查导线和插塞的连接情况 ②读取测量数据块 ③检查发动机控制单元，必要时进行更换 ④按发动机相应故障码进行修理 ⑤对系统进行基本调整
00641 自动变速器机油温度信号过大	①变速器太热，最高达 148℃ ②自动变速器油温过高时，变速器自动换入相邻的低挡 ③汽车负荷过大 ④自动变速器油位不正常，变速器机油温度传感器损坏	①检查自动变速器油位 ②读取测量数据块 ③读取自动变速器的机油温度 ④更换传输线
00652 挡位监控到不可靠信号	①电气 / 液压故障 ②离合器或滑阀箱损坏	①读取测量数据块 ②在行驶中确定哪一挡有故障
00660 强制低速挡开关 / 节气门开关电位计监控到不可靠信号	①导线断路 ②节气门电位计 G69 损坏 ③强制低速挡开关 F8 损坏	①按电路图检查导线和插塞的连接情况 ②按节气门电位计 G69 的故障进行排除 ③读取测量数据块 ④进行电气检查 ⑤调整或更换加速踏板拉索 ⑥更换强制低速挡开关
65535 控制单元损坏	控制单元 J217 损坏	①更换控制单元 ②对系统进行基本调整

（三）读取数据流

1．启动发动机，前 6 个步骤与前面相同，在【选择功能】中选择【读测量数据块】。

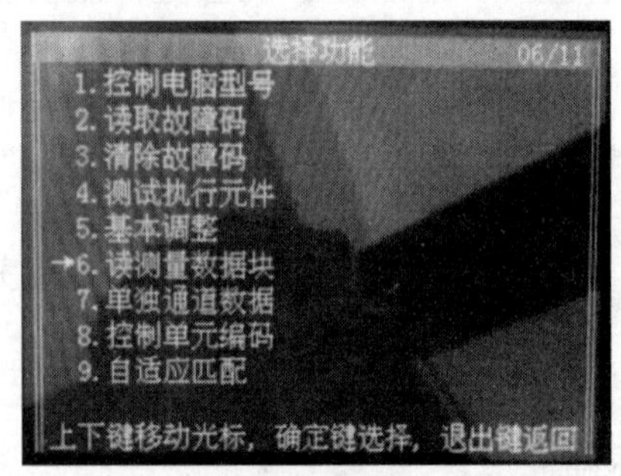

读测量数据块

2．进入【输入组号】界面，直接在“输入组号”处输入 001，将出现发动机与自动变速器的实时工况。	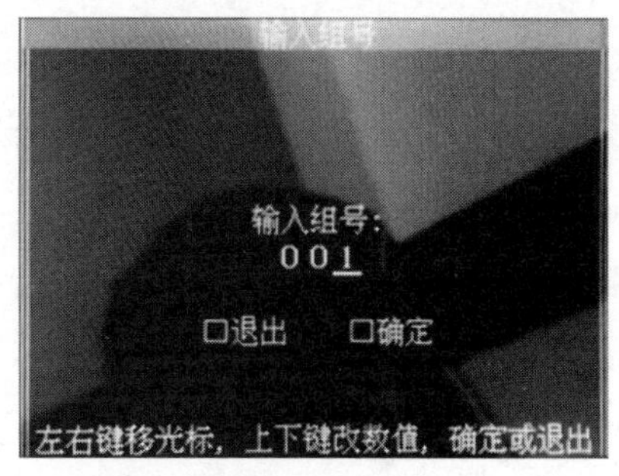 输入组号
3．向下翻页，找到所需要的工作数据。	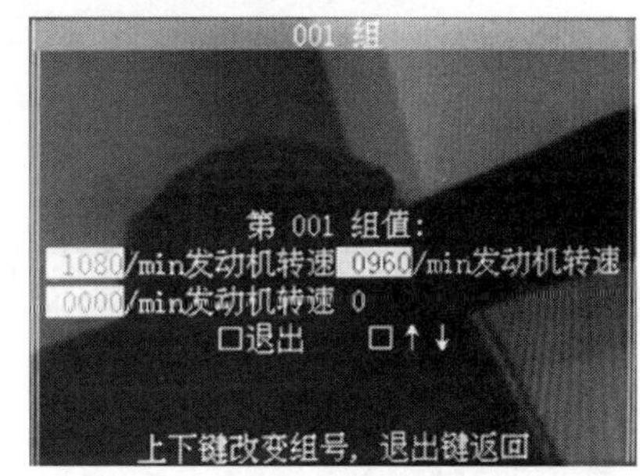 实时工况

01M 型自动变速器选择显示组号一览表

显示组	显示区	说明
01	1 2 3 4	变速杆位置 节气门电位计电压 加速踏板位置值 开关位置
02	1 2 3 4	电磁阀 6——N93 实际电流 电磁阀 6——N93 额定电流 蓄电池电压 车速传感器 G68 电压
03	1 2 3 4	车速 发动机车速 挂入挡位 加速踏板位置值
04	1 2 3 4	电磁阀 挂入挡位 变速杆位置 车速
05	1 2 3 4	自动变速器机油温度 换挡输出 将要挂入挡位 发动机转速

续表

显示组	显示区	说明
06	—	不需要考虑
07	1 2 3 4	挂入挡位 锁止离合器打滑 发动机转速 加速踏板位置值
08	—	不需要考虑

项目 2　电磁阀的检修

实训要求

掌握各种电磁阀的检修方法。

主要实训器材

实训车辆

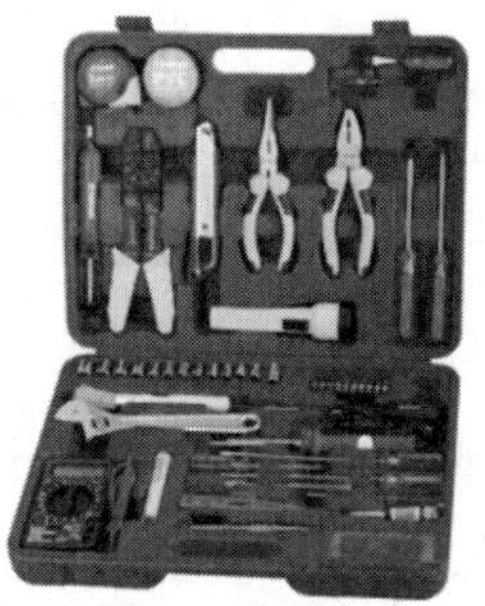

常用修理工具

数字式万用表

实训内容

（一）挡位开关的检测与更换

1．挡位开关的检测方法

（1）用举升机将汽车升起。

（2）拆下连接在自动变速器手动阀摇臂和换挡杆之间的连杆。

（3）拔下挡位开关的线束插头。

（4）将手动阀摇臂拨至各个挡位，同时用万用表测量挡位开关线束插座内各插孔之间的导通情况。

（5）将测量结果与标准值进行比较。如有不符，应重新调整挡位开关。

2．挡位开关的更换方法

（1）拆下手动阀摇臂和操纵手柄之间的连杆。

（2）拧松手动阀摇臂轴上的锁紧螺母，拆下手动阀摇臂。

（3）拧下挡位开关固定螺栓，拆下挡位开关。

（4）按拆卸相反的顺序安装新的挡位开关。

（5）按规定的程序重新调整挡位开关。

（二）开关式电磁阀的检修

电子控制自动变速器的换挡电磁阀等开关式电磁阀可采用下列方法进行检修。

1．开关式电磁阀的就车检查

（1）用举升机将汽车升起。

（2）拆下自动变速器的油底壳。

（3）拔下电磁阀的线束插头。

（4）用万用表测量电磁阀线圈的电阻值。电磁阀线圈的电阻值一般为 10 ～ 30 Ω。若电磁阀线圈短路、断路或电阻值不符合标准，应更换电磁阀。

（5）将 12 V 电源施加在电磁阀线圈上，此时应能听到电磁阀工作的“咔嗒”声；否则，说明阀芯卡住，应更换电磁阀。

2．开关式电磁阀的性能检验

（1）拆下开关式电磁阀。

（2）将压缩空气吹入电磁阀进油口。

（3）当电磁阀线圈不接电源时，进油孔和泄油孔之间应不通气；否则，说明电磁阀损坏，应更换电磁阀。

（4）接上电源后，进油孔和泄油孔之间应相通；否则，说明电磁阀损坏，应更换电磁阀。

（三）脉冲线性式电磁阀的检修

电子控制自动变速器的油压电磁阀等脉冲线性式电磁阀可采用下列方法进行检修。

1．脉冲线性式电磁阀的就车检查

（1）用举升机将汽车升起。

（2）拆下自动变速器的油底壳。

（3）拔下电磁阀的线束插头。

（4）用万用表测量电磁阀线圈的电阻值。脉冲线性式电磁阀的线圈电阻值较小，一般为 2 ～ 6 Ω。若电磁阀线圈短路、断路或电阻值不符合标准，应更换电磁阀。

2．脉冲线性式电磁阀的性能检验

（1）拆下脉冲线性式电磁阀。

(2) 将蓄电池电源串联一个 8 ～ 10 W 的灯泡，然后与电磁阀线圈连接（脉冲线性式电磁阀线圈电阻值较小，不可直接与 12 V 电源连接，否则会烧毁电磁阀线圈）。

(3) 在通电时，电磁阀阀芯应向外伸出；断电时，电磁阀阀芯应向内缩入。若有异常，说明电磁阀损坏，应更换。

脉冲线性式电磁阀的另一种检验方法是采用可调电源，其方法是：将可调电源与电磁阀线圈连接，调整电源电压，同时观察阀芯的移动情况。当电压逐渐升高时，阀芯应随之向外移动；当电压逐渐减小时，阀芯应随之向内移动。否则，说明电磁阀损坏，应更换。在检验中应注意保持电源电流不超过 1 A。

（四）电液式控制系统电脑的检修

电脑及其控制电路的故障可以用该车型的电脑检测仪或通用的解码器来检测。这些仪器可以准确地检测出电脑及其控制电路的故障位置。由于不同车型电脑的结构及控制电路分布形式有很大的不同，不同的电脑检测仪和电脑解码器的使用方法也有很大的不同，因此，在检测之前必须熟练掌握《自动变速器维修手册》及《汽车电脑检测仪使用手册》中所提供的有关被测车型的检测技术、检测范围和检测步骤等内容。只有在此基础上，才能充分发挥检测仪的作用，得到正确的检测结果。

若不具备电脑检测仪或电脑解码器，或被检修车型自动变速器的电脑不能采用电脑检测仪来检测，也可以采用另一种检测方法，即通过测量电脑线束插头内各接脚的工作电压来判断电脑及其控制电路工作是否正常。用这种方法检测电脑及其控制电路的故障，必须以被测车型的详细维修技术资料为依据。这些技术资料包括该车型电脑线束插头中各接脚与控制系统中的哪些传感器、执行器相连接，各接脚在发动机不同工作状态下的标准电压值。若在检测中发现某一接脚的实际工作电压与标准值不符，说明电脑或控制电路有故障；若与执行器连接的接脚工作电压不正常，说明电脑有故障；若与传感器连接的接脚工作电压不正常，则可能是传感器损坏或电路有故障，可通过进一步的检测，找出故障的准确位置。

必须指出的是，这种检测方法对于判断电脑及控制电路的故障只是一种辅助的方法。因为电脑在工作中所接收或输出的信号有多种形式，如脉冲信号、模拟信号等，而一般的指针式电压表只能测出电路的平均电压值。因此，即使在检测中电脑各脚的电压都正常，也不能说明电脑绝对没有故障。当自动变速器控制系统工作不正常时，若用这种方法检测仍未发现异常现象，必须采用总成互换的方法来判断电脑是否有故障。

在检测电脑线束各接脚工作电压时，应注意以下几点：

1．在检测之前，应先检查自动变速器控制系统及其他电气系统各熔断器、继电器及有关的线束插头是否正常。在点火开关处于开启位置时，蓄电池电压应不低于 11 V。过低的蓄电池电压会影响测量结果。

2．检测时必须使用高阻抗的电压表，使用低阻抗的电压表可能会损坏电脑。

3．必须在电脑和线束插头处于连接的状态下测量电脑各接脚的电压。

4．应从线束插头的电线一侧插入测试笔来测量各接脚的电压。

5．不可在拔下电脑线束插头的状态下直接测量各接脚的电阻值，否则可能损坏电脑。

6．若要拔下电脑的线束插头，测量各控制线路，应先拆下蓄电池搭铁线。不可在蓄电池连接完好的状态下拔下电脑的线束插头，否则会损坏电脑。

7．应可靠地连接电脑的线束插头，否则可能会损坏电脑内的集成电路等电子元件。

课题 4　自动变速器的故障排除

项目 1　无超速挡的故障排除

实训要求

1．掌握自动变速器无超速挡的故障分析方法。

2．掌握自动变速器无超速挡的故障排除方法。

主要实训器材

实训车辆

金德 KT600 解码器

数字式万用表

故障现象

1．在汽车行驶过程中，车速已升高至超速挡工作范围，但自动变速器不能从 3 挡换入超速挡。

2．在车速已达到超速挡工作范围后，采用提前升挡（即松开加速踏板几秒后再踩下）的方法也不能使自动变速器升入超速挡。

故障原因

1．超速挡开关有故障。

2．超速电磁阀故障。

3．超速制动器打滑。

4．超速行星齿轮上的直接离合器或直接单向离合器卡死。

5．挡位开关有故障。

6．液压油温度传感器有故障。

7．节气门位置传感器有故障。

故障排除方法

1．对于电子控制自动变速器，应先进行故障自诊断，检查有无故障码。液压油温度传感器、节气门位置传感器、超速电磁阀等部件的故障都会影响超速挡的换挡控制。按显示的故障码查找故障原因。

2．检测液压油温度传感器在不同温度下的电阻值，并与标准值进行比较。若有异常，应更换液压油温度传感器。

3．检查挡位开关和节气门位置传感器的信号。挡位开关的信号应和换挡杆的位置相符。节气门位置传感器的电阻值或输出电压值应能随节气门的开大而上升，并与标准值相符。若有异常，应予以调整。若调整无效，应更换挡位开关或节气门位置传感器。

4．检查超速挡开关。在“ON”位置时，超速挡开关的触点应断开，闭合超速指示灯不亮；在“OFF”位置时，超速挡开关的触点应闭合，超速指示灯点亮。若有异常，应检查电路或更换超速挡开关。

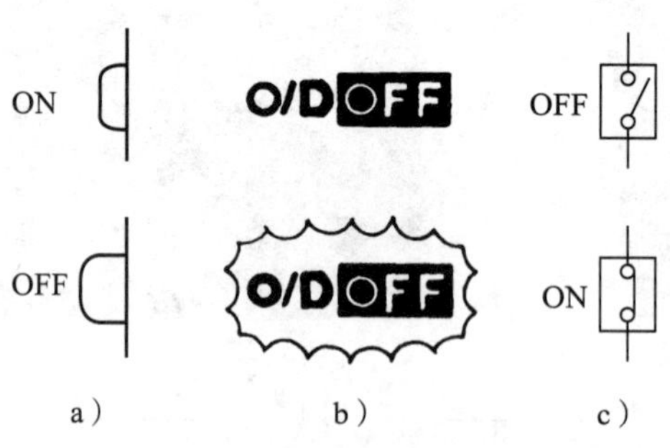

超速挡开关的检查

5．检查超速电磁阀的工作情况。打开点火开关，但不要启动发动机，在按下超速挡开关时，检查超速电磁阀是否正常工作。若超速电磁阀不工作，应检查控制线路或更换超速电磁阀。

6．用举升机将汽车升起，让驱动轮悬空。运转发动机，让自动变速器以前进挡工作，检查在空载状态下自动变速器的升挡情况。若在空载状态下自动变速器能升入超速挡，且升挡车速正常，说明控制系统工作正常。不能升挡的故障原因为超速制动器打滑，在有负荷的状态下不能升入超速挡。若能升入超速挡，但升挡后车速不能提高，发动机转速下降，说明超速行星齿轮中的直接离合器或直接单向超越离合器卡死，使超速行星齿轮在超速挡状态下出现运动干涉，加大了发动机的运转阻力。若在无负荷状态下仍不能升入超速挡，说明控制系统有故障。对此，应拆卸阀板，检查 3 ~ 4 换挡阀。若有卡滞，可将阀芯拆下，予以清洗并抛光。若不能修复，应更换阀板总成。

自动变速器无超速挡的故障诊断与排除流程如下：

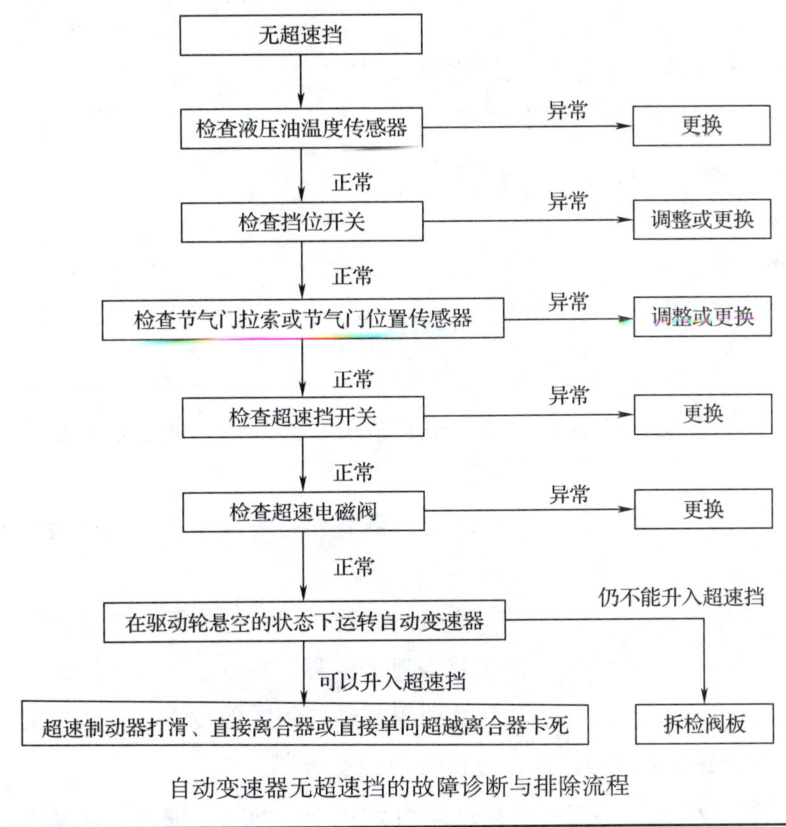

自动变速器无超速挡的故障诊断与排除流程

项目 2　无发动机制动的故障排除

实训要求

1．掌握自动变速器无发动机制动的故障分析方法。

2．掌握自动变速器无发动机制动的故障排除方法。

主要实训器材

同本课题项目 1。

故障现象

1. 在行驶中，当换挡杆位于前进低挡（S、L 或 2、1 挡）位置时，松开加速踏板，发动机转速降至怠速，但汽车没有明显减速。

2. 下坡时，换挡杆位于前进低挡，但不能产生发动机制动作用。

故障原因

1. 挡位开关调整不当。

2. 换挡杆调整不当。

3. 2 挡强制制动器打滑或低挡及倒挡制动器打滑。

4. 控制发动机制动的电磁阀有故障。

5. 阀板有故障。

6. 自动变速器打滑。

7. ECU 有故障。

故障排除方法

1. 对于电子控制自动变速器，应先进行故障自诊断，按所显示的故障码查找故障原因。

2. 做道路实验时，检查加速时自动变速器有无打滑现象。若有打滑现象，应拆修自动变速器。

3. 若换挡杆位于 S 挡位置时没有发动机制动作用，但位于 L 挡位置时有发动机制动作用，说明 2 挡强制制动器打滑，应拆修自动变速器。

4. 若换挡杆位于 L 挡位置时没有发动机制动作用，但位于 S 挡位置时有发动机制动作用，说明低挡及倒挡制动器打滑，应拆修自动变速器。

5. 检查控制发动机制动的电磁阀线路有无短路或断路，电磁阀线圈的电阻值是否正常，通电后有无工作的声音。若有异常，应修复或更换。

6. 拆卸阀板总成，清洗所有控制阀。阀芯若有卡滞，可抛光后装复。若抛光后仍有卡滞，应更换阀板。

7. 检测 ECU 各接脚电压。要特别注意 ECU 与节气门位置传感器、挡位开关连接的各接脚电压。若有异常，应做进一步的检查。

8. 用替换法排除故障。若更换新的 ECU 后故障消失，说明原 ECU 损坏。

自动变速器无发动机制动的故障诊断与排除流程如下：

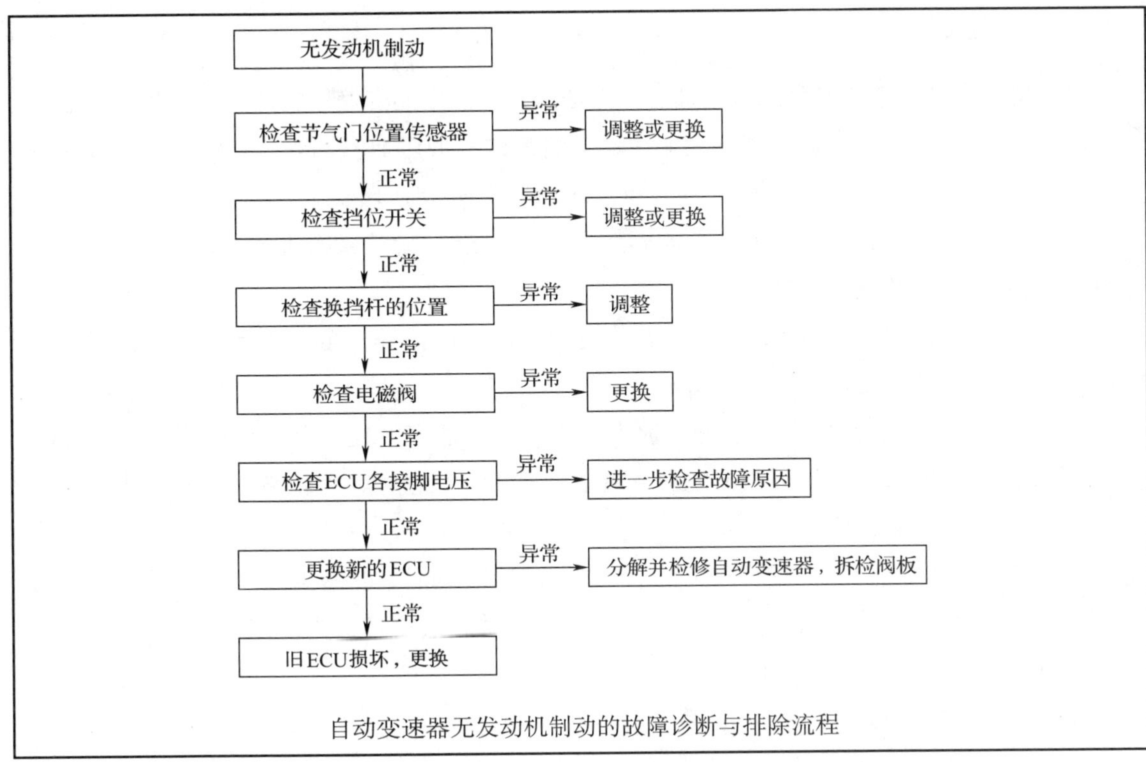

自动变速器无发动机制动的故障诊断与排除流程

项目 3　汽车不能行驶的故障排除

实训要求

1．掌握汽车不能行驶的故障分析方法。

2．掌握汽车不能行驶的故障排除方法。

主要实训器材

同本课题项目 1。

故障现象

1．无论换挡杆位于倒挡、前进挡或前进低挡，汽车都不能行驶。

2．冷车启动后汽车能行驶一小段路程，但热车状态下不能行驶。

故障原因

1．自动变速器油底壳渗漏，液压油全部漏光。

2．换挡杆和手动阀摇臂之间的连杆或拉索松脱，手动阀保持在空挡或停车挡位置。

3．油泵进油滤网堵塞。

4．主油路严重泄漏。

5．油泵损坏。

故障排除方法

1．检查自动变速器内有无液压油。其方法是：拔出自动变速器的油尺，观察油尺上有无液压油。若油尺上没有液压油，说明自动变速器内的液压油已漏光。对此，应检查油底壳、液压油散热器、油管等处有无破损。若有严重漏油处，应修复后重新加油。

2．检查自动变速器换挡杆与手动阀摇臂之间的连杆或拉索有无松脱。如果有松脱，应予以装复，并重新调整好换挡杆的位置。

3．拆下主油路测压孔上的螺钉，启动发动机，将换挡杆拨至前进挡或倒挡位置，检查测压孔内有无液压油流出。

4．若主油路测压孔内没有液压油流出，应打开油底壳，检查手动阀摇臂轴与摇臂间有无松脱，手动阀阀芯有无折断或脱钩。若手动阀工作正常，说明油泵损坏。对此，应拆卸并分解自动变速器，更换油泵。

5．若主油路测压孔内只有少量液压油流出，油压很低或基本上没有油压，应打开油底壳，检查油泵进油滤网有无堵塞。若无堵塞，说明油泵损坏或主油路严重泄漏。对此，应拆卸并分解自动变速器，予以修理。

6．若冷车启动时主油路有一定的油压，但热车后油压明显下降，说明油泵磨损严重。对此，应更换油泵。

7．若测压孔内有大量液压油喷出，说明主油路油压正常，故障在自动变速器的输入轴、行星齿轮或输出轴。对此，应拆检自动变速器。

汽车不能行驶的故障诊断与排除流程如下：

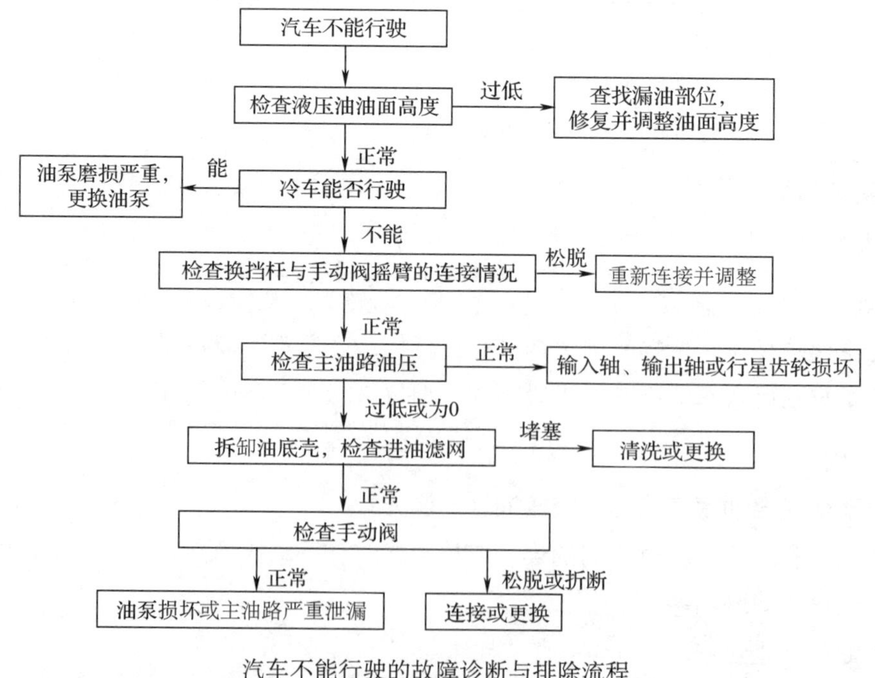

汽车不能行驶的故障诊断与排除流程

单元 7　汽车防滑控制系统的维护与故障排除

知识概述

汽车防滑控制系统是对汽车制动防抱死系统（ABS）和驱动防滑系统（ASR）的统称。

ABS的主要组成部件有车轮转速传感器、电控单元、制动压力调节装置和制动分泵等。

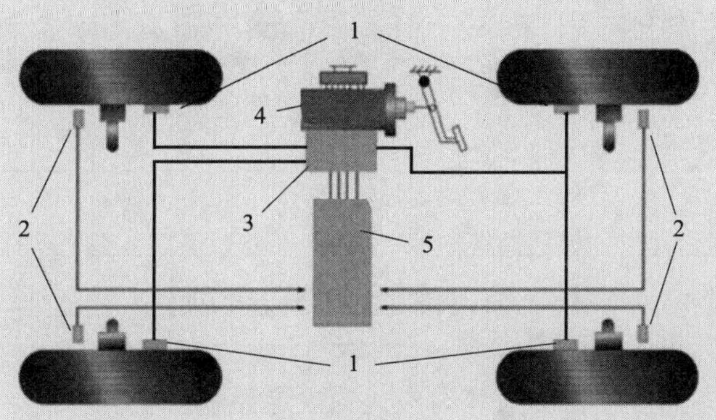

ABS 的结构

1、4—制动分泵　2—车轮转速传感器

3—制动压力调节装置　5—电控单元

直流电动机一般采用直流串励式电动机，主要由机壳、磁极、电枢、换向器及电刷等组成。磁极一般采用永磁式的。减速起动机一般采用行星齿轮式减速起动机，其质量和体积比普通起动机减小30%～35%。

课题 1　ABS/ASR 自诊断和元件检测

项目 1　ABS/ASR 自诊断系统的检查

实训要求

掌握 ABS/ASR 的自诊断过程。

主要实训器材

实训车辆

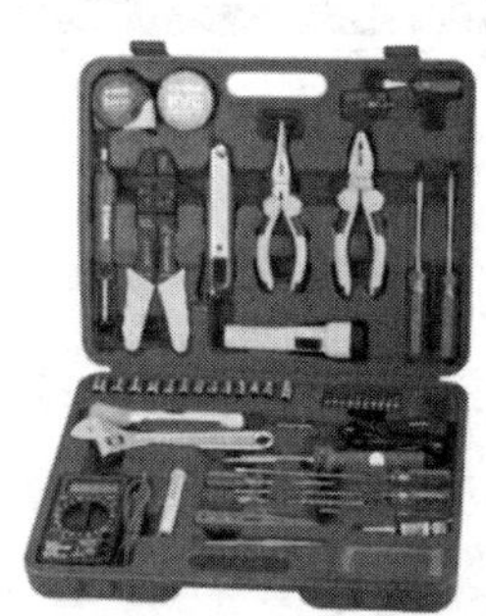
常用修理工具

金德 KT600 解码器

实训内容

（一）自诊断前的检查项目

1．所有车轮的轮胎规格、充气压力应达到规定要求。

2．制动设备的机械 / 液压零件制动灯开关和制动警告灯正常。

3．液压接头和导线密封性良好（在液压单元、制动钳、车轮、制动分泵、串列式制动总泵上目检）。

4．控制单元 J104 的插接件连接正确（锁紧装置已固定）。

5．ABS 部件的插头接点已检查无故障并安装正确。

6．所有熔断器均按线路连接，一切正常。

7．电源电压正常，不得低于 10 V。

8．只有在汽车停止和接通点火开关时（或发动机运行时）才可以进行自诊断。

9．汽车的电气装置在 ABS 检验期间应不受电磁干扰影响。汽车应远离电焊机等强电流消耗器械。

（二）读取故障码

1．连接解码器，选择正确的诊断接头（根据具体车型而定）。将诊断接头插接到诊断插座上，接通点火开关（静态解码）或启动发动机（动态解码），然后打开金德 KT600 解码器。

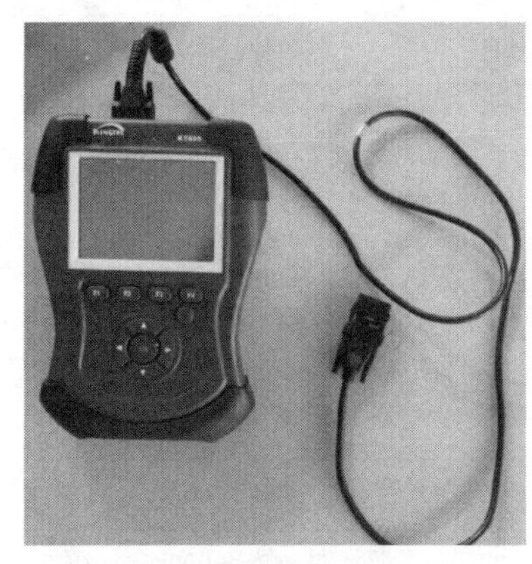

连接金德 KT600 解码器

2．选择与车辆相对应的汽车图标，进入车辆故障测试界面，屏幕显示该车型的诊断信息。选择【选择系统】指令，在【选择系统】界面选择【03-防抱死制动】指令，会出现一个界面，该界面包含读取车辆电脑型号、读取故障码、清除故障码、元件控制测试、读取动态数据流、基本设定、控制器编码、调整等指令。

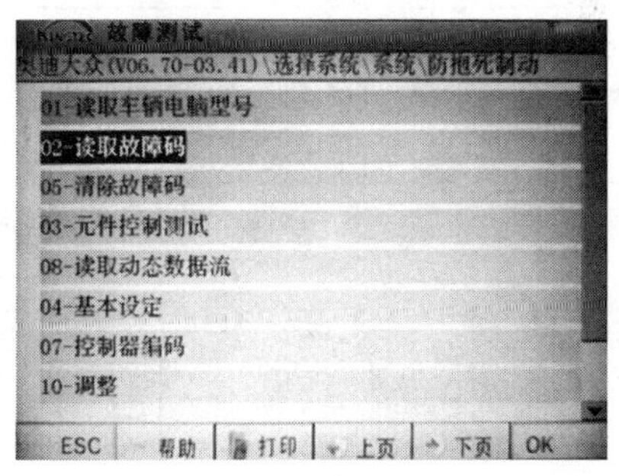

读取故障码

3．在选择菜单中选择【03-元件控制测试】，对系统部件进行基本测试。

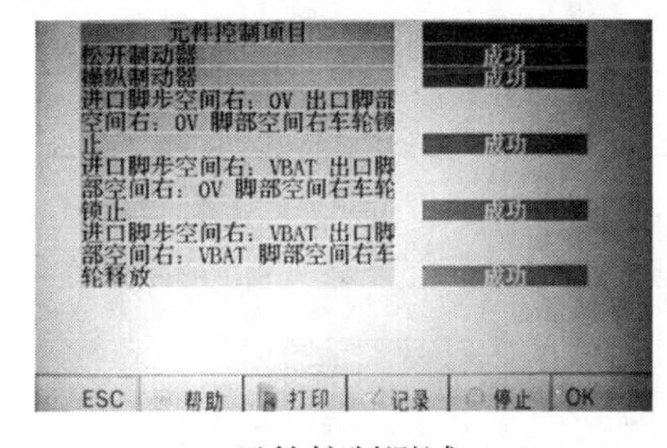

元件控制测试

（三）故障码表

上海帕萨特 B5 ABS 故障码表

故障码	故障原因	故障排除
无故障	若在维修完毕后，用 V.A.G 1552 查询故障后未发现故障，自诊断结束 若屏幕中显示“未发现故障”，但 ABS 不能正常工作，则按以下步骤操作： ①以大于 60 km/h 的车速行驶 30 s，进行路试 ②重新用 V.A.G 1552 查询故障，仍无故障显示 ③在无自诊断的情况下着手寻找故障，全面进行电气检查	

续表

故障码	故障原因	故障排除
65535	电子控制单元故障	更换电子控制单元
00283 左前转速传感器 G47	①左前转速传感器 G47 非正常安装 ②齿圈有污渍或损坏 ③车轮轴承间隙太大 ④左前转速传感器 G47 损坏 ⑤左前转速传感器 G47 接地短路 ⑥左前转速传感器 G47 与 ABS ECU 间线束断路或对正极短路	①检查左前转速传感器 G47 的安装位置 ②检查齿圈，必要时更换 ③更换车轮轴承 ④更换左前转速传感器 ⑤排除电路故障 ⑥执行【测量值数据组读出】期间无显示，线束和传感器插接件也无故障，则更换液压控制单元
00285	见故障码 00283，对应到右前转速传感器 G45	
00287	见故障码 00283，对应到右后转速传感器 G44	
00290	见故障码 00283，对应到左后转速传感器 G46	
00301 ABS 的回流泵 V39	在液压控制单元中的故障	清除故障存储器的故障，若故障仍然出现，则更换液压控制单元
00526 制动灯开关 F 断路	①制动灯开关损坏或设定错误 ②制动灯 M9、M10 均损坏 ③从制动灯到控制单元的导线损坏 ④ ABS ECU（J104）损坏	①检查制动灯开关，必要时进行调整或更换 ②更换制动灯 ③检查线束断路或短路并排除故障 ④更换 ABS ECU
00529 无转速信号 （具有 ASR 的 汽车）	①控制单元和发动机控制器之间的导线断路或对正极短路 ②发动机 ECU 损坏 ③ ABS ECU 损坏	①检查和排除导线断路或短路 ②检查发动机转速 ③若仪表面板插头中的转速表损坏，且导线无故障，可确定为发动机 ECU 损坏 ④若仪表面板插头中的转速表功能正常，且导线无故障，则为 ABS ECU 损坏
00532 供电电压太低	①导线断路或线路接触不良 ②汽车电源电压中断 ③液压控制单元故障	①检查并排除电路故障 ②检查蓄电池、发电机、电压调节器及接地 ③更换液压控制单元
00597 轮速脉冲异常	①车轮及轮胎尺寸不一致 ②齿圈有污渍或损坏 ③车轮轴承间隙太大 ④转速传感器（G44、G45、G46、G47）非正常安装 ⑤转速传感器（G44、G45、G46、G47）损坏	①检查车轮和轮胎尺寸 ②检查齿圈，必要时更换 ③检查车轮轴承间隙 ④检查转速传感器
00623 ABS/ 变速 箱连接 （具有 ASR 的汽车）	手动变速箱： ① ABS/EDS/ASR 控制单元 J104 编码错误 ②对正极短路	①检查 J104 的编码 ②检查线路短路故障并排除
	自动变速箱： ① ABS/EDS/ASR 控制单元 J104 编码错误 ②导线断路或 J104 和变速箱控制单元 J217 之间接地后短路	①检查 J104 的编码 ②检查线路断路或短路故障并排除

续表

故障码	故障原因	故障排除
00646 ABS-ASR 发动机电气连接 1	① ABS ECU 和发动机 ECU 之间线路断路或对正极短路 ② ABS ECU 损坏 ③发动机 ECU 损坏	①查找并排除导线断路或短路故障 ②更换 ABS ECU ③更换发动机 ECU
00647 ABS-ASR 发动机电气连接 2	① ABS ECU 和发动机 ECU 之间线路断路或对正极短路 ② ABS ECU 损坏 ③发动机 ECU 损坏	①检查并排除导线断路或短路故障 ②检查发动机的实际转矩（MMI） ③更换 ABS ECU ④更换发动机 ECU
00761 在发动机控制器中的故障	发动机控制单元故障，无法减小发动机转矩	发动机控制单元的故障按相应的内容进行排除，并清除发动机故障存储器中的故障码
01130 ABS 工作信号超差	ABS 工作信号超差，可能有外界干涉信号源的电气干涉（高频发射，如非绝缘的点火电缆线）	步骤：检查所有线路连接对正极或对地是否短路；清除故障存储器中的故障码；车速大于 60 km/h 时行驶 30 s；再次查询故障存储
01200 ABS 阀的供电电压	①导线断路或从接线柱 30 到控制单元接点 17 和 18 的供电线路接触不良 ②车辆用电器件的电压波动 ③液压控制单元有故障	①检查和排除供电线路断路 ②检查蓄电池、发电机和电压调节器 ③检查电磁阀继电器 ④更换液压控制单元
01201 ABS 泵的供电电压	①导线断路或 ECU 端子到液压控制单元接点 16 接触不良 ②液压控制单元有故障	①检查导线接地故障 ②检查回流泵的电压 ③更换液压控制单元
01203 ABS/ 仪表板插头的电气连接	①仪表板插头和液压控制单元接点 10 之间的导线断路 ②仪表板插头故障	①检查和排除导线故障 ②检查仪表板插头

项目 2　ABS/ASR 元件的检测

实训要求

1．掌握 ABS/ASR 元件的拆卸与检查方法。
2．掌握 ABS/ASR 系统的维护方法。

主要实训器材

实训车辆

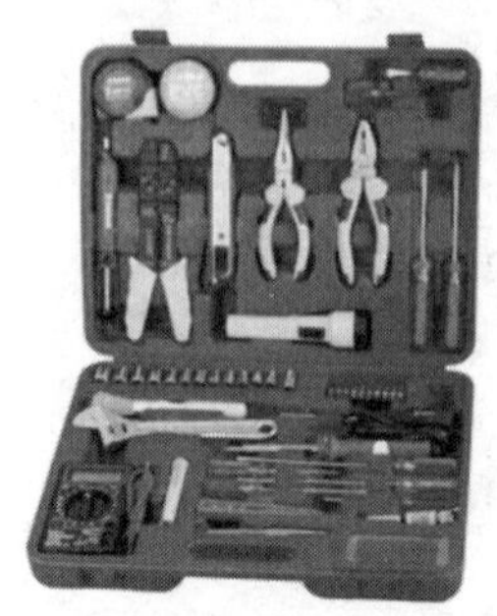
常用修理工具

数字式万用表

实训内容

（一）轮速传感器的检修

首先读取故障码，观察是否有轮速传感器故障，若没有故障码，应拆卸轮速传感器进行检查。若轮速传感器出现故障，不一定说明传感器已损坏，往往传感器头脏污和传感器的空气隙没有达到要求，都可能引起传感器工作不良。这时需对轮速传感器进行调整，使其恢复正常。

1．举升汽车，拆下相应的轮胎和车轮装置，检查传感器与齿轮之间的间隙并调整。	 拆卸轮胎
2．拆下轮毂的传感器定位螺栓。	 传感器定位螺栓

<table>
<tr><td>3．清除传感头表面的金属和脏物，若传感器损坏，应更换。</td><td>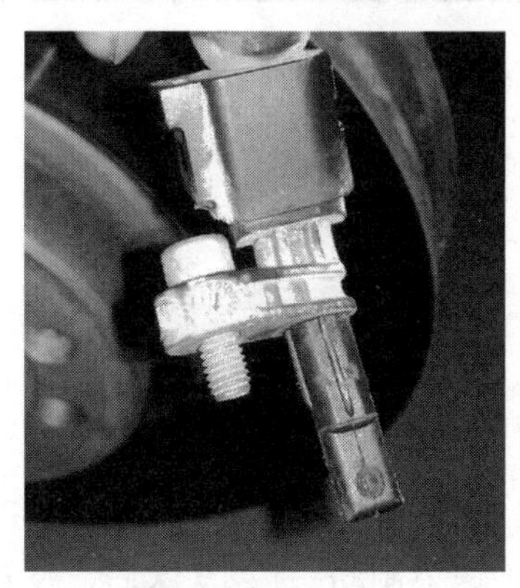
传感器头表面脏污</td></tr>
</table>

（二）ABS 的泄压

通过 ABS 的检查诊断出故障后，就可以进行故障排除和修理。由于蓄压器中有很高的压力，因此，只要修理到 ABS 中的液压部件，就必须对 ABS 进行泄压，以免高压油喷出伤人。一般对 ABS 进行泄压的方法是将点火开关关闭（置于“OFF”位置），然后反复踩制动踏板，踩踏的次数至少在 20 次以上，当感觉到踩制动踏板的力明显增加，即感觉不到踩制动踏板的液压助力时，ABS 泄压完成。有的 ABS 在泄压过程中需踩踏的次数较多，甚至需要 40 次以上。

通常修理以下部件时需要泄压：

1．液压控制单元中的任何装置。

2．蓄压器。

3．电动泵。

4．电磁阀体。

5．制动液油箱。

6．压力警告和控制开关。

7．后轮分配比例阀和后轮制动分泵。

8．前轮制动分泵。

9．高压制动液管路。

（三）ABS 的排气（以大众为例）

ABS 通过常规方法无法对制动系统进行充分排气，需要利用设备辅助排空，排气要求 3 个人协同操作：1 人负责踩制动踏板，1 人负责添加制动液，1 人负责松紧螺栓排气。排气过程说明如下：

1．确定蓄电池电压为 11.5 V。

2．连接解码器。

3. 打开点火开关。

4. 选择大众车系。

5. 选择【03-制动系统】。

6. 读取并清除故障码，确保控制单元没有存储故障码。

7. 选择【系统基本调整】。

8. 输入“001”通道。

(1) 按照提示踩下制动踏板并保持住，松开两前轮排气螺栓。

(2) 踩下制动踏板 10 次后，锁紧放气螺栓。

9. 按“下翻页”按钮，屏幕显示 002 通道。

(1) 按照提示踩下制动踏板并保持住，松开两前轮排气螺栓。

(2) 踩下制动踏板 10 次后，锁紧放气螺栓。

10. 按“下翻页”按钮，屏幕显示 003 ~ 016 通道，按提示重复步骤（9）中的 1）、2）。

11. 按“下翻页”按钮，屏幕显示 017 通道，结束排气程序。

注意：只能按 01 组到 17 组的顺序递增操作，中间不能跳跃任意组进行操作。若感觉空气还没排干净，行车 15 km 后，重复上述步骤，整个程序完成。也可以不使用解码器，常规排气完成后，快速加速，再快速踩制动踏板（注意不要松开制动踏板），并立即进行排气，反复几次即可。

（四）ABS/EDS Bosch5.3 的电气检查

在自诊断时，若无任何故障显示，或自诊断的故障原因就来自电气系统，则进行电气检查。

电气检查的条件：熔断器 S7 和 S53 必须正常；检查前断开点火开关和耗电装置；将控制单元 J104 的多脚插头连接拆下，并将测试盒 V.A.G1598 连同适配器 V.A.G1598/27 连接到线束接头上。

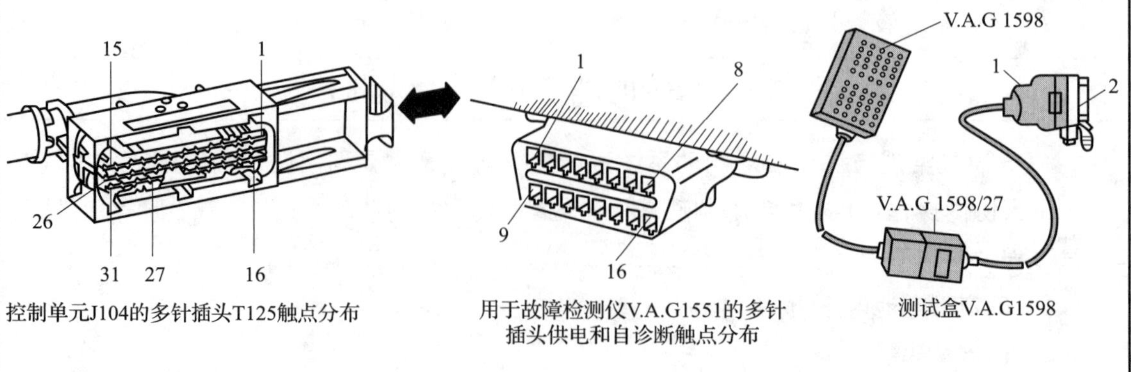

控制单元J104的多针插头T125触点分布　　用于故障检测仪V.A.G1551的多针插头供电和自诊断触点分布　　测试盒V.A.G1598

控制单元 J104 各端子与构件或导线的连接

端子	与构件或导线的连接
1	右后轮速传感器 G44（具有 ABS、ABS/EDS、EDS/ASR 和全轮驱动 /EDS 的汽车）
2	右后轮速传感器 G44（具有 EDS/ASR 和全轮驱动 /EDS 的汽车）
3	右后轮速传感器 G44（具有 ABS 和 ABS/EDS 的汽车）
4	右后轮速传感器 G44（具有 EDS/ASR 的汽车）
5	右前轮速传感器 G45（具有 ABS、ABS/EDS 和全轮驱动 /EDS 的汽车）
6	右前轮速传感器 G45（具有 ABS、ABS/EDS、EDS/ASR 和全轮驱动 /EDS 的汽车）
7	左前轮速传感器 G47（具有 ABS、ABS/EDS、EDS/ASR 和全轮驱动 /EDS 的汽车）
8	左后轮速传感器 G46（具有 ABS、ABS/EDS、EDS/ASR 和全轮驱动 /EDS 的汽车）
9	左后轮速传感器 G46（具有 ABS、ABS/EDS、EDS/ASR 和全轮驱动 /EDS 的汽车）
10	仪表盘（具有 EDS 的汽车，经由端子 10 发送用来计算停止时间的时间信号）
11	K 导线
13	遮蔽断续器诊断信号（具有 EDS/ASR 的汽车，经由端子 13 发送发动机转矩实际值信号）
14	制动灯开关 F
15	供压电源
16	接地线
17	蓄电池 +
18	蓄电池 +
19	接地线
20	ASR 信号灯控制（仅具有 EDS/ASR 的汽车）
21	ASR 信号灯控制
23	左后轮速传感器输出（仅具有导航系统的全轮驱动和前轮驱动）
24	右后轮速传感器输出（仅具有导航系统的全轮驱动和前轮驱动）
25	左前轮速传感器输出（仅全轮驱动）
26	右前轮速传感器输出（仅全轮驱动）
27	MMI——发动机转矩实际值（仅具有 EDS/ASR 的汽车）
28	GB——变速箱干扰（仅具有 EDS/ASR 的汽车）
30	发动机转速（仅具有 EDS/ASR 的汽车）
31	ASR 键（仅具有 EDS/ASR 的汽车）

课题 2　典型 ABS 的故障排除

项目 1　ABS 的一般检查

实训要求

1．了解 ABS 修理的基本内容。

2．了解 ABS 维修的注意事项。

3．掌握 ABS 的初步检查方法。

主要实训器材

实训车辆

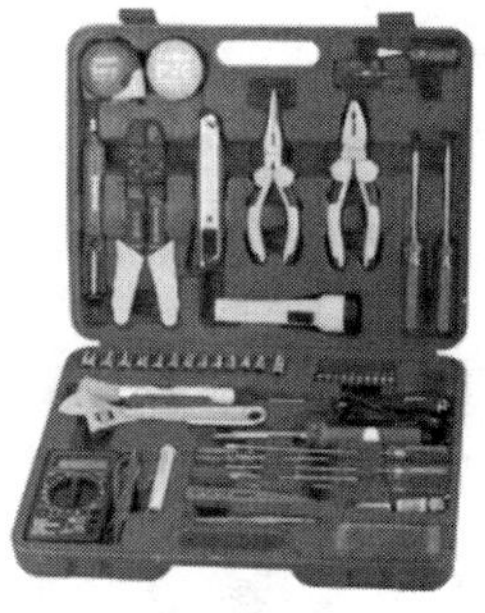

常用修理工具

数字式万用表

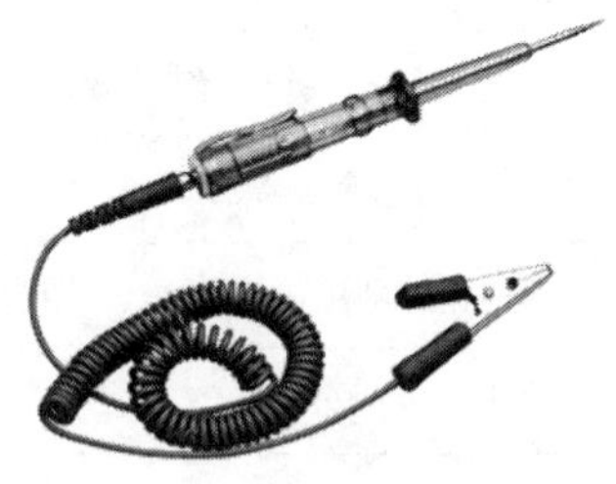

汽车试灯

实训内容

（一）修理的基本内容

通过诊断与检查后，一旦准确地判断出 ABS 中的故障部位，就可以进行调整、修复或换件，直到故障被排除为止。修理的步骤通常如下：

1．泄去 ABS 中的压力。

2．对故障部位进行调整、拆卸、修理或换件，最后进行安装。这一切必须按相应的规定进行。

3．按规定步骤进行放气。

若轮速传感器或电控单元有故障，可以不进行步骤（1）和（3），只需要按规定进行传感器的调整、更换即可。ABS 电控单元损坏则只能更换。

（二）ABS 维修的注意事项

1．ABS 与普通制动系统是不可分的，普通制动系统一旦出现问题，ABS 就不能正常工作。因此，要将两者视为整体进行维修，不能只把注意力集中于传感器、电控单元和液压调节器上。

2．ABS 电控单元对过电压、静电非常敏感，稍有不慎就会损坏电控单元中的芯片，造成整个 ABS 瘫痪。因此，接通点火开关时不要插拔电控单元上的连接器；在车上进行电焊之前，要戴好防静电器（也可用导线一头缠在手腕上，一头缠在车体上进行防护），拔下电控单元上的连接器后再进行电焊；给蓄电池进行专门充电时，要将电池从车上拆卸下来或摘下蓄电池电缆后再进行充电。

3．维修轮速传感器时一定要十分小心。拆卸时注意不要碰伤传感器头，不要将传感器齿圈当作撬面，以免损坏。安装时应先涂防锈油，安装过程中不可敲击或用蛮力。一般情况下，传感器气隙是可调的（也有不可调的），调整时应使用非磁性塞卡，如塑料或铜塞卡，当然也可使用纸片。

4．维修 ABS 液压控制装置时，切记要先进行泄压，然后再按规定进行修理。例如，将制动主缸和液压调节器设计在一起的 ABS，其蓄压器存储了高达 18 000 kPa 的压力，修理前要彻底泄去，以免高压油喷出伤人。

5．制动液至少每隔两年要换一次，最好是每年更换一次。这是因为 DOT3 乙二醇型制动液的吸湿性很强，含水分的制动液不仅会使制动系统内部产生腐蚀，而且会使制动效果明显下降，影响 ABS 的正常工作。注意不要使用 DOT5 硅酮型制动液，更换和存储的制动液以及器皿要及时清洁，不要让污物、灰尘进入液压控制装置，制动液不要沾到 ABS 电控单元和导线上。要按规定的方式进行放气（与普通制动系统的放气有所不同）。

6．在进行 ABS 诊断与检查时，只要掌握专业工具的使用方法，按照维修手册中给出的故障诊断思路进行故障诊断，并且能准确地判断出故障点即可，可以不拘泥于检查形式。在更换 ABS 零部件时，一定要选用本车型中高质量、正规厂商生产的配件，以确保 ABS 维修后能正常工作。

（三）初步检查

初步检查是在 ABS 出现明显故障而不能正常工作时首先采取的检查方法。例如，ABS 警告灯常亮不熄灭，系统不能工作，检查方法如下：

1．检验驻车制动器是否完全释放。

2．检查制动液液面是否在规定的范围之内。

3．检查 ABS 电控单元导线插头、插座的连接是否良好，连接器及导线是否损坏。

4．检查下列导线连接器（插头与插座）和导线的连接或接触是否良好：

(1) 液压调节器上的电磁阀体连接器。

(2) 液压调节器上的主控制阀连接器。

(3) 连接压力警告开关和压力控制开关的连接器。

(4) 制动液液面指示开关的连接器。

(5) 四轮车速传感器的连接器。

(6) 电动泵的连接器。

5．检查所有的继电器、熔断器是否完好，插接是否牢固。

6．检查蓄电池容量（测量电解液比重）和电压是否在规定的范围之内。检查蓄电池正、负极导线的连接是否牢靠，连接处是否清洁。

7．检查 ABS 电控单元、液压控制装置等的接地（搭铁）端的接触是否良好。

8．检查车轮胎面纹槽的深度是否符合规定。

若用上述方法不能确定故障位置，可以使用故障自诊断功能查找故障点。

项目 2　ABS 警告灯常亮的故障排除

实训要求

掌握 ABS 警告灯常亮故障的检测与排除方法。

主要实训器材

实训车辆

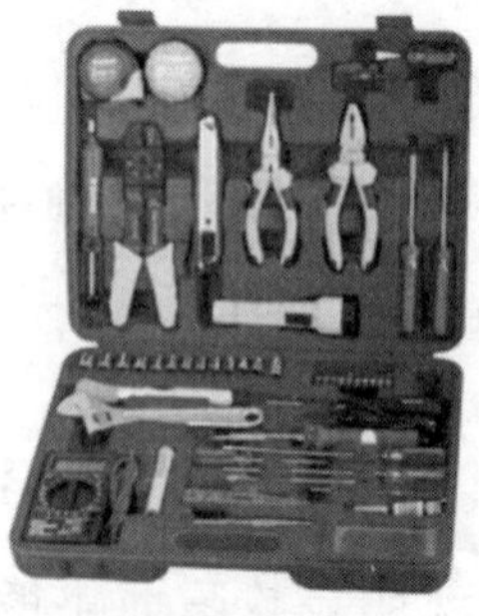

常用修理工具

数字式万用表

汽车试灯

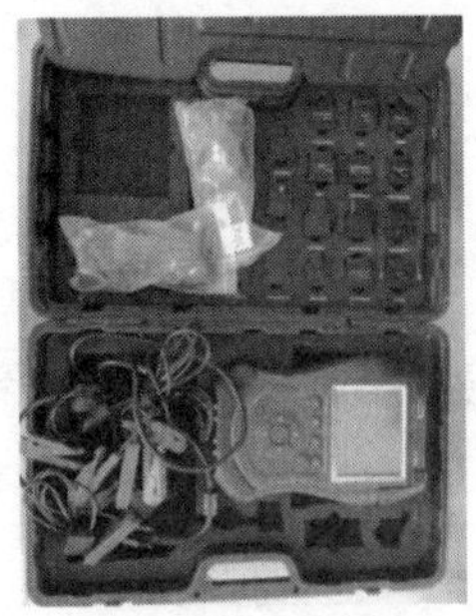

金德 KT600 解码器

故障现象

打开点火开关后，ABS 警告灯常亮不熄灭。

电路图

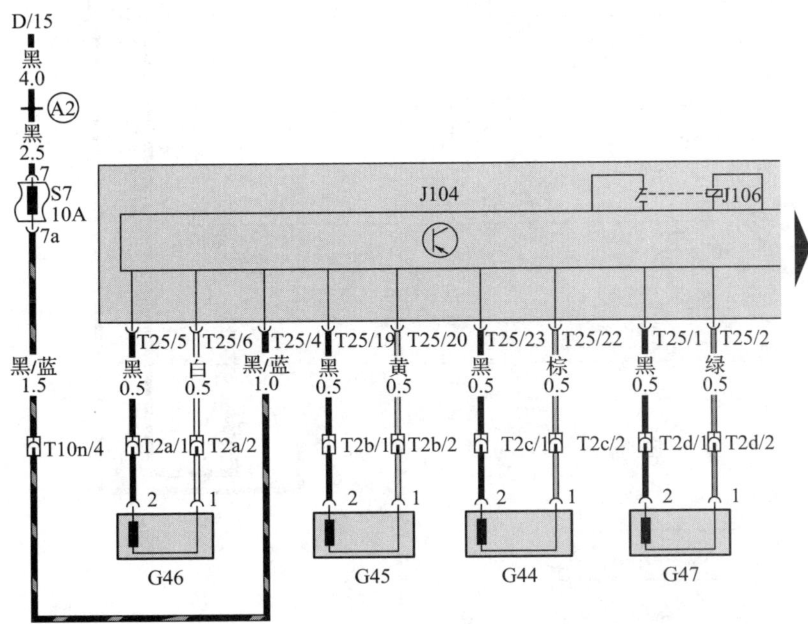

车型电路图 1

D—点火开关　J104—ABS 控制单元，在液压单元上　G44—右后轮速传感器

J106—ABS 电磁阀继电器　G45—右前轮速传感器　S7—熔断器

G46—左后轮速传感器　G47—左前轮速传感器

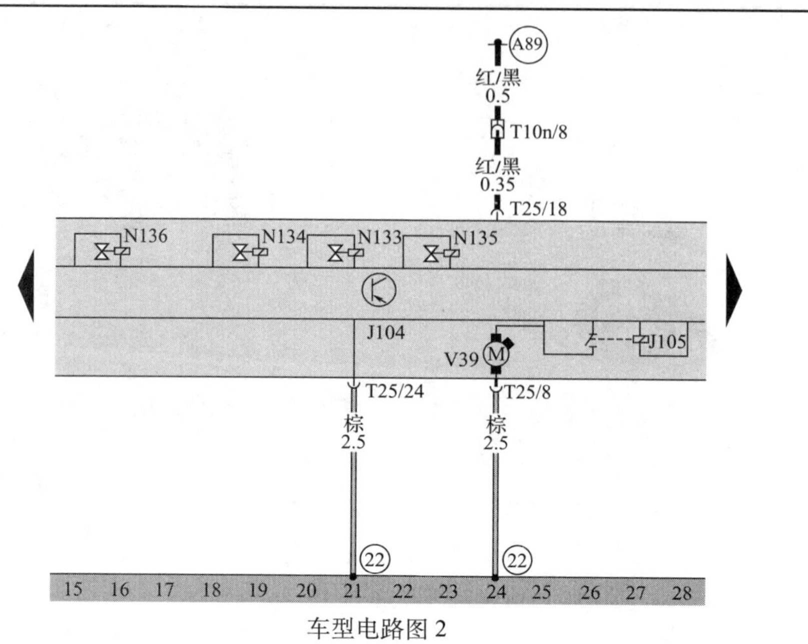

车型电路图 2

V39—ABS 液压泵　J105—ABS 液压泵继电器　N136—左前 ABS 进油阀　N133—右后 ABS 进油阀
N135—右前 ABS 进油阀　N134—左后 ABS 进油阀

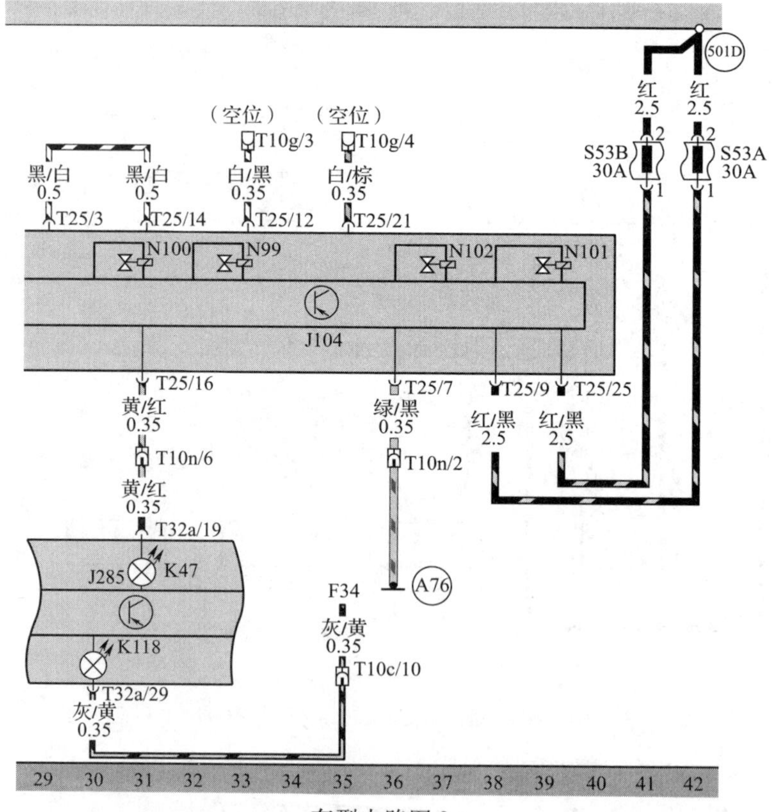

车型电路图 3

F34—制动液位报警开关　S53A、S53B—熔断器　N101、N102—左前 ABS 进油阀　J285—组合仪表控制单元
K118—制动设备警告灯　K47—ABS 警告灯　N99、N100—右前 ABS 进油阀

故障原因

1．组合仪表本身故障。

2．轮速传感器故障。

3．轮速传感器与齿圈间隙不当或传感器工作面过脏。

4．ABS 总泵内部故障。

5．相关线路故障或插接器接触不良、线路磨损等。

故障排除方法

故障排除流程如下：

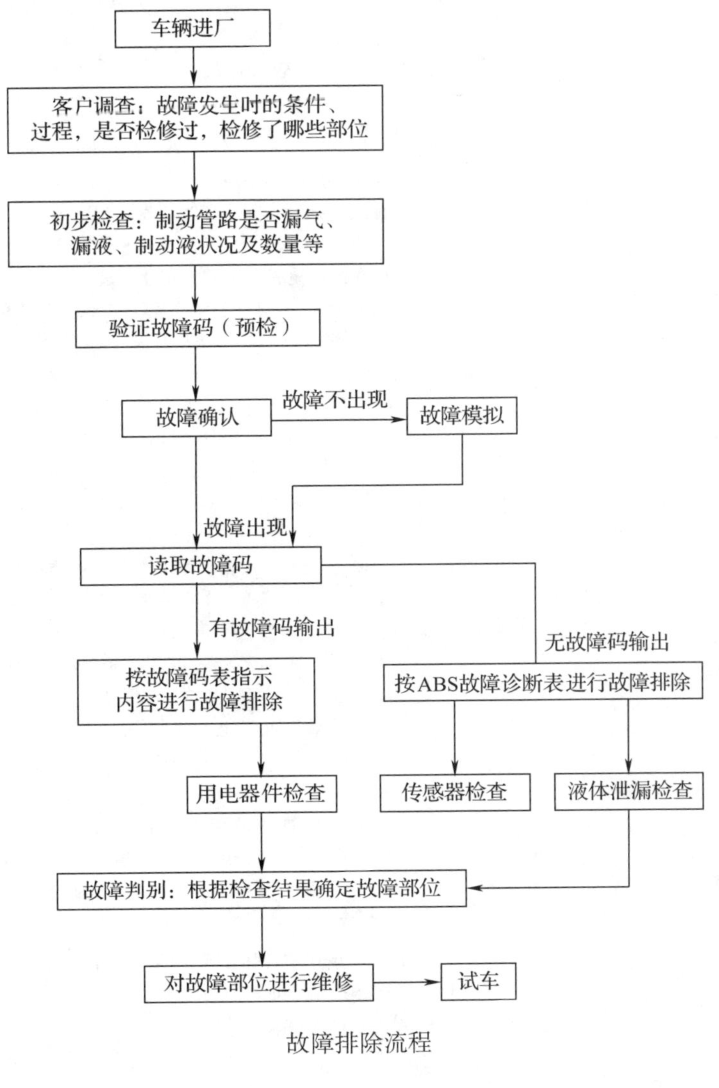

故障排除流程

其他警告灯故障

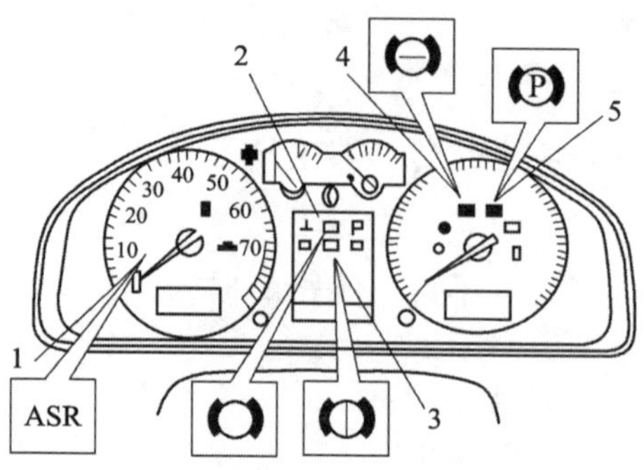

警告灯的安装位置

1—ASR 警告灯 K86　2—制动摩擦片磨损警告灯 K61（有些车上未装）

3—制动设备警告灯 K118　4—ABS 警告灯 K47　5—驻车制动器警告灯 K7

警告灯的故障现象及故障原因

警告灯	故障现象	故障原因
ABS 警告灯 K47	在点火开关接通和检查过程结束之后，ABS 警告灯 K47 不熄灭	①电源电压低于 10 V ②在液压控制单元中存在故障，ABS 不工作 ③在最近一次汽车启动后，轮速传感器存在偶发故障，此时 ABS 警告灯在汽车重新启动并在车速超过 2.75 km/h 后自动熄灭 ④从 ABS 警告灯插脚 1 到控制单元插脚 16 的连接中断 ⑤ABS 警告灯损坏
ABS 警告灯 K47 和制动设备警告灯 K118	ABS 警告灯 K47 熄灭，但制动设备警告灯 K118 点亮	①制动液液面太低，在点火开关接通后可听到三声警告声 ②在到制动设备警告灯 K118 的导线中有故障 注意：ABS 警告灯 K47 和制动设备警告灯 K118 点亮，则 ABS 失效，制动时会出现后轮先抱死现象
ASR 警告灯 K86	在点火开关接通后，ASR 警告灯 K86 不熄灭	①ASR 线路发生短路。ASR 警告灯在点火开关接通 5 min 后熄灭 ② ASR 警告灯 K86 对地短路。此时检查从控制单元 J104 端子 20 到仪表板的导线连接情况 ③控制单元 J104 在更换液压控制单元后编码错误。此时首先查询故障码，然后进行控制单元编码操作 注意：若 ASR 的警告灯 K86 在自检过程中不点亮，则表明 ASR 警告灯损坏
ABS 警告灯 K47 和 ASR 警告灯 K86	在点火开关接通和自检结束后，ABS 警告灯 K47 和 ASR 警告灯 K86 点亮	①控制单元 J104 端子 21 到仪表板上 ABS 警告灯 K47 的连接导致出现断路或短路故障 ②ABS 的电源电压处于 10 V 以下，汽车速度小于 12 km/h
ABS 警告灯 K47、ASR 警告灯 K86 和制动设备警告灯 K118	ABS 警告灯 K47、ASR 警告灯 K86、制动设备警告灯 K118 在点火开关接通后不熄灭	①ABS 的电源电压小于 10 V，汽车速度小于 12 km/h ②液压控制单元中存在故障，ABS 不工作 ③在最近的行驶周期中存在轮速传感器偶发故障。当汽车重新启动并且速度超过 2.75 km/h 后信号自动熄灭，前提是在故障排除和重新检查后轮速传感器正常

续表

警告灯	故障现象	故障原因
驻车制动器警告灯 K7	驻车制动器警告灯 K7 在点火开关接通后不熄灭	①驻车制动器处于拉紧状态 ②驻车制动器警告灯 K7 的开关损坏或调整错误 ③驻车制动器警告灯 K7 的线路故障
制动摩擦片磨损警告灯 K61	制动摩擦片磨损警告灯 K61 在点火开关接通后 3 s 不熄灭或在行驶过程中点亮	①制动摩擦片磨损 ②制动摩擦片磨损警告灯 K61 的线路故障

单元8 汽车空调系统的维护与故障排除

知识概述

汽车空调系统一般由制冷系统、取暖系统、通风系统、空气净化系统和自动控制系统组成。

汽车空调系统的制冷剂主要是R12和R134a，由于R12对大气臭氧层有破坏，所以现在常用R134a。

R12与R134a的腐蚀性不同，所以添加制冷剂时不能混合添加和互换添加，需按不同的车型添加指定的制冷剂。

制冷系统由压缩机、冷凝器、膨胀阀（膨胀管）、蒸发器、散热器、过滤器、制冷管道、制冷剂等组成。

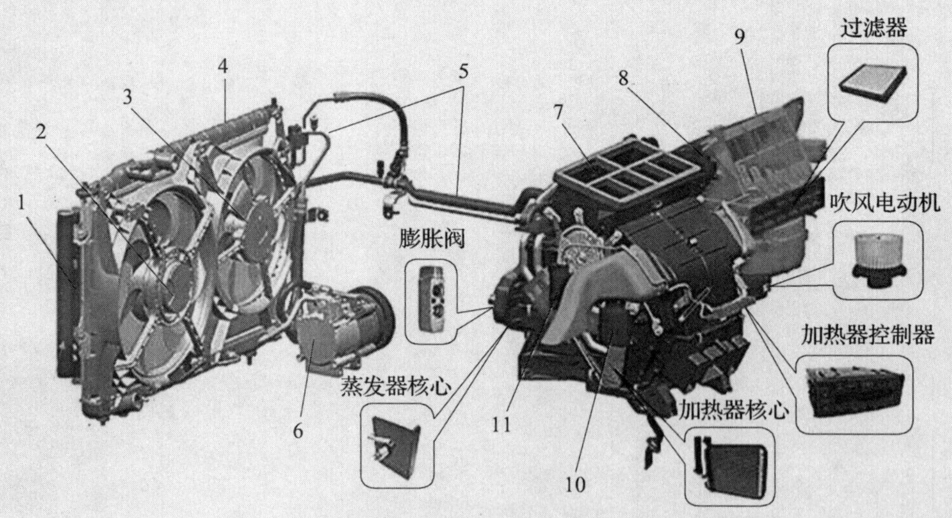

空调制冷系统的结构图

1—冷凝器 2—散热器风扇电动机 3—冷凝器风扇电动机 4—散热器 5—制冷管道 6—压缩机 7—加热器单元 8—内外气体转换启动器 9—吹风器单元 10—温度调节启动器 11—风量调节启动器

课题 1　汽车空调系统的维护

项目 1　空调系统的基本检查

实训要求

掌握汽车空调系统的基本检查项目。

主要实训器材

实训车辆

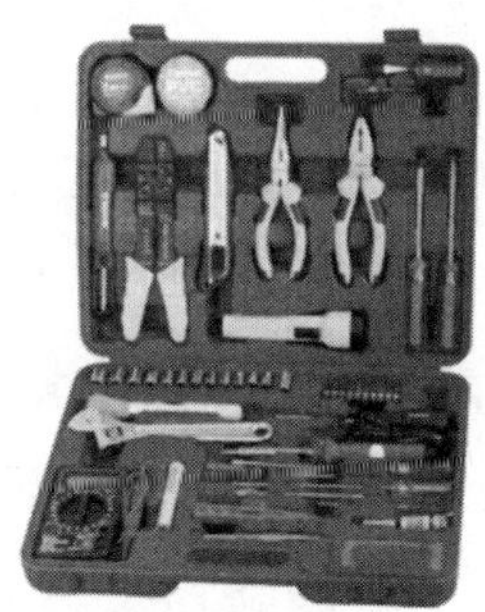

常用修理工具

实训内容

（一）汽车空调的操作检查

1. 打开点火开关，分别将鼓风机开关置于 1、2、3、4 挡，观察鼓风机转速的变化是否正常。	 鼓风机开关

2．在鼓风机打开的情况下，选择不同的送风模式，用手在各个出风口感受风量是否符合所选的送风模式。	 模式选择开关
3．分别选择空气内循环和空气外循环，仔细听是否有节气门位置改变的声音。	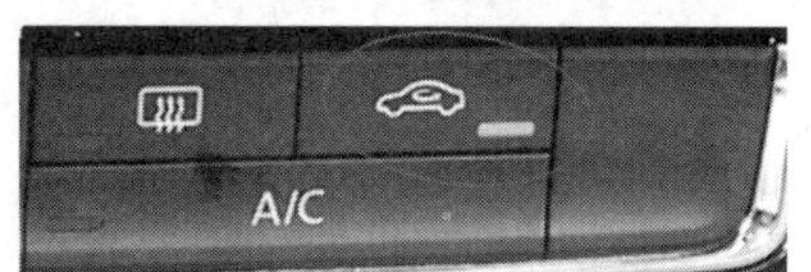 内 / 外循环开关
4．打开空调开关（A/C），空调开关指示灯点亮。若满足空调启动条件，发动机转速应上升（怠速时观察发动机转速变化），出风口有冷气送出。	 空调开关
5．将温度控制旋钮调节到最低，在出风口检查冷风情况（可以使用温度计检查）。	 温度调节旋钮（下降）

<table>
<tr><td>6．将温度控制旋钮调节到最高，在出风口检查热风情况（可以使用温度计检查）。</td><td>

温度调节旋钮（上升）</td></tr>
<tr><td>7．设置空调温度后，关闭空调系统，关闭点火开关大概 30 s 后，再启动空调系统，按下“AUTO”开关，如温度仍为上次设置的温度，则系统正常。</td><td>

自动模式开关</td></tr>
<tr><td>8．启动后风窗玻璃除霜开关，观察后风窗玻璃是否被加热。</td><td>

除霜开关</td></tr>
<tr><td colspan="2">（二）空调部件与管路检查</td></tr>
<tr><td>1．启动空调后，观察高低压管路，尤其是接头部位有无制冷剂泄漏的情况，此时触摸高压管路应感觉烫手，低压管路应感觉冰凉。</td><td>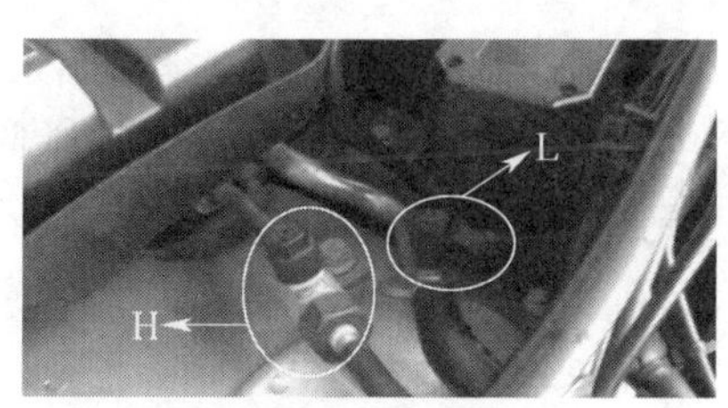

检查高、低压管路</td></tr>
</table>

2．检查蒸发器滴水的情况。一般在空调运行一段时间后，水会从蒸发器滴出，且蒸发器无结霜和泄漏现象。	 检查蒸发器
3．用手接触冷凝器应感觉热，且从上到下有温差，无泄漏现象。	 冷凝器
4．空调运行时，通过储液干燥器的观察孔观察有无气泡产生（无气泡为正常），且无泄漏现象。	 观察储液干燥器
5．空调运行时，用手触摸膨胀阀应有温差，无泄漏现象。	 膨胀阀

<table>
<tr><td>6．空调工作一段时间后，观察冷却液温度的变化。冷却液温度应上升，但不能过热。</td><td>
冷却液温度</td></tr>
<tr><td>7．关闭系统后，检查空调压缩机传动带的张紧力。传动带磨损应正常，安装支架紧固、牢靠。</td><td>
检查压缩机的紧固情况</td></tr>
<tr><td colspan="2">（三）空调泄漏的检测方法</td></tr>
<tr><td>1．目测检查泄漏
因为汽车空调中所采用的压缩机油是与制冷剂互溶的，因而可根据制冷系统及其连接软管等零件的表面和连接处是否出现油迹，判断有无制冷剂溢出（上述的基本检查已经包括目测检查泄漏）。</td><td>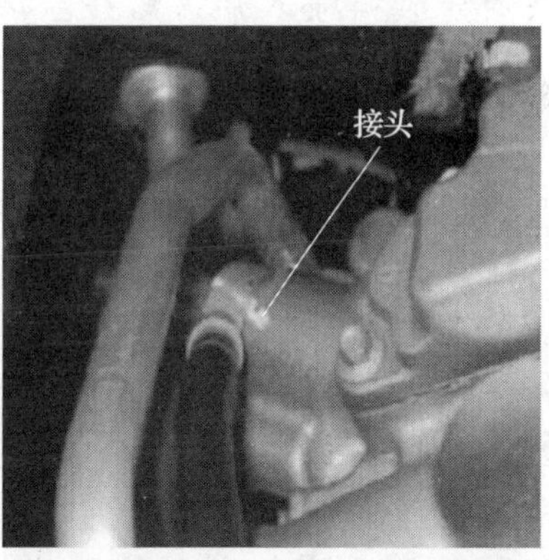

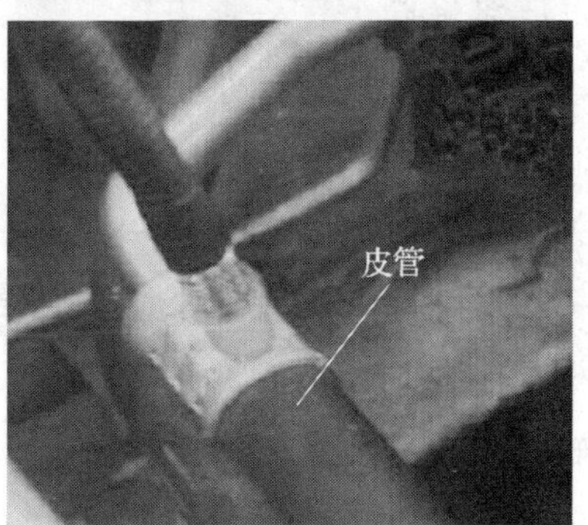

目测检查泄漏</td></tr>
</table>

2．用洗涤液检查泄漏

首先要事先擦净被测部件表面，将质量良好的洗涤液与少量水混合后，用小刷均匀地涂抹到被测部件表面，通过观察气泡来检测部件的泄漏情况。

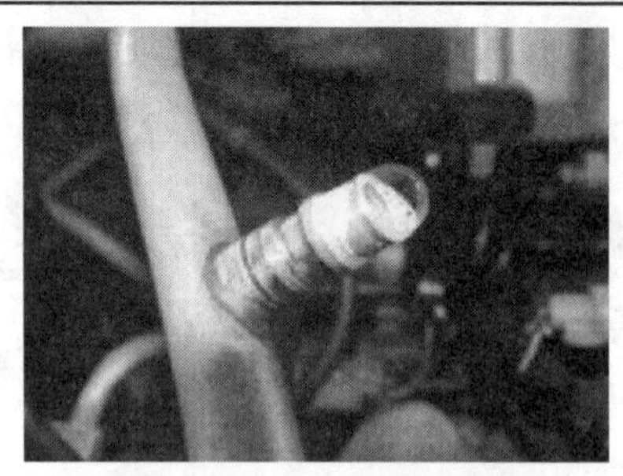

用洗涤液检查泄漏

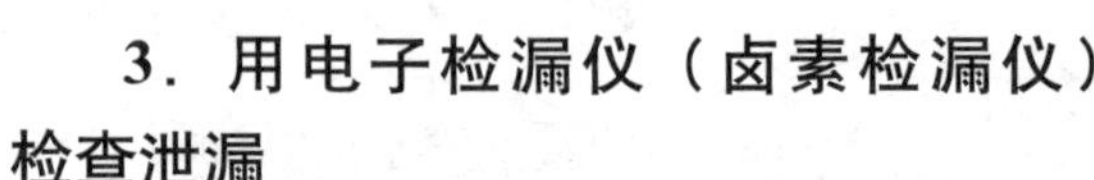

3．用电子检漏仪（卤素检漏仪）检查泄漏

这种检查方法灵敏度较高，使用方便、迅速，但设备价格较贵，可以检测出 0.5 oz（约 14 g）/ 年的微小泄漏。当制冷剂蒸气进入卤素检漏仪的探头时，检漏仪就会发出听觉或视觉信号。

用电子检漏仪检查泄漏

4．用荧光检漏仪检查泄漏

把荧光染料喷入并保留在空调系统中（它对空调系统正常工作没有影响），当怀疑某处有泄漏时，用紫外灯照射就可以检查到有无泄漏。现在市场上有很多含有荧光染料的制冷剂，加注后就可直接检测。

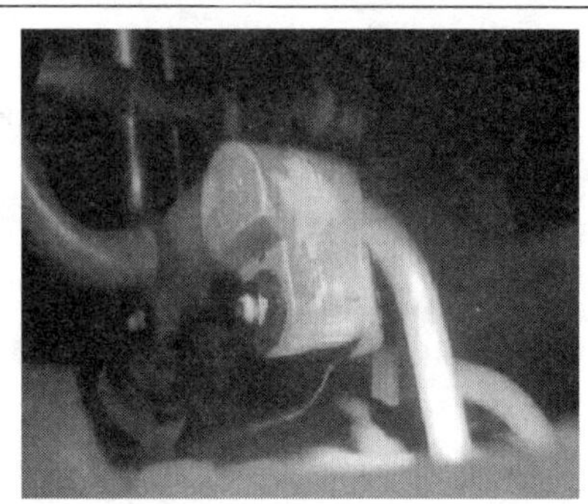

用荧光检漏仪检查泄漏

5．打压实验

将支管压力表正确连接到制冷系统的高、低压维修阀上，将维护软管连接到氮气瓶上，打开表组高、低压阀门并开启氮气瓶上的阀门，使系统中的压力达到 1 000 kPa，然后关闭高、低压手动阀门和氮气瓶上的阀门，将洗涤液涂抹在制冷系统的管路和部件上，观察并找到泄漏的部位或部件（若没有氮气瓶也可用空气压缩机代替，但要保证空气湿度低于一定数值，否则会给接下来的抽真空带来很大的麻烦）。

打压实验

项目 2　空调系统抽真空

实训要求

掌握空调系统抽真空的方法。

主要实训器材

实训车辆

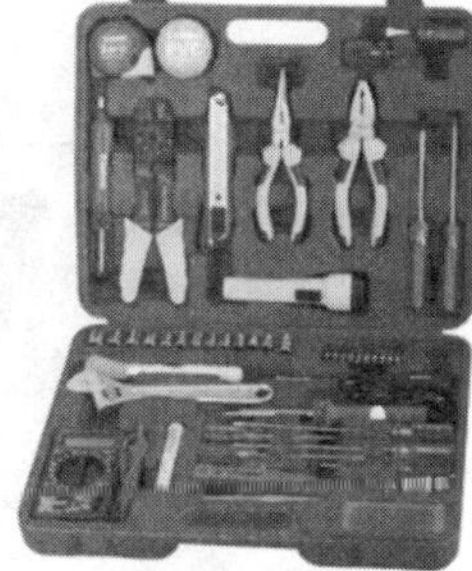
常用修理工具

歧管压力表

真空泵

实训内容

（一）歧管压力表组的连接

当制冷系统有空气、水分或更换制冷系统的任一部件时，需要重新对系统抽真空，加注制冷剂。

1. 在车辆上安装翼子板防护罩，安装时做好相关安全措施，如戴安全镜等。	 安装翼子板防护罩
2. 拆下高压侧和低压侧入口的保护盖，注意要缓慢拆卸保护盖，以确保维护阀的损坏没有引起制冷剂的泄漏。	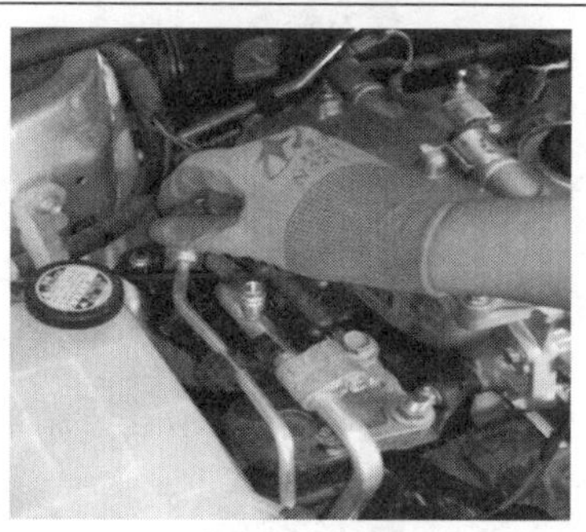 拆卸高、低压保护盖

<table>
<tr><td>3．转动歧管压力表高、低压侧软管手动阀，使其关闭。</td><td>
关闭软管手动阀</td></tr>
<tr><td>4．将歧管压力表的高、低压侧软管迅速连接到高、低压维护阀接头上。</td><td>
将软管连接到高、低压维护阀接头上</td></tr>
<tr><td colspan="2">（二）系统抽真空</td></tr>
<tr><td>1．将歧管压力表的高、低压侧软管正确连接到制冷系统的管路上（表组 R12 和 R134a 不能混用），中间的黄色软管和真空泵的进气口相连接，确保上述连接牢固、不漏气。</td><td>
连接方法</td></tr>
<tr><td>2．先开启空调泵，然后打开表组的高、低压阀门，进行抽真空，此时观察压力表的读数。若低压表指针向负压方向摆动很慢或不动，说明制冷系统漏气，应重新对系统进行打压。</td><td>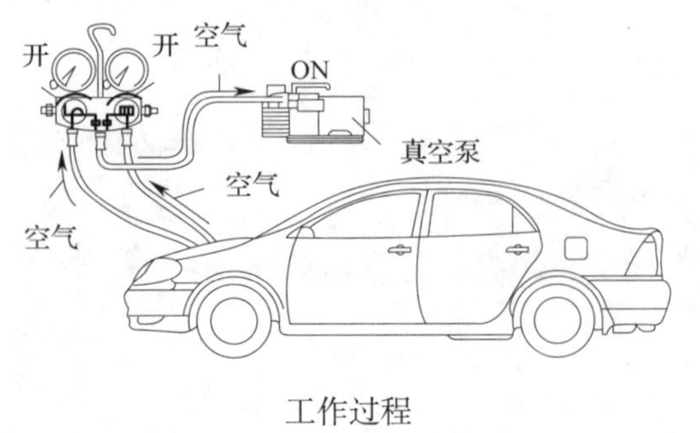
工作过程</td></tr>
</table>

<table>
<tr><td>3．操作 5 min 后，低压表达到 20 inHg（1 inHg=33.8 kPa）或者更小，高压侧压力表的指针应略小于压力表的零标记，若指针不能低于零刻度，说明系统内堵塞，应停止抽真空，并进行维修。</td><td>
不正常的压力值</td></tr>
<tr><td>4．保持制冷系统真空状态 30 min 左右，若期间表针回落，说明系统漏气，应重新对系统打压、测漏、抽真空，直到满足要求为止。若表针没有任何回落，说明制冷系统抽真空操作结束。</td><td>
保持压力值</td></tr>
</table>

项目 3　空调系统制冷剂的回收与加注

实训要求

1．掌握空调系统制冷剂的回收方法。

2．掌握空调系统制冷剂的加注方法。

主要实训器材

实训车辆

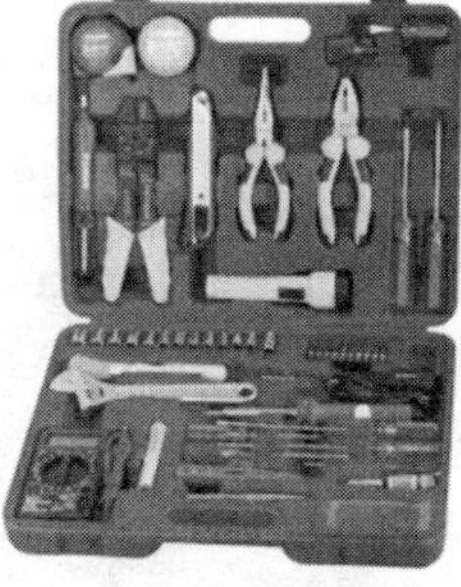
常用修理工具

歧管压力表

制冷剂加注机

<table>
<tr><td colspan="2">实训内容</td></tr>
<tr><td colspan="2">（一）制冷剂的回收</td></tr>
<tr><td colspan="2">清洗空调系统就是清除系统内的所有物质，包括制冷剂、空气和水汽。若制冷系统湿度过大，可用干燥气体（氮气）去除系统中的所有水汽，注意，回收的制冷剂不可以直接排入大气。本操作采用博世设备，若使用其他设备，应注意按设备的相关要求操作。</td></tr>
<tr><td>1. 打开制冷剂回收机的电源，显示工作罐剩余容量和制冷剂净重。工作罐质量不超过罐体标称质量的 80%。</td><td>
制冷剂回收机</td></tr>
<tr><td>2. 启动发动机，启动空调系统，打开外循环，将鼓风机调节到最大挡，调节至适当的制冷温度后运行 3 ～ 5 min。</td><td>

空调系统</td></tr>
<tr><td>3. 按【回收】键，进入回收程序，根据提示进行管路连接，将高、低压快速接头正确连接至制冷系统的检测接口。顺时针拧开高、低压开关时，速度应慢一些，以防止制冷剂被带出系统。</td><td>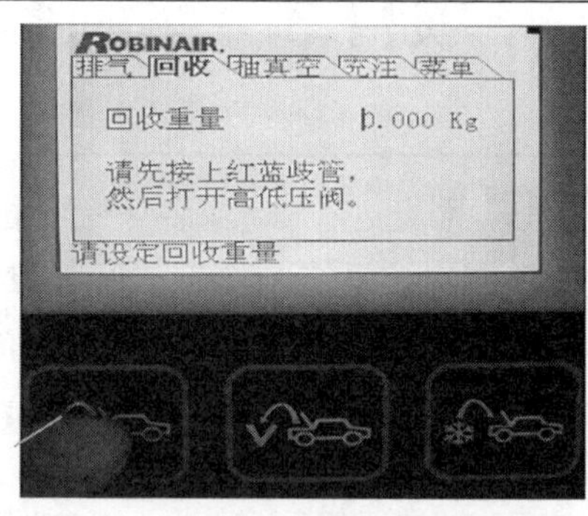

选择回收 / 净化功能</td></tr>
<tr><td>4. 打开高、低压阀，按下制冷剂回收机的【确定】键，设备自动启动自我清洁管路功能，清洁管路结束后开始对制冷系统的制冷剂进行回收。</td><td>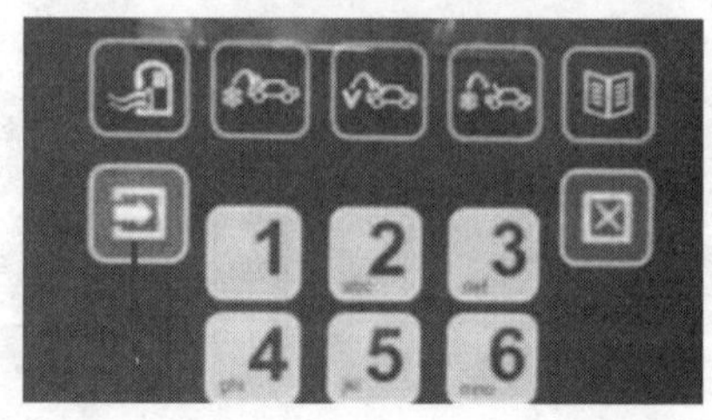

回收开始开关</td></tr>
</table>

<table>
<tr><td>5. 在回收过程中，应随时观察压力表指针。当压力到达负压时，说明压缩机在抽真空，应及时按【取消】键，停止回收，防止损坏回收机中的压缩机。</td><td>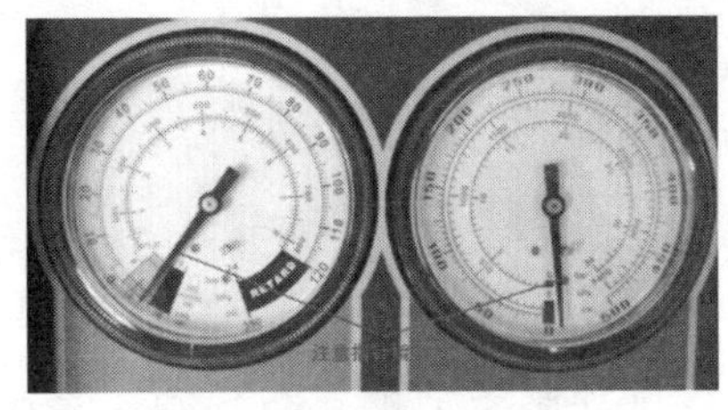
观察高低压数值的变化</td></tr>
<tr><td>6. 回收结束后，显示回收的制冷剂量，仪器准备进行排废油。至少观察压力表 5 min，若真空没有升高，说明完成了制冷剂的回收；若真空升高，说明系统存在泄漏，应重新维修系统。</td><td>

显示回收的制冷剂量</td></tr>
<tr><td colspan="2">（二）制冷剂的加注（高压侧加注）</td></tr>
<tr><td colspan="2">高压侧加注适用于对制冷系统的第一次加注，或对维修和检漏、抽真空后的空调系统进行加注。加注的制冷剂是液态制冷剂。在加注过程中严禁开启空调制冷系统，加注时制冷剂罐（瓶）要处于倒立状态。</td></tr>
<tr><td>1. 将压力表高、低压阀全部关闭，中间维护软管的一端与制冷剂罐阀的接头连接，打开制冷剂罐开启阀，再拧开中间维护软管与压力表连接一端的螺母，让气体溢出几分钟，当软管有冷气流出时，迅速拧紧螺母（利用制冷剂的压力排除中间维护软管内的空气）。</td><td>
加注连接管路</td></tr>
<tr><td>2. 拧开高压侧手动阀至全开位置，将制冷剂罐倒置（或倾斜）于磅秤上，并记录起始质量。在向高压阀加注制冷剂时，千万不要运转发动机，否则可能会使制冷剂罐爆炸造成人身伤害。</td><td>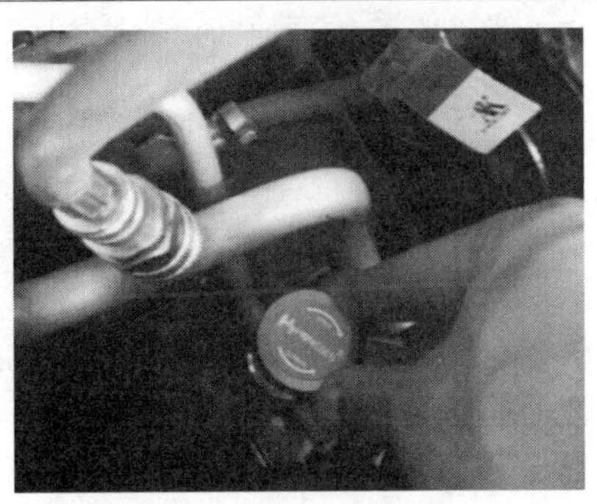
开启手动阀</td></tr>
</table>

3．打开制冷剂罐上的阀门，将制冷剂注入系统内，当达到充注的规定值时迅速关闭阀门（根据车型查找制冷剂加注量）。	 将制冷剂注入系统内
4．更换新的制冷剂罐时，要关闭支管压力表组的高压阀，拆下排出阀，重复步骤1，换上新的制冷剂罐，打开高压阀继续加注制冷剂。	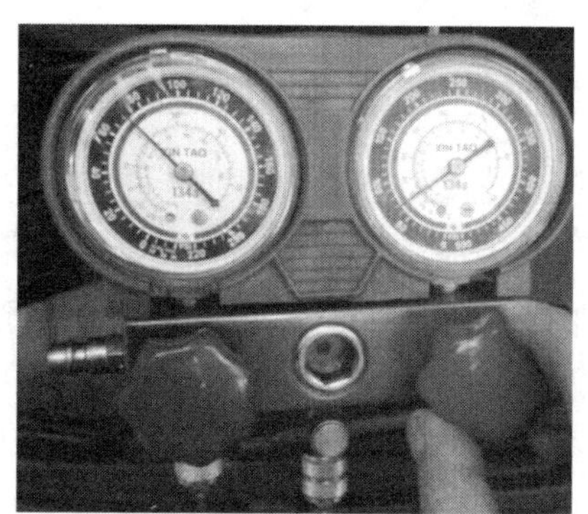 关闭支管压力表组的高压阀
5．关闭高压阀，加注结束后再次用制冷剂检漏仪检测是否存在制冷剂泄漏。	 检查泄漏情况

（三）制冷剂的加注（低压侧加注）

低压侧加注适用于空调系统内的制冷剂量缺乏时对其进行补充。加注时制冷剂罐应直立，开启空调系统，使压缩机处于工作状态。

1．将压力表组的高、低压阀关闭并与空调系统的高、低压维修阀连接好。	 压力表组的连接情况
2．将压力表组中间维护软管的一端与制冷剂罐阀的接头连接，打开制冷剂罐开启阀，再拧开中间维护软管与压力表连接一端的螺母，让气体溢出几分钟，当软管有冷气流出时，迅速拧紧螺母（利用制冷剂的压力排除中间维护软管内的空气）。	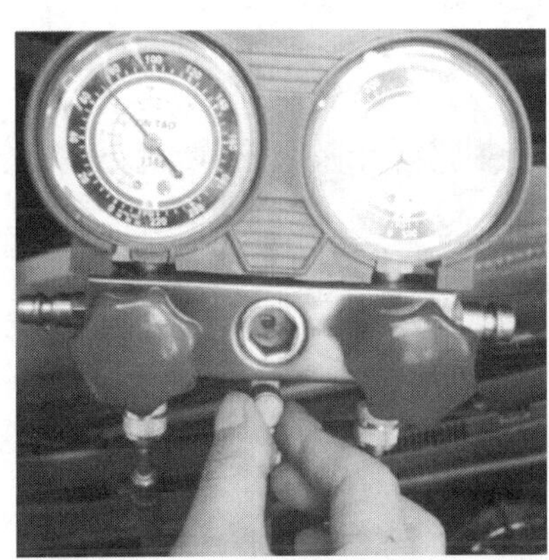 拧开软管螺母
3．将制冷剂罐直立，启动发动机，开启空调制冷系统，打开制冷剂罐阀门，然后打开支管压力表组的低压阀。	 打开支管压力表组的低压阀

4．将鼓风机开关开至最大，开启内循环，发动机转速控制在 1 500 ~ 2 000 r/min，观察压力表，低压侧压力应为 0.12 ~ 0.25 MPa，高压侧压力应为 1.40 ~ 1.60 MPa。	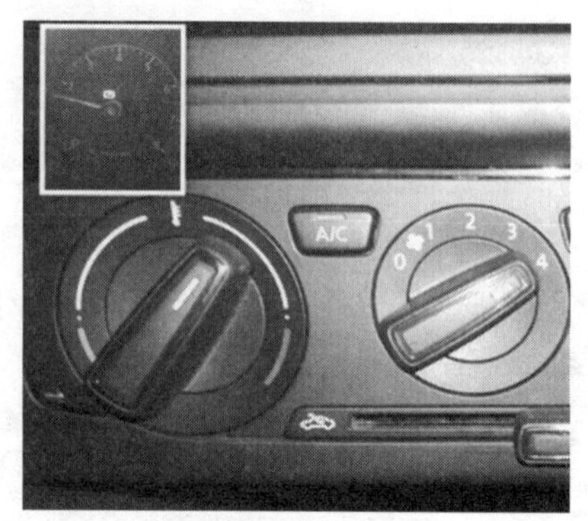 将鼓风机开至最大
5．空调制冷系统工作时，视液镜内制冷剂流动应稳定、无气泡，加注量参照厂方手册中的规定（有些车型没有视液镜）。	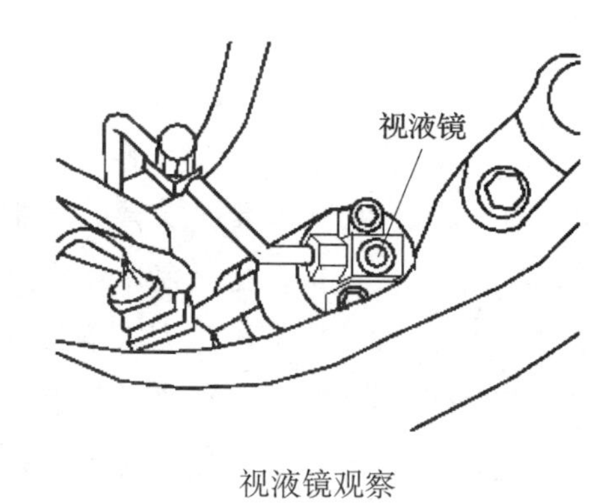 视液镜观察

（四）制冷剂的加注（加注机加注）

使用加注机加注制冷剂与使用支管压力表组加注制冷剂不同，主要表现在两方面：一方面，制冷剂加注机内置电子秤，可以准确控制制冷剂的加注量；另一方面，制冷剂加注机是由汽车空调系统的高压端加注制冷剂，而且制冷剂是以液态形式被加入空调系统的，其最大的优点是加注量控制准确，加注速度快。

在加注过程中，先加注一部分制冷剂进入空调系统，直至低压侧压力表显示值为 98 kPa，关闭高压阀，用制冷剂检漏仪检测是否存在制冷剂泄漏的情况。若空调系统存在泄漏则需要回收空调系统内的制冷剂，修理泄漏的部位，重复上述的回收、抽真空和加注过程的各步操作，直至无制冷剂泄漏，再将制冷剂加至标准量，通过检查表压的变化和视窗状态、测试空调性能，来验证汽车空调系统的工作状态是否良好。

课题 2　汽车空调制冷系统主要零部件的检修

项目 1　主要部件的拆卸

<table>
<tr><td colspan="2">

实训要求

1. 掌握压缩机的拆卸方法。
2. 掌握电磁离合器的拆卸方法。
3. 掌握冷凝器的拆检方法。
4. 掌握蒸发器的拆卸方法。

</td></tr>
<tr><td colspan="2">

主要实训器材

实训车辆

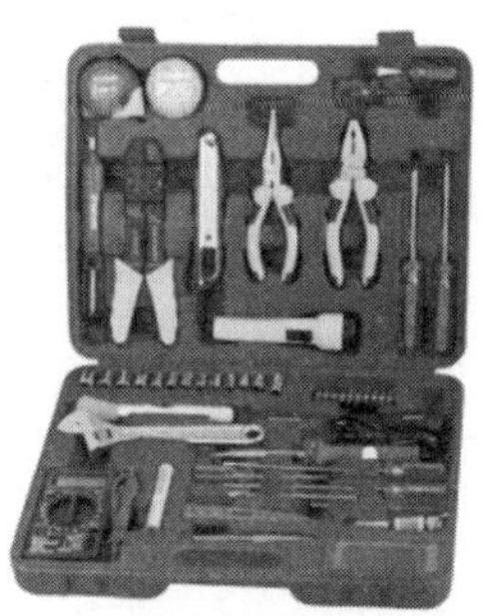
常用修理工具

真空泵

</td></tr>
<tr><td colspan="2">

实训内容

</td></tr>
<tr><td colspan="2">

（一）压缩机的拆卸

</td></tr>
<tr><td>

1．当需要拆卸压缩机时，首先回收空调系统中的制冷剂，然后拆卸相应的部件。

</td><td>

回收制冷剂

</td></tr>
</table>

2．拆卸蓄电池的负极搭铁线，以防止操作过程中造成电气元件的损坏。	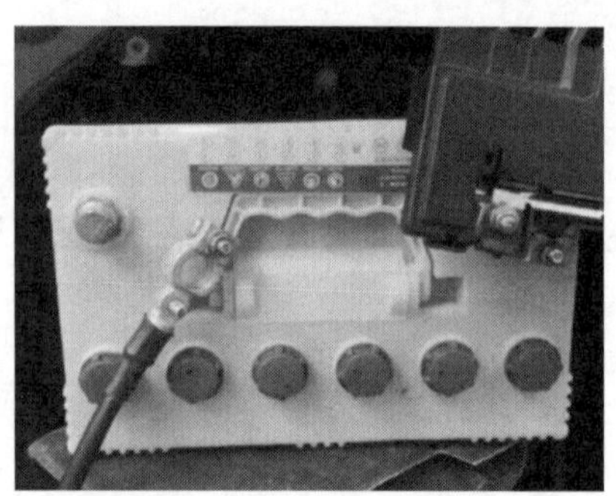 断开蓄电池
3．拔下电磁离合器的插接器，拆卸压缩机搭铁线，从压缩机上拆下高、低压管，并迅速包住高、低压管的接头，以免潮气或尘土进入系统。	 拔下插接器
4．拧松压缩机的固定螺栓，拆卸压缩机驱动带，再拧下固定螺栓，拆卸压缩机。	 压缩机
（二）电磁离合器的拆卸	
1．用三爪夹具固定好电磁离合器压盘，然后用套筒拆下压盘锁紧螺母。用专用拉器将离合器压盘从压缩机主轴上拉下来。	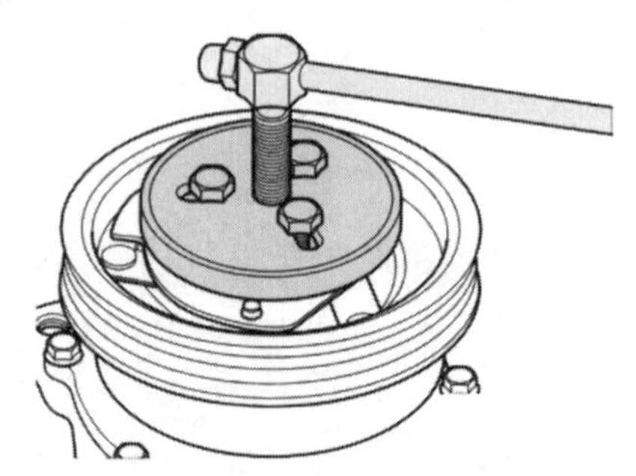 电磁离合器压盘的拆卸

<table>
<tr><td>2. 用卡环钳拆下驱动带轮轴承上的卡环。</td><td>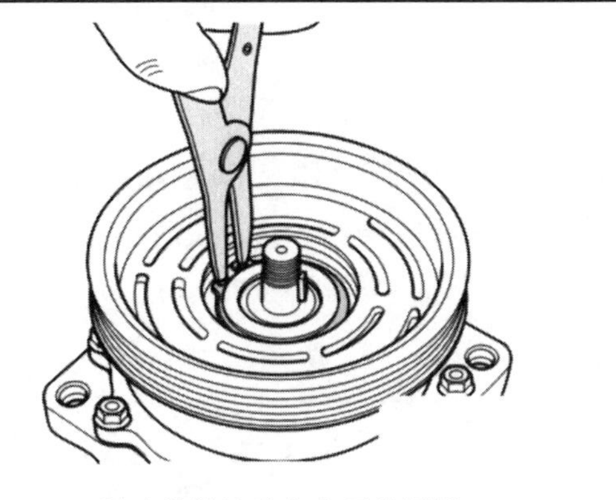
驱动带轮轴承上卡环的拆卸</td></tr>
<tr><td>3. 用二爪或三爪拉器拆卸驱动带轮和轴承组件。拆卸时要对压缩机轴端及螺纹处加以保护，轴端与拉器丝杠之间最好垫上软金属，并保持拉器与轴的对正，以防止压缩机轴损坏。
注意：轴承外套与带轮、轴承内套与轴承座（即压缩机前端盖）均是过渡配合。</td><td>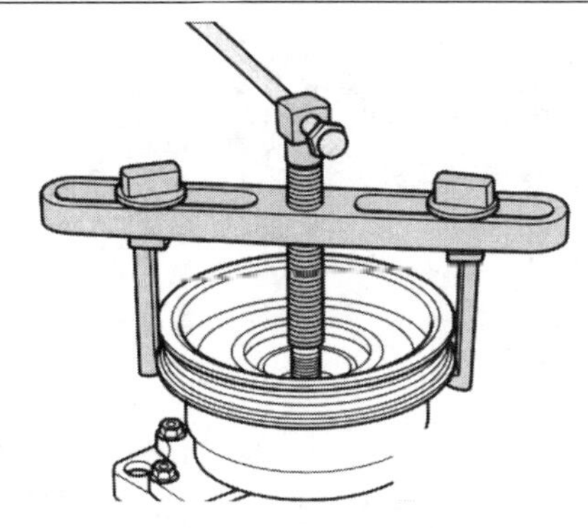
驱动带轮和轴承组件的拆卸</td></tr>
<tr><td>4. 用卡环钳拆卸电磁线圈的限位卡环，拆下电磁线圈。
注意：有些空调压缩机离合器电磁线圈是用螺钉固定在压缩机前端盖上的。</td><td>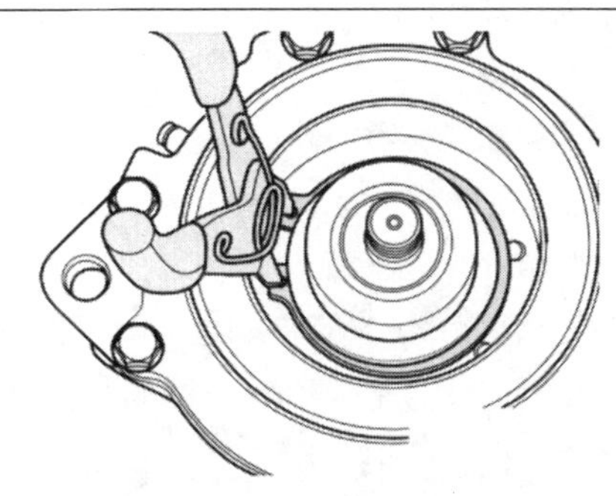
限位卡环和电磁线圈的拆卸</td></tr>
<tr><td colspan="2">（三）冷凝器的拆检</td></tr>
<tr><td>1. 关闭点火开关，安装汽车防护三件套，断开蓄电池负极。</td><td>
安装翼子板布</td></tr>
</table>

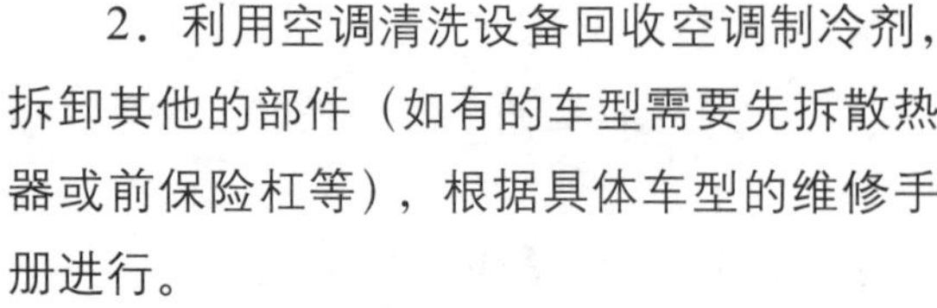 2．利用空调清洗设备回收空调制冷剂，拆卸其他的部件（如有的车型需要先拆散热器或前保险杠等），根据具体车型的维修手册进行。	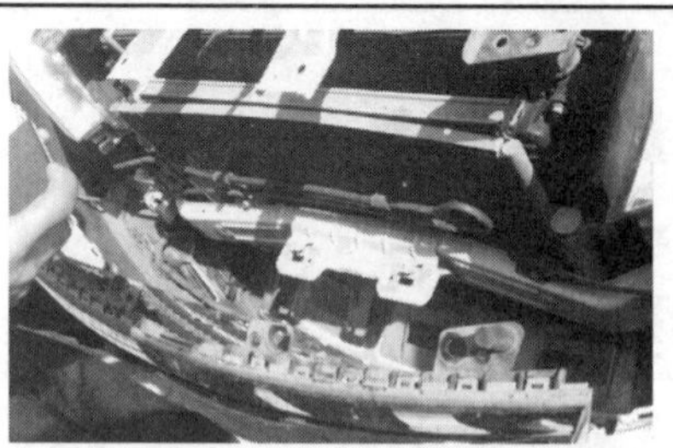 拆卸前保险杠
3．拆卸冷凝器进、出口管路，并用物品迅速把管路密封，以免潮气或杂质进入空调系统。 **注意**：*在拆卸和安装时冷凝器上口是进口，下口是出口，拆下的O形密封圈不能再次使用。*	 拆卸冷凝器管路
4．拆下冷凝器的固定螺栓，取下冷凝器。	 拆卸冷凝器固定螺栓
5．检查冷凝器翅片是否脏堵或损伤。若翅片脏堵，应用水清洗，然后用压缩空气吹干；若翅片弯曲，应用旋具和钳子将其调直。	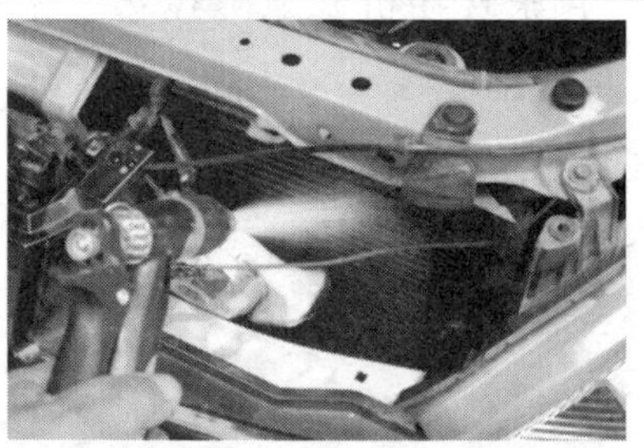 清洗冷凝器翅片
6．检查冷凝器有无泄漏及其泄漏的具体部位。若有泄漏，检查冷凝器接口的拧紧力矩并判断冷凝器是否有维修价值。	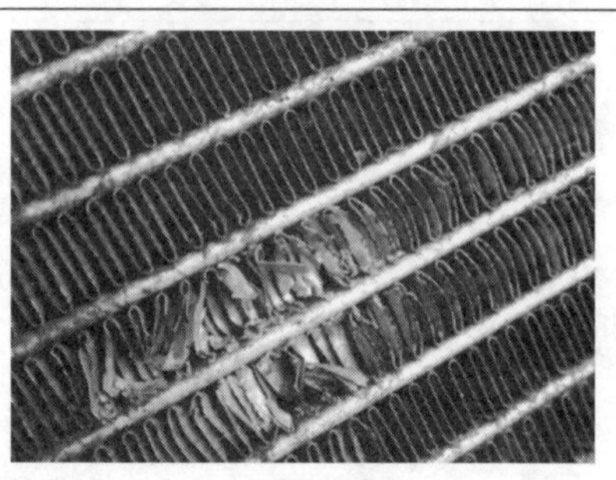 泄漏的冷凝器

<table>
<tr><th colspan="2">（四）蒸发器的拆卸</th></tr>
<tr><td>1．断开电源，回收制冷剂（步骤参考“空调系统制冷剂的回收与充注”中“制冷剂的回收”部分）。</td><td>
制冷剂回收机</td></tr>
<tr><td>2．拆卸发动机舱暖风加热器芯的管路与蒸发器制冷管路的高、低压管路（或 H 形阀）。</td><td>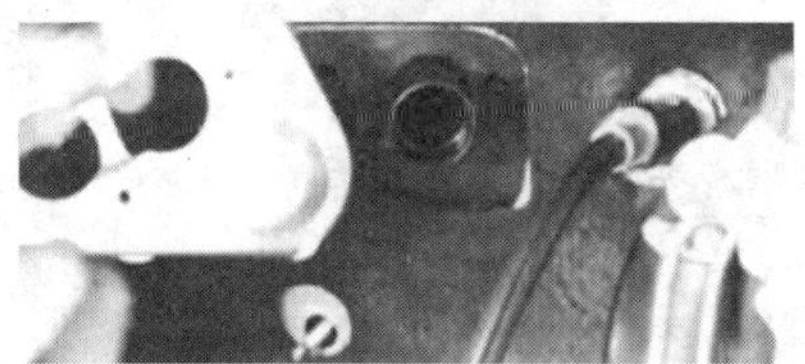
拆卸暖风管路</td></tr>
<tr><td>3．拆卸驾驶员侧杂物箱、中央副仪表板和仪表板外壳，拔下汽车与空调总成的所有导线插头。为避免各伺服电动机的插头接错，拔下插头前应做好标记。</td><td>
拆卸仪表台</td></tr>
<tr><td>4．拆下空调总成的固定螺栓，然后取下空调总成，再取出蒸发器，对蒸发器进行检漏。</td><td>
拆卸蒸发器</td></tr>
</table>

项目 2　主要传感器的检修

实训要求

1．掌握空调系统故障码的读取与清除方法。

2．掌握电磁离合器的检修方法。

3．掌握手动和自动空调系统传感器的检修方法。

主要实训器材

实训车辆

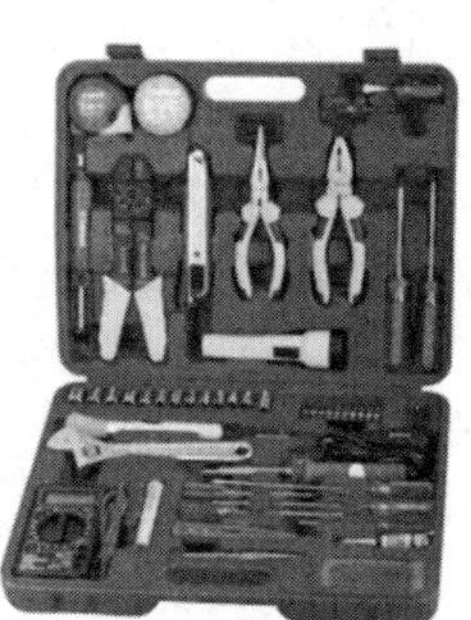
常用修理工具

数字式万用表

金德 KT600 解码器

实训内容

（一）空调系统故障码的读取

1．连接解码器，接通点火开关（静态解码）或启动发动机（动态解码），若发动机因故障无法启动，仍要接通点火开关，然后打开金德 KT600 解码器。

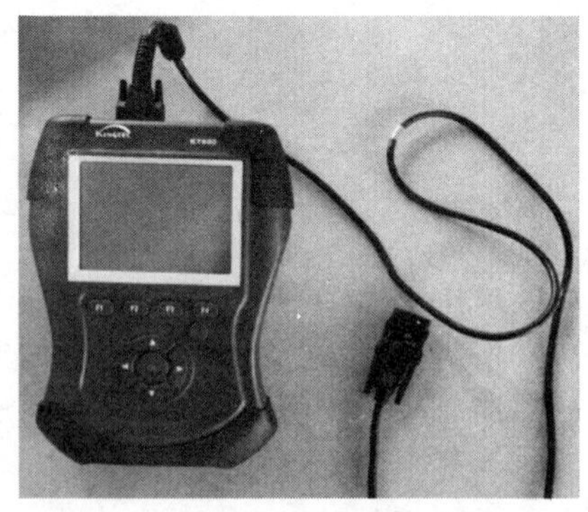

连接金德 KT600 解码器

2．选择与车辆相对应的汽车图标，进入车辆故障测试界面，在【选择系统】界面选择【08- 空调及电子加热系统】指令。	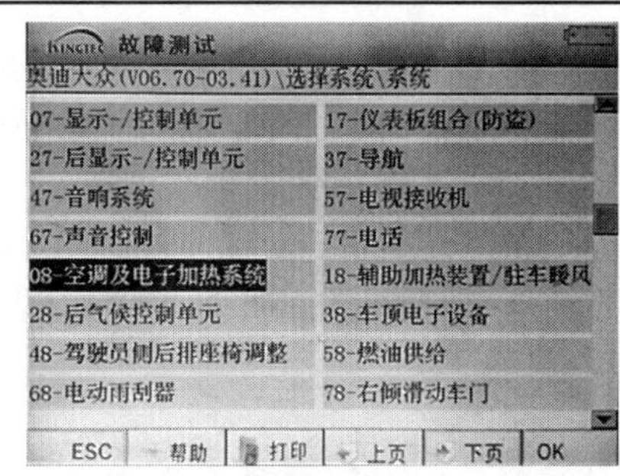 选择【08- 空调及电子加热系统】
3．在选择菜单中选择【02- 读取故障码】。	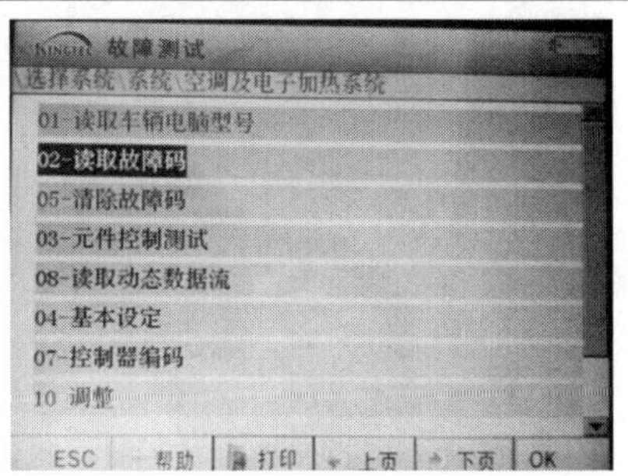 选择【02- 读取故障码】
（二）电磁离合器的检修	
1．拔下电磁离合器插接器，用万用表欧姆挡测量电磁线圈的电阻值，其电阻值一般为 4 Ω 左右（不同车型的电阻值上下有微小浮动）。	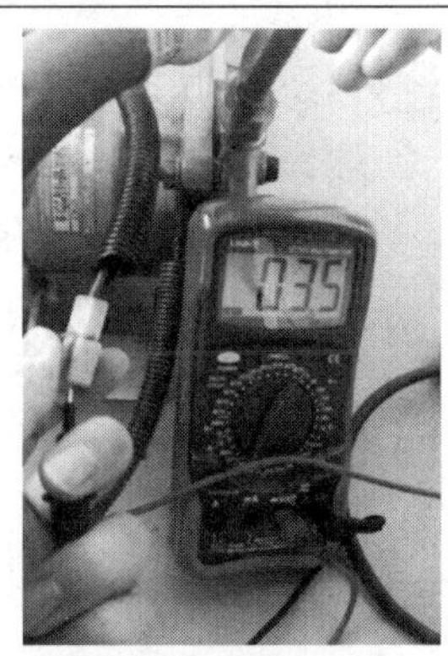 测量电磁线圈的电阻值
2．打开点火开关，打开 A/C 开关，若在环境温度正常、系统压力正常、继电器工作正常的情况下，电磁离合器插头线束的电压应接近于蓄电池电压，否则应检查上述开关与传感器是否正常。	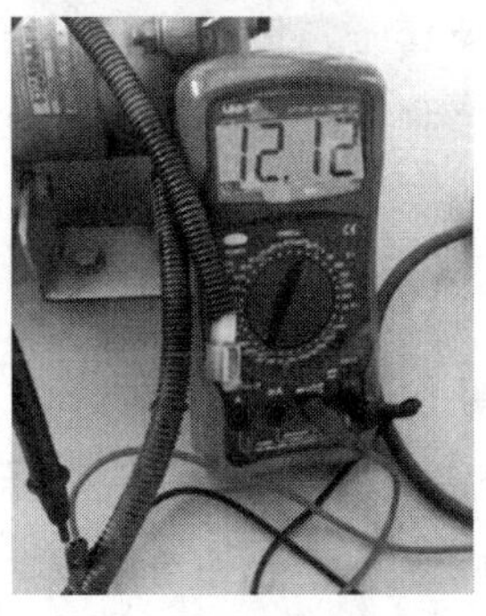 测量电磁离合器插头线束的电压

（三）手动空调系统传感器的检修

1．温控开关的检修

温控开关分为环境温度开关和恒温开关。恒温开关又称除霜开关。环境温度开关安装在刮水电动机附近，当外界温度小于 5℃时，环境温度开关切断空调压缩机。除霜开关安装在蒸发器上面，当蒸发器表面温度低于 0℃时，自动切断空调压缩机。因此，检查时拆下温控开关放入水中，当达到规定温度时测量温控开关的通断即可。

环境温度开关

2．冷却风扇热敏开关的检修

将冷却风扇热敏开关从散热器上拆下并放入水中，改变水的温度，用电阻计测量电阻值。当水温达到 95℃时，慢速挡导线应导通；当水温达到 105℃时，快速挡导线应导通。否则，应更换冷却风扇热敏开关。

冷却风扇热敏开关

3．低压开关的检修

连接歧管压力传感器，低压在正常范围时（0.15 ~ 0.25 MPa）低压开关应闭合，用万用表欧姆挡测量低压开关与搭铁之间的电阻值应为“∞”，否则应更换低压开关。

4．高压开关的检修

连接歧管压力传感器，高压在正常范围时（1.3 ~ 1.7 MPa）高压开关应闭合，用万用表欧姆挡测量高压开关与搭铁之间的电阻值应为“∞”，否则应更换高压开关。

<table>
<tr><th colspan="2">（四）自动空调系统传感器的检修</th></tr>
<tr><td>

1．车内温度传感器的检修

车内温度传感器分为吸气器型车内温度传感器和电动机型车内温度传感器。在检修时拆下车内温度传感器的接头，在线束侧两端子间应能测量到 5 V 的直流电压，否则说明线束不良或空调 ECU 接触不良，应测量传感器的电阻值。一般 25 ℃时，传感器的电阻值为 2 000 ～ 3 000 Ω；20 ～ 30 ℃时，传感器的输出电压为 1.8 ～ 2.4 V。

</td><td>

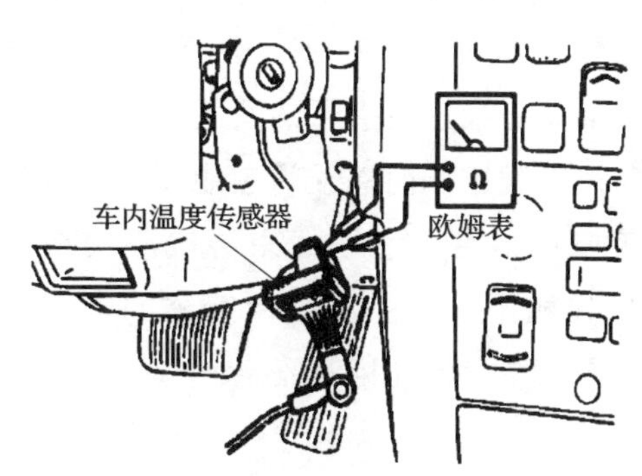

车内温度传感器的检修

</td></tr>
<tr><td>

2．车外温度传感器的检修

车外温度传感器一般都安装在前保险杠内或水箱之前。在检修时拆下车外温度传感器的接头，在线束侧两端了间应能测量到 5 V 的直流电压，否则说明线束导电不良或空调 ECU 接触不良，应测量传感器的电阻值，其电阻值的大小与车型有很大关系，应查找相关手册进行检修。

</td><td>

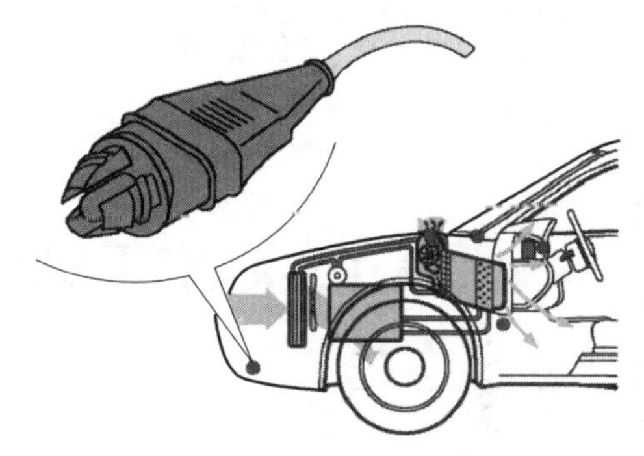
车外温度传感器在汽车中的位置

</td></tr>
<tr><td>

3．阳光传感器的检修

阳光传感器用来测量阳光的强弱，从而修正混合门的位置与鼓风机的转速。阳光传感器一般安装在仪表台的上面，靠近前风窗玻璃的底部。在强阳光下测量，其电阻值为 4 kΩ，电压小于 1 V；用布遮住阳光传感器进行检测，其电阻值为“∞”，电压大于 4 V。

注意： *在阳光不足的地方，如车间内，读取阳光传感器的故障码是正常的。*

</td><td>

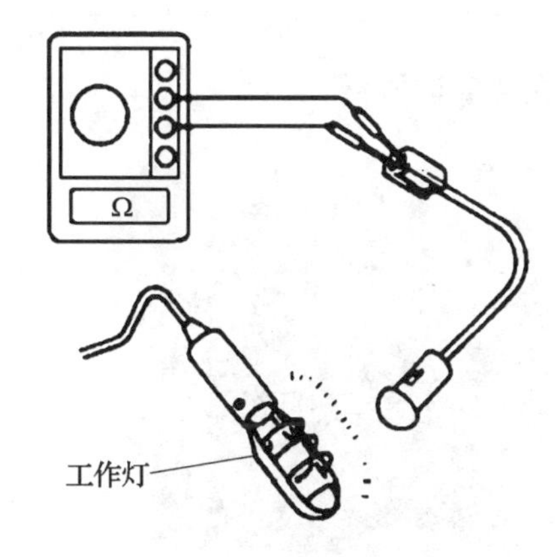

阳光传感器的检修

</td></tr>
</table>

<table>
<tr>
<td>

4．蒸发器温度传感器的检修

蒸发器温度传感器一般安装在蒸发器的表面。在检修时拆下蒸发器温度传感器的接头，在线束侧两端子间应能测量到 5 V 的直流电压，否则说明线束导电不良或空调 ECU 接触不良，应测量传感器的电阻值并与相应的技术标准相对照。

</td>
<td>

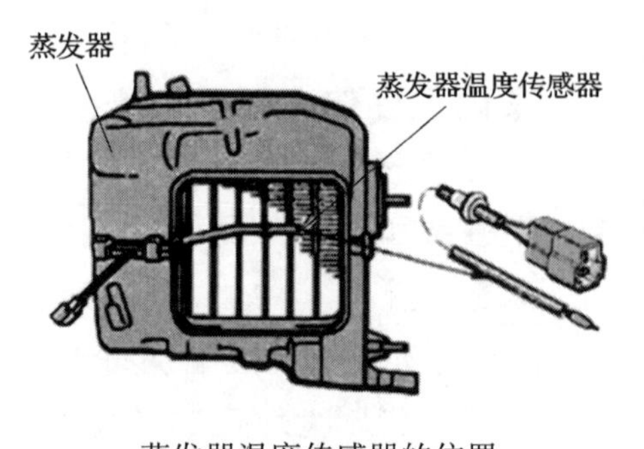

蒸发器温度传感器的位置

</td>
</tr>
</table>

课题 3　汽车手动空调系统的故障排除

项目 1　汽车手动空调系统常见故障排除

实训要求

1．掌握汽车手动空调系统常见故障的诊断流程。

2．掌握汽车手动空调系统常见的故障原因。

主要实训器材

实训车辆

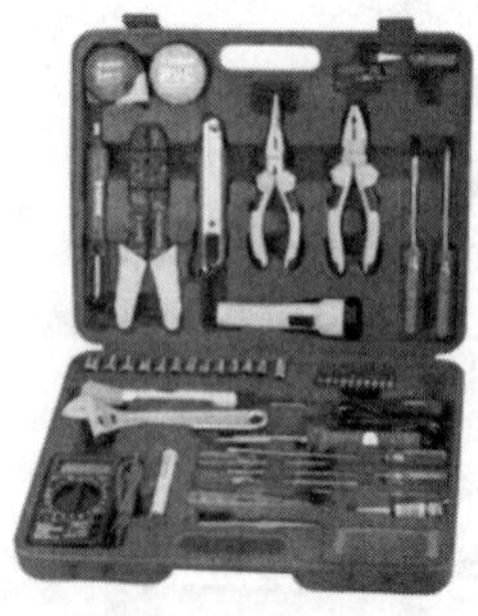
常用修理工具

数字式万用表

实训内容

（一）空调不制冷的故障排除

（二）空调制冷不良的故障排除

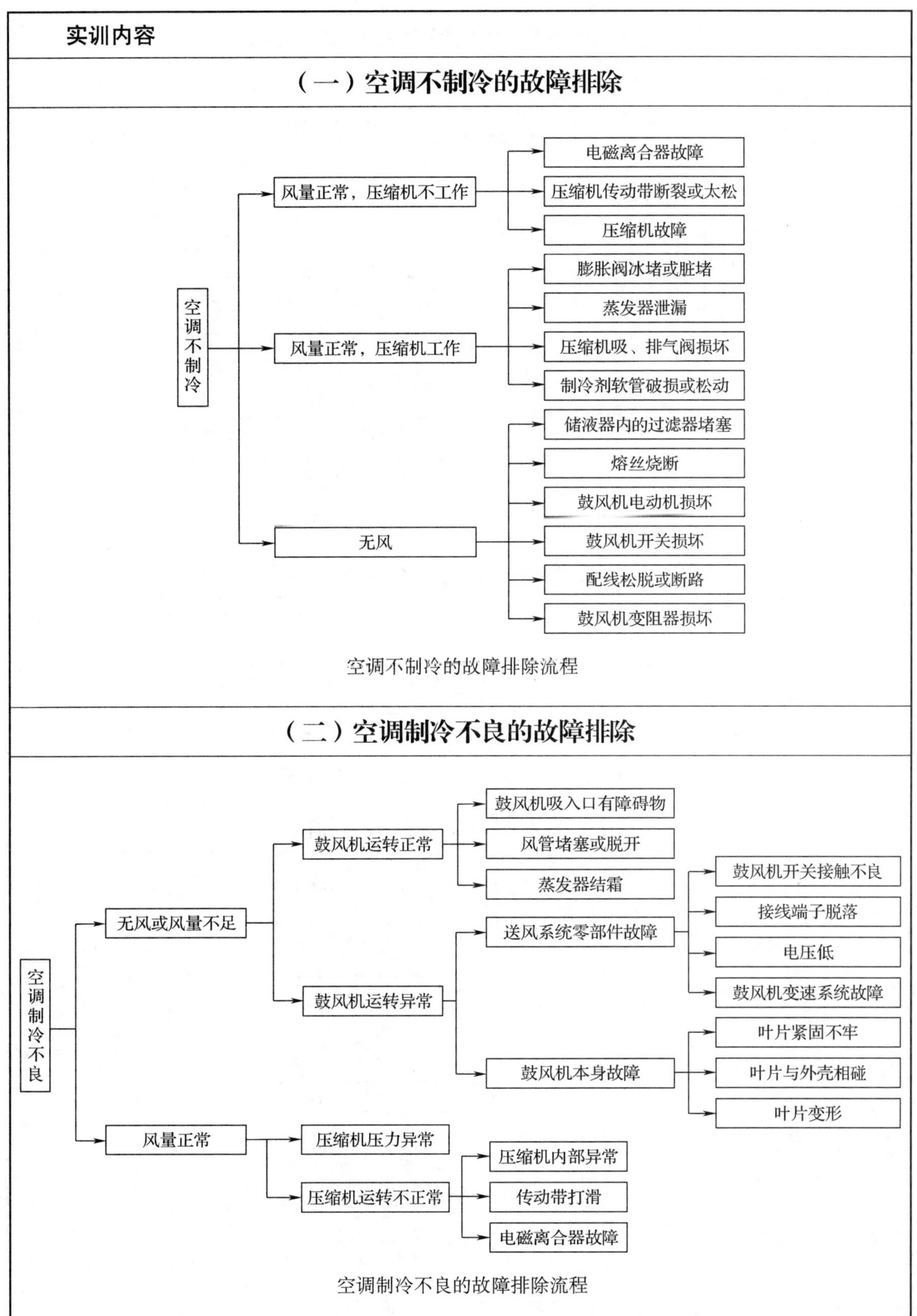

空调不制冷的故障排除流程

空调制冷不良的故障排除流程

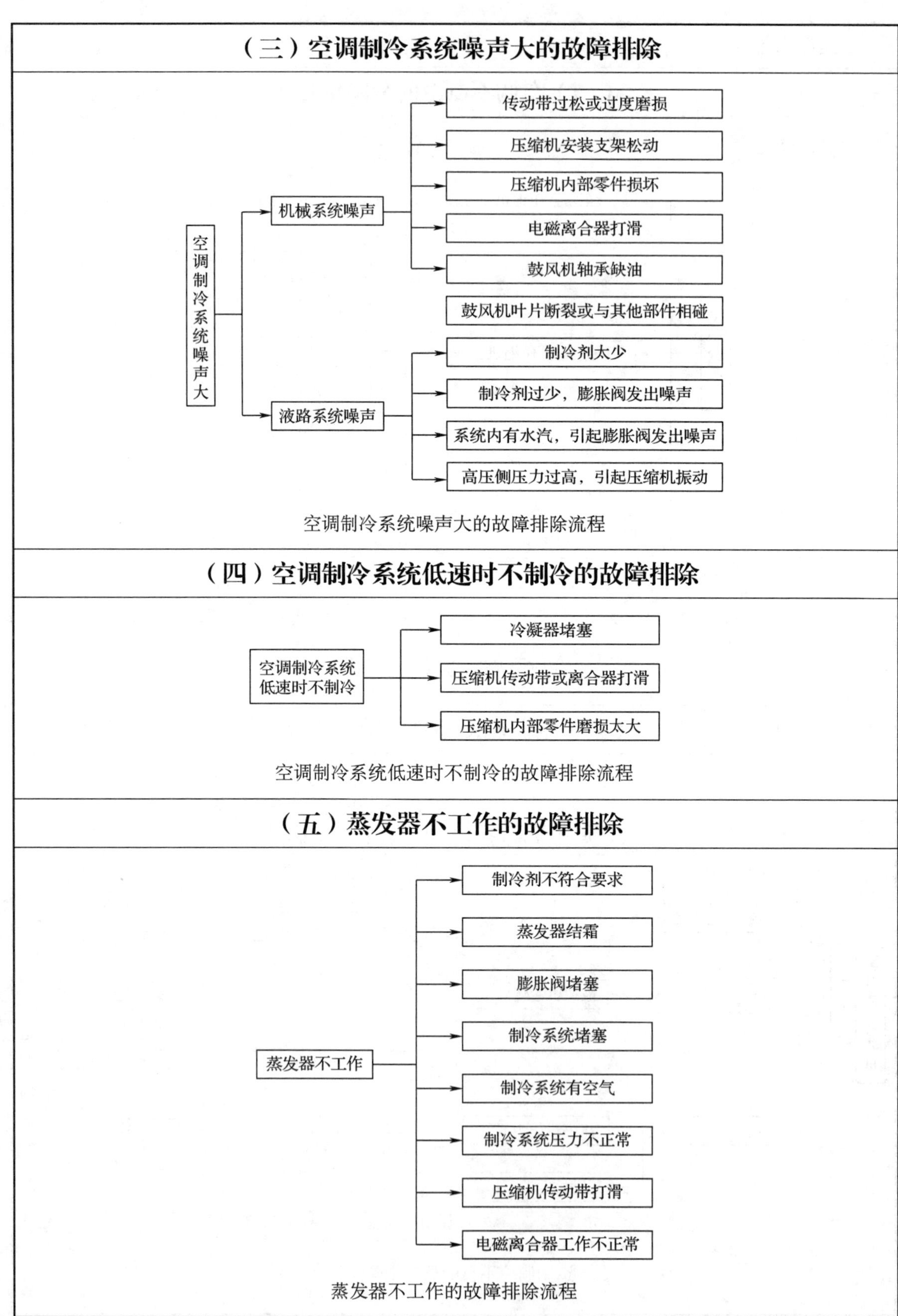
（三）空调制冷系统噪声大的故障排除
空调制冷系统噪声大
机械系统噪声
传动带过松或过度磨损
压缩机安装支架松动
压缩机内部零件损坏
电磁离合器打滑
鼓风机轴承缺油
鼓风机叶片断裂或与其他部件相碰
液路系统噪声
制冷剂太少
制冷剂过少，膨胀阀发出噪声
系统内有水汽，引起膨胀阀发出噪声
高压侧压力过高，引起压缩机振动
空调制冷系统噪声大的故障排除流程
（四）空调制冷系统低速时不制冷的故障排除
空调制冷系统低速时不制冷
冷凝器堵塞
压缩机传动带或离合器打滑
压缩机内部零件磨损太大
空调制冷系统低速时不制冷的故障排除流程
（五）蒸发器不工作的故障排除
蒸发器不工作
制冷剂不符合要求
蒸发器结霜
膨胀阀堵塞
制冷系统堵塞
制冷系统有空气
制冷系统压力不正常
压缩机传动带打滑
电磁离合器工作不正常
蒸发器不工作的故障排除流程

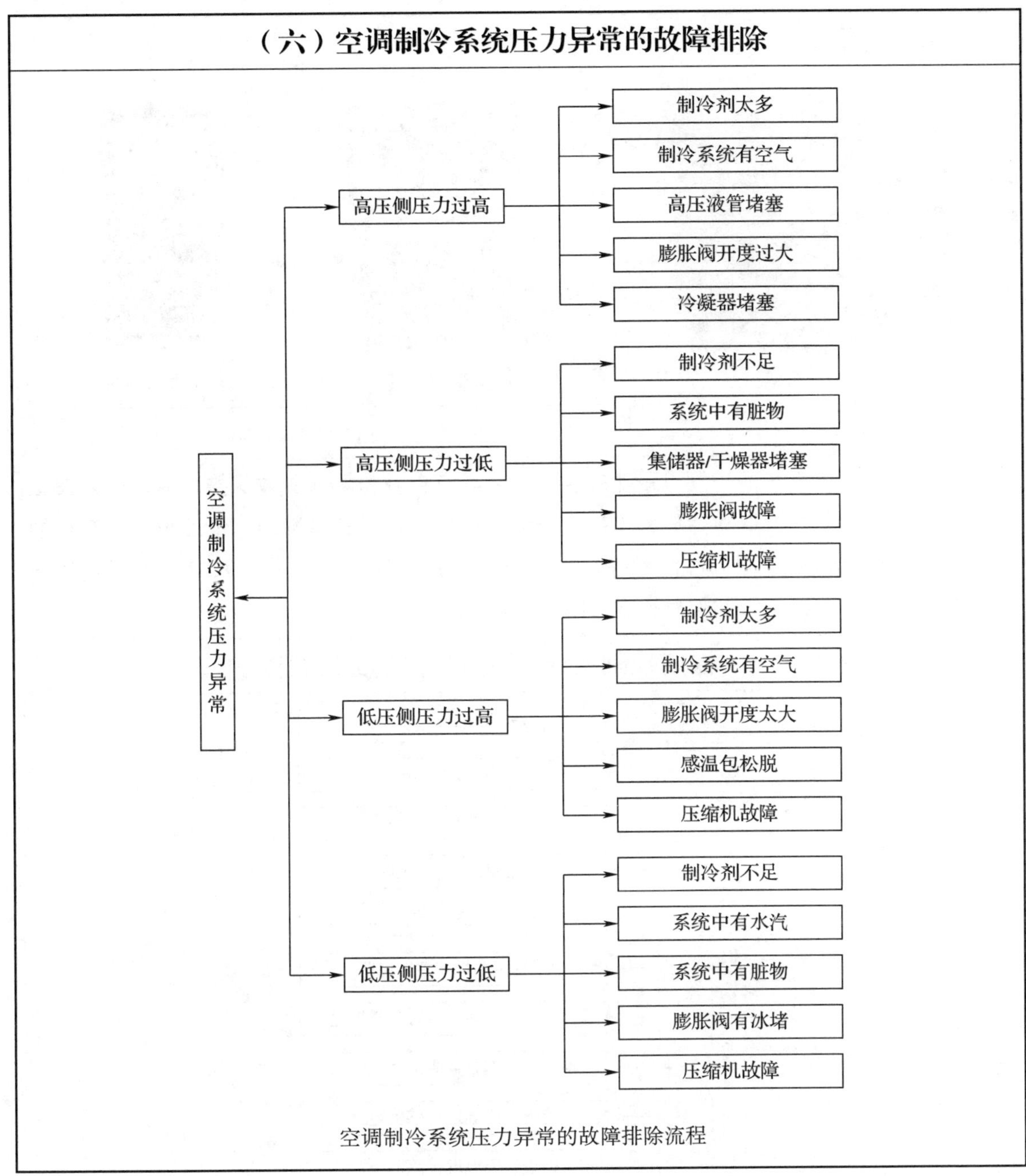

空调制冷系统压力异常的故障排除流程

项目 2　汽车自动空调系统常见故障排除

实训要求

1．掌握汽车自动空调系统常见故障的诊断流程。

2．掌握汽车自动空调系统常见的故障原因。

主要实训器材

实训车辆

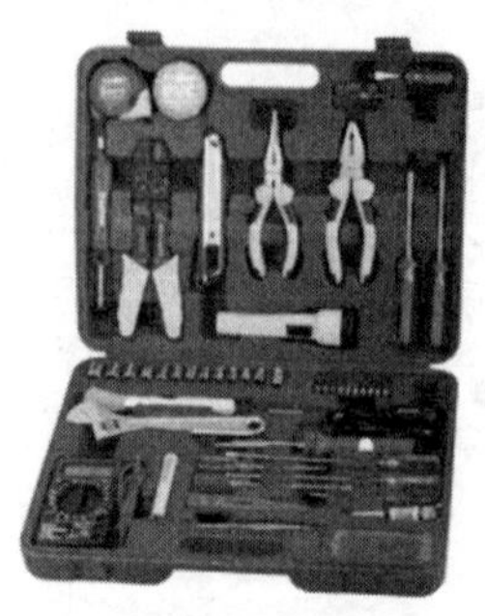
常用修理工具

数字式万用表

实训内容

汽车自动空调系统的控制电路比较复杂，它具有自我检测和失效保护功能，所以在维修全自动空调时应先读取故障码，然后进行元件动作测试或读取数值，最后根据所获得的相关信息（包括故障现象和故障码等）进行检测，并对各个传感器与 ECU 之间导线的通断性进行检查，以确定零部件是否有故障。

（一）温度控制系统无冷风送出的故障排除

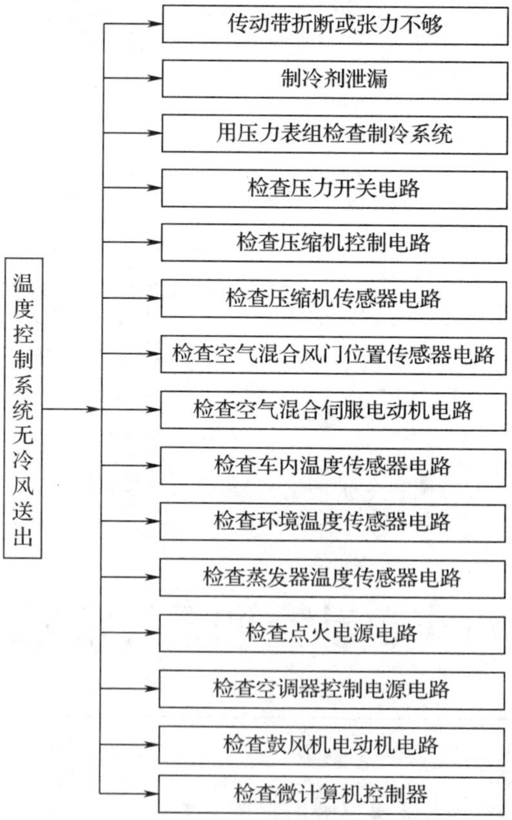

温度控制系统无冷风送出 →
- 传动带折断或张力不够
- 制冷剂泄漏
- 用压力表组检查制冷系统
- 检查压力开关电路
- 检查压缩机控制电路
- 检查压缩机传感器电路
- 检查空气混合风门位置传感器电路
- 检查空气混合伺服电动机电路
- 检查车内温度传感器电路
- 检查环境温度传感器电路
- 检查蒸发器温度传感器电路
- 检查点火电源电路
- 检查空调器控制电源电路
- 检查鼓风机电动机电路
- 检查微计算机控制器

温度控制系统无冷风送出的故障排除流程

（二）温度控制系统不正常的故障排除

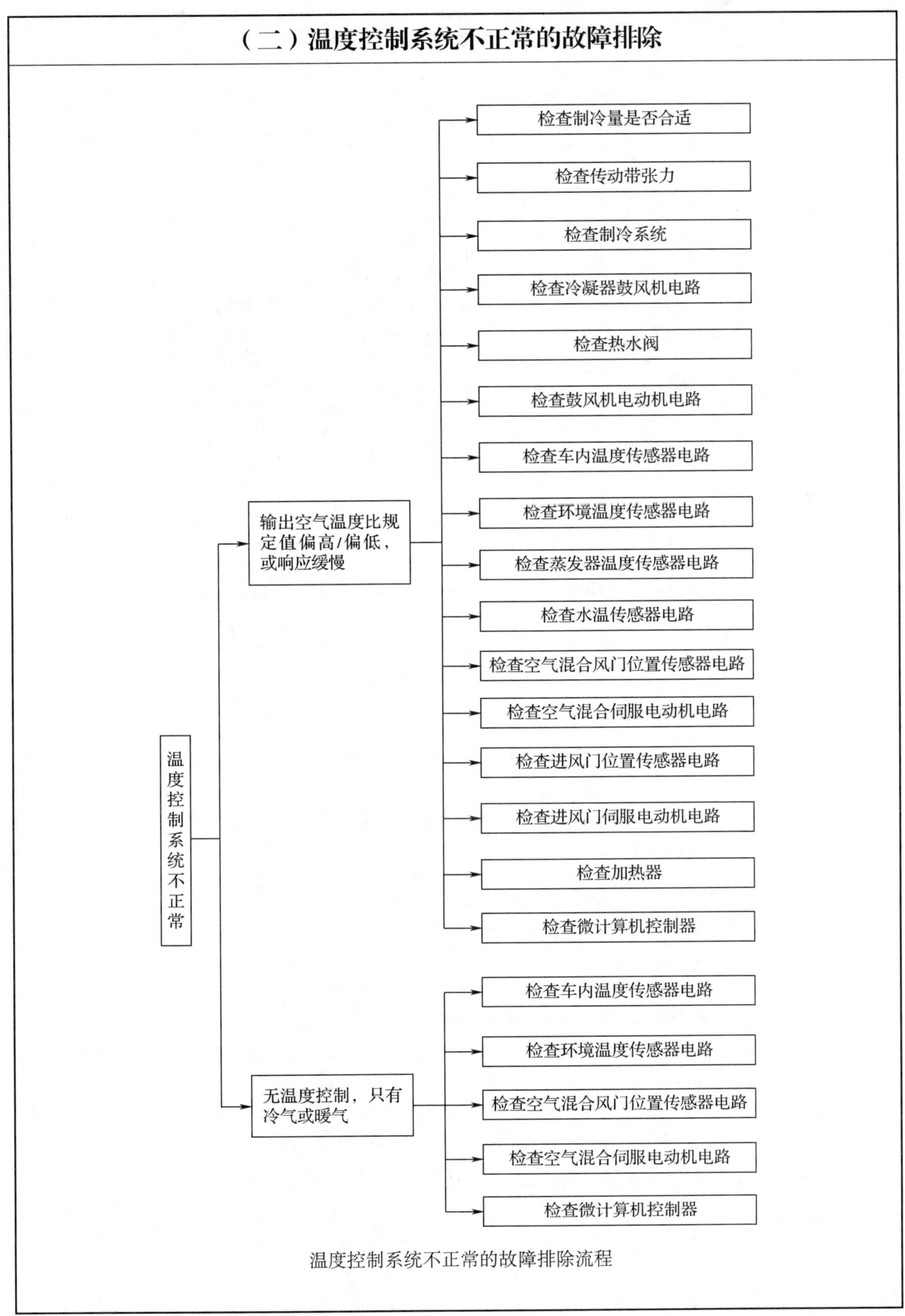

温度控制系统不正常的故障排除流程

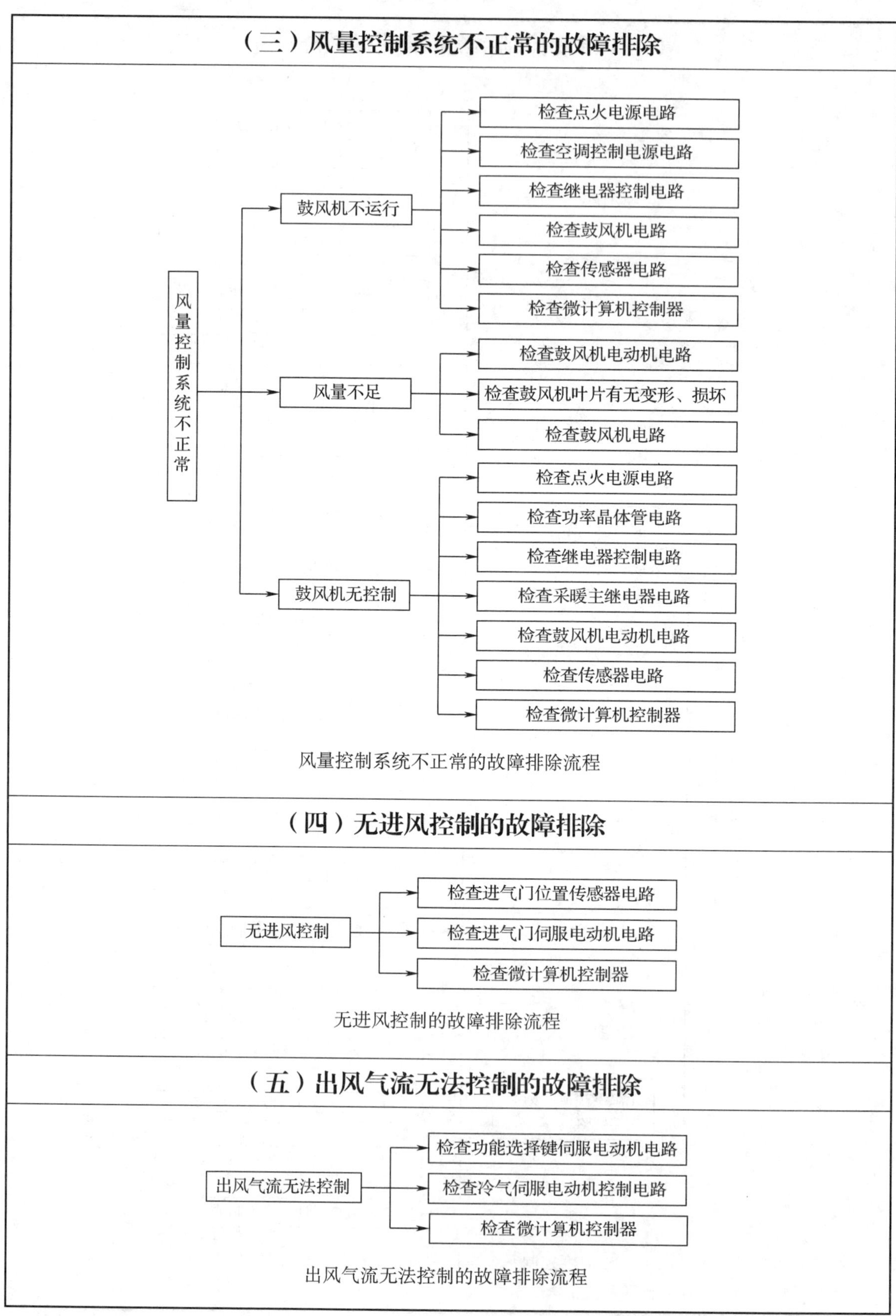

（三）风量控制系统不正常的故障排除

风量控制系统不正常的故障排除流程

（四）无进风控制的故障排除

无进风控制的故障排除流程

（五）出风气流无法控制的故障排除

出风气流无法控制的故障排除流程

项目 3　用歧管压力表检查制冷系统

实训要求

掌握用歧管压力表判断制冷系统故障的方法。

主要实训器材

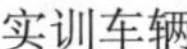
实训车辆

常用修理工具

歧管压力表

实训内容

1. 在检测空调故障时，先将空调系统关闭，将压力表组的低压侧软管接到空调系统低压管路的维修阀上，将压力表组的高压侧软管接到空调系统高压管路的维修阀上，此时高、低压阀门关闭。

2. 打开空调系统，工作 5 ~ 10 min 后，将发动机的转速提高到 2 000 r/min，读取高、低压侧表的压力值，根据压力值判断空调系统的故障。

故障排除方法

1. 高压侧与低压侧压力表组的指示值比正常值低，通过观察孔可见气泡。

故障现象：没有制冷或制冷不足。

故障原因：制冷系统漏气，制冷剂没有定期补足。

故障排除：用检漏仪检漏并进行修理，补足制冷剂。

2. 低压侧压力表组指示值为负，高压侧压力表组指示值比正常值低。

故障现象：不制冷，储液干燥器前、后管路存在温差，储液干燥器后管路出现冻结，膨胀阀出口管不冷。

故障原因：灰尘或污物阻塞膨胀阀或低压管路；灰尘或污物阻塞储液干燥器或高压管路；由于膨胀阀感温包漏气，针阀完全关闭。

故障排除：清除灰尘或污物，清除不掉时，更换储液干燥器、膨胀阀等相关部件。

3．压力表组在低压侧与高压侧的指示值均比正常值高，冷凝器排出侧不热。

故障现象：空调制冷效果差，通常高压侧压力高时冷凝器温度也高，但冷凝器排出侧不热，通过观察孔也看不到气泡。

故障原因：制冷剂填充过量。

故障排除：排出多余的制冷剂，使剩下的制冷剂达到标准量。

4．压力表组在低压侧与高压侧的指示值均比正常值高，但在压缩机停止以后，高压侧压力骤降，表针一直在振动。

故障现象：制冷效果差。

故障原因：填充时抽真空不够，抽真空后充气过程中有空气进入制冷系统。

故障排除：继续抽真空，若在抽真空过程中仍然出现上述症状，应更换储液干燥器及压缩机油，并清洗制冷系统。

5．压力表组在低压侧与高压侧的指示值均比正常值高，低压侧管路形成霜冻或深度冷凝。

故障现象：制冷效果差，低压侧管路形成霜冻或深度冷凝。

故障原因：膨胀阀故障或失效（针阀开启过宽），膨胀阀压力包与蒸发器的连接断开。

故障排除：检查和重新接好压力感温塞。若压力感温塞无断开故障，应更换膨胀阀。

6．低压侧制冷剂压力高，高压侧制冷剂压力低。

故障现象：无制冷。

故障原因：不能有效压缩的原因在于压缩机活塞、活塞环或阀门损坏。

故障排除：更换压缩机。

7．压力表组在低压侧与高压侧的指示值均有波动。

故障现象：空调有时制冷，有时不制冷。

故障原因：储液干燥器超饱和。

故障排除：更换储液干燥器及压缩机油，并通过抽真空去除系统中的水汽。

8．压力表组在低压侧与高压侧的指示值均较低。

故障现象：冷气不足，从储液干燥器至制冷组件的管路有结霜。

故障原因：储液干燥器中有脏物阻碍制冷剂的流动。

故障排除：更换储液干燥器。

单元 9　汽车音响装置的维护与故障排除

知识概述

汽车音响主要包括主机、扬声器、功放三部分。

汽车音响技术需要注意四点：一是安装尺寸和安装技术，二是音响本身的避振技术，三是音质的处理技术，四是抗干扰技术。

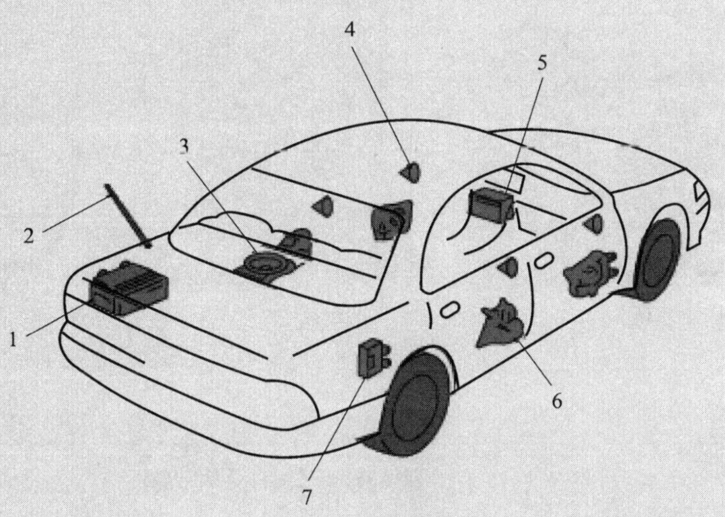

汽车音响系统

1—CD 机　2—天线　3—低音喇叭　4—高音喇叭　5—收音机和录音机　6—扬声器　7—功率放大器

CD机具有动态范围大、失真小、分离度高等优点，是现在汽车普遍采用的音响装备。

一些高级车上已经将汽车音响系统、倒车影像系统与行驶定位系统融为一体。

课题 1　汽车音响装置的安装与检查

项目 1　汽车 CD 机的拆卸与接线

实训要求

1．掌握汽车 CD 机的拆卸方法。

2．掌握汽车 CD 机的接线方法。

主要实训器材

实训车辆

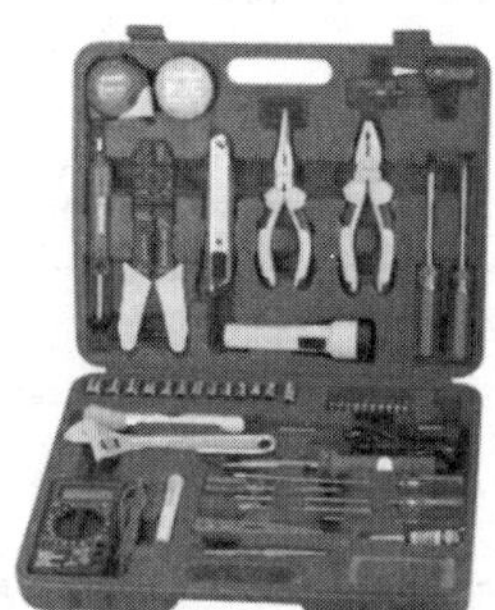

常用修理工具

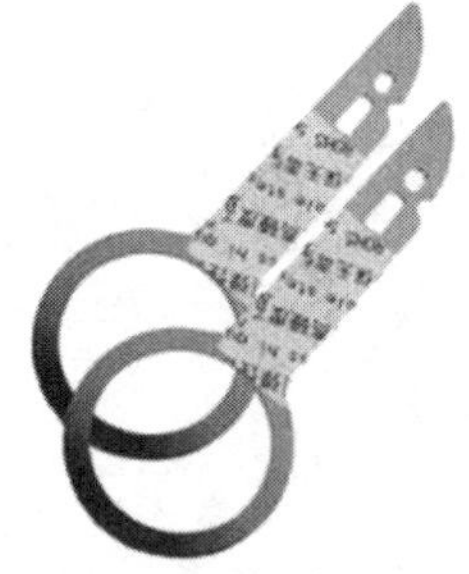

专用拆卸钥匙

实训内容

（一）CD 机的拆卸（以帕萨特为例）

1．汽车 CD 机的拆卸要根据具体车型来进行，拆卸帕萨特车型 CD 机时首先要关闭点火开关和所有用电设备，插入专用拆卸钥匙，待卡扣到位后拉出 CD 机。	 拆卸 CD 机

2．拉出 CD 机后，用手按住 CD 机后面插接器的卡扣，拔下插接器（有的车型要先拆卸中控面板）。	 拆卸 CD 机插接器

（二）车载 CD 机的接线方法

在改装 CD 机或换装导航之前，要熟悉 CD 机的接线方式，这里介绍大众车载 CD 机的接线方式。

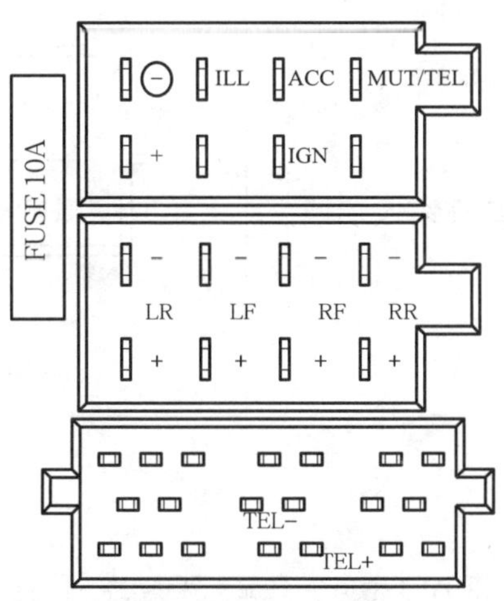

车载 CD 机的接线端子

1．CD 接线端子 1

(1) +/BATT (BATTERY)：电池的正极，12 V（黄色）。

(2) −/GND（GROUND)：接负极搭铁（黑色）。

(3) ILL ：背景照明灯接线（橙色）。

(4) ACC ：接点火开关，一般用来给主机提供可以开机的信号（红色）。

(5) IGN ：接电池正极。

(6) MUT/TEL：免持听筒负极（绿色）。

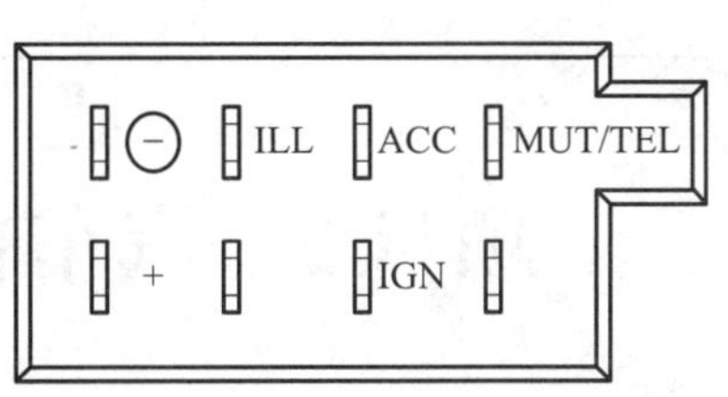

CD 接线端子 1

2．CD 接线端子 2

(1) RF（+）：右前喇叭正极，灰色。

(2) RF（-）：右前喇叭负极，灰黑色。

(3) LF（+）：左前喇叭正极，白色。

(4) LF（-）：左前喇叭负极，白黑色。

(5) RR（+）：右后喇叭正极，紫色。

(6) RR（-）：右后喇叭负极，紫黑色。

(7) LR（+）：左后喇叭正极，绿色。

(8) LR（-）：左后喇叭负极，绿黑色。

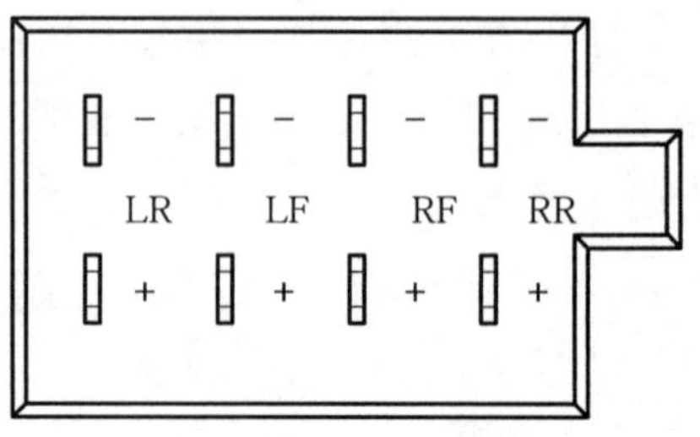

CD 接线端子 2

3．CD 接线端子 3

TEL+/TEL-：蓝牙电话音频输入功能。

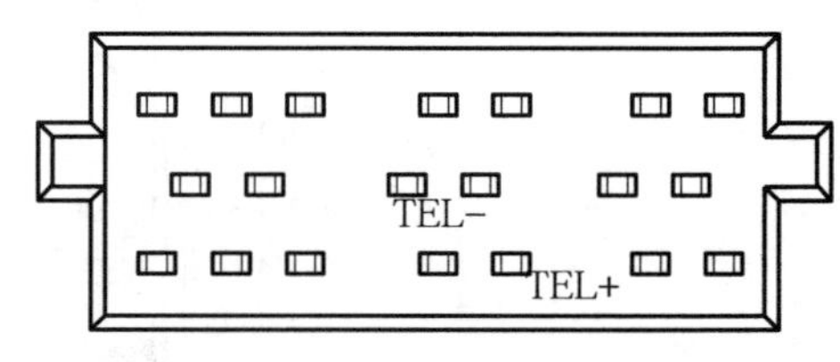

CD 接线端子 3

4．接线方法

在 CD 接线端子 1 中，将 ACC、+、ILL、IGN 端子接 +12 V，GND 端子接 -12 V，其他悬空。在 CD 接线端子 2 中，对应接入四个“4 Ω，5 W”的喇叭。有的 CD 机有 KL.15 端子，该端子一定要接在 +12 V 上，如果不接上，会出现听 1 h 时就会关机的问题。

项目 2　汽车音响的防盗功能及应用

实训要求

1．了解汽车音响防盗系统的原理。

2．能进行汽车音响解码。

主要实训器材

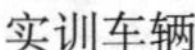
实训车辆

常用修理工具

金德 KT600 解码器

实训内容

（一）汽车音响防盗系统的原理

1. 音响防盗的基本原理

现代轿车大都装有高档音响，而约有 80% 的音响系统属于原装防盗音响。

音响防盗的基本原理是车主通过音响面板上的按键给汽车音响输入设定的密码，使音响处于防盗状态。一旦音响系统由于某种原因锁死，除非由车主输入正确的密码，否则音响仅能闪烁“CODE”或“SEC”等字样，而不能使用，这样就起到了防盗的作用。

2. 音响防盗功能的识别

当在说明书、主机、电路原理图、音响面板或后车门三角窗等处发现以下标志：ANTI-THEFT、CODE、SECU-RITY、ANTI-THEFT-SYSTEM，说明该车音响具有防盗功能。

3. 汽车音响锁死的原因

汽车在使用和维修过程中，若发生以下情况，音响就会锁死。

(1) 拆下蓄电池的电缆线，主机断电后未能及时提供存储保持电源。

(2) 蓄电池严重亏电，电压低于音响的存储保持电压。

(3) 音响电源熔断器熔断或被拔下。

(4) 音响电源线断路或人为拔下音响电源插头。

4. 防止音响锁死的措施

在进行维修时，若不知道音响密码，千万不要断开蓄电池的电源线。在更换蓄电池时，必须先并接一台新的蓄电池后再拆旧的蓄电池，不要误拔音响熔断器。例如，本田轿车的音响和发动机 ECU 清除故障码共用一个熔断器，故须注意不要随意断开该熔断器，锁车时应断开所有的用电器件，以防止蓄电池因过度放电导致音响自动锁死。

一般而言，音响断电后，由于在其内部有一只容量较大的存储电容，因此，需要一定的时间使这只大容量电容放完电后，音响才会出现锁死情况（如道奇子弹头面包车上的音响断电 1 h 以后才会锁死）。

5．防盗音响密码的获取

当音响锁死以后，要想再使用就必须按正确的步骤输入正确的密码，若多次输入错误密码，将会导致音响被永久锁死。音响密码的获取主要有以下 2 种方法。

（1）在原车上查找

音响密码可能会在音响使用手册中的密码卡上，音响机壳上的某一部位，点烟器盒背面的某一部位，文件箱内或其背面的某一部位，驾驶员侧车门上的某一部位，行李舱 CD 机机壳的某一部位，发动机 ECU 的背面等。

（2）用读码器读取

汽车音响防盗密码存储集成电路一般采用 EEPROM，并以串行形式连接在电路中，其中以 24C、93C 系列应用较多。若丢失了密码，必须使用数据编程器来读出音响中 EEPROM 原来的密码数据并加以换算，以得到正确的密码。

6．音响锁死的解码方法

（1）已知密码的解码方法

在已知密码的情况下，按正确的方式输入即可解码，其输入方式有 2 种：顺序输入和逐位输入。

1）顺序输入。如果密码为 3456，则按音响面板上的 3、4、5、6 键（通常为选台预置键）就可以了。该方法适用于宝马、奥迪 A6、本田等系列车型。

2）逐位输入。如果密码为 3456，则按音响面板上的选台预置键（1 键按 3 次、2 键按 4 次、3 键按 5 次、4 键按 6 次）就可以了。该方法适用于沃尔沃、绅宝、道奇子弹头等车型。

如果输入的是错误的密码，将出现蜂鸣声，或在液晶显示屏上出现“SAFE”等字样，这时需耐心等待 1 h 后方可重新输入密码；如果多次输入错误的密码，则需等待更长的时间方可重新输入密码，甚至有可能将音响永久锁死。

（2）用通用码解码

在不知道本机密码的情况下，可以输入该系列音响的通用码进行解码。

1）宝马系列车型阿尔派音响的通用码为 62463 或 22222。

2）起亚系列车型的通用码为 12345 或 6263。

3）沃尔沃车型的通用码为 3111 或 3113。

4）本田车型的通用码为 3443。

采用通用码解码的方法只能运用一次，若以前已使用过一次，则不能再使用。

（3）无密码的解码

如果不知道本机密码，使用通用码也无法解码时，就需要用逻辑分析仪或专用音响解码器来解码。

先打开音响机身上盖，拆下磁带舱，露出底层的主电路板，仔细查看，必要时打开机身下盖，寻找以下几种型号的集成电路：93C46、85C82、24C81A、4558 等。

这些集成电路都是 1 kB 的可擦写存储器，音响在出厂时已将密码写入了这些存储器中，存储器中的内容是可以调出和重新写入的。可以用热风枪焊下这些存储器，将它们插在专用插座上，用逻辑分析仪或专用解码器调出密码（也可以改动密码），然后再将存储器焊上，按照所调出的密码用键重新输入。这些密码存储器在接收到正确的密码后，向主 CPU 输入一个指令，命令主 CPU 启动引导程序，音响就可以正常工作了。

如果没有专用的逻辑分析仪或音响解码器，对于本田雅阁车型也可将密码集成电路 93C46 焊下来，即可永久解锁，但音响失去了防盗功能。

（二）汽车音响解码（帕萨特 B5 有密码）

1．当收放机断电后，防盗密码系统将收放机电子锁定，开机后则显示“SAFE”字样。具体表现为：打开音响，显示屏显示“SAFE”字样，3 s 后显示屏显示“1000”。

音响锁死

2．使用存台键将密码输入，按【1】键输入第一位，按【2】键输入第二位，以此类推。

输入密码

3．输入密码后，再按【AS】键或【SCAN】键，按 2 s 以上直至听到“哔”声后松开。

AS 键和 SCAN 键

<table>
<tr><td>4．若输入的密码正确，显示屏自动显示电台频率，音响已解锁。
若输入的密码错误，则显示屏先闪烁，然后持续显示“SAFE”字样，此时可重复以上步骤，重复的次数由显示屏显示。
若再次输错密码，音响将被锁定 1 h。可从显示屏左下方一个很小的“2”字识别此锁定状态，1 h 后重复次数的显示消失，又可再次解锁。</td><td>

音响解锁失败</td></tr>
<tr><td colspan="2">（三）汽车音响解码（帕萨特 B5 无密码）</td></tr>
<tr><td>1．车载 CD 使用时间过长，解锁密码丢失，而通用码又使用过，这时就须用逻辑分析仪或专用音响解码器来解码。此时应先拆解 CD 机，找到主板。</td><td>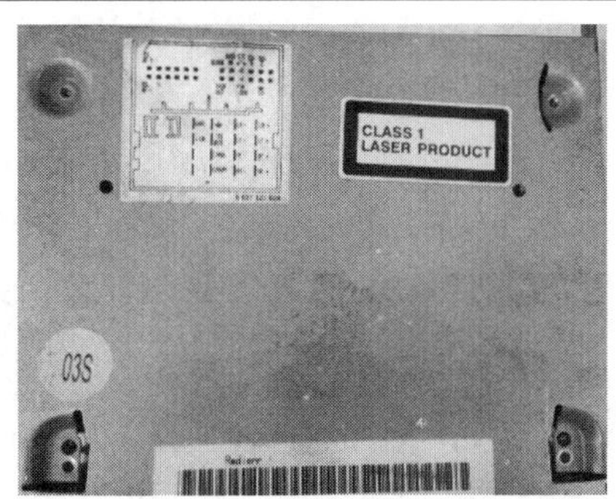

CD 机</td></tr>
<tr><td>2．在主板上找到音响密码存储芯片（95320），对照音响型号可查出密码芯片的型号，然后在电焊台上进行作业（350℃吹焊操作），取下密码芯片。</td><td>
密码芯片</td></tr>
<tr><td>3．按照型号选择进行联机作业，设备选择为 AUTO-168（汽车编程大师），破解出密码数据并自动换算出密码为 378，实际输入时在前面加一个 0，即为 0378。</td><td>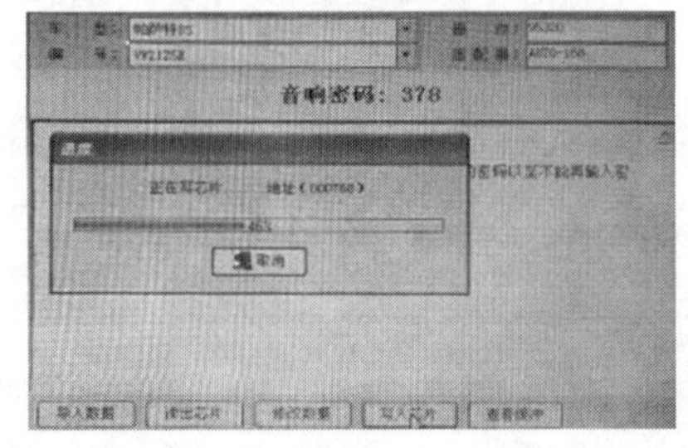

联机解码</td></tr>
</table>

4．最后将芯片与设备进行连接，进行有密码解码。	连接完成的芯片与设备

课题2 汽车音响系统的故障排除

项目1 车载音响工作不正常的故障排除

实训要求

1．了解速腾车载音响系统的电路图。

2．掌握车载音响工作不正常的故障排除方法。

主要实训器材

实训车辆

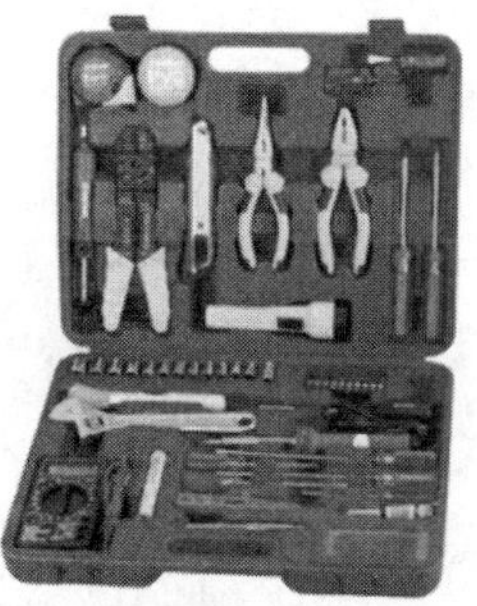
常用修理工具

数字式万用表

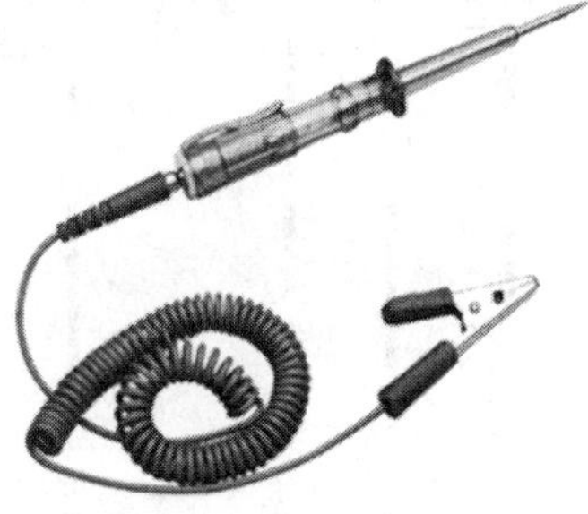
汽车试灯

金德 KT600 解码器

故障现象

一辆速腾轿车，当音响系统工作时，拔掉车辆点火钥匙后音响不能自动关机；在车辆正常使用时，快速转动转向盘或操作其他开关有时也会使正在工作的音响停止工作。

电路图

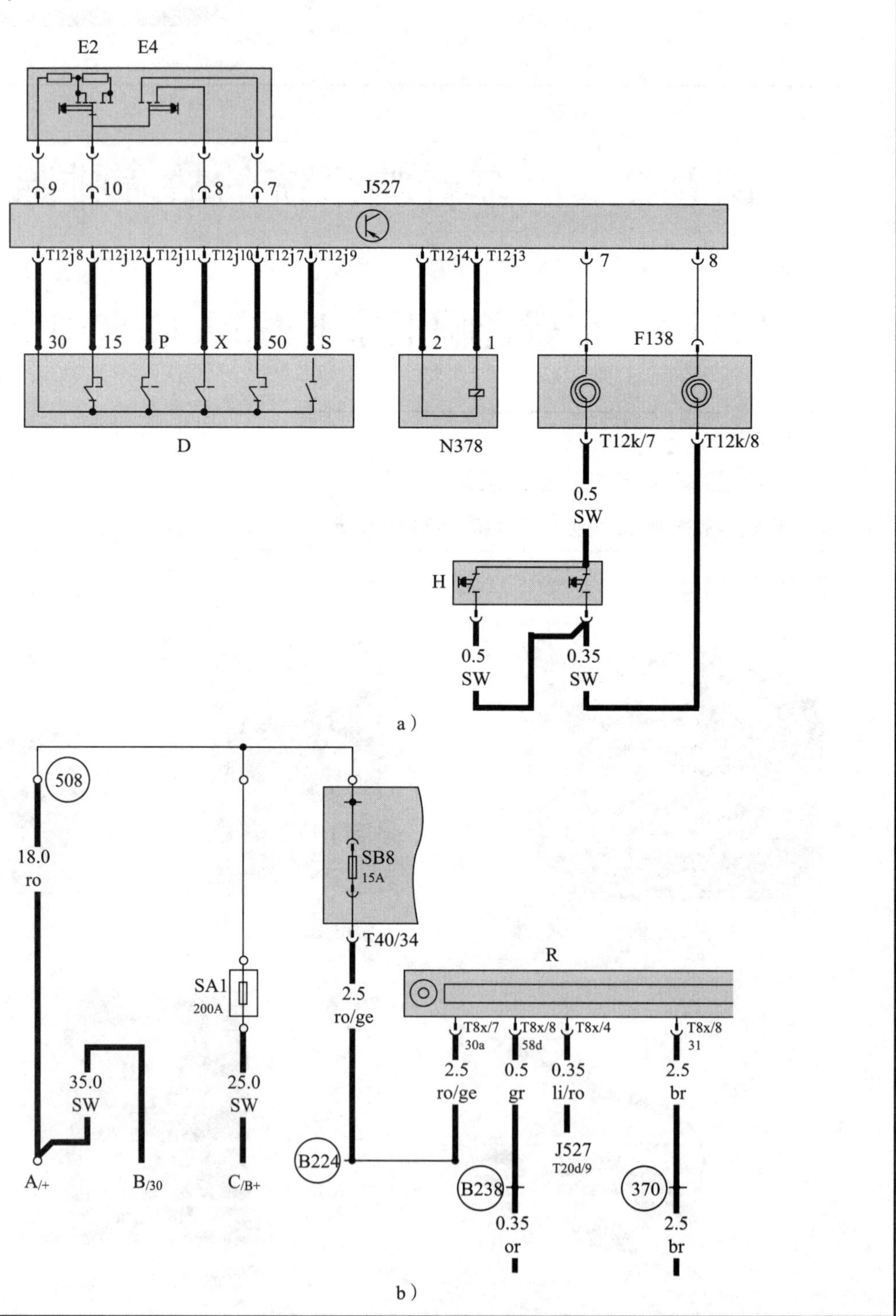

a）

b）

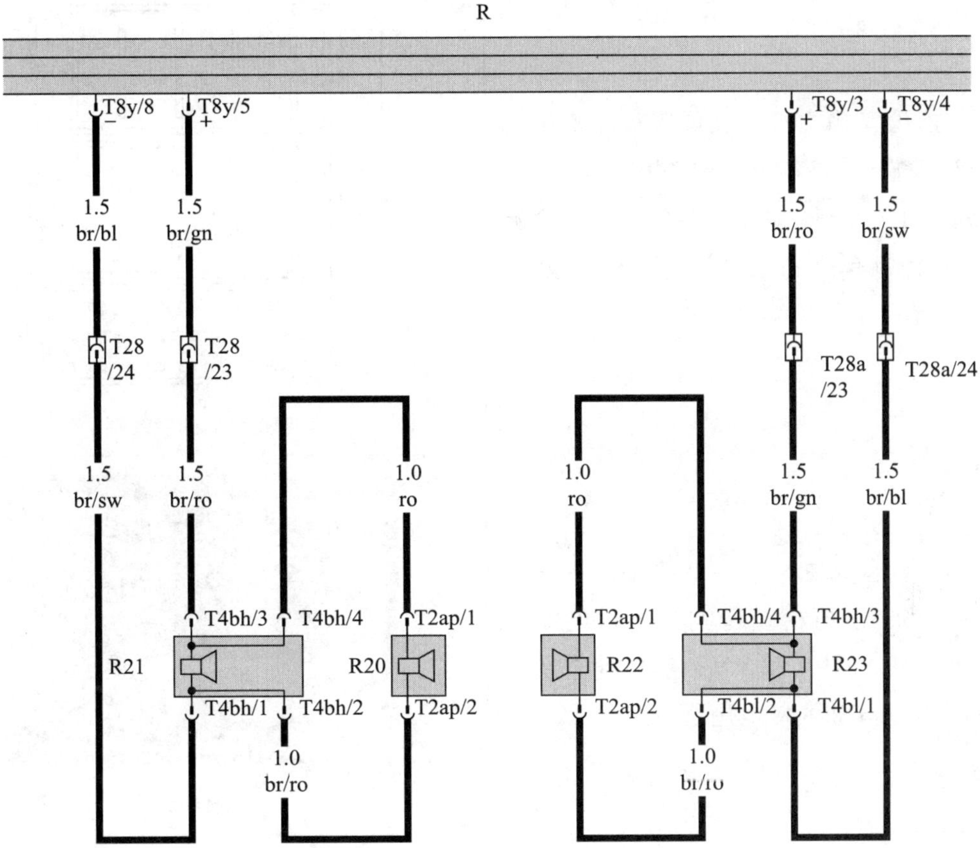

c）

汽车车载音响系统电路图

D—点火开关　J527—转向柱电子装置控制单元　H—信号喇叭控制　T12j—12 针插头连接　R20、R21—左前门扬声器　R22、R23—右前门扬声器　R—收音机　T28—插头，在左 A 柱处　T28a—插头，在右 A 柱处

故障原因

1．电源问题。

2．线路接触不良。

故障排除方法

1．使用解码器检查，选择【19- 网关】，发现网关列表中没有收音机功能项。

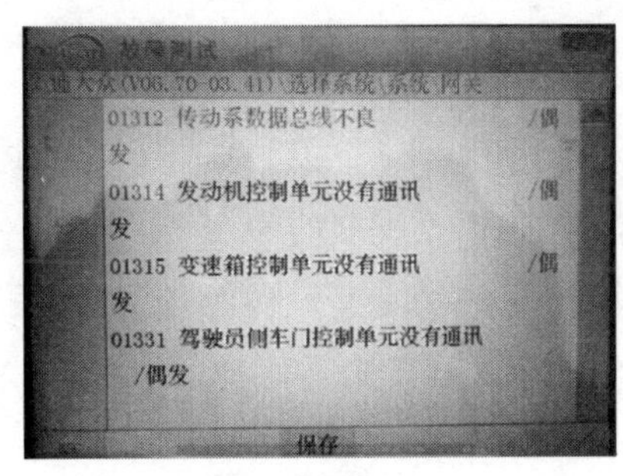

检查网关

2．拆检音响主机，发现该车音响主机后有 13 个端子，音响扬声器占用 8 个端子，电源和照明各占 1 个端子，接地线占 1 个端子，J527 控制单元占 1 个端子（S），静音控制占 1 个端子。	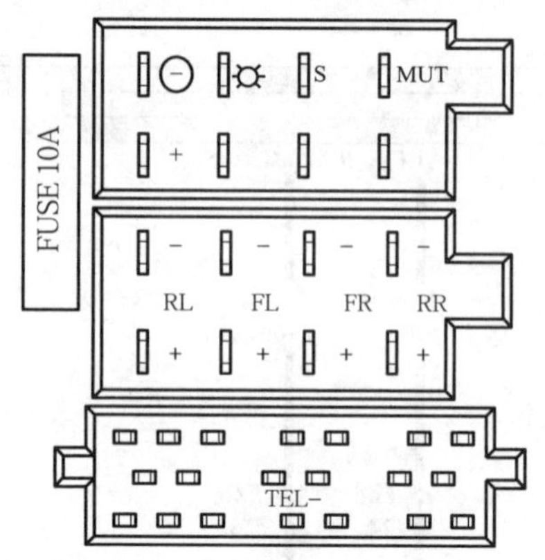 音响主机后的接线端子
3．检查音响主机电源及接地。首先检查熔断器 SB8，再检查音响主机供电端子 T8x/7 的电压，应为 12.5 V，然后检查音响主机接地端子 T8x/8 接地是否良好。	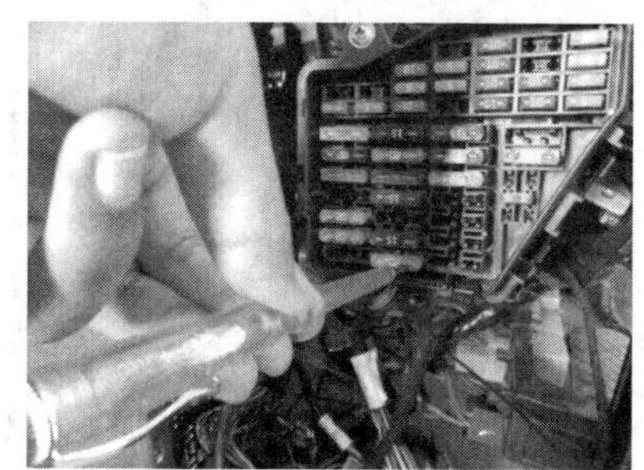 检查熔断器
4．检查音响系统的各扬声器是否正常工作，线路连接是否正常。	 检查各扬声器
5．从音响主机后接线端子的描述中得知，音响主机插头的 T8x/4 端子为 S 端子，测得其电压约为 7 V。根据电路原理分析，正常情况下该端子电压在点火钥匙插入时应为蓄电池电压。	 检测音响主机插头 T8x/4 端子的电压

6．将音响主机插头的 T8x/4 端子与 J527 的 T20d/9 端子连接。从 J527 模块的端子描述中得知，与 J527 的 F 插座相配合的 T12j/9 端子连接的导线为 S 端子线。根据电路原理分析，T12j/9 端子与 T20d/9 端子应跨接，经测量，这两个端子之间短路，属于正常连接。	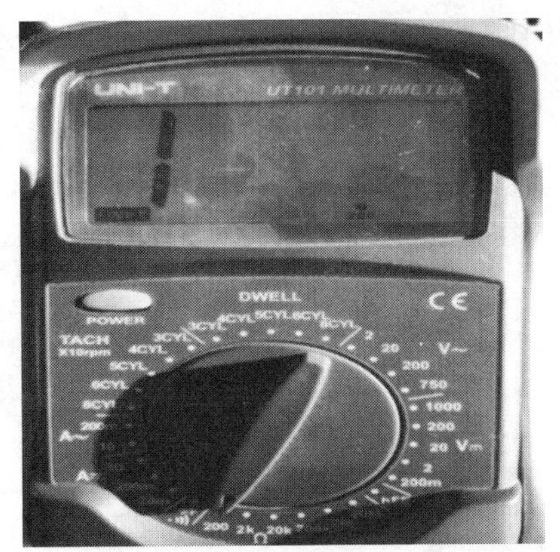 T12j/9 端子与 T20d/9 端子短路
7．T12j/9 端子经点火开关 D 与 J527 的 T12j/8 端子相连接，与 T12j/8 端子连接的导线正常情况下为 30 号线，为蓄电池电压。经测量，T12j/8 端子电压约为 12.5 V，电压正常。	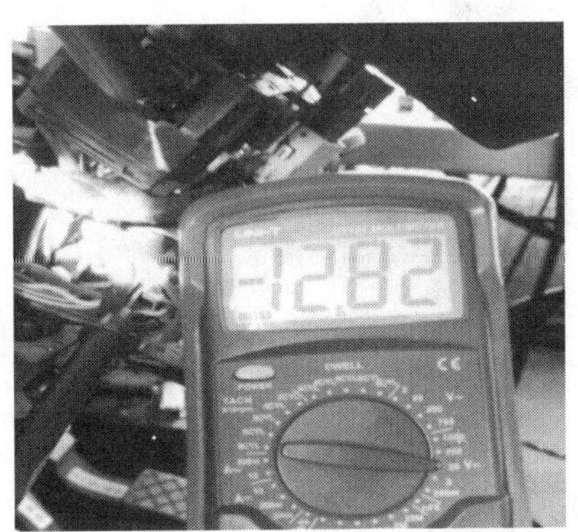 测量 T12j/8 端子的电压
8．若 T12j/8 端子电压在经过了点火开关后至 T12j/9 端子时降至 7 V 左右，说明点火开关性能不良。由于点火开关 S 触点性能不良，在车辆电气系统负荷发生变化时，点火开关 S 触点处的电压异常，导致音响系统工作不正常，此时应更换点火开关。	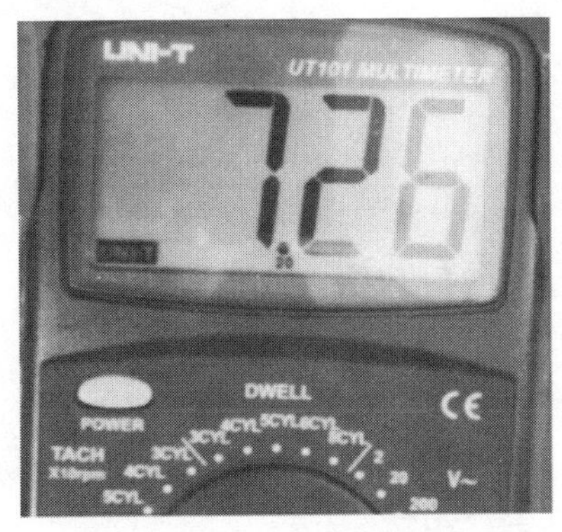 测量点火开关 S 触点的电压

和蜂鸣声，

项目 2　车载音响系统个别扬声器无声的故障排除

<table>
<tr><td colspan="2">实训要求
1．掌握识读音响系统电路图的方法。
2．掌握车载音响系统个别扬声器无声的故障排除方法。</td></tr>
<tr><td colspan="2">主要实训器材
同本课题项目 1。</td></tr>
<tr><td colspan="2">故障现象
车载音响系统左前门扬声器没有声音。</td></tr>
<tr><td colspan="2">电路图
同本课题项目 1。</td></tr>
<tr><td colspan="2">故障原因
1．扬声器线路断路、接触不良。
2．扬声器损坏。</td></tr>
<tr><td colspan="2">故障排除方法</td></tr>
<tr><td>1．打开音响系统，仔细倾听全车扬声器有无声音，若某个扬声器不响，说明其有故障。</td><td>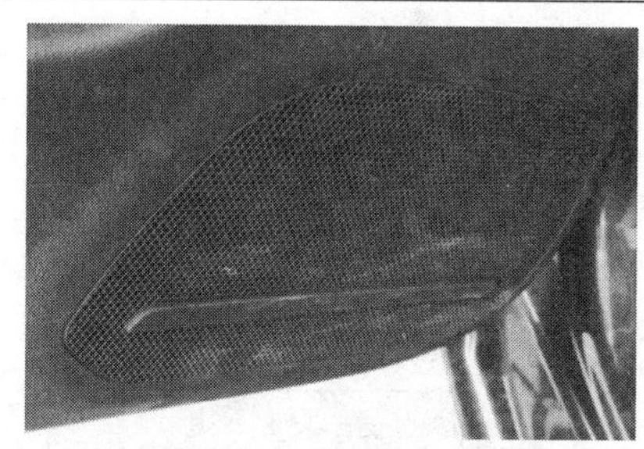
检查左前扬声器</td></tr>
<tr><td>2．拆卸不响的扬声器，拔掉扬声器插接器，然后打开音响系统，用试灯或万用表电压挡测量插接器 1 端子，若有电压，再用蜂鸣挡测量 1、3 端子，若发出间断的响声，说明扬声器损坏，应更换扬声器；若无电压和蜂鸣声，应检查线路。</td><td>

检查插接器端子</td></tr>
</table>

3．找到控制扬声器的线束插接器，一般在左 A 柱或右 A 柱下，如 R21 扬声器线束中间的插接器 T28/23 和 T28/24。	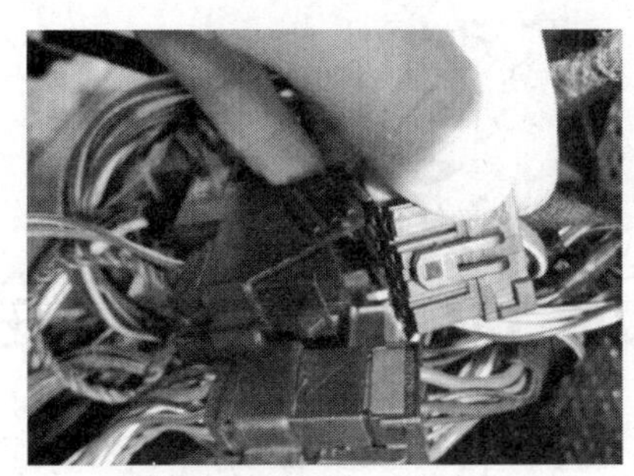 找到线束插接器
4．拔下插接器，用万用表欧姆挡测量插接器到 CD 机导线之间的电阻值和插接器到扬声器之间的电阻值（如测量 T28/24 到 T8y/8 导线之间的电阻值），若电阻值为“∞”，说明电路断路。	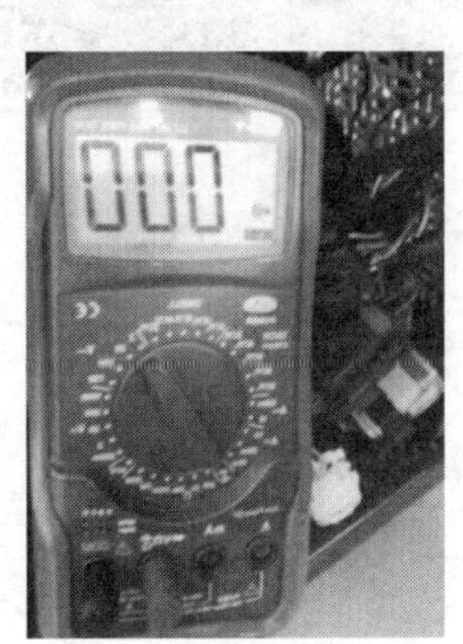 检查导线的通断
5．发现某一导线断路时应找到断路点，并在两端子间重新接入导线，打开音响看故障是否排除。	 短接导线

单元 10　汽车安全装置的维护与故障排除

知识概述

汽车安全气囊（SRS）由碰撞传感器、安全气囊系统的电控单元（SRS ECU）、SRS 指示灯、防护传感器（安全传感器）、气囊、气体发生器、点火器和线束等组成。

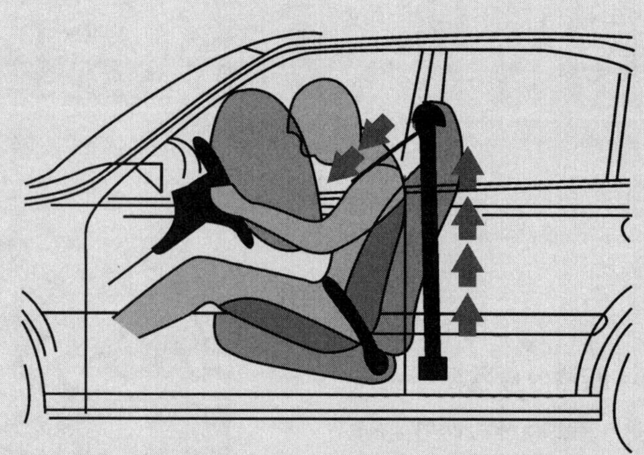

汽车安全气囊

中控的功能主要有中央控制、速度控制、单独控制，其主要由门锁开关、门锁执行机构和门锁控制器组成。

课题 1　汽车安全气囊的使用与维护

项目 1　安全气囊系统控制部件的拆装与复位

实训要求

1．掌握安全气囊的拆装方法与注意事项。

2．掌握安全气囊的复位方法。

主要实训器材

实训车辆

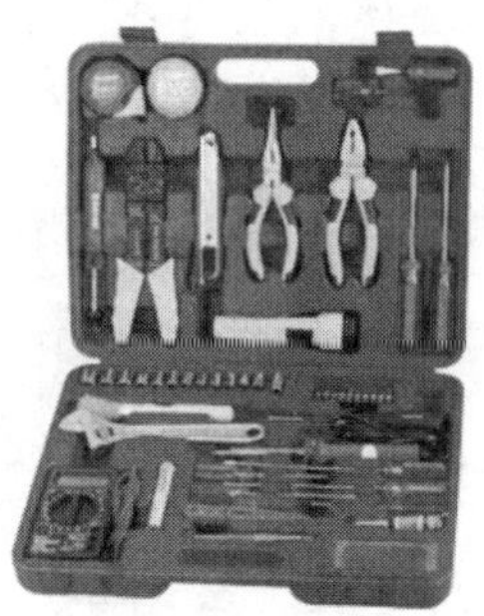

常用修理工具

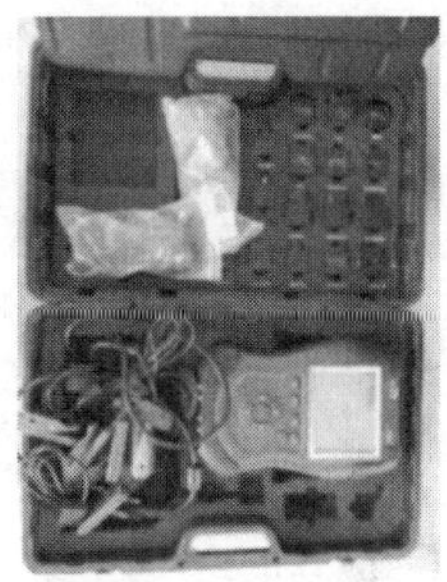

金德 KT600 解码器

实训内容

（一）驾驶员侧安全气囊的拆装与复位

1．打开发动机舱盖，拆下蓄电池负极或拔掉安全气囊熔断器，切断电源并等待 5 min 左右，以便安全气囊备用电源耗尽。	 拆卸蓄电池负极

2．用工具拧出转向盘与安全气囊固定的连接螺栓，注意有些车型使用的是卡扣连接。	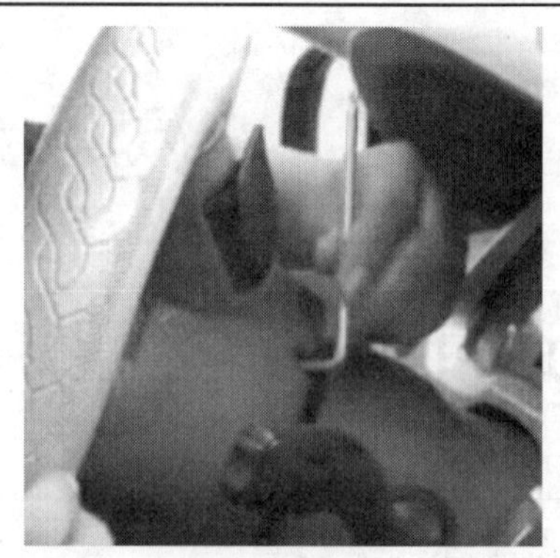 拧出连接螺栓
3．取出安全气囊总成，断开安全气囊连接线（一般为黄色插头）。放置时应将有装饰罩的一面向上，以防静电引爆气囊。	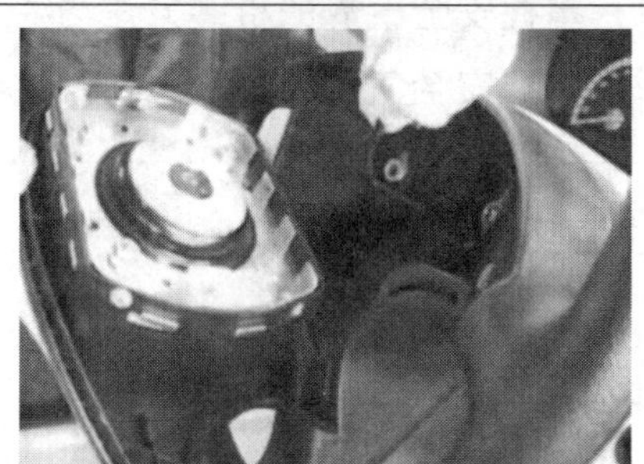 拆卸气囊总成
4．拧出转向盘固定螺母，取下转向盘总成。	 拆卸转向盘总成
5．拆卸转向盘上、下盖板，断开螺旋电缆线束插头，拧出螺旋电缆螺钉，取下螺旋电缆。 **注意**：在安装螺旋电缆时，其位置应该在中间，否则在旋转转向盘时易使其断裂。	 拆卸螺旋电缆

<table>
<tr><td>6．新的安全气囊安装完成后，需要对其进行复位，具体操作为：用解码器进入【安全气囊】系统进行故障码清除，然后重新打开点火开关，安全气囊指示灯熄灭，系统正常使用。</td><td>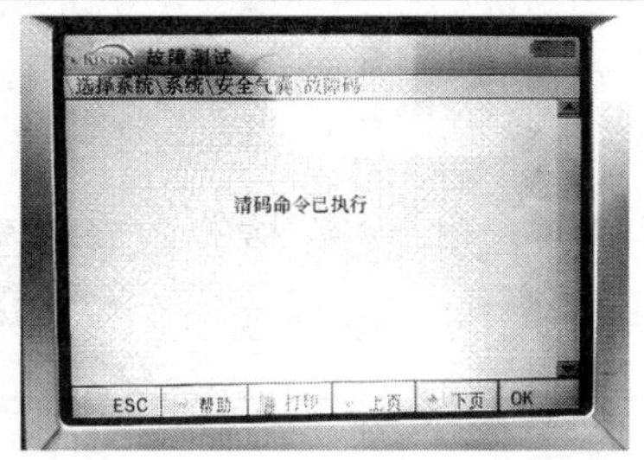

清除故障码</td></tr>
<tr><td colspan="2">（二）副驾驶侧安全气囊的拆卸</td></tr>
<tr><td>1．分体式安全气囊
断开电源 5 min 左右，先拆除仪表板右侧杂物箱部件，拔下黄色安全气囊插接器，拆除安全气囊模块的固定螺栓，然后拆除安全气囊组件，拆下的安全气囊组件在放置时应将有装饰的一面朝上。</td><td>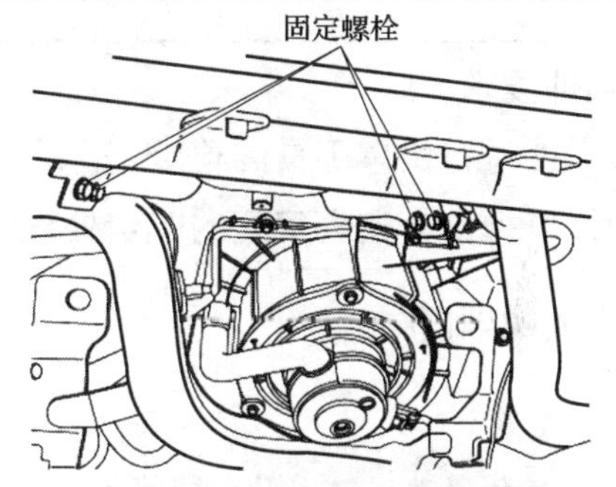

分体式安全气囊的拆卸</td></tr>
<tr><td>2．整体式安全气囊
断开电源 5 min 左右，先拆除仪表板，拔下黄色安全气囊插接器，用金属工具撬松时不能接触插接器，以防止气囊引爆，然后将安全气囊与仪表板一起移出，最后将气囊组件与仪表板分离。</td><td>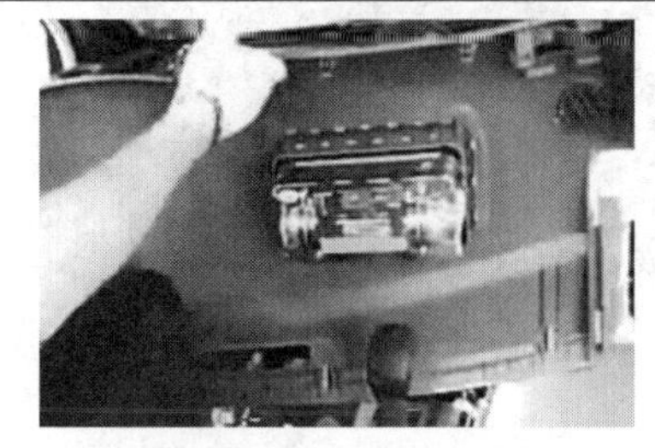
整体式安全气囊的拆卸</td></tr>
<tr><td colspan="2">（三）拆卸安全气囊的注意事项</td></tr>
<tr><td colspan="2">1．在拔下安全气囊引爆插头之前，要断开蓄电池负极电缆并等待 90 s 后方可进行。因为安全气囊电控单元内部或外部装有备用电源，如果在蓄电池脱开的 90 s 内操作，由于备用电源电能未放尽，有可能将安全气囊引爆。当蓄电池断开时，车上的音响防盗系统会被锁住，断电之前要核对是否保存有该车音响的防盗密码。
2．存放拆下的安全气囊时，一定要使气囊膨胀的方向朝上，铝壳朝下，否则气囊一旦膨胀，就会导致严重事故。
3．气囊应存放在环境温度低、湿度小的地方，切勿将安全气囊暴露于热气中或火焰前。
4．不要用任何种类的清洗剂清洗安全气囊，不准涂润滑油脂，只允许用干布或浸了清水的湿布擦拭。
5．切勿用万用表测量安全气囊引爆器的电阻值，否则可能会引起气囊膨胀。
6．对未引爆的安全气囊不要随意乱丢，应使用专用工具将气囊引爆后再进行处理。</td></tr>
</table>

7．安装转向盘前，应将连接气囊的螺旋电缆调在中间位置，否则转动转向盘时会拉断螺旋电缆。

8．不要在副驾驶侧安全气囊位置摆放任何物品，以防在碰撞时造成不必要的损伤。

9．安全气囊安装完成后必须用故障诊断仪查询和清除故障码。

项目 2　废弃安全气囊的处理

实训要求

1．能进行引爆工具的检查。

2．掌握废弃安全气囊的安全处理方法。

主要实训器材

实训车辆

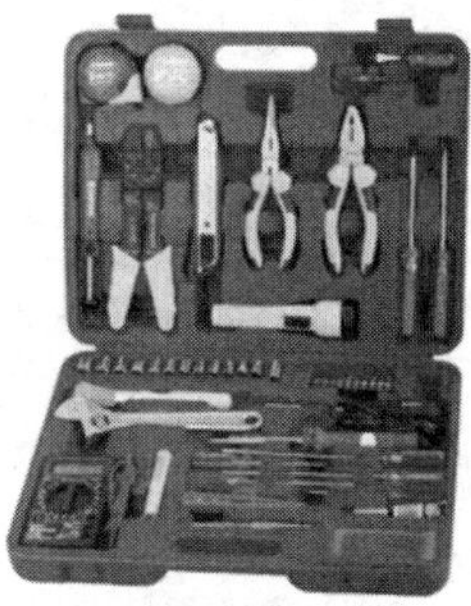

常用修理工具

气囊引爆器

实训内容

（一）引爆工具的检查

1．将黄色卡夹连接在引爆工具的两个开关保护器手柄上，并将红色（+）和黑色（-）鳄鱼夹连在 12 V 蓄电池上。

2．按压操纵开关，绿色指示灯亮表示该工具正常，红色指示灯亮表示该工具有故障。

3．检查后，应将红色（+）和黑色（-）鳄鱼夹短接在一起。

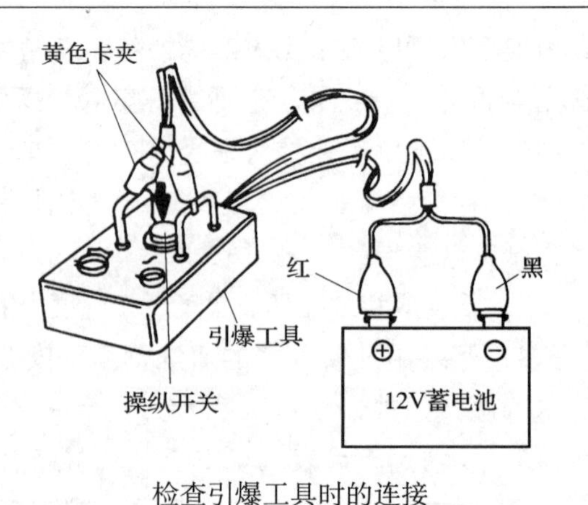

检查引爆工具时的连接

（二）引爆准备工作

1．切断点火开关，拆下蓄电池负极电缆，并等待至少 5 min。

2．检查试验引爆工具。

3．将驾驶员侧安全气囊与螺旋电缆连接器脱开，将其他安全气囊与主线束上的插接器脱开。

4．将安全气囊导线端头的外表皮剥掉，并将引爆工具的鳄鱼夹连到气囊上，再将引爆工具放置在距离气囊至少 10 m 的地方。

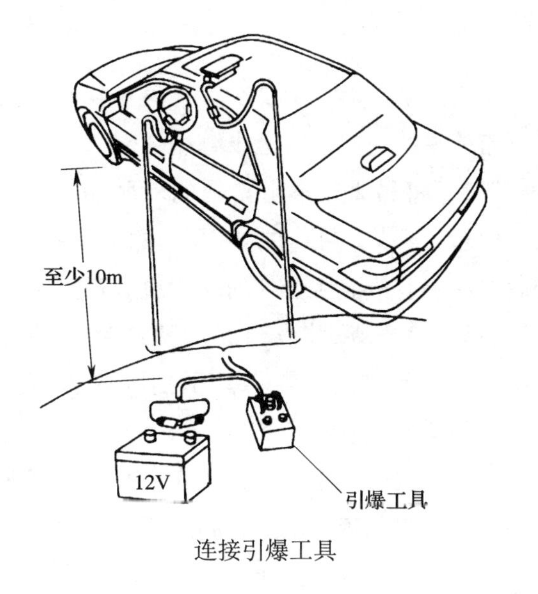

连接引爆工具

（三）车内引爆气囊

1．将引爆工具上的红色（+）和黑色（−）鳄鱼夹连到 12 V 蓄电池上。若工具上的绿色指示灯亮，说明气囊的点火电路有故障，因而不能引爆气囊；若工具上的红色指示灯亮，说明气囊可以引爆。

2．按下引爆工具的操作开关，即可引爆气囊。引爆气囊时会有巨大的声响，可以看见气囊迅速膨胀，并随之慢慢泄气、萎缩。

3．若无引爆工具而需在车内引爆时，可先切断点火开关，断开蓄电池负极电缆，并至少等待 5 min，再将气囊引线剥开，用双股导线与之相连，接头处用绝缘胶布包上，并将它引到距车辆至少 10 m 以外的蓄电池正负接线柱上即可引爆气囊。

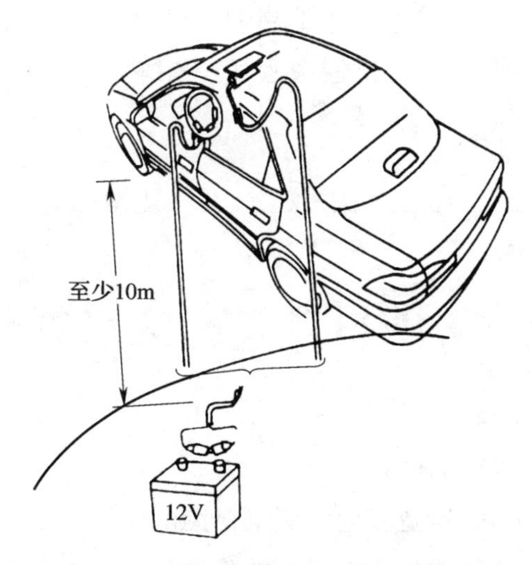

无引爆工具时在车内引爆

（四）车外引爆气囊

1．用车辆线束或铁丝将气囊组件绑在不带轮辋的轮胎内（至少缠绕 3 圈）。

2．将另 2 只不带轮辋的轮胎用钢丝绑在一起（至少 2 圈）并放在平坦的地面上，然后再将装有气囊组合件的轮胎放置在其上。

3．将气囊引线割断，两端线头剥掉 15 mm，用双股导线将其引到距轮胎 10 m 以外的地方。

4．将第二组轮胎放置在前面 3 只轮胎上，并将 1 只带轮辋的轮胎置于最顶部。

5．将引爆工具上的红色（+）和黑色（−）鳄鱼夹连到 12 V 蓄电池上。若工具上的绿色指示灯亮，说明气囊的点火电路有故障，因而不能引爆气囊；若工具上的红色指示灯亮，说明气囊可以引爆。

6．按下操作开关，即可引爆气囊。引爆气囊时会有巨大的声响，可以看见气囊迅速膨胀，并随之慢慢泄气、萎缩。

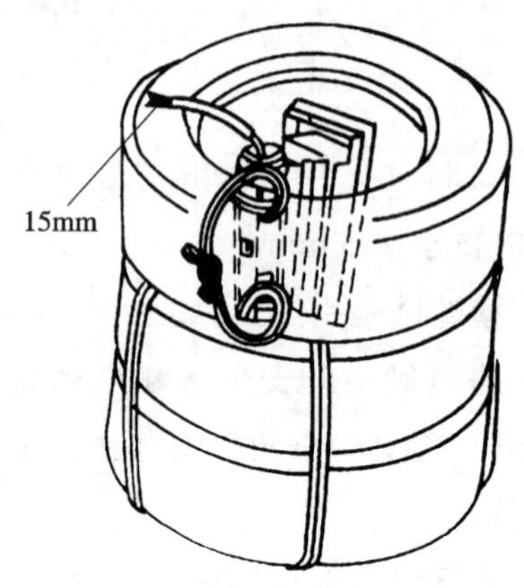

第一组轮胎和气囊的安放

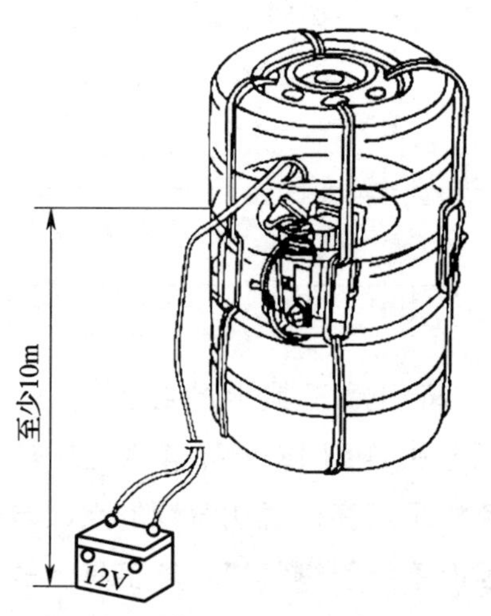

第二组轮胎和引爆工具

项目 3　安全气囊指示灯常亮的故障排除

实训要求

1．掌握安全气囊电路图的识读方法。

2．掌握安全气囊故障指示灯常亮的故障排除方法。

主要实训器材

同本课题项目 1。

故障现象

在打开点火开关、仪表进行自检后，安全气囊指示灯常亮。

电路图

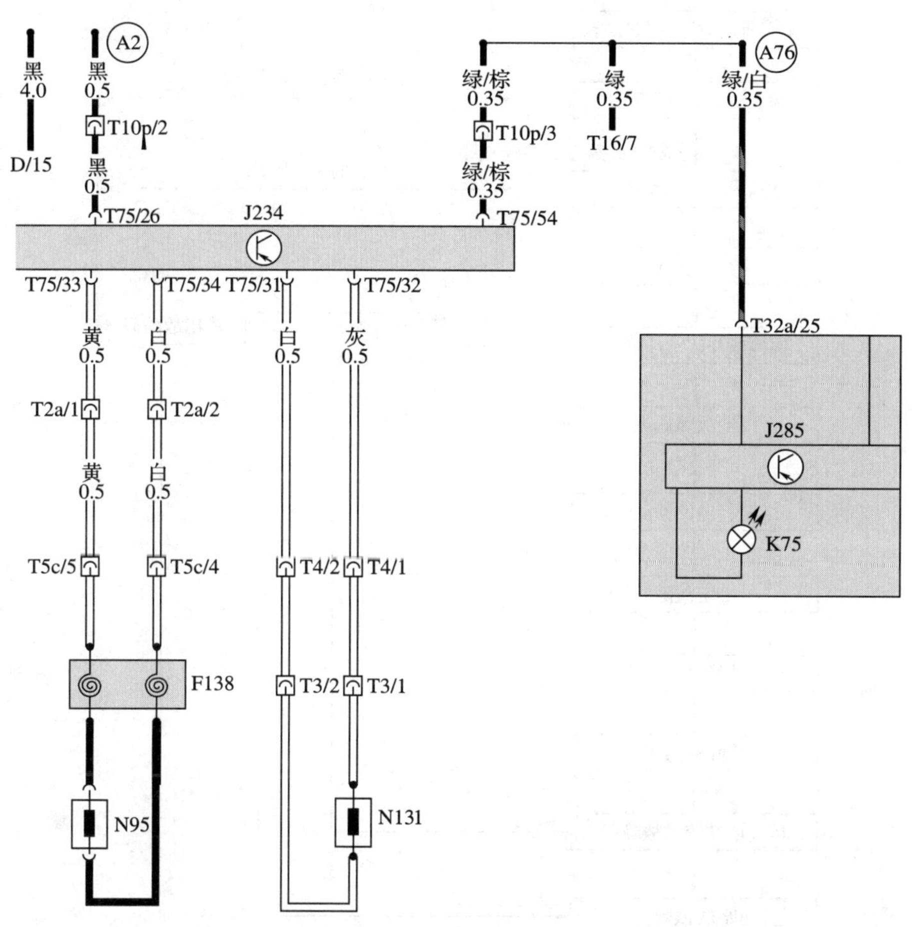

安全气囊指示灯电路图

D—点火开关　　F138—安全气囊螺旋电缆连接器

J234—安全气囊控制单元　　K75—安全气囊报警灯，在仪表上

N95—驾驶员侧安全气囊点火器　　N131—副驾驶侧安全气囊点火器

故障原因

1．线路松落或插头接触不良。

2．安全气囊传感器故障。

3．安全气囊 ECU 出现故障。

4．安全气囊出现故障。

故障排除方法

1．故障排除流程

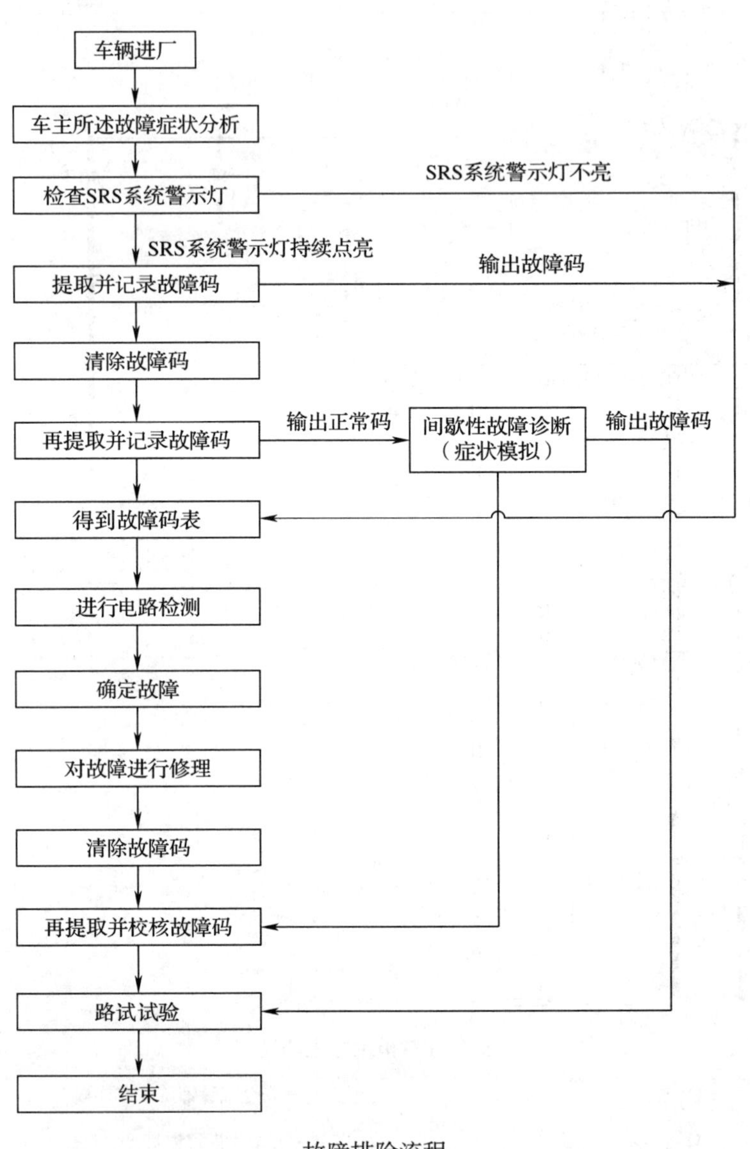

故障排除流程

2．大众帕萨特安全气囊故障码表及说明

大众帕萨特安全气囊故障码表及说明

故障码	故障原因	故障排除
00532 电源信号太小	①电源到安全气囊控制单元（J234）的导线或连接故障 ②蓄电池放电或损坏	①根据电路图测试到控制单元导线的通断和连接情况 ②为蓄电池充电或更换蓄电池

续表

故障码	故障原因	故障排除
00588 驾驶员侧安全气囊点火器（N95）电阻值太大、电阻值太小、对正极短路、对地短路	①导线或连接故障 ②驾驶员侧安全气囊故障 ③带有滑动环的线圈接头（F138）故障	①更换损坏的导线或连接 ②更换驾驶员侧安全气囊 ③更换带有滑动环的线圈接头 ④读取测量数据块
00589 副驾驶侧安全气囊点火器（N131）电阻值太大、电阻值太小、对正极短路、对地短路	①导线或连接故障 ②副驾驶侧安全气囊故障	①更换损坏的导线或连接 ②更换副驾驶侧安全气囊 ③读取测量数据块
00595 存储的撞击数据	—	①更换控制单元 ②更换安全气囊单元和所有损坏的部件
01221 驾驶员侧安全气囊撞击传感器（G179）电阻值太大、电阻值太小、开路与短路故障、未授权	①导线或连接故障 ②撞击传感器故障 ③控制单元故障 ④撞击传感器和控制单元不匹配	①更换损坏的导线或连接 ②更换损坏的部件 ③更换撞击传感器或控制单元
01222 驾驶员侧安全气囊撞击传感器（G180）电阻值太大、电阻值太小、开路与短路故障、未授权		
01280 副驾驶侧安全气囊未激活	副驾驶侧安全气囊失去功能	控制单元匹配
65535 控制单元故障	①外部的电磁干扰、接地不良或与控制单元（J234）的正极连接不良 ②控制单元故障	①根据电路图测试通向控制单元的导线和接头 ②更换控制单元

3．维修及故障码消除

根据读取的故障码进行维修，维修后清除故障码，启动安全气囊系统。

课题 2　汽车防盗与中控门锁控制系统的维护

项目 1　中控门锁控制系统主要部件的拆卸与检测

<table>
<tr><td colspan="2">实训要求
1．掌握中控门锁的拆卸方法。
2．掌握中控门锁总成的检查方法。
3．能对中控门锁控制系统常见故障进行诊断与排除。</td></tr>
<tr><td colspan="2">主要实训器材

实训车辆
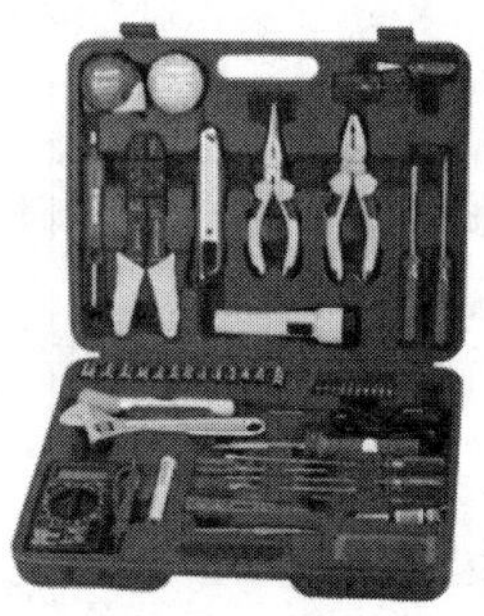
常用修理工具</td></tr>
<tr><td colspan="2">实训内容</td></tr>
<tr><td colspan="2">（一）门锁的拆卸</td></tr>
<tr><td>1．断开蓄电池负极，拆卸车门护板，将玻璃升降控制面板电路拆下。</td><td>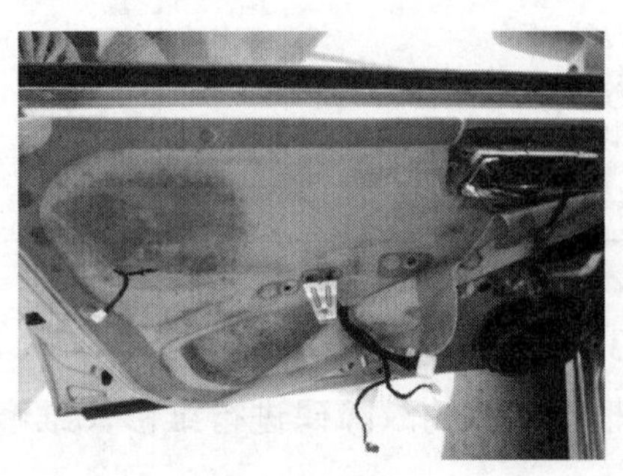
拆卸车门护板</td></tr>
</table>

2．拧出车门锁芯的固定螺栓，断开连接器。	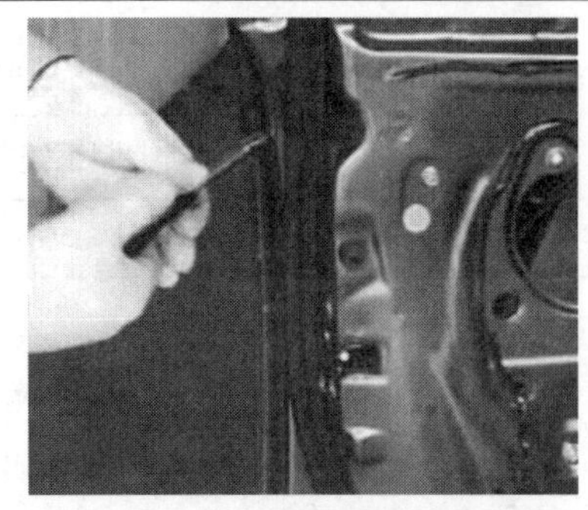 拧出固定螺栓
3．取下锁芯和车门外拉手，拿下车门外拉手的密封垫。	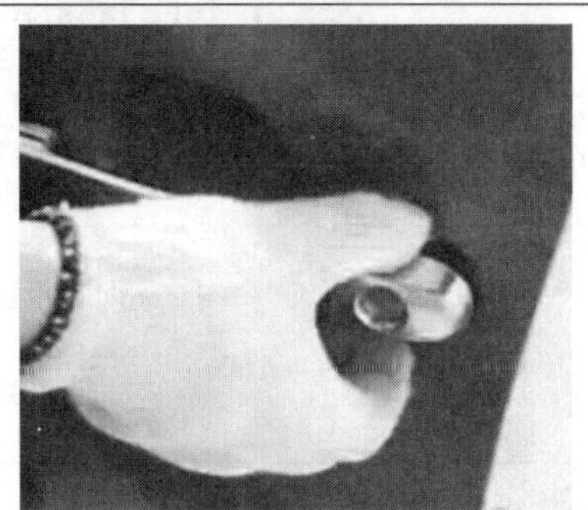 拆卸锁芯
4．拧出中央门锁总成的固定螺栓，拔下中央门锁控制插接器，取出中央门锁总成。	 拔下插接器
（二）检查中控门锁总成	
根据车窗电路图检查驾驶员侧闭锁控制单元 F220，其具体操作为：用万用表欧姆挡检查闭锁电动机的电阻值，红、黑表笔分别连接闭锁总成 T8c/1 和 T8c/2 端子，其电阻值应符合要求，否则应更换总成。	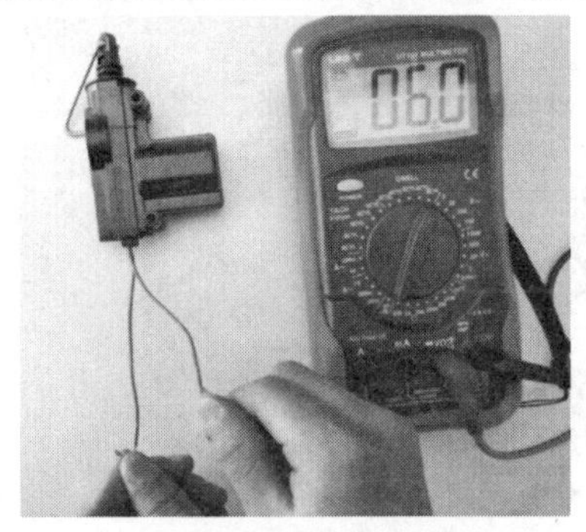 检查闭锁电动机的电阻值

（三）中控门锁控制系统常见故障的诊断与排除

中控门锁控制系统常见故障现象、可能原因及排除方法

故障现象	可能原因	排除方法
一个门锁不工作	①门闩或连杆障碍 ②电路短路或断路 ③执行器故障	①将润滑剂注入开启的门闩，反复手动操作10次，检查弹簧锁及所有的连杆运动有无干涉 ②检查执行器连接器、操纵开关各挡位上的电压 ③检查执行器
所有门锁都不工作	①电路熔断器故障 ②电路断路或短路 ③继电器没有搭铁 ④搭铁电路断路	①检查熔断器 ②检查熔断器下方电路与门锁开关之间的导线和连接点 ③检查门锁开关 ④检查驾驶员侧开关的搭铁情况
门锁只以一种方式工作	①电路断路或短路 ②继电器故障 ③搭铁电路断路	①检查熔断器下方电路与门锁开关之间的导线和连接点 ②检查继电器 ③检查驾驶员侧开关的搭铁情况
门锁间歇性工作	①连接点松动 ②继电器搭铁不良 ③开关故障	①检查继电器和支架的连接螺钉 ②检查插接器 ③检查开关
门锁只在发动机运转时工作	①蓄电池电压过低 ②连接点松动或腐蚀	①检查蓄电池电压 ②检查导线连接点

项目 2　大众二代防盗系统的匹配

实训要求

掌握大众二代防盗系统的匹配方法。

主要实训器材

实训车辆

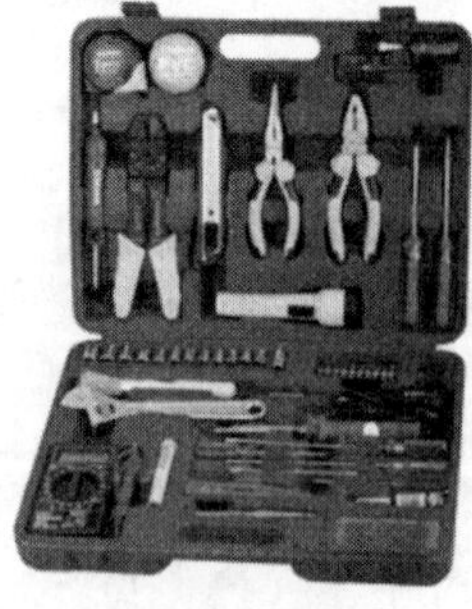

常用修理工具

金德 KT600 解码器

故障现象
更换发动机控制单元后，或因防盗系统起作用使发动机不能启动（发动机运转 3 s 后熄火），防盗系统没有任何电路故障，必须使用解码器重新与防盗控制单元进行匹配后才能启动发动机。
实训内容
（一）更换发动机控制单元的匹配程序
1．必须使用一把合法钥匙。 2．连接解码器，进入【防盗控制系统】。 3．选择【自适应匹配】功能。 4．输入通道号“00”。 5．仪器显示【是否清除已知数值】，按【确定】键。 6．仪器显示【已知数值已被清除】，表示完成匹配程序的更换。
（二）更换防盗控制单元的匹配程序
更换新的防盗控制单元： 1．发动机控制单元的随机代码自动被防盗控制单元读入并存储起来。 2．重新做一次所有钥匙匹配程序。 更换从其他车上拆下来的防盗控制单元： 1．重新做一次发动机控制单元匹配程序。 2．重新做一次所有钥匙匹配程序。
（三）匹配汽车钥匙
1．说明 (1) 此功能将清除以前的所有合法钥匙的代码。 (2) 必须将所有的汽车钥匙（包括新配的钥匙）与防盗控制单元进行匹配，同时完成匹配程序。 (3) 如果用户遗失了一把合法的钥匙，为了安全起见，必须将其他所有合法的钥匙完成匹配钥匙的程序，这样才能将丢失的钥匙变为非法，使之不能启动发动机。 (4) 匹配钥匙程序必须先输入密码，从密码牌上可见四位数密码；或更换防盗控制单元后，在控制单元外壳处获取四位数密码。 **2．基本操作** (1) 必须使用所有的汽车钥匙。 (2) 获取密码并连接解码器。 (3) 打开点火开关，选择并进入【防盗控制系统】。

（4）选择【登录】测试功能。

（5）输入密码，在四位数密码前加一个0，如02345。如果连续两次输入错误，在第三次输入密码前，必须退出防盗器自诊断程序，打开点火开关并等待30 min后再进行。

（6）若密码输入成功，选择【通道匹配】测试功能。

（7）输入匹配通道号。桑塔纳2000、帕萨特输入通道号“21”；捷达，奥迪A4、A6、V6、V8输入通道号“01”。

（8）输入匹配钥匙数（0 ~ 8把，0表示全部钥匙都变为非法，不能启动发动机）。

（9）再一次确认输入匹配钥匙的数目。

（10）存储输入的钥匙数，关闭点火开关，拔下钥匙，然后插入下一把钥匙，打开点火开关至少1 s，重复上述操作，直到把所有的钥匙都匹配成功。

注意：

（1）匹配全部钥匙操作不能超过30 s，如果只是插入钥匙，而没有打开点火开关，那么这把钥匙将匹配无效。

（2）如果系统在识读钥匙的过程中发现错误，如将已匹配的钥匙再进行匹配等，则警告灯以每秒两次的频率闪亮，读钥匙过程将自动中断。

（3）每次匹配过程顺利完成后，警告灯以每秒两次的频率闪亮，然后熄灭半秒钟，再点亮半秒钟，最后熄灭。

项目3　大众三代防盗系统的匹配

实训要求

掌握大众三代防盗系统的匹配方法。

主要实训器材

实训车辆

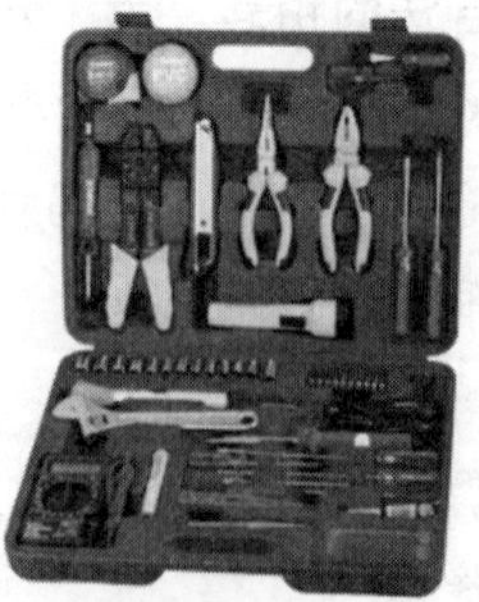

常用修理工具

金德KT600解码器

实训内容	
从 2000 年开始生产的部分大众汽车配备有第三代防盗系统。在第三代防盗系统中，防盗系统控制单元与组合仪表是集成在一起的，下面以奥迪 A6 为例，介绍第三代防盗系统的匹配。	
（一）更换发动机控制单元的匹配程序	
1．打开点火开关，在静态下选择进入【发动机系统】。	4B0920930.. C5-KOMBIINSTR VDO D.. Coding 01083 WSC 12345 界面显示 1
2．选择【自适应匹配】功能，输入通道号“50”，按【确定】键。	输入通道号 × × 界面显示 2
3．输入自适应值（原车防盗），按【确定】键。	输入自适应值 × × × × × 界面显示 3
4．在输入正确的密码 4 s 后，底盘号码将出现在显示屏上。	通道 50 自适应 WAUZZZ4BZYN004321 界面显示 4
5．按【确定】键，显示屏显示图片内容。	通道 50 自适应 是否储存新值? 界面显示 5
6．按【确定】键，显示屏显示图片内容，匹配完成，可以启动发动机。	通道 50 自适应 新值已被存储 界面显示 6

<table>
<tr><td colspan="2">（二）更换组合仪表控制单元的匹配程序</td></tr>
<tr><td colspan="2">更换组合仪表后，必须完成其与发动机控制电脑的匹配，并完成钥匙的匹配，否则无法启动发动机。</td></tr>
<tr><td>1. 打开点火开关，在静态下选择进入【选择组合仪表系统】。</td><td>4B0920930.. C5-KOMBIINSTR
VDO D..
Coding 01083 WSC 12345
界面显示 1</td></tr>
<tr><td>2. 选择【登录】功能，输入密码（新密码）。</td><td>输入密码
×××××
界面显示 2</td></tr>
<tr><td>3. 选择【自适应匹配】功能，输入通道号“50”，按【确定】键。</td><td>输入通道号
××
界面显示 3</td></tr>
<tr><td>4. 输入自适应值（原车密码），按【确定】键。</td><td>输入自适应值
×××××
界面显示 4</td></tr>
<tr><td>5. 在输入正确的密码 4 s 后，底盘号码将出现在显示屏上。</td><td>通道 50 自适应
WAUZZZ4BZYN004321
界面显示 5</td></tr>
<tr><td>6. 按【确定】键，选择【储存新值】，完成钥匙的匹配，启动发动机完成匹配过程。</td><td>通道 50 自适应
新值已被储存
界面显示 6</td></tr>
<tr><td colspan="2">（三）匹配汽车钥匙</td></tr>
<tr><td>1. 打开点火开关，在静态下选择进入【选择组合仪表系统】。</td><td>4B0920930.. C5-KOMBIINSTR
VDO D..
Coding 01083 WSC 12345
界面显示 1</td></tr>
</table>

<table>
<tr><td>2. 选择【登录】功能，输入密码（新密码）。</td><td>输入密码
×××××
界面显示 2</td></tr>
<tr><td>3. 选择【自适应匹配】功能，输入通道号“21”，按【确定】键，显示屏的左上角显示 3 把钥匙已与系统完成匹配。</td><td>输入通道号
××
界面显示 3</td></tr>
<tr><td>4. 按【确定】键，输入将要匹配的钥匙数，包括插在点火锁上的钥匙，最多 8 把。在匹配过程中，所有钥匙的匹配时间加起来不能超过 30 s（从登录起开始算时间到配完钥匙为止，不计钥匙拔出到插入的间隔时间），否则故障警告灯将以 2 Hz 的频率闪亮，必须重新进行匹配（包括登录与匹配）。</td><td>匹配的钥匙数
××
界面显示 4</td></tr>
<tr><td>5. 按【确定】键，选择【储存新值】，完成钥匙的匹配，仪表盘上的警告灯熄灭。</td><td>新值已被储存
界面显示 5</td></tr>
<tr><td colspan="2">（四）同时更换发动机控制单元和仪表板控制单元的匹配程序</td></tr>
<tr><td>1. 连接解码器，选择【仪表板系统】。</td><td>4B0920930.. C5-KOMBIINSTR
VDO D..
Coding 01083 WSC 12345
界面显示 1</td></tr>
<tr><td>2. 选择【传输底盘号】功能，输入底盘号码，按【确定】键，将底盘号登记到组合仪表内。</td><td>输入底盘号码
WAUZZZ4BZYN004321
界面显示 2</td></tr>
</table>

3．选择【自适应匹配】功能，输入通道号“50”并按【确定】键。	输入通道号 ×× 界面显示 3
4．输入密码（新仪表的密码），按【确定】键。在输入正确的密码 4 s 后，底盘号码将出现在显示屏上。	通道 50 自适应 WAUZZZ4BZYN004321 界面显示 4
5．按【确定】键，选择【储存新值】。完成自适应后，组合仪表上的警告灯熄灭，出现短的确认信号（警告灯会闪烁一下）。	通道 50 自适应 新值已被储存 界面显示 5

单元 11　汽车灯光系统的维护与故障排除

知识概述

汽车灯具按照功能分为汽车照明灯和汽车信号灯。汽车照明灯包括前照灯（分为远光灯和近光灯）、雾灯、牌照灯等。汽车信号灯包括转向灯、示宽灯、制动灯、倒车灯等。

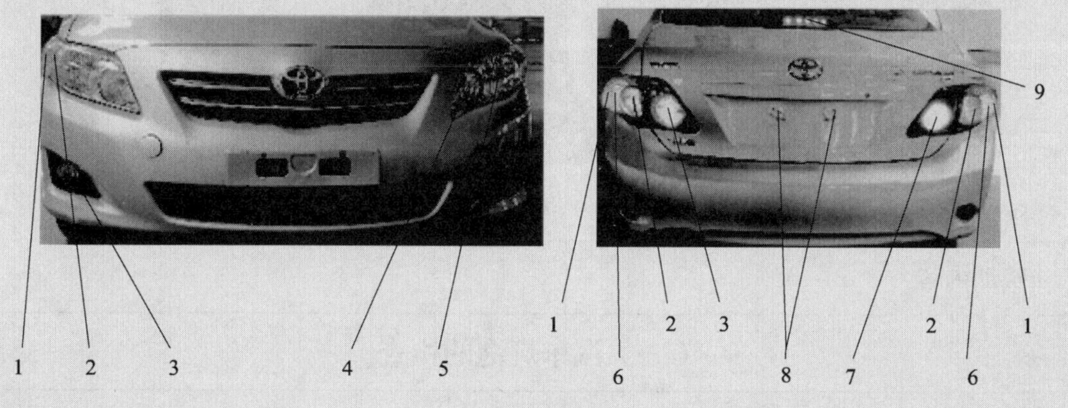

汽车外部照明

1—示宽灯　2—转向灯　3—雾灯　4—前照灯（远光灯）　5—前照灯（近光灯）　6—制动灯　7—倒车灯　8—牌照灯　9—高位制动灯

汽车照明系统的常见故障有所有灯都不亮，前照灯的远近光灯均不亮，前照灯一侧亮、另一侧暗，前照灯灯光暗淡等，诊断时应根据不同的故障现象采取不同的诊断方法。汽车信号系统的常见故障有转向灯和危险报警灯故障，喇叭不响故障等，可用分段短路法诊断故障。

课题1　汽车灯光系统的维护

项目1　灯泡的检查与更换

实训要求

1．掌握汽车灯泡的检查方法。

2．掌握汽车灯泡的更换方法。

主要实训器材

实训车辆

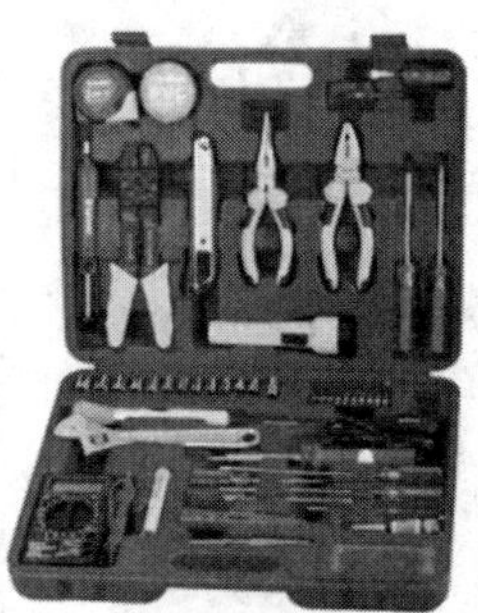

常用修理工具

汽车灯泡

实训内容

（一）汽车灯泡的检查

汽车前照灯灯泡的使用时间长了容易老化或损坏，检查灯泡烧坏故障时只需要观察灯丝是否熔断、插座是否锈蚀或插头是否损坏等，但在某些车型中灯光系统配备了一些其他装置，在维修时必须了解这些装置的工作原理。例如，若车辆装备了光控灯（即当外界光线暗淡到一定程度时，系统具备自动开启前照灯的功能），就需要检查感光性（从最弱到最强状态过程中车灯的工作情况）。如果系统装备有计时器，应将其设置为最大延时。

在检修前照灯时，应检查前照灯镜头是否有裂纹，虽然表面裂纹并不会影响前照灯的照明性能，但湿气会沿着裂缝渗入灯具内，从而缩短灯泡的使用寿命。

如前照灯损坏，通常采用类似的灯具进行更换。有些汽车装备了高强度放电前照灯HID，该设备通过其预先设计的电子系统产生的高压电弧放电生成高密度光源。注意，普通的石英—卤素灯泡不能在此应用。汽车前照灯的更换只需要稍微具备动手能力就可以单独

<table>
<tr><td colspan="2">完成，但一定要了解汽车前照灯的型号。用户可以查看自己车上取下的灯泡，在灯泡底部会有具体的型号标注；还可以查看车辆保养手册，大部分车辆保养手册的易损件列表里都有注明。下面介绍几种常见的卤素灯泡。</td></tr>
<tr><td>1．H7 灯泡
H7 灯泡是单丝双脚灯泡，多用于近光灯，有的雾灯也在用。它有两只灯脚，底座为金属材质、圆形，其外边缘有一个凸起的卡齿。</td><td> 
H7 灯泡</td></tr>
<tr><td>2．H4 灯泡
H4 灯泡是双丝三脚灯泡，近光灯和远光灯都在一个灯泡内，标准的近光灯为 55 W，远光灯为 60 W。它有三只灯脚，底座为金属材质、圆形，其外边缘有三个凸起的卡齿。</td><td> 
H4 灯泡</td></tr>
<tr><td>3．H1 灯泡
H1 灯泡是单丝单脚灯泡，多用于远光灯，有的雾灯也在用。它有一只灯脚，底座为金属材质、扁长方形。</td><td>
H1 灯泡</td></tr>
<tr><td colspan="2">（二）汽车灯泡的更换</td></tr>
<tr><td>以更换前照灯灯泡为例。
1．将车辆熄火，拔掉车钥匙，待发动机完全冷却，打开发动机舱盖。</td><td>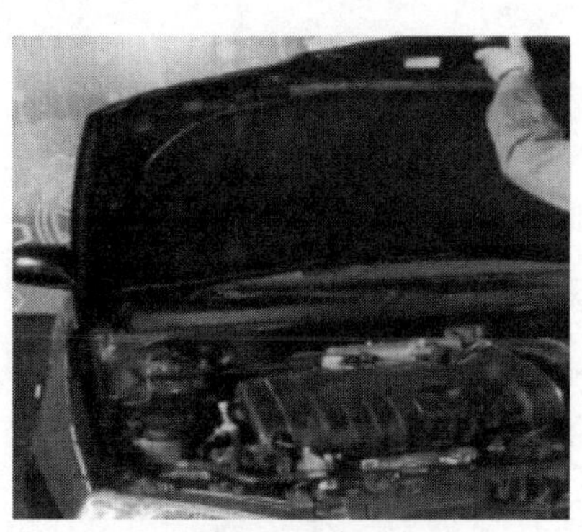
打开发动机舱盖</td></tr>
</table>

2. 简单更换前照灯灯泡一般是不需要拆除前照灯总成的。不同汽车车灯的固定方式略有不同，一般来说，在前照灯的尾部都有防尘罩，将其拧开后，就可以看见前照灯的钢丝卡簧，捏住钢丝卡簧就可以将前照灯取出。	 拆卸防尘罩
3. 取出灯泡后，就可以将灯泡从电源接口上拔下来，动作要轻，避免将电源接口弄坏。	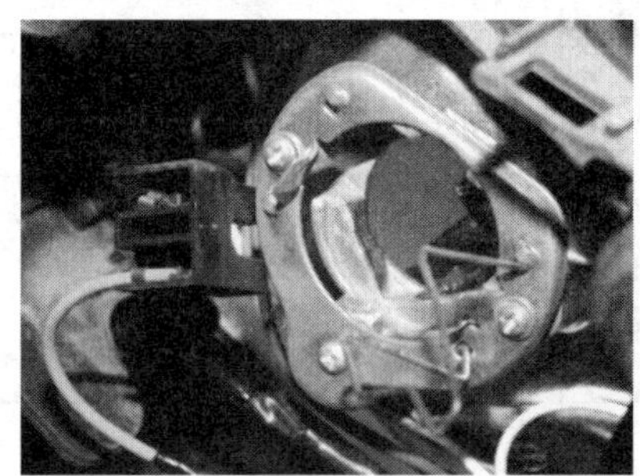 拆卸灯泡
4. 取出新的灯泡，注意不要用手指头触碰灯泡的玻璃部分，避免将手上的油污沾到玻璃上影响其使用寿命。操作时最好戴上手套，将灯泡安装到电源接口上。	 选择相同型号的灯泡
5. 将灯泡固定在钢丝卡簧上，拧上密封盖。检查更换的灯泡灯光是否正常，光束的位置是否合理。	 检查灯泡的光束情况

项目 2　熔断器与继电器的检查与更换

实训要求

1．掌握汽车熔断器的检查与更换方法。

2．掌握汽车继电器的检查方法。

主要实训器材

实训车辆

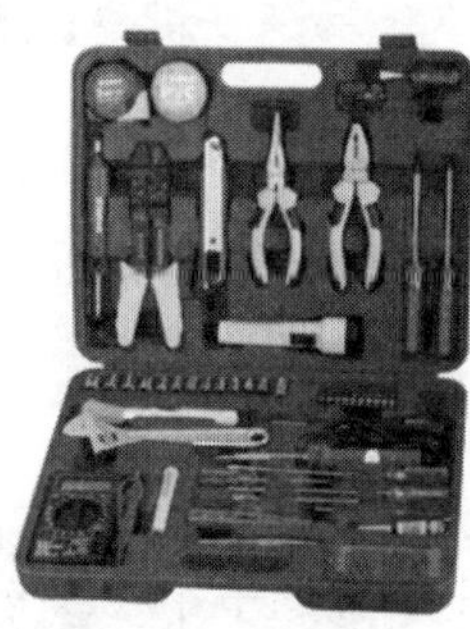
常用修理工具

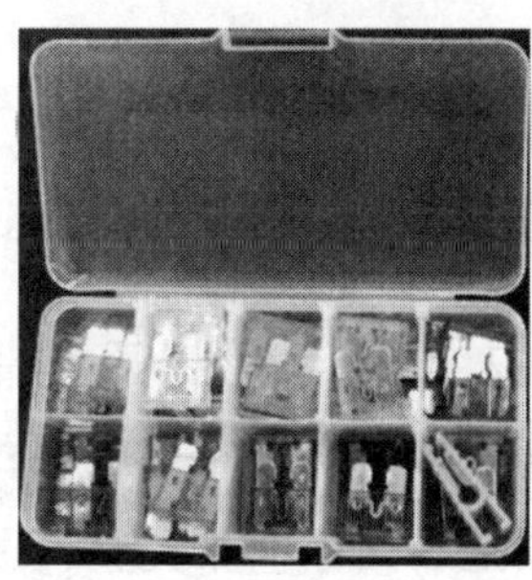
熔断器

数字式万用表

继电器

实训内容

（一）熔断器的检查

熔断器是汽车中重要的保护装置，若熔断器损坏，会造成相关电路不能工作。熔断器的检查主要有两种方法，一种是直接观察熔断器的通断，另一种是测量熔断器的电阻值或电压，以判别其是否损坏。

<table>
<tr><td>1．当某一系统出现故障时，首先在熔断器盒中找到相对应的熔断器，观察是否有白色物体附着在熔断器内部（白色物体是熔断器熔断所致）。若有白色物体附着，说明熔断器熔断；若看不清是否有白色物体附着，应使用熔断器夹拉出熔断器，观察其是否断裂。</td><td>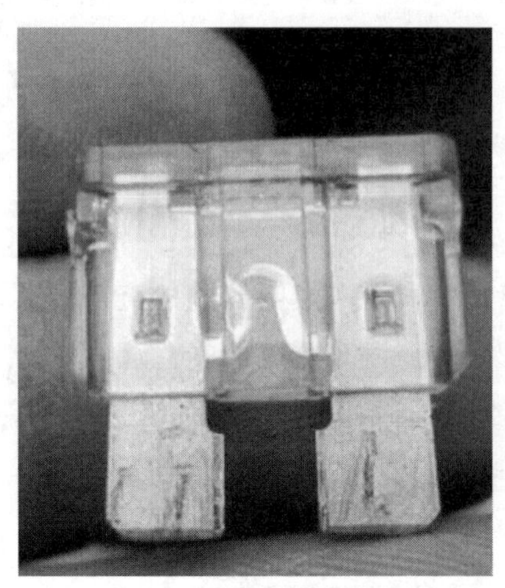
熔断器熔断</td></tr>
<tr><td>2．在不拔熔断器的情况下也可以用万用表或试灯来测量熔断器的电压，以判断熔断器是否熔断。首先打开开关，让系统处于工作状态，用试灯笔尖接触熔断器背面两侧的插片，若两侧都亮，说明系统中熔断器后面的电路有故障；若两侧都不亮，说明系统中熔断器前面的电路有故障；若一侧亮，另一侧不亮，说明熔断器熔断，应更换熔断器。</td><td>

用试灯检查熔断器</td></tr>
<tr><td colspan="2">（二）熔断器的更换</td></tr>
<tr><td>1．关闭发动机，找到熔断器盒的位置（不同车型熔断器盒的位置不同），打开熔断器盒盖。</td><td>
熔断器盒</td></tr>
</table>

2．找到系统中的熔断器（在熔断器盒盖内侧标有熔断器和继电器的位置图）根据位置图找到相应的熔断器。	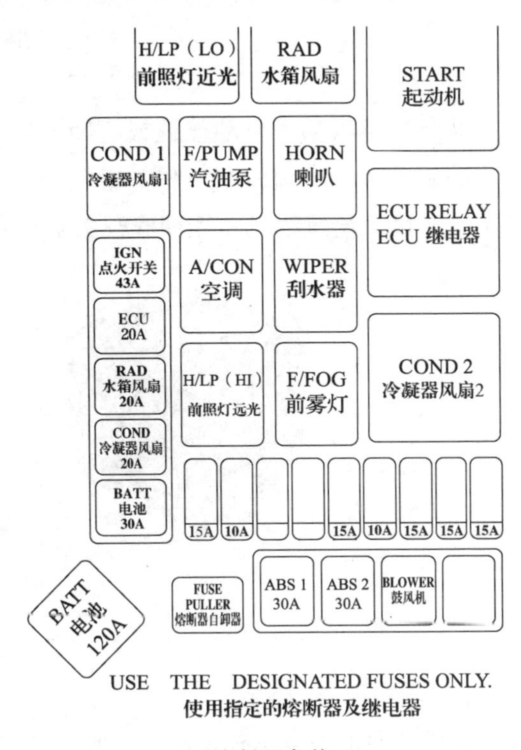 熔断器盒盖
3．在熔断器盒中用熔断器夹拉出熔断器，若熔断器熔断，应进行更换。	 用熔断器夹拉出熔断器

注意：

（1）需按照熔断器盒盖上注明的额定电流值更换熔断器，不要改用比额定电流值高的熔断器。

（2）若新更换的熔断器又立刻熔断，说明电路系统可能存在故障，应尽快检修。

（3）在没有备用熔断器的情况下，紧急时，可以用对驾驶及安全没有影响的其他设备上的熔断器替换。为安全起见，最好更换专业汽车熔断器供应商提供的熔断器。

（三）继电器的检查

继电器可以实现自动接通或切断一对或多对触点，实现用小电流控制大电流，可以减小控制开关的电流负荷，保护电路中的控制开关。继电器的检查方法主要有两种，一种是用万用表检测继电器线圈和开关的通断，另一种是用蓄电池连接继电器进行观察。

继电器

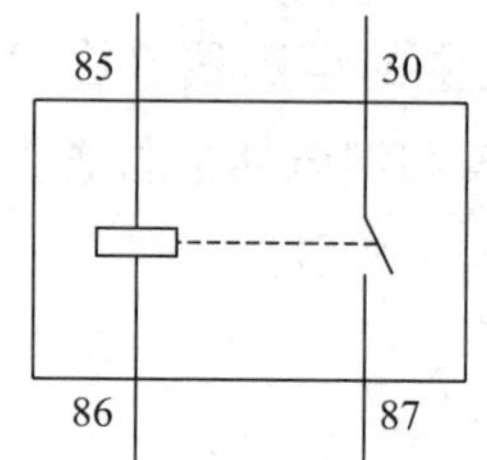

继电器线路图

1．用万用表检测

将万用表调到最小欧姆挡（200 Ω），用红、黑表笔分别接触继电器 85、86 端子，测量继电器电磁线圈两端的电阻值，电阻值应在 90 Ω 左右，若电阻值为“∞”，说明电磁线圈断路。

继续调到万用表最小欧姆挡，用红、黑表笔分别接触继电器 30、87 端子，测量继电器开端电阻值应为“∞”，若有一定电阻值，说明开关烧蚀并引起粘连。

测量电磁线圈两端的电阻值

测量继电器开端的电阻值

2．通电检测

用两根跨接线将 12 V 的蓄电池和继电器 85、86 端子连接在一起，应能听见继电器触点闭合的声音，当断开蓄电池时，也能听见继电器断开的声音。也可以在蓄电池接通或断开时用万用表测量 30、87 端子的电阻值。

课题 2　汽车灯光系统的故障排除

项目 1　前照灯的故障排除

实训要求

1．能正确识读前照灯的电路图。

2．掌握前照灯不亮的故障排除方法。

主要实训器材

实训车辆

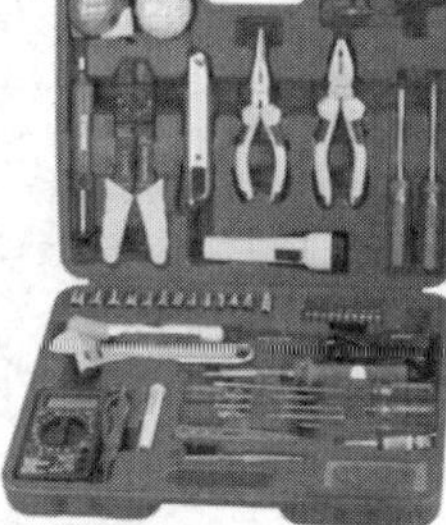

常用修理工具

数字式万用表

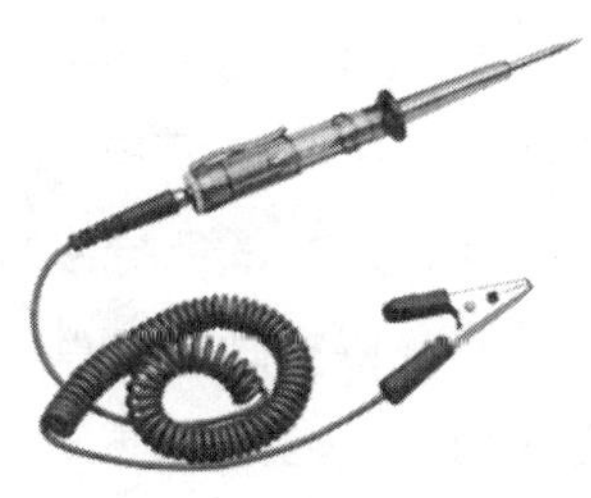

汽车试灯

故障现象

打开点火开关，打开远光灯，左、右远光灯正常点亮；打开近光灯，左近光灯不亮。

故障原因

1．熔断器 S21 烧毁。

2．灯泡 L1 近光灯丝烧毁。

3．接线盒 C5 到灯泡插接器的黄黑色导线断路。

4．左组合前照灯灯泡内部断路。

故障排除方法

1．前照灯左侧近光灯不亮，其他正常，说明近光灯公共线路没有故障。首先打开近光灯，用试灯检查 S21 熔断器。若熔断器烧毁，更换熔断器（若更换熔断器后再次烧毁，应检查线路有没有短路故障）；若 S21 熔断器正常，说明熔断器前面的线路或部件没有故障。

检查 S21 熔断器

2．拆卸左侧灯泡，检查灯泡是否烧毁，若灯泡烧毁应更换灯泡，若灯泡正常应检查线路。	 检查灯泡是否烧毁
3．拔下左侧前照灯插接器 T4e，打开近光灯，找到插接器中的黄黑色导线，用试灯测量。若试灯不亮，说明接收盒 C5 到插接器 T4e 的黄黑色导线断路，应跨接线路进行检查，以找到故障点；若试灯点亮，则检查左前照灯内部线路。	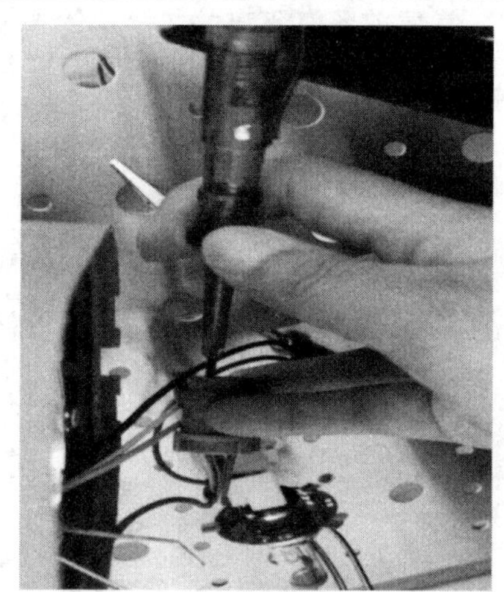 检查插接器

项目 2　转向灯的故障排除

实训要求

1．掌握转向灯电路图的识读方法。

2．掌握转向灯的故障排除方法。

主要实训器材

同本课题项目 1。

故障现象

一辆桑塔纳 2000 轿车，打开点火开关后，将转向开关拨至右转向，右转向灯不闪烁，将转向开关拨至左转向，左转向灯也不闪烁。

电路图

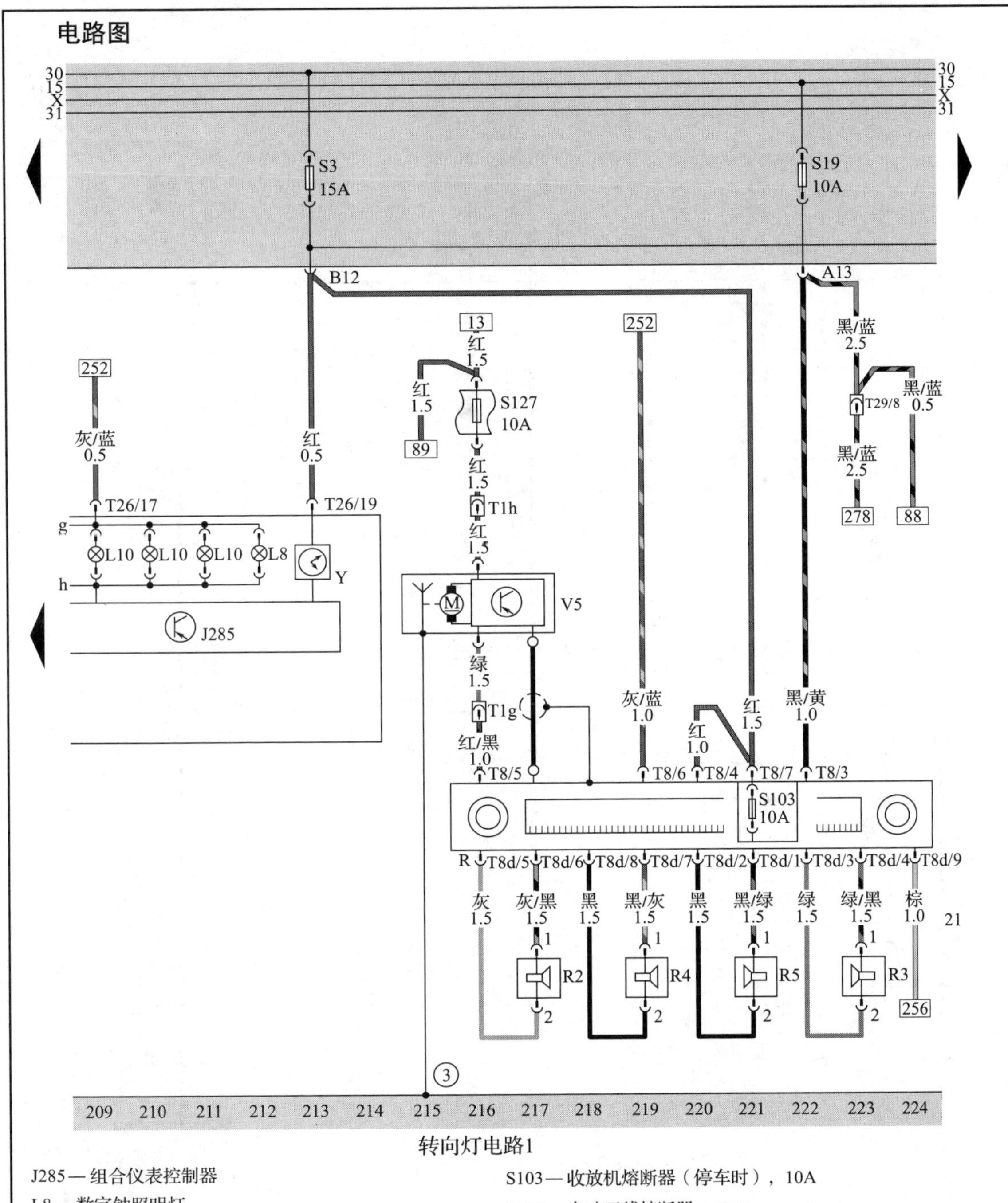

转向灯电路1

J285—组合仪表控制器

L8—数字钟照明灯

L10—仪表照明灯

R—收放机

R2—左前扬声器

R3—右前扬声器

R4—左后扬声器

R5—右后扬声器

S3—点烟器、集控门锁、数字钟、内顶灯、后阅读灯、行李舱灯、遮阳板灯熔断器，15A

S19—收放机、转向灯、防盗器控制单元熔断器，10A

S103—收放机熔断器（停车时），10A

S127—自动天线熔断器，10A

T1g—仪表板线束与自动天线插头连接，1针，在收放机后面

T1h—仪表板线束与自动天线插头连接，1针，在收放机后面

T8—仪表板线束与收放机插头连接，8针，在收放机后面

T8d—扬声器线束与收放机插头连接，8针，在收放机后面

T26—仪表板线束与组合仪表插头连接，26针，在组合仪表上

V5—自动天线

Y—数字钟

③—接地点，在自动天线附近的车身上

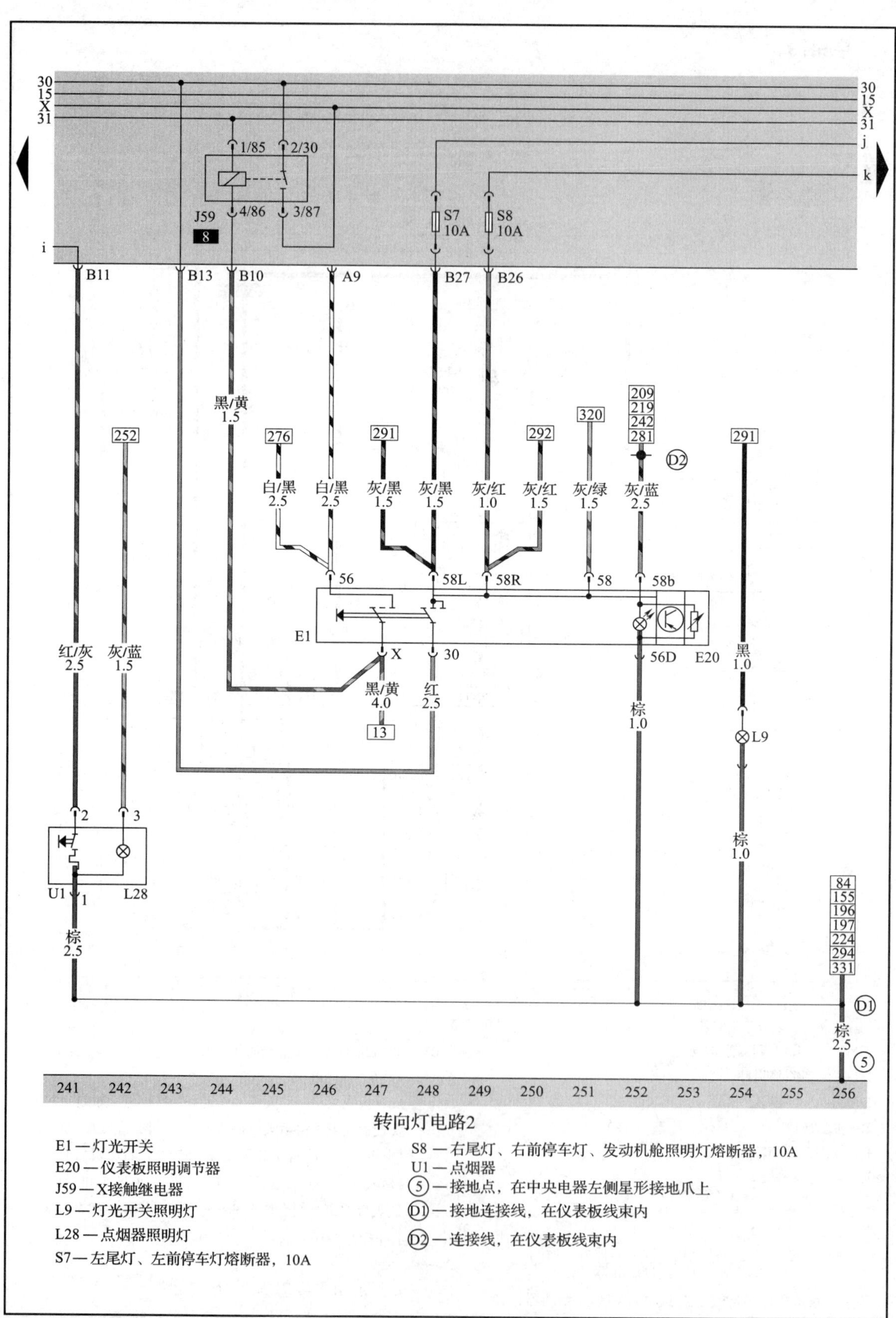

转向灯电路2

E1 — 灯光开关
E20 — 仪表板照明调节器
J59 — X接触继电器
L9 — 灯光开关照明灯
L28 — 点烟器照明灯
S7 — 左尾灯、左前停车灯熔断器，10A
S8 — 右尾灯、右前停车灯、发动机舱照明灯熔断器，10A
U1 — 点烟器
⑤ — 接地点，在中央电器左侧星形接地爪上
D1 — 接地连接线，在仪表板线束内
D2 — 连接线，在仪表板线束内

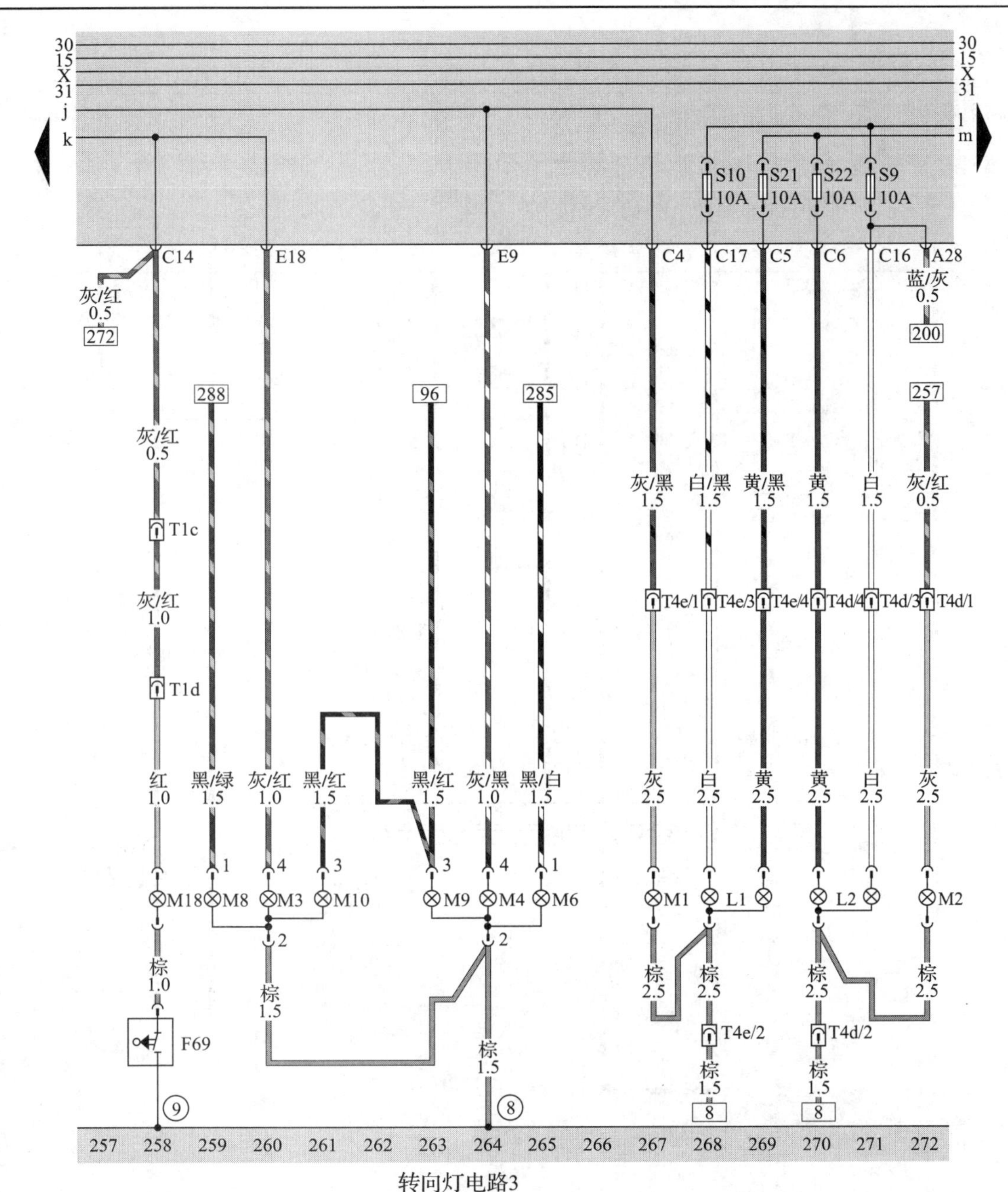

转向灯电路3

F69 — 发动机舱照明灯接触开关
L1 — 左前照灯
L2 — 右前照灯
M1 — 左停车灯
M2 — 右停车灯
M3 — 右尾灯
M4 — 左尾灯
M6 — 左后转向灯
M8 — 右后转向灯
M9 — 左制动灯
M10 — 右制动灯
M18 — 发动机舱照明灯
S9 — 右前照灯（远光）熔断器，10A
S10 — 左前照灯（远光）熔断器，10A
S21 — 左前照灯（近光）熔断器，10A
S22 — 右前照灯（近光）熔断器，10A
T1c — 前照灯线束与发动机线束插头连接，1针，在中央电器后面
T1d — 发动机线束与发动机舱照明灯电线插头连接，1针，在刮水器电动机前
T4d — 前照灯线束与右前照灯插头连接，4针，在右前照灯上
T4e — 前照灯线束与左前照灯插头连接，4针，在左前照灯上
⑧ — 接地点，在左组合后灯左侧车身上
⑨ — 自身接地

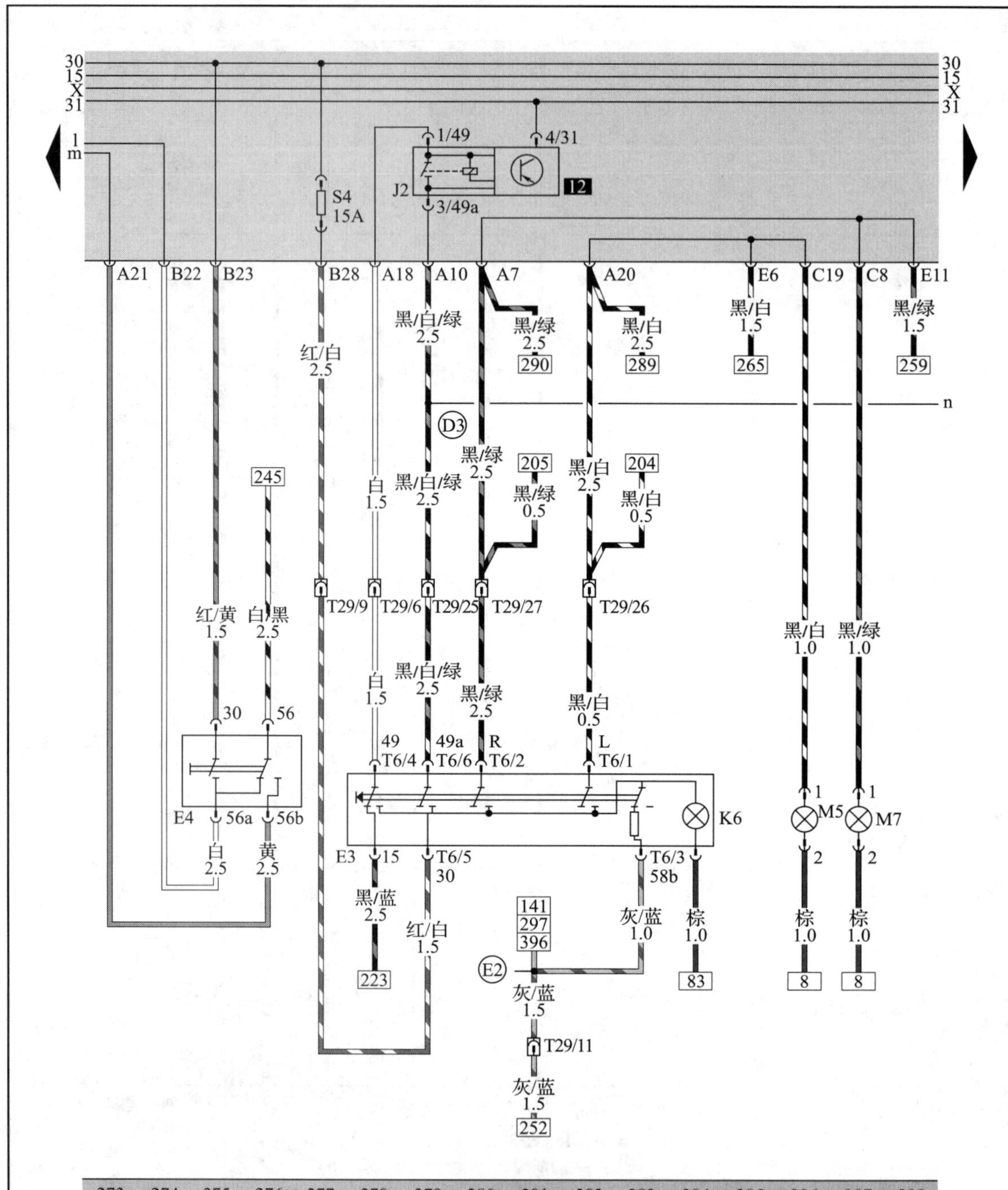

转向灯电路4

E3 — 报警灯开关

E4 — 变光开关

J2 — 转向灯继电器

K6 — 报警闪光指示灯

M5 — 左前转向灯

M7 — 右前转向灯

S4 — 报警灯熔断器，15A

T6 — 仪表板开关线束与报警灯开关插头连接，6针，在报警灯开关上

T29 — 仪表板线束与仪表板开关线束插头连接，29针，在组合仪表下方

D3 — 正极连接线，在仪表板线束内

E2 — 连接线，在仪表板开关线束内

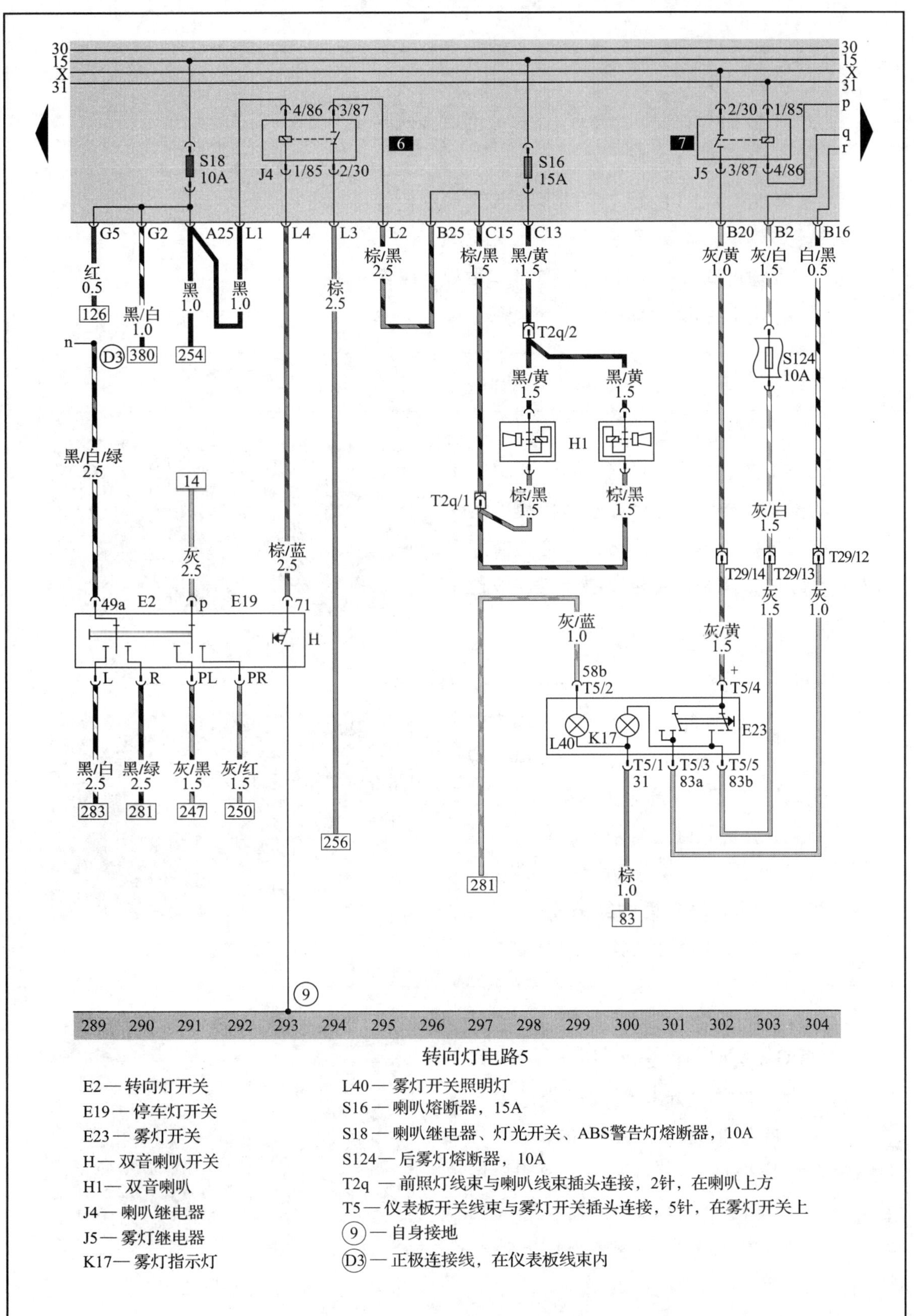

转向灯电路5

E2— 转向灯开关
E19— 停车灯开关
E23— 雾灯开关
H— 双音喇叭开关
H1— 双音喇叭
J4— 喇叭继电器
J5— 雾灯继电器
K17— 雾灯指示灯
L40— 雾灯开关照明灯
S16— 喇叭熔断器，15A
S18— 喇叭继电器、灯光开关、ABS警告灯熔断器，10A
S124— 后雾灯熔断器，10A
T2q — 前照灯线束与喇叭线束插头连接，2针，在喇叭上方
T5— 仪表板开关线束与雾灯开关插头连接，5针，在雾灯开关上
(9)— 自身接地
(D3)— 正极连接线，在仪表板线束内

<table>
<tr><td colspan="2">

故障原因

1．熔断器 S19 烧毁。

2．接线盒 A13 到报警灯开关 E3 的黑蓝色导线断路。

3．报警灯开关 E3 损坏。

4．报警灯开关 E3 的触点到接线盒 A18 的白色导线断路。

5．转向灯继电器 J2 损坏。

6．接线盒 A10 到转向灯开关 E2 的黑白绿色导线断路。

7．转向灯开关 E2 损坏。

</td></tr>
<tr><td colspan="2">

故障排除方法

</td></tr>
<tr><td>1．打开接线盒盖，找到熔断器 S19，用试灯检查熔断器。若熔断器烧毁应更换熔断器（若更换熔断器后再次烧毁，应检查线路有没有短路故障）；若熔断器正常，应检查继电器。</td><td>
检查熔断器 S19</td></tr>
<tr><td>2．更换新的转向灯继电器，打开转向开关。若转向灯闪亮，说明继电器损坏（按从简单到复杂，从整体到局部的思路检查）。若转向灯不亮，用跨接线连接接线盒转向灯继电器 J2 的 1/49 插口，再用试灯测量跨接线。若试灯闪亮，说明 J2 前面的线路没有故障；若试灯不亮，说明 J2 前面的线路有故障。</td><td>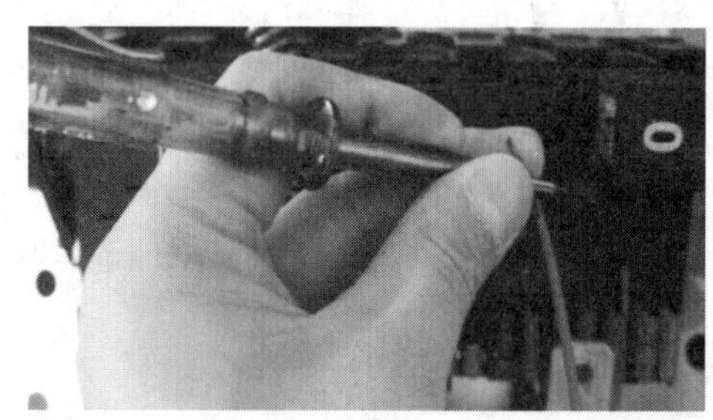
检查转向灯继电器 J2</td></tr>
<tr><td>3．试灯不亮时的检查。
（1）拆卸报警灯开关 E3，打开点火开关，用试灯检查报警灯开关 E3 的 T6/15 导线（黑蓝色导线）。若试灯不亮，说明接线盒 A13 到报警灯开关 E3 的黑蓝色导线断路；若试灯点亮，应更换报警灯开关 E3。</td><td>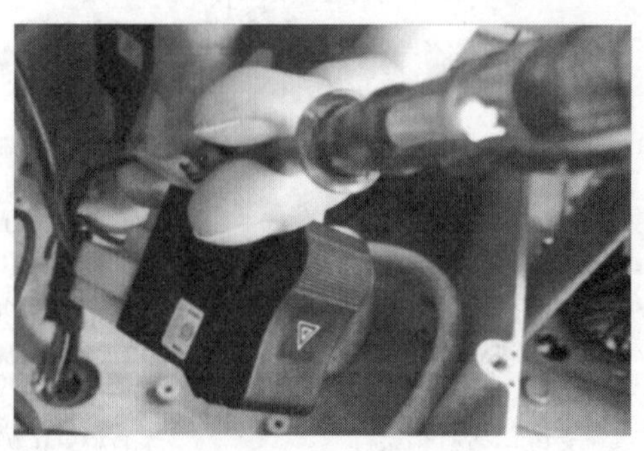
用试灯检查黑蓝色导线</td></tr>
</table>

<table>
<tr><td>（2）更换报警灯开关 E3 后，打开转向灯开关 E2，若转向灯还不亮，说明接线盒 A18 到报警灯开关 E3 的 T6/4 白色导线断路。</td><td>
更换报警灯开关 E3</td></tr>
<tr><td>4．试灯点亮时的检查。拆卸转向灯开关 E2，用试灯测试其黑白绿色导线。若试灯不闪烁，说明接线盒 A10 到转向灯开关 E2 的黑白绿色导线断路；若试灯闪烁，则更换转向灯开关 E2，故障即排除。转向灯开关 E2 的左、右两条导线同时出现故障的概率很小，检查方法同上。</td><td>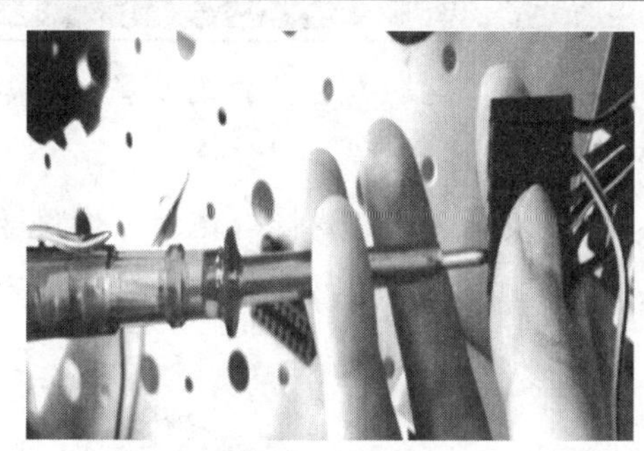
检查转向灯开关 E2</td></tr>
<tr><td colspan="2">注意：这里只介绍了转向灯不亮的检查思路，在实际中还有很多故障点，如接触点接触不牢，接线盒内部故障等。</td></tr>
</table>

单元 12　电动器件的维护与故障排除

知识概述

刮水器、电动车窗、电动座椅、电动后视镜等都是通过直流电动机改变电流方向来实现电动机的正反转。

蜗牛喇叭主要有声音较饱满、使用寿命较长等特点，所以被广泛使用。

12 V 直流电动机　　　　12 V 蜗牛喇叭

课题 1　刮水器的维护与故障排除

项目 1　刮水器主要部件的更换

实训要求

1．掌握更换刮水片、刮水臂的方法。

2．掌握更换刮水连杆总成的方法。

<table>
<tr><td colspan="2">

主要实训器材

实训车辆

常用修理工具

</td></tr>
<tr><td colspan="2">

实训内容

</td></tr>
<tr><td colspan="2">

（一）更换刮水片

</td></tr>
<tr><td>1. 向外翻起刮水臂，在前挡风玻璃上加盖防护垫。</td><td>
向外翻起刮水臂</td></tr>
<tr><td>2. 按下锁扣，向下推刮水片使臂片分离，安装时选择相同型号的刮水片。</td><td>
拆卸刮水片</td></tr>
</table>

（二）更换刮水臂	
1．打开发动机舱盖，先用扳手撬开塑料帽（有的塑料帽上有卡扣）。	 拆卸塑料帽
2．用专用工具拆卸刮水臂螺栓。	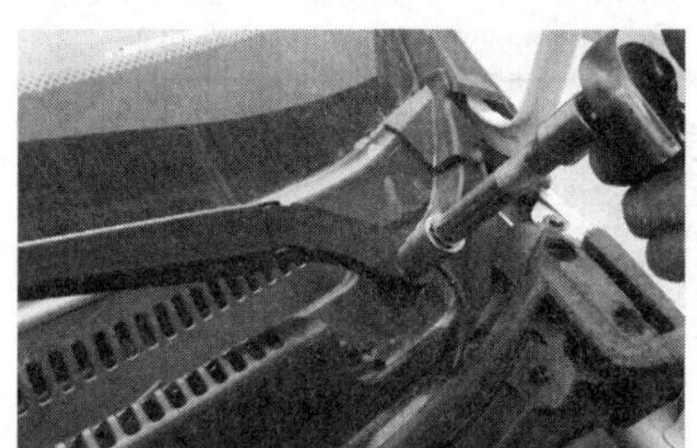 拆卸刮水臂螺栓
3．用手拆卸刮水臂。 **注意**：刮水臂和电动机轴是齿轮啮合，由于长时间使用，有可能有锈蚀，一定要小心拆卸，防止轴断裂。	 拆卸刮水臂
4．安装新的刮水臂。安装时首先打开点火开关，使刮水器电动机回到原始位置，然后按拆卸的反向顺序进行安装。	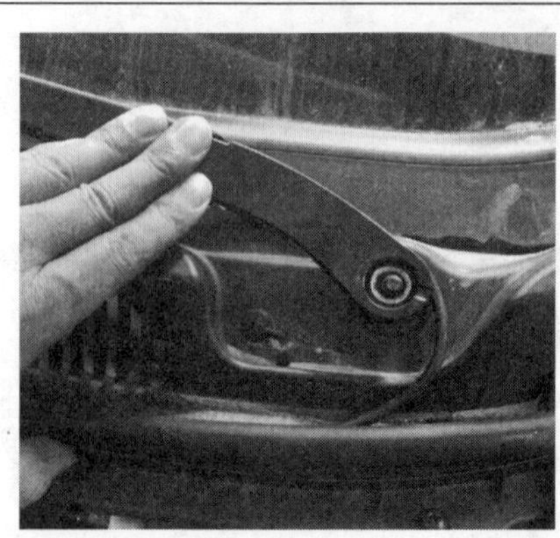 安装新的刮水臂

<table>
<tr><th colspan="2">（三）更换刮水连杆总成</th></tr>
<tr><td>1．拆卸完刮水臂后，拉起密封胶条，掀起防水板。
注意：防水板较脆，有卡扣固定，并与挡风玻璃密切接合。</td><td>
掀起防水板</td></tr>
<tr><td>2．拔下刮水器电动机插接器。
注意：刮水器电动机插接器有卡扣，不能用其他工具将其撬起。</td><td>
拔下刮水器电动机插接器</td></tr>
<tr><td>3．用扳手松开固定螺栓，注意螺栓的拧紧力矩，然后拆下刮水器电动机。</td><td>
拆卸刮水器电动机</td></tr>
<tr><td>4．拆下固定螺栓，更换连杆总成。</td><td>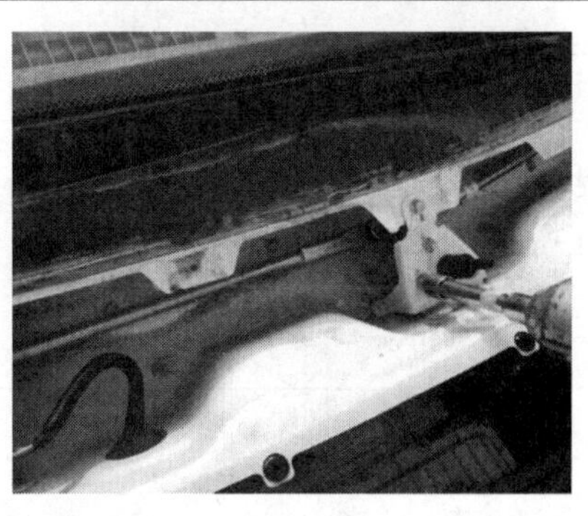
拆卸连杆总成</td></tr>
</table>

项目 2　刮水器的故障排除

实训要求

1．掌握电动刮水器电路图的识读方法。

2．掌握电动刮水器的故障排除方法。

主要实训器材

实训车辆

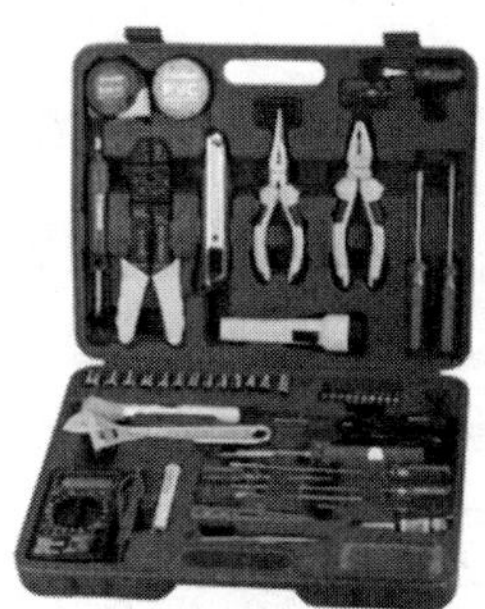

常用修理工具

数字式万用表

汽车试灯

故障现象

打开刮水器各个挡位进行观察，刮水器在各挡位都能正常工作，但关闭刮水器开关后，刮水器不能回位。

电路图

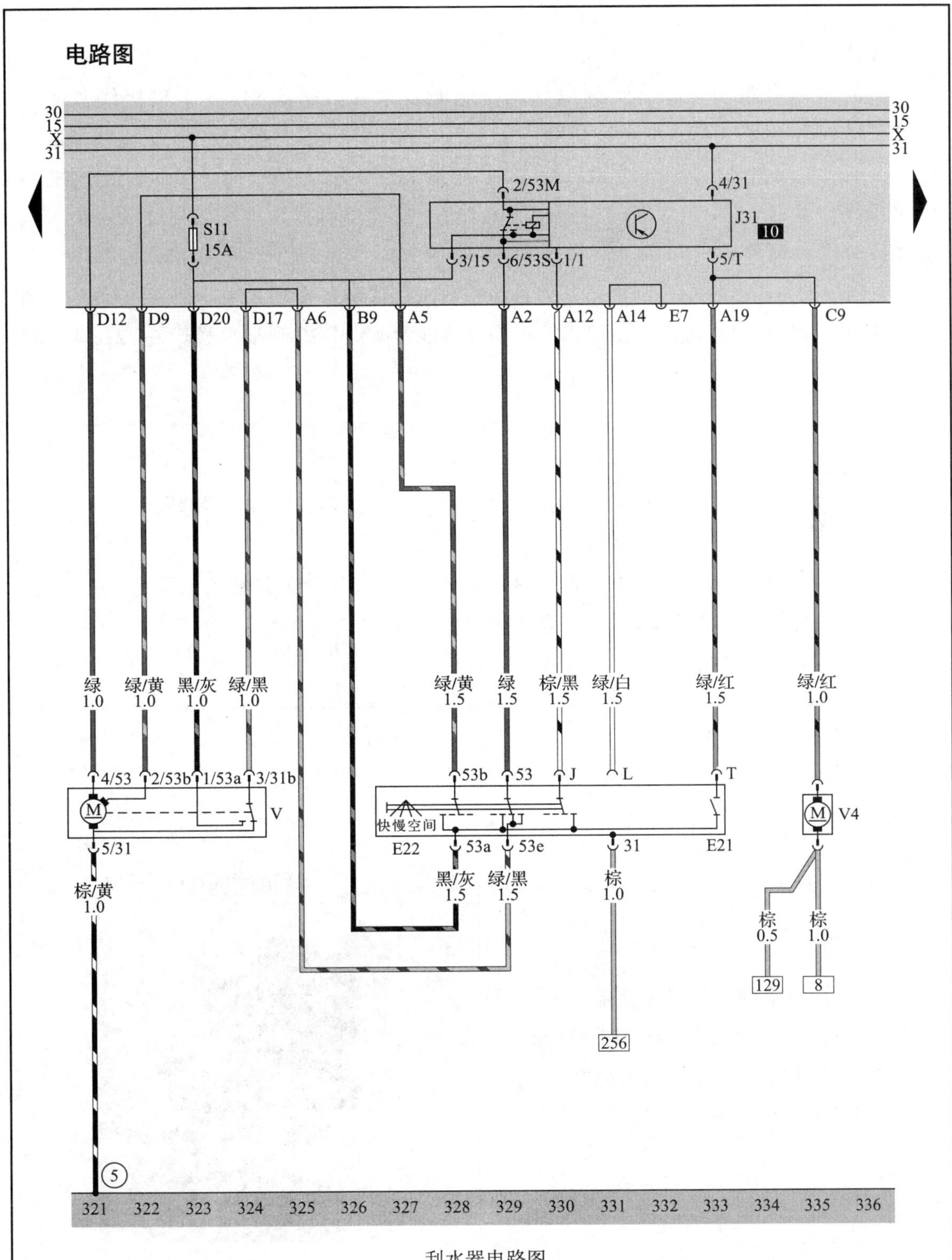

刮水器电路图

E21—前风窗清洗泵开关　E22—前风窗刮水器开关　J31—刮水器继电器　S11—前风窗刮水器、清洗泵熔断器，15 A

V—前风窗刮水器电动机　V4—前风窗清洗泵　⑤—接地点，在中央电器左侧星形接地爪上

故障分析

从刮水器电路图可知，回位电路为：电源线 X→ 熔断器 S11→ 中央接线盒触点 D20→ 黑灰色导线 → 刮水器电动机触点 1/53a、3/31b→ 绿黑色导线 → 中央接线盒触点 D17→ 中央接线盒触点 A6→ 绿黑色导线 → 刮水器开关 E22 端子 53e、53→ 绿色导线 → 中央接线盒触点 A2→ 刮水器继电器端子 6/53S→ 继电器触点、端子 2/53M→ 中央接线盒触点 D12→ 绿色导线 → 刮水器电动机 → 端子 5/31→ 棕黄色导线 → 搭铁回到电源负极。电路中的熔断器 S11 是刮水器开关总熔断器，刮水器开关 E22 端子 53 后的线路和刮水器低速挡线路重合，因此，故障点位于中央接线盒触点 D20 到刮水器开关 E22 端子 53 之间。

故障原因

1．中央接线盒触点 D20 到刮水器电动机触点 1/53a 之间的黑灰色导线断路。

2．刮水器电动机复位开关故障。

3．刮水器电动机触点 3/31b 到刮水器开关 E22 端子 53e 之间的绿黑色导线断路。

4．刮水器开关 E22 故障。

5．接线盒触点虚接。

故障排除方法

1．拆卸刮水器电动机插接器，用试灯检查插接器触点 1/53a 是否有电。若无电，应检查中央接线盒触点 D20 到刮水器电动机触点 1/53a 之间的黑灰色导线；若有电，则进行下一步检查。

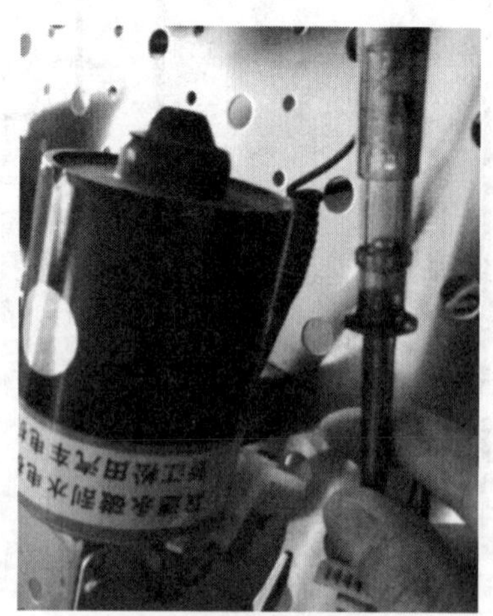

检查触点 1/53a

2．打开刮水器开关，让其离开原始位置，再将其关闭，用跨接线连接刮水器电动机触点 1/53a 和 3/31b 之间的线路。若刮水器能回位，说明电动机复位开关有故障；若刮水器不能回位且触点 3/31b 有电，则进行下一步检查。

跨接触点 1/53a 和 3/31b 之间的线路

3．拆卸并更换刮水器开关 E22。更换刮水器开关后，若刮水器能自动回位，说明刮水器开关故障；若不能回位，说明刮水器电动机触点 3/31b 到刮水器开关 E22 端子 53e 之间的绿黑色导线故障，检查绿黑色导线，排除故障。

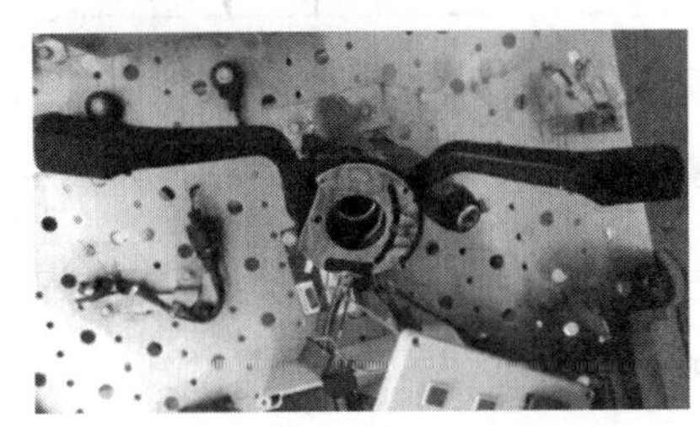

更换刮水器开关

4．其他故障诊断。其他故障的现象、原因及排除方法见下表。

其他故障的现象、原因及排除方法

<table>
<tr><th>故障现象</th><th>故障原因</th><th>排除方法</th></tr>
<tr><td>接通点火开关，拨动刮水器各挡开关，刮水器均不工作</td><td>①熔断器熔断
②刮水器电动机插接器损坏
③刮水器电动机内部电路断路、转子卡住</td><td>①更换熔断器
②修理或更换插接器
③修理或更换刮水器电动机</td></tr>
<tr><td>刮水器只在“慢挡”工作，其余各挡均不工作</td><td rowspan="2">①中央控制盒或导线接触不良、断路
②继电器损坏
③刮水器与洗涤器开关损坏</td><td rowspan="2">①修理或更换中间导线
②更换继电器
③修理或更换开关</td></tr>
<tr><td>刮水器只在“间歇挡”工作，其余各挡均不工作</td></tr>
<tr><td>刮水器开关在“喷水挡”时，刮水与喷水均不工作，其他各挡均工作正常</td><td>①中央控制盒或导线接触不良、断路
②刮水器与洗涤器开关损坏
③喷水电动机、喷水泵有故障</td><td>①修理或更换中间导线
②修理或更换开关
③修理、更换或清洗相关部件</td></tr>
</table>

课题2　电动车窗和电动后视镜的维护与故障排除

项目1　电动车窗的拆卸与维护

实训要求

掌握电动车窗的拆卸与检测步骤。

主要实训器材

实训车辆

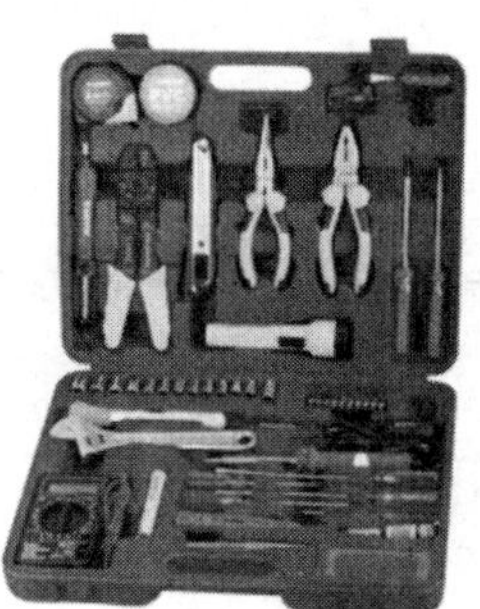
常用修理工具

数字式万用表

实训内容

（一）更换升降机构

1. 依次拆卸蓄电池负极、内拉手饰框、电动后视镜开关和中央控制开关等部件。

注意：*在拆卸附件时，不能单边用力撬，一定要用力均匀，以防留下划痕。*

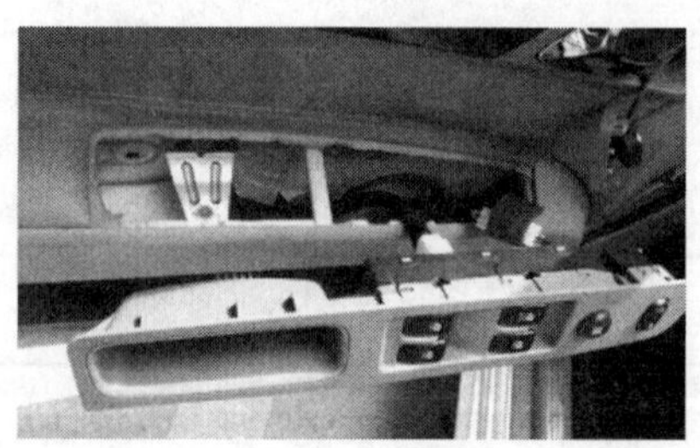
拆卸附件

2．拆卸内饰板螺钉。有很多车型带有卡扣，拆卸前一定要注意检查螺钉与卡扣是否脱离，不得强行拆卸。	 拆卸内饰板螺钉
3．将车窗玻璃升到合适位置，拆卸玻璃托架螺栓，松开电动升降机固定螺栓，拔下升降机插接线，取出升降机总成。	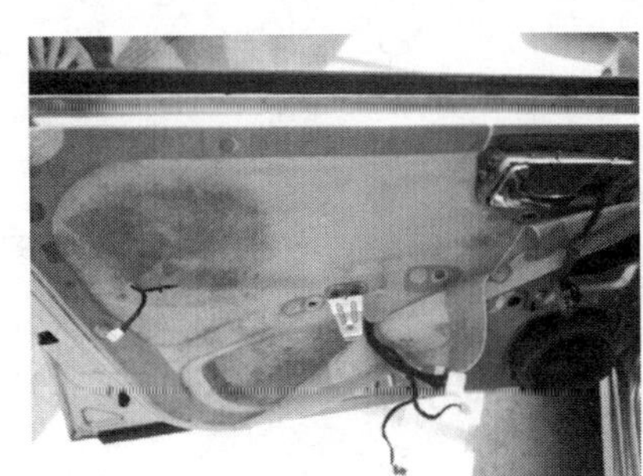 升降机总成
（二）升降机构检查	
1．检查升降机构卡扣及滑轮有无松动，导轨及滑块有无磨损，钢丝有无断裂。	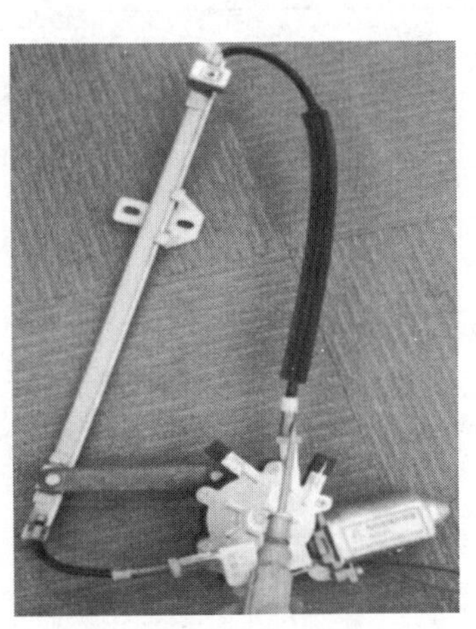 检查升降机构

2．测量拆卸下来的升降机电动机的电阻值是否正常，读数在 10 Ω 以下为正常值，读数为“∞”说明电动机损坏。	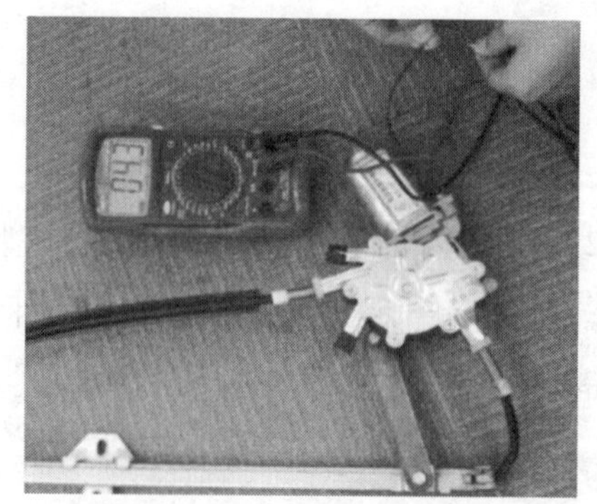 检查升降机电动机的电阻值
3．用万用表连接电动机线束，按住开关，万用表应能读取到蓄电池电压，反向按住开关，读数应为负数蓄电池电压。	 检查升降机电动机线束
（三）检查中央控制开关	
1．用万用表对车窗开关进行通断测试，其中只要有一个开关故障，就应更换。	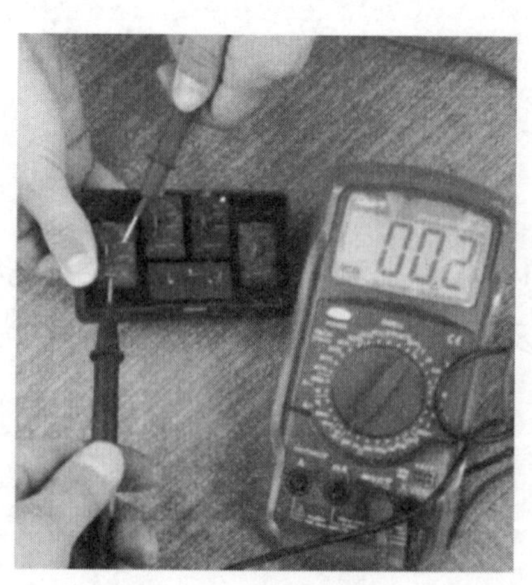 检测车窗开关的通断

<table>
<tr><td>2. 临时接通电源，用万用表检测电源电压，同时检测接地线是否正常。</td><td>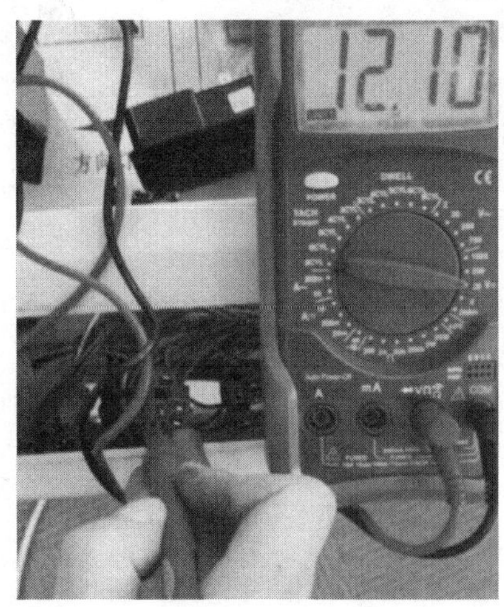

检测电源电压</td></tr>
<tr><td colspan="2">（四）检查电动后视镜</td></tr>
<tr><td>1. 拆卸前车门内饰板后，拔下电动后视镜插接器。</td><td>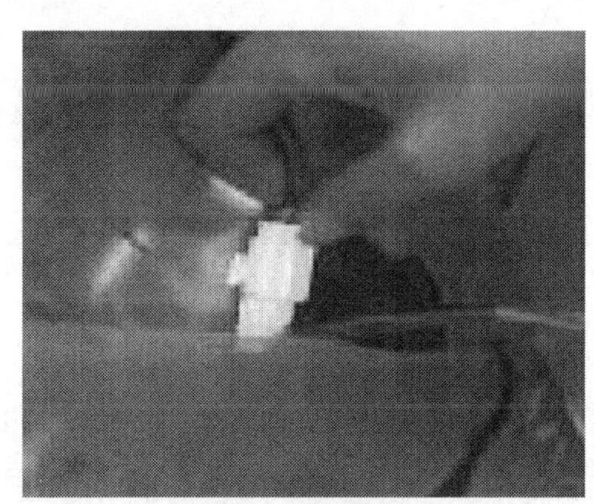
拔下电动后视镜插接器</td></tr>
<tr><td>2. 用合适的套筒卸下电动后视镜固定螺钉（一般为 3 个），然后轻轻拿下后视镜，注意在拆卸螺钉时一定不要使后视镜掉落。</td><td>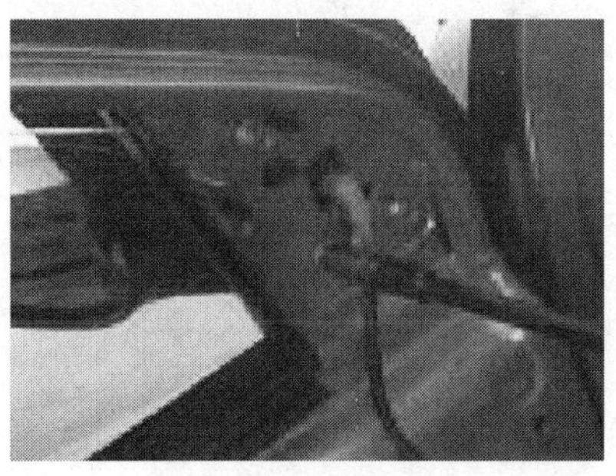
拆卸电动后视镜固定螺钉</td></tr>
</table>

3．用万用表欧姆挡测量后视镜两电动机的电阻值，应符合标准，否则应更换后视镜总成。	 测量电动机的电阻值

项目 2　电动车窗的故障排除

实训要求 1．掌握电动车窗电路图的识读方法。 2．掌握电动车窗的故障排除方法。
主要实训器材 同本课题项目 1。
故障现象 一辆帕萨特 1.8T 轿车，在打开点火开关时，驾驶员侧车窗不能打开，其他车窗正常工作。

电路图

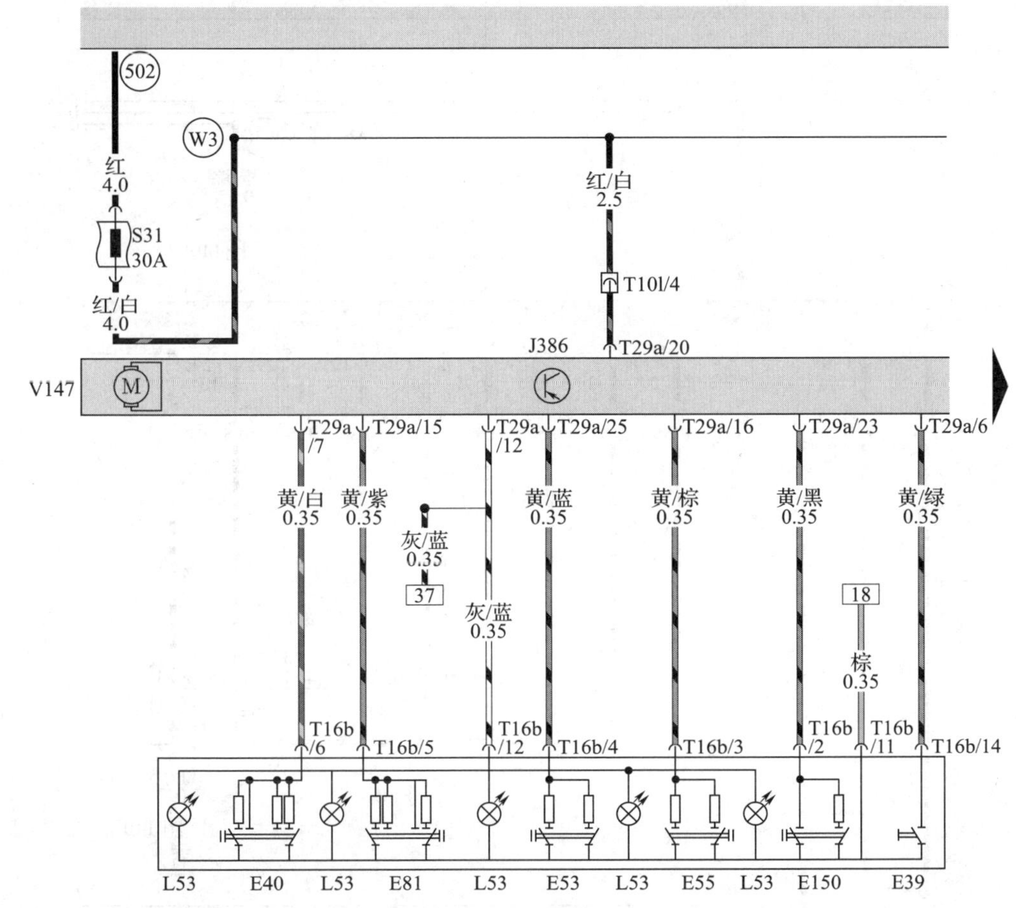

电动车窗电路图 1

E39—后电动摇窗机锁止开关

E40—左前电动摇窗机开关

E53—左后电动摇窗机开关（驾驶员控制）

E55—右后电动摇窗机开关（驾驶员控制）

E81—右前电动摇窗机开关（驾驶员控制）

E150—车内中央闭锁开关（驾驶员控制）

J386—驾驶员侧车门控制单元

L53—摇窗机开关指示灯

V147—驾驶员侧电动摇窗机

T29a—29 针插头

T16b—16 针插头

T10l—10 针插头

S31—熔断器

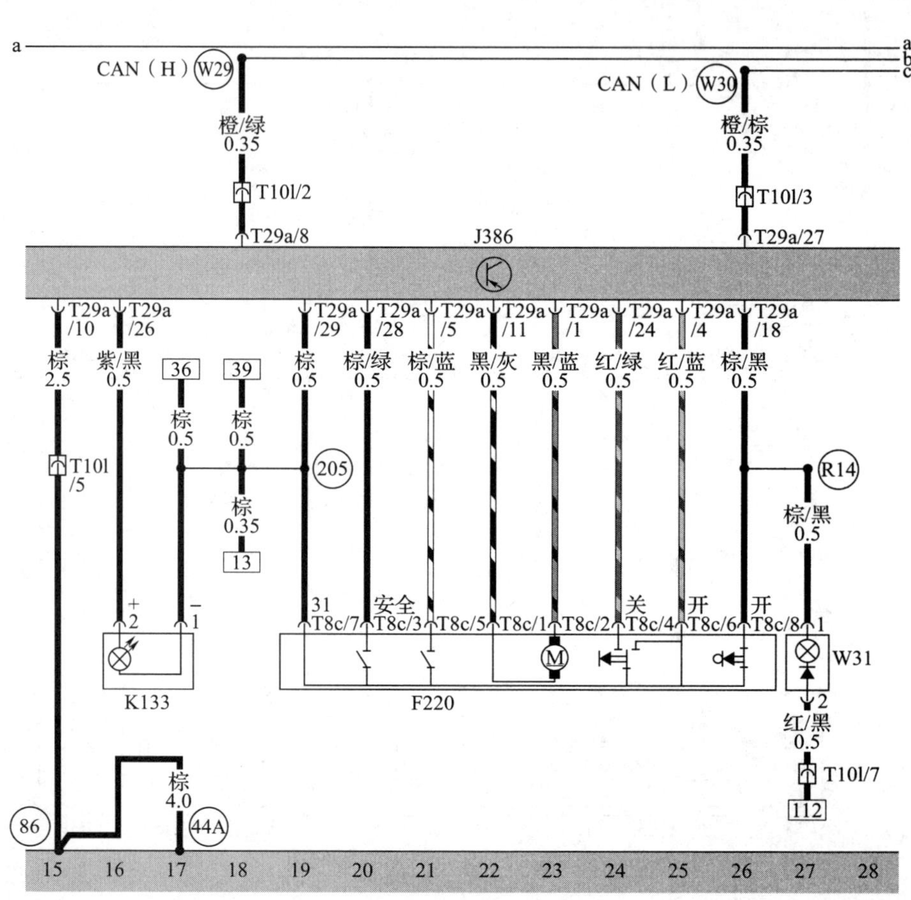

电动车窗电路图 2

F220—驾驶员侧闭锁控制单元

J386—驾驶员侧车门控制单元

K133—中央闭锁系统警告指示灯

T8c—8 针插头

T10l—10 针插头

CAN（L）— CAN 总线的 B 线（低位）

CAN（H）—CAN 总线的 A 线（高位）

W31—左前门灯

T29a—29 针插头

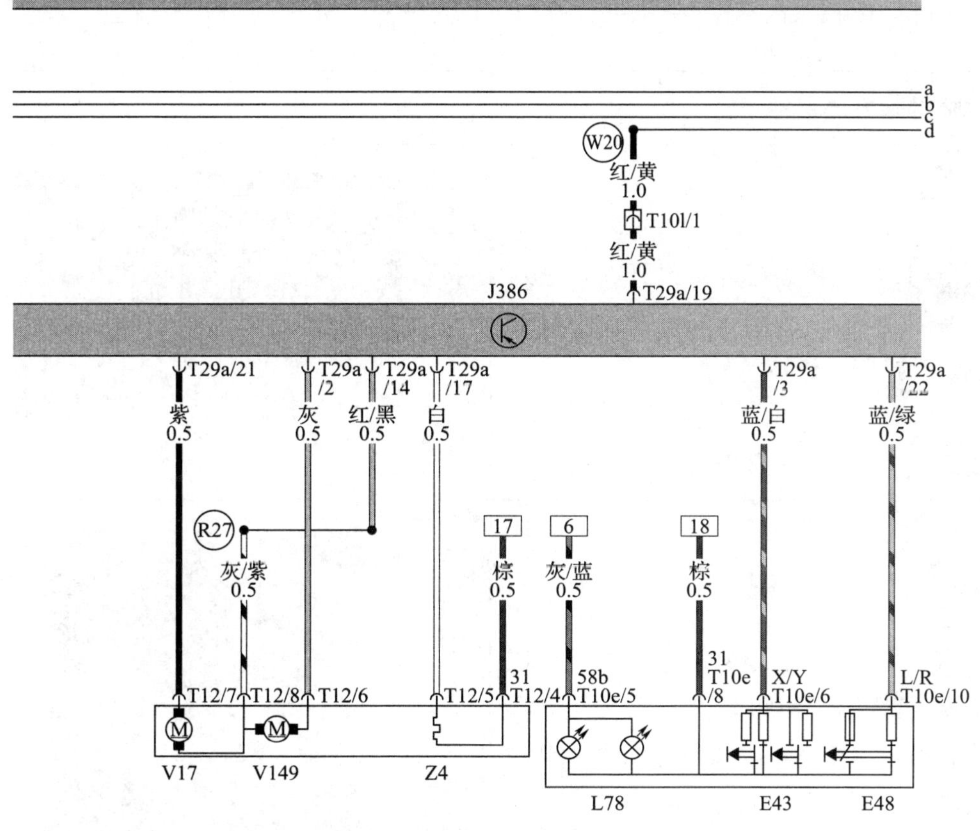

电动车窗电路图 3

E43—后视镜调节开关

E48—后视镜调节转换开关

J386—驾驶员侧车门控制单元

L78—后视镜调节开关照明灯

T10l—10 针插头

Z4—驾驶员侧后视镜加热器

V17、V149—驾驶员侧后视镜调节电动机

T29a—29 针插头

T12—12 针插头

故障原因 1．驾驶员侧车窗开关出现故障。 2．驾驶员侧车窗线路出现断路。 3．驾驶员侧车窗电动机或联动装置出现故障。 4．驾驶员侧车门控制单元损坏。	
故障排除方法	
1．连接解码器，打开点火开关，进入【舒适系统】，读取故障码，根据故障码查看数据流并进行维修。	系统\系统\舒适系统中央模块 01336 组合舒适系统数据总线单线通讯/偶发 01334 右后车门控制单元没有通讯 01333 左后车门控制单元没有通讯 01332 乘客侧车门控制单元没有通讯 01331 驾驶员侧车门控制单元没有通讯 读取故障码
2．拆卸驾驶员侧车窗组合开关，用试灯检查驾驶员侧车窗组合开关插头 T16b/6 端子是否有电（若有电，试灯会点亮，电动机会转动）。	 检查插头 T16b/6 端子
3．若 T16b/6 端子有电，按下左前侧摇窗机开关，并用万用表欧姆挡测量开关 T16b/6 和 T16b/11 端子之间的电阻值和通断，应符合要求，否则应更换。然后再检查 T16b/6 端子的搭铁情况。	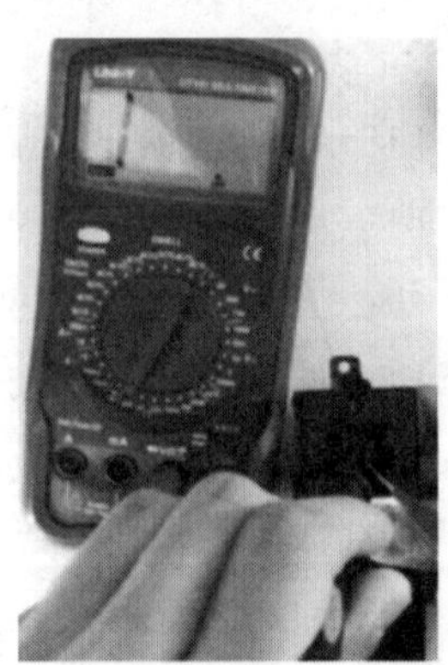 检查摇窗机开关

4．若 T16b/6 端子有电，则拆卸车门，用万用表检查左前侧车窗组合开关 T16b/6 端子到驾驶员侧车门控制单元（J386）T29a/7 黄白色导线的通断。

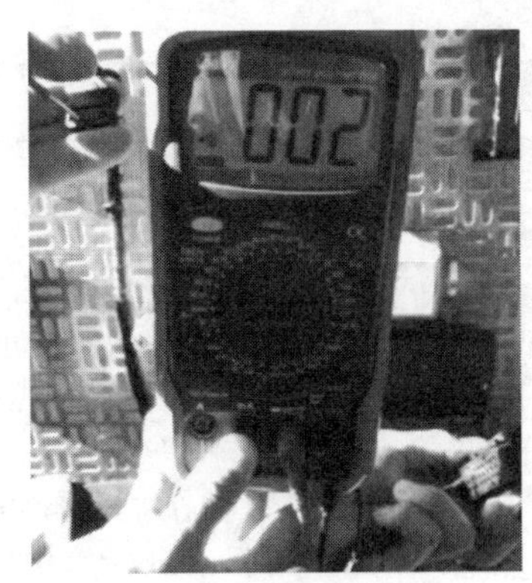

检查导线的通断

5．若以上部件和导线都没有故障，则更换驾驶员侧车门控制单元（J386）。

更换驾驶员侧车门控制单元

有故障码时的故障诊断

故障码	故障原因	故障排除
00912 左前电动车窗开关 E40 信号错误、对正极短路	①导线或接头故障 ②按钮安装错误；操作时阻塞 ③左前电动车窗开关 E40 故障	①读取测量数据块，显示组编号 02，显示区域 1 ②检查按钮
00913 右前电动车窗开关 E81 信号错误、对正极短路	①导线或接头故障 ②按钮安装错误；操作时阻塞 ③右前电动车窗开关 E81 故障	①读取测量数据块，显示组编号 02，显示区域 2 ②检查按钮
00914 左后电动车窗开关 E53 信号错误、对正极短路	①导线或接头故障 ②按钮安装错误；操作时阻塞 ③左后电动车窗开关 E53 故障	①读取测量数据块，显示组编号 02，显示区域 3 ②检查按钮
00915 右后电动车窗开关 E55 信号错误、对正极短路	①导线或接头故障 ②按钮安装错误；操作时阻塞 ③右后电动车窗开关 E55 故障	①读取测量数据块，显示组编号 02，显示区域 4 ②检查按钮

续表

故障码	故障原因	故障排除
00932 驾驶员侧电动车窗电机 V147 信号错误	①导线或接头故障 ②驾驶员侧车窗没有电源 ③车窗举升机构工作部件阻塞（也可能是车窗在导轨中夹太紧） ④驾驶员侧电动车窗电机 V147 故障	①根据电路图检查导线和接头 ②检查驾驶员侧车门控制单元或车门主接头的电源 ③检查车窗举升机构部件并进行维修 ④更换驾驶员侧电动车窗电机 V147
00933 前座乘客侧电动车窗电机 V148 信号错误	①导线或接头故障 ②前座乘客侧车窗没有电源 ③车窗举升机构工作部件阻塞（也可能是车窗在导轨中夹太紧） ④前座乘客侧电动车窗电机 V148 故障	①根据电路图检查导线和接头 ②检查前座乘客侧车门控制单元或车门主接头的电源 ③检查车窗举升机构部件并进行维修 ④更换前座乘客侧电动车窗电机 V148
00934 左后侧电动车窗电机 V26 信号错误	①导线或接头故障 ②左后侧车窗没有电源 ③车窗举升机构工作部件阻塞（也可能是车窗在导轨中夹太紧） ④左后侧电动车窗电机 V26 故障	①根据电路检查导线和接头 ②检查左后侧车门控制单元或车门主接头的电源 ③检查车窗举升机构并进行维修 ④更换左后侧电动车窗电机 V26
00935 右后侧电动车窗电机 V27 信号错误	①导线或接头故障 ②右后侧车窗没有电源 ③车窗举升机构工作部件阻塞（也可能是车窗在导轨中夹太紧） ④右后侧电动车窗电机 V27 故障	①根据电路检查导线和接头 ②检查右后侧车门控制单元或车门主接头的电源 ③检查车窗举升机构并进行维修 ④更换右后侧电动车窗电机 V27

其他故障的诊断

故障现象	故障原因	故障排除
车窗电动机不工作	①车窗电动机开关损坏 ②熔断器熔断 ③连接导线断路 ④电动机损坏	①修理或更换车窗电动机开关 ②更换熔断器 ③修理或更换导线 ④更换电动机
电动机工作时有异响	①车窗电动机安装时未调好 ②卷丝筒内的钢丝绳脱离卷轴 ③滑动支架内的传动钢丝夹转动 ④电动机盖板或固定架与玻璃碰撞	①重新调整车窗电动机安装螺钉 ②重新调整卷丝筒内钢丝绳的位置 ③检查安装支架位置是否正确 ④重新调整盖板或固定架
电动机工作正常，车窗玻璃不能升降	①钢丝绳折断 ②滑动支架折断或传动钢丝夹转动	①更换钢丝绳 ②重新铆接钢丝夹
车窗电动机发卡，阻力大	①导轨凹部有异物 ②导轨损坏或变形 ③电动机损坏 ④钢丝绳腐蚀、磨损	①清除异物 ②修理或更换导轨 ③更换电动机 ④修理或更换钢丝绳

项目 3　电动后视镜的故障排除

实训要求

1．掌握电动后视镜电路图的识读方法。

2．掌握电动后视镜的故障排除方法。

主要实训器材

同本课题项目 1。

故障现象

打开点火开关后，调节左、右两侧的电动后视镜，都没有动作。

电路图

同本课题项目一。

故障原因

1．后视镜调节开关出现故障。

2．后视镜调节开关线路出现断路。

3．电动后视镜电机烧毁。

4．驾驶员侧车门控制单元损坏。

故障排除方法

1．连接解码器，打开点火开关，进入【舒适系统】，读取故障码，根据故障码查看数据流并进行维修。	 读取故障码

2．拆卸电动后视镜开关，按下开关，用万用表欧姆挡测量开关 T10e/6 和 T10e/8 端子、T10e/8 和 T10e/10 端子之间的电阻值和通断，应符合要求，否则应更换。	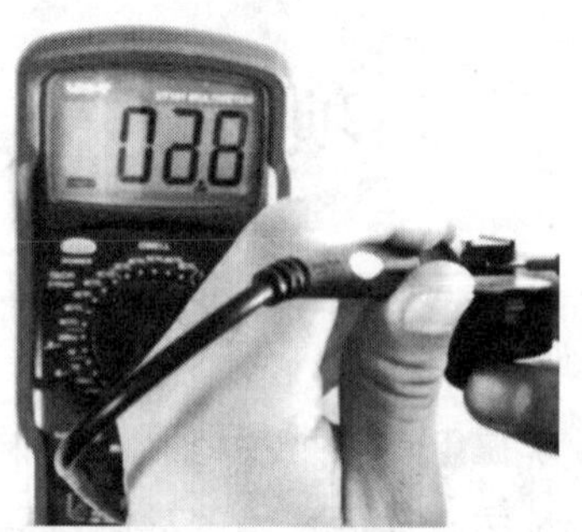 检查电动后视镜开关
3．用万用表欧姆挡测量导线 T10e/8 端子与搭铁的导通情况，正常应导通。	 测量搭铁线
4．拆卸车门，用万用表检查电动后视镜开关 T10e/6 端子到驾驶员侧车门控制单元（J386）T29a/3 蓝白色导线的通断；检查电动后视镜开关 T10e/10 端子到驾驶员侧车门控制单元 T29a/22 蓝绿色导线的通断。	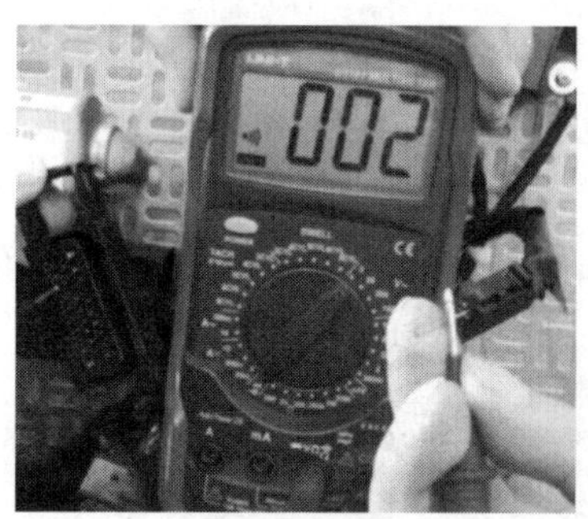 检查导线的通断
5．拔下后视镜插接器，测量左、右两侧后视镜电动机的电阻值，应符合要求。	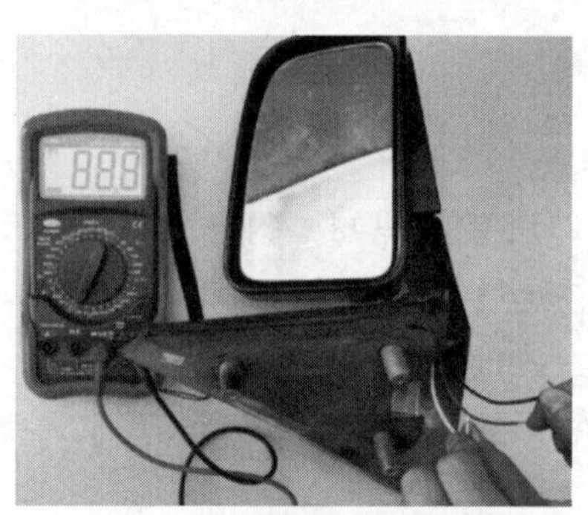 测量电动机的电阻值

6．若以上部件和导线都没有故障，则更换驾驶员侧车门控制单元。	 更换驾驶员侧车门控制单元

有故障码时的故障诊断

故障码	故障原因	故障排除
00939 驾驶员侧后视镜调整电动机 V149	①导线或接头故障 ②驾驶员侧车门没有电源 ③驾驶员侧后视镜调整电动机 V149 故障	①根据电路图检查导线和接头 ②检查驾驶员侧车门控制单元或车门主接头的电源 ③更换驾驶员侧后视镜调整电动机 V149
00940 前座乘客侧后视镜调整电动机 V150	①导线或接头故障 ②前座乘客侧车门没有电源 ③前座乘客侧后视镜调整电动机 V150 故障	①根据电路图检查导线和接头 ②检查前座乘客侧车门控制单元或车门主接头的电源 ③更换前座乘客侧后视镜调整电动机 V150
00941 驾驶员侧外部后视镜调整电动机 V121	①导线或接头故障 ②驾驶员侧车门没有电源 ③驾驶员侧外部后视镜调整电动机 V121 故障	①根据电路图检查导线和接头 ②检查驾驶员侧车门控制单元或车门主接头的电源 ③更换驾驶员侧外部后视镜调整电动机 V121
00942 前座乘客侧外部后视镜调整电动机 V122	①导线或接头故障 ②前座乘客侧车门没有电源 ③前座乘客侧外部后视镜调整电动机 V122 故障	①根据电路图检查导线和接头 ②检查前座乘客侧车门控制单元或车门主接头的电源 ③更换前座乘客侧外部后视镜调整电动机 V122
00943 驾驶员侧外部后视镜加热 Z4	①没有安装后视镜 ②导线或接头故障 ③驾驶员侧及前座乘客侧车门没有电源	①读取测量数据块，显示组编号 10，显示区域 2 ②根据电路图检查导线和接头 ③检查车门控制单元或车门主接头的电源
00944 前座乘客侧外部后视镜加热 Z5		

课题3　电动座椅的维护与故障排除

项目1　电动座椅的拆卸与维护

实训要求

1．掌握电动座椅的拆卸方法。

2．掌握调节电动机和调节开关的检查方法。

3．掌握电动座椅的检查方法。

主要实训器材

实训车辆

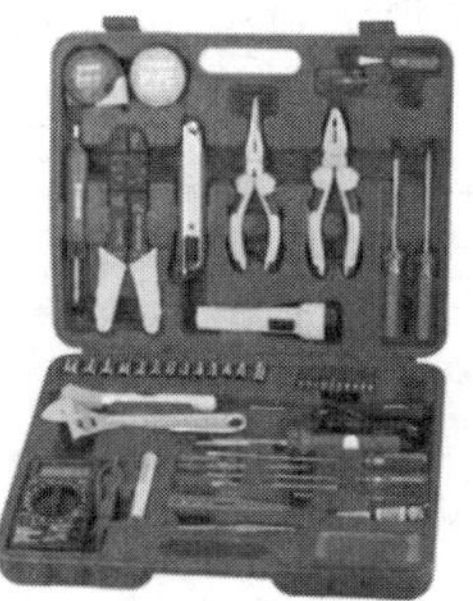

常用修理工具

数字式万用表

实训内容

（一）拆卸座椅

1．取下座椅舱地垫，拧下驾驶座椅左、右支座的护罩螺钉，取下护罩和滑轨盖。	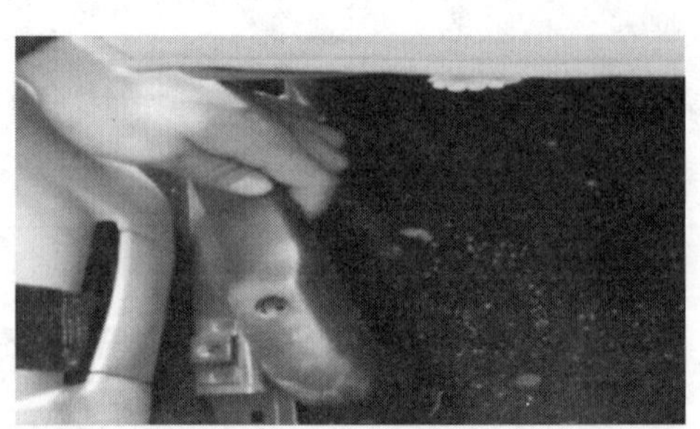 拧下护罩螺钉

<table>
<tr><td>2．操作电动座椅开关，将座椅移动到最前面的位置，拆卸座椅后侧的两个螺栓。</td><td>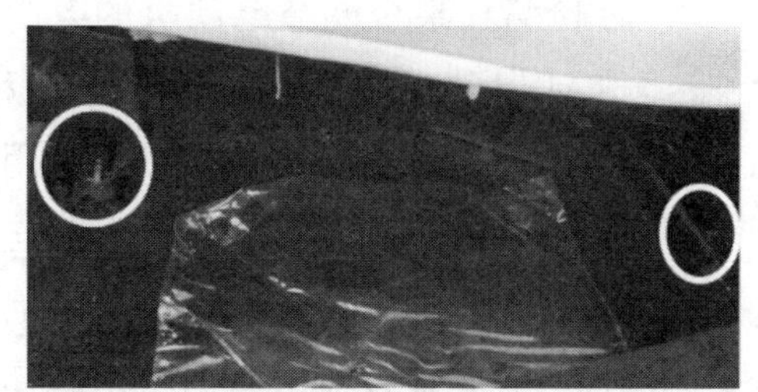
拆卸座椅后侧的螺栓</td></tr>
<tr><td>3．操作电动座椅开关，将座椅移动到最后面的位置，拆卸座椅前侧的两个螺栓。</td><td>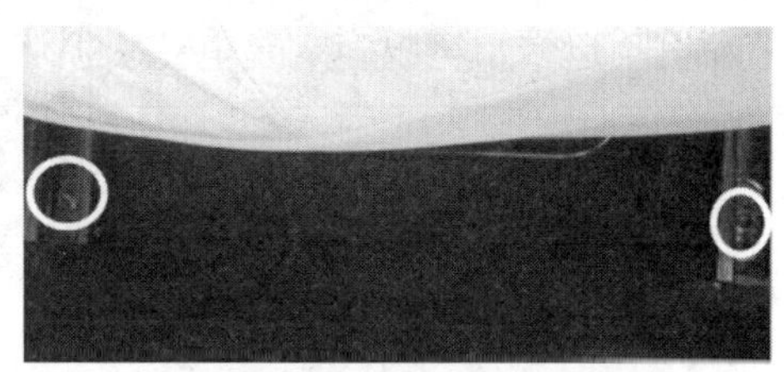
拆卸座椅前侧的螺栓</td></tr>
<tr><td>4．将电动座椅移动到中间位置，拔下电动座椅的插接器，拆下座椅。</td><td>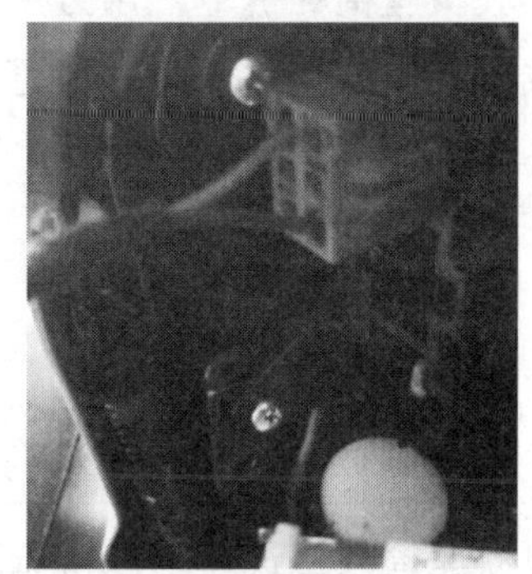
拔下电动座椅的插接器</td></tr>
<tr><td colspan="2">（二）检查调节电动机</td></tr>
<tr><td>1．对电动座椅调节电动机进行检查时，应先将其从座椅上拆下来，用万用表欧姆挡测量调节电动机的电阻值，应符合要求，也可直接连接蓄电池进行检查。</td><td>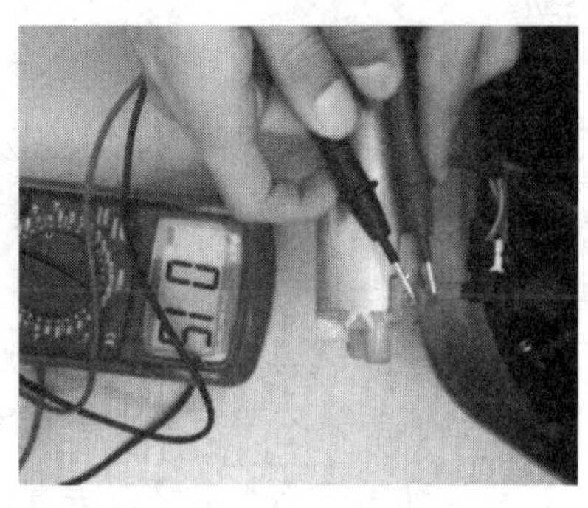
测量调节电动机的电阻值</td></tr>
</table>

2．若检测到某个调节电动机的电阻值为“∞”，或电动机不运转、运转不平稳，则拔下该电动机上的两芯插接器，直接用万用表测量，或将蓄电池正、负极用导线与该电动机连接，进行通电检测。若此时电动机运转无问题，则可能是调节电动机两芯插接器之间的导线断路、接地或接触不良。若排除上述故障后，电动机的电阻值还是为“∞”或电动机不运转，可以确定是电动机损坏。	 测量调节电动机的导线

（三）检查调节开关

对电动机调节开关进行检查时，也应先将其从驾驶员座椅处拆下，用万用表检测插接器各端子之间的导通状态，即可判断调节开关的好坏。	 检查调节开关

（四）电动座椅的检查方法

对电动座椅故障进行初步检查时，通常应检查易损件、导线，以及通过进行相关操作以确认故障的可能部位等。

1．对易损件的检查。首先检查熔断器盒内电动座椅的熔断器是否熔断。如果熔断，应检查电路是否有短路处。排除短路点以后，才可更换新的熔断器，否则新更换的熔断器也会熔断。

2．对配线的检查。配线的检查主要检查电动座椅各部件之间的连接配线有无断路处、有无绝缘层破损等。发现异常后，应及时进行处理。

3．通过相关操作判断故障产生的可能原因。通过操作电动座椅，根据常见故障现象判断故障产生的可能原因。

(1) 若一个座椅调节器比另一个座椅调节器先到达最大水平位置或最大垂直位置，则可能为两座椅调节器不同相，应对其进行适当的调整。

(2) 若电动座椅不能水平或垂直移动，或水平和垂直两个方向均不能移动，则可能为座椅调节电动机损坏，或控制电路有故障。

(3) 若电动座椅垂直移动迟缓或卡滞，则可能为垂直执行器与齿条之间配合不良或污垢过多，也可能为顶板总成有松动现象。

(4) 若一个座椅调节器不能垂直移动，则可能为垂直驱动钢丝脱开或折断，也可能是垂直执行器未工作所致。

(5) 若电动座椅水平移动迟缓或卡滞，则可能为水平执行器与齿条之间配合不良或污垢过多，也可能是顶板总成有松动现象。

(6) 若一个座椅调节器不能水平移动，则可能为水平驱动钢丝脱开或折断，也可能是水平执行器未工作所致。

(7) 若电动座椅水平移动不平稳，则可能为水平执行器工作不良。

4．对电动座椅开关的检查。若电动座椅开关接触不良，会造成电动座椅调整失效或不灵。

(1) 利用维修手册上的电动座椅电路图来检测开关的连通性。

(2) 若开关损坏，应更换同型号的电动座椅开关。

5．对控制电路的检查。对电动座椅的控制电路进行检查时，若有断路或短路现象，会造成电流不能通过电动机，使电动座椅调整失效。可按断路或短路的故障，仔细检查并排除故障。

6．对调节电动机的检查。若电动座椅的调节电动机失灵，如电刷磨损，转子或定子断路、短路等，均可能使调节电动机不能正常工作。

项目 2　电动座椅的故障排除

实训要求

1．掌握电动座椅电路图的识读方法。

2．掌握电动座椅的故障排除方法。

主要实训器材

同本课题项目 1。

故障现象

拨动驾驶员侧前后调节开关时，座椅无动作。

电路图

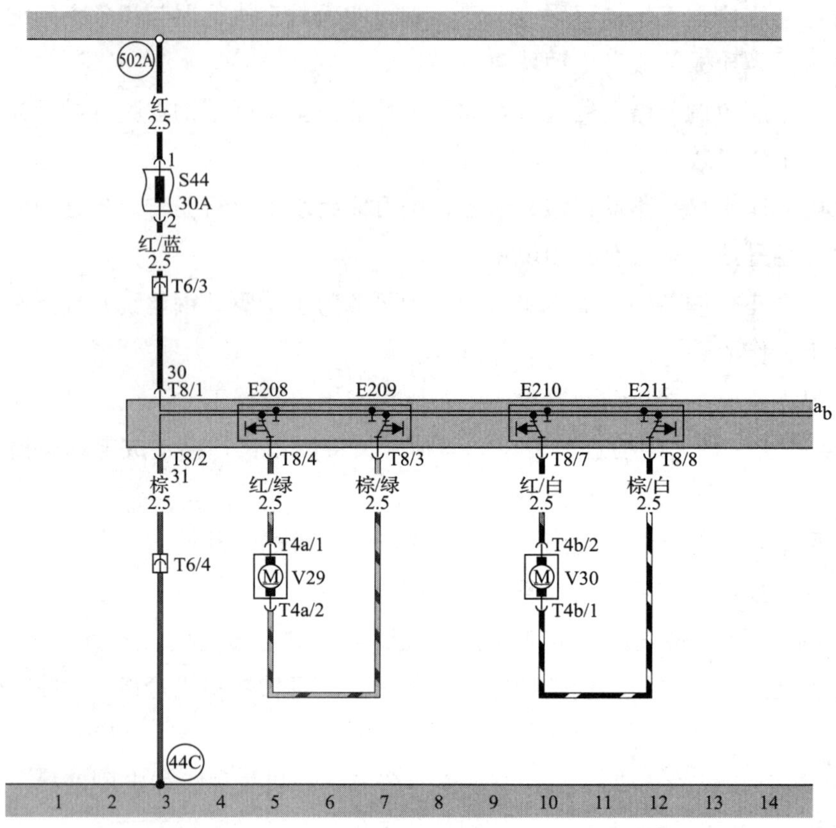

电动座椅电路图 1

E208—驾驶员侧座椅前高度调节开关（向上）

E209—驾驶员侧座椅前高度调节开关（向下）

E210—驾驶员侧座椅后高度调节开关（向上）

E211—驾驶员侧座椅后高度调节开关（向下）

502 A—正极连接线

V30—驾驶员侧座椅后高度调节电动机

V29—驾驶员侧座椅前高度调节电动机

S44—左座椅调节熔断器

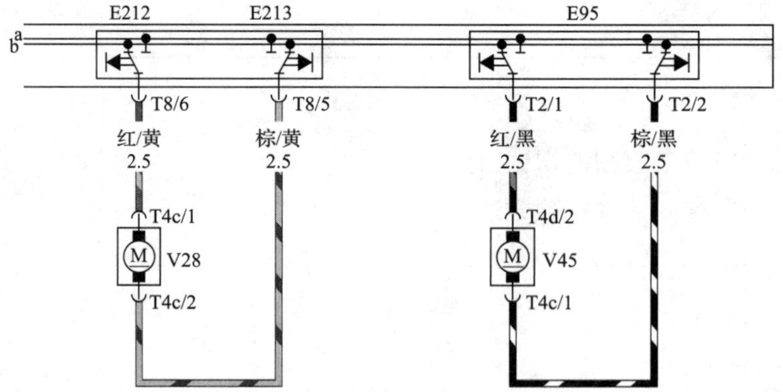

电动座椅电路图 2

E95—驾驶员侧座椅靠背调节开关

E212—驾驶员侧座椅向前调节开关

E213—驾驶员侧座椅向后调节开关

V28—驾驶员侧座椅前后调节电动机

V45—驾驶员侧座椅靠背调节电动机

故障原因

1．E212、E213 驾驶员侧座椅前、后调节开关故障。

2．线路出现断路。

3．V28 电动机故障。

4．滑道出现卡死现象。

故障排除方法

1．拆卸驾驶员侧电动座椅开关，用万用表欧姆挡测量开关 T8/5、T8/6 与 T8/2 端子的导通情况，应为导通，否则应更换开关。然后依次按下向前、向后开关，用万用表欧姆挡分别测量 T8/6 和 T8/1、T8/5 和 T8/1 端子的导通情况，若开关损坏则应更换。	 检查电动座椅开关
2．拆卸驾驶员侧电动座椅，目视检查前、后滑道和电动机的啮合情况。若出现脱轨或卡死则进行维修或更换。	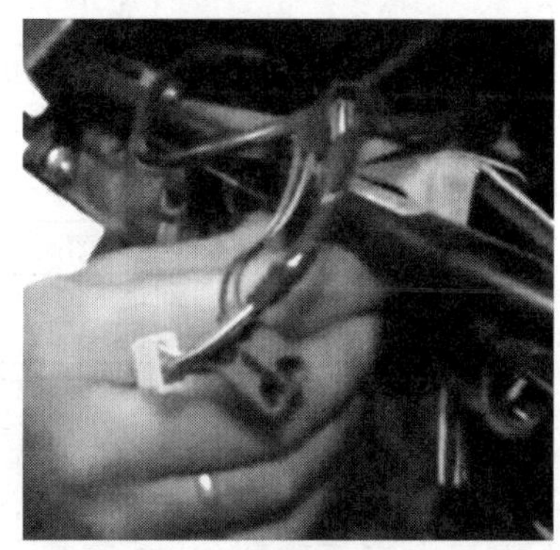 检查滑道
3．用万用表欧姆挡测量电动机的电阻值，应符合要求，否则应更换。也可将电动机直接与蓄电池相连，观察电动机的转动情况。	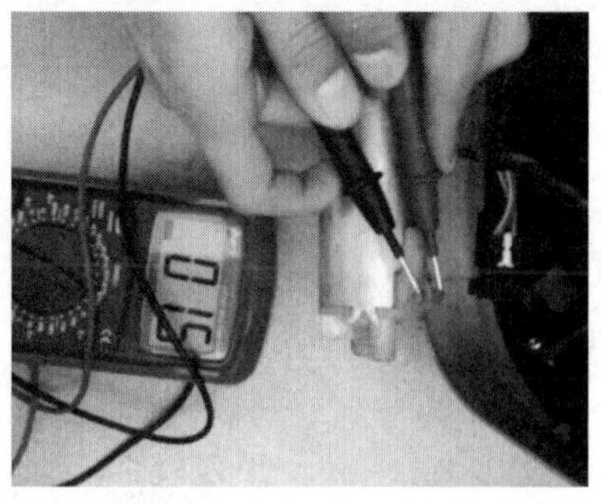 测量电动机的电阻值

4．检查电动机 T4c/1 端子到开关 T8/6 端子红黄色导线的导通情况，检查电动机 T4c/2 端子到开关 T8/5 端子棕黄色导线的导通情况。若出现断路则进行维修或更换。

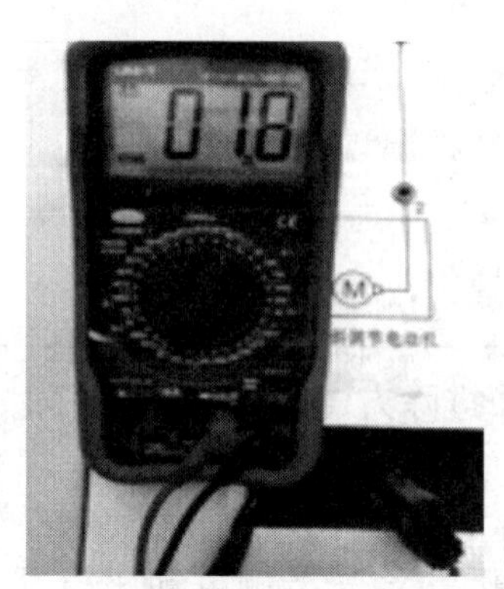

检查导线的导通情况

一般车型故障诊断流程

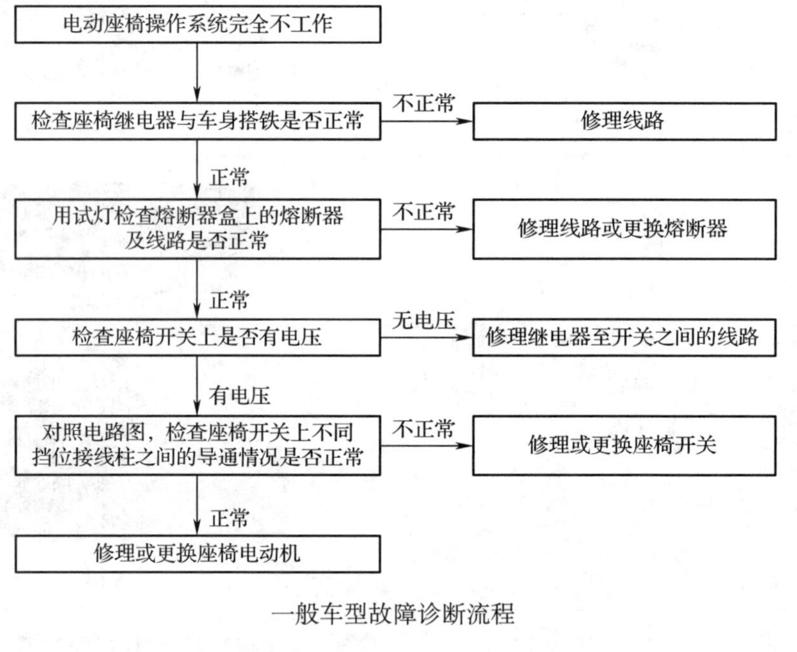

一般车型故障诊断流程

课题 4　喇叭的维护与故障排除

项目 1　喇叭的拆卸与维护

实训要求

1．掌握喇叭的拆卸方法。

2．掌握喇叭的保养与检查方法。

主要实训器材

实训车辆

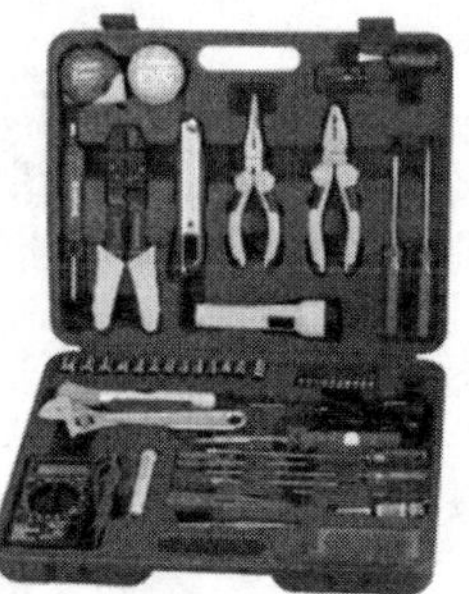

常用修理工具

数字式万用表

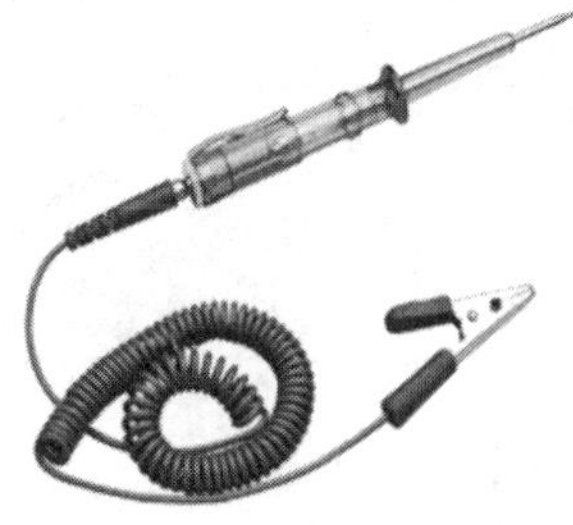

汽车试灯

实训内容

（一）拆卸喇叭

1．用举升机把汽车举起，拆卸发动机护板，注意举升机的使用安全。	 拆卸发动机护板

2．将举升机落下，打开发动机舱盖，拧下保险杠上部的螺钉，注意不要划到保险杠漆面。	 拧下保险杠上部的螺钉
3．将转向盘转到最右边，拆下保险杠左侧面的螺钉，然后将转向盘转到最左边，拆下保险杠右侧面的螺钉，注意保护保险杠漆面。	 拆下保险杠两侧的螺钉
4．拆下保险杠（有的车型在保险杠周围还有卡扣），然后拔下两侧的雾灯插接器。	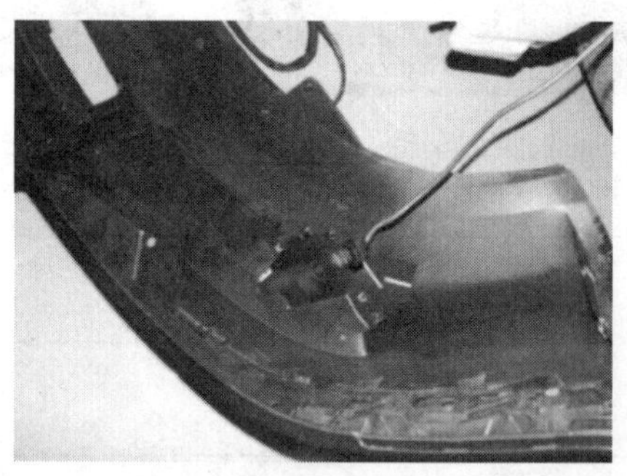 拔下雾灯插接器
5．拔下喇叭插接器，拆下喇叭。	 拆下喇叭

（二）汽车喇叭的保养

1．喇叭外表面应保持清洁，各接线要连接牢固。

2．定期检查喇叭和支架的固定螺钉，以保证其搭铁可靠。

3．喇叭的固定方法对其发声影响较大。为了使喇叭的声音正常，喇叭要固定在缓冲支架上，即在喇叭与固定支架之间要装有片状弹簧或橡皮垫。

4．定期检查电动机输出电压。电压过高会烧坏喇叭触点，电压过低（低于喇叭的额定电压）喇叭将发出异常声音。

5．洗车时不能用水直接冲洗喇叭筒，以免水进入喇叭筒造成喇叭不响。

6．在检修喇叭时，应注意各金属垫和绝缘垫的位置，不可装错。

7．喇叭连续发声不得超过 10 s，以免损坏喇叭。

8．不可将各类异物放入喇叭，以免造成异常音。

（三）汽车喇叭的检查方法

1．检查喇叭发出的声音。若感到声音不清脆，且低沉而微弱，大都是接点接触不良所致。

2．反复按动喇叭开关，若喇叭有时鸣响，有时不鸣响，大都是喇叭开关内部的接点接触不好所致。

3．若喇叭完全不鸣响，首先检查熔断器是否熔断，然后拔下喇叭插头，用万用表测量在按喇叭开关时此处是否有电。若没有电，应检查喇叭线束和喇叭继电器；若有电，则是喇叭本身的问题，此时可以调节喇叭上的调节螺母，听喇叭是否能发声，若不能发声，则需要更换喇叭。

4．若喇叭的鸣声沉闷，很可能是喇叭自身有故障，这时只要敲一敲喇叭，大都能得到改善。其他的原因还有接头接触不良等，特别是转向盘周围的线束，由于使用频繁，容易出现磨损。

5．喇叭密封不严易受潮。虽然喇叭的内部是密封的，但若密封不严就去洗车，容易进入雾气；或喇叭内部空间空气中有水蒸气，水蒸气易使触点受潮而无法正常工作。

6．在汽车低速时喇叭的工作情况与蓄电池的工作情况有关，若蓄电池的能量降低，则喇叭的声响也降低，要定期检查蓄电池蓄电量是否正常。

项目 2　喇叭的故障排除

实训要求

1．掌握喇叭电路图的识读方法。

2．掌握喇叭的故障排除方法。

主要实训器材

同本课题项目 1。

故障现象

按下喇叭按钮开关，喇叭无声，继电器无接合声音。

电路图

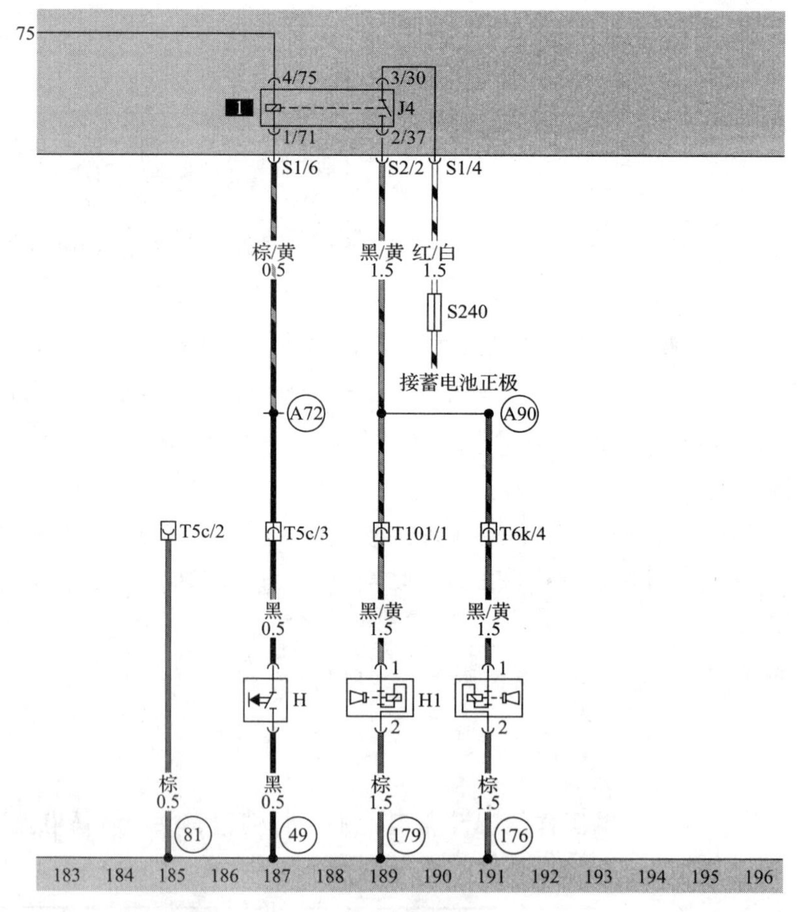

喇叭电路图

H—喇叭按钮（开关）　　75—蓄电池正极

H1—双音喇叭　　S240—240 号熔断器

J4—喇叭继电器　　T5c—5 针插头，在转向柱上

<table>
<tr><td colspan="2">

故障原因

1．熔断器 S240 烧毁。

2．喇叭继电器 J4 损坏。

3．喇叭开关 H 损坏。

4．喇叭搭铁断路。

5．喇叭损坏。

6．线路出现断路。

</td></tr>
<tr><td colspan="2">

故障排除方法

</td></tr>
<tr><td>1．用试灯检查熔断器 S240 应有电，若熔断器一端有电、另一端无电，说明熔断器烧毁；若熔断器两端都没有电，说明电源线断路。</td><td>
检查熔断器 S240</td></tr>
<tr><td>2．按下喇叭开关，听继电器有无接合的声音。若继电器有接合声但喇叭不响，则拔下继电器，用导线短接继电器 3/30 与 2/37 端子，喇叭应有声响，若无声响，则用试灯检查喇叭端子 1。</td><td>

检查喇叭继电器 J4</td></tr>
<tr><td>3．若喇叭端子 1 无电压，说明 S2/2 到喇叭端子 1 的黑黄色导线断路，应检查断路点或更换导线；若喇叭端子 1 有电压但喇叭不响，说明喇叭损坏或搭铁不良，用万用表检查喇叭端子 2 和搭铁之间的电阻值，以判断是喇叭故障还是搭铁故障。</td><td>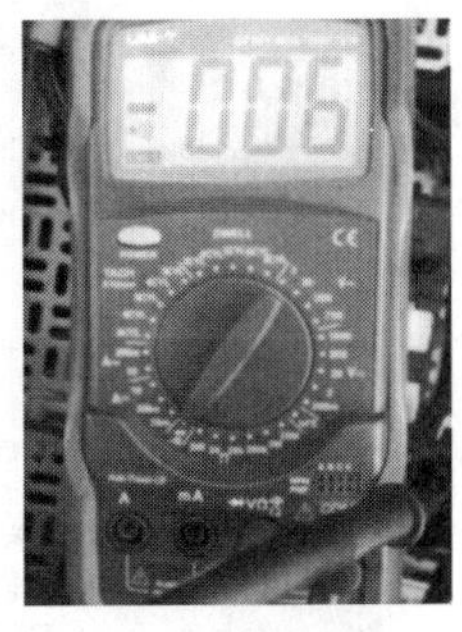

测量喇叭搭铁</td></tr>
</table>

4．按下喇叭开关，若继电器无接合声，应更换继电器，更换后若继电器仍无接合声，应拔下 T5c 插接器，找到 T5c/3 黑色导线，用万用表测量该线的电压，应略低于电源电压。若该导线无电压，说明其电源端出现断路；若有电压，说明喇叭开关和搭铁出现故障，应拆卸喇叭开关进行检查。	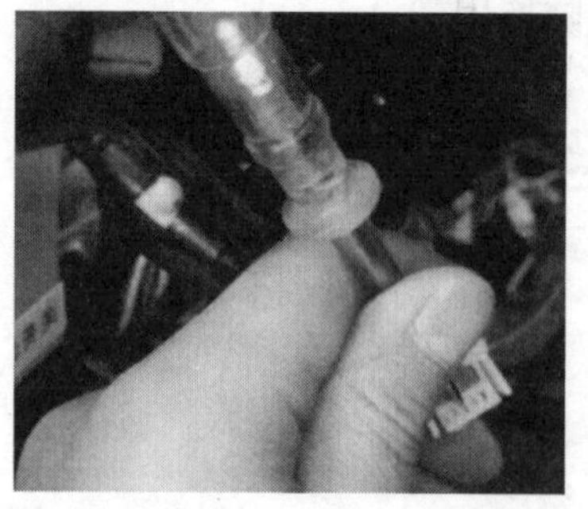 检查 T5c/3 黑色导线